긍정심리학은 기회다

개인의 행복을 넘어 세상까지 바꾸는 플로리시 효과

긍정심리학은 기회다

한국긍정심리연구소
소장 우문식 지음

도서출판 물푸레
KPPI 한국긍정심리연구소

· 시작하며 ·

이제, 긍정심리학이 주는 기회를 살리자

1998년 당시 미국 심리협회 회장이던 마틴 셀리그만Martin Seligman 펜실베이니아대 심리학 교수가 창시한 긍정심리학은 탄생한 지 채 20년이 되지 않았는데도 전 세계적으로 확산돼 교육, 심리, 경영, 의학, 종교 등 사회 각 영역에서 놀라운 성과를 만들어내고 있다. 당시 긍정심리학은 예방 치료라는 차원에서 비영리 분야에 초점이 맞추어졌지만 지금은 과학적 기초 이론과 도구를 기반으로 긍정조직학 및 영리 분야인 기업 조직으로도 확산되고 있다. 하버드대에서도 탈 벤 샤하르Tal Ben Shahar 교수가 강의를 시작한 지 10년이 넘었지만 아직도 가장 인기 있는 과목으로 학생들에게 호응을 얻고 있다.

무엇이 이토록 짧은 기간 안에 전 세계적으로 긍정심리학에 열광하게 만든 걸까? 바로 누구나 쉽고 재미있게 배우고 실천해 개인적으로는 행복하고 기업에서는 조직성과를 낼 수 있고, 학교에서는 인성을 함양시키는 과학적으로 검증된 이론과 도구가 있기 때문이다. 하지만 아직도 우리나라 기업의 CEO나 관리자, 정부 부처 부서장, 학교 교장과 교사, 학부모, 군 지휘관과 간부, 각 분야의 전문가 등 많은 사람들이 긍정심리학의 놀라운 성과를 외면하고 있으며, 긍정심리학이 주는 수많은 기회를 제대로 살리지 못하고 있다.

지금까지 우리나라는 수십 년 동안 성장과 경쟁을 우선시하는 사회적 분위기가 주도해왔다. 그러다 보니 과도한 물질주의, 지나친 경쟁, 과정과 결과에 대한 그릇된 인식 등으로 국민의 삶의 질은 매년 추락하고 있다. 또 유치원부터 초·중·고등학교, 군대 할 것 없이 아동 학대와 왕따, 폭력과 살인, 자살, 사회 전반에 만연된 안전 불감증, 대형 사고에 대한 책임 회피 등으로 인해 나라의 근간마저 뒤흔드는 지경에까지 이르게 됐다. 급기야 정부는 세계에서 유례를 찾아볼 수 없는 인성교육진흥법까지 만들어 시행하고 있다.

국내총생산GDP이 2만 달러만 넘으면, 3만 달러만 넘으면…… 더 잘살고 행복할 것이라 믿고 기대했던 많은 국민은 이제 지치고 실망하고 절망감에 빠져 있으며 분노까지 느끼고 있다. 지난해 갤럽 조사에서 우리나라 국민의 86%가 인생 설계 과정에서 고전 중이거나 고통 받고 있다고 대답한 사실이 이를 증명해준다. 그렇다면 어떻게 국민 모두가 즐겁고 활기차고 희망과 기대가 넘치며 서로가 신뢰하고 배려하며 존중하는 행복한 사회로 만들 수 있을까?

나는 지난 2003년 우리나라에 긍정심리학을 처음 도입해 지금까지 오직 긍정심리학만 연구하고 사회 각 분야에 전파해오면서 하루도 빠짐없이 이 질문에 대한 답을 준비해왔다. 그 답은 바로 '긍정심리학'이다. 긍정심리학의 요소와 과학적으로 검증된 도구를 통해 우리 사회를 바꿀 수 있는 것이다. 우리는 긍정심리학이 왜 오늘날 전 세계적으로 그렇게 인기를 얻고 있는지 깊이 생각해보고 관심을 가져야 할 필요가 있다. 그리고 지난 20여 년간 긍정심리학을 연구하고 실천해 개인과 조직, 사회를 바꾸어가고 있는 긍정심리학자들의 이야기에도 귀 기울여야 한다. 그동안 전 세계 수많은 긍정심리학자들이 연구와 저술, 교육을 통해 긍정심리학이 개인의 행복과 조직의 성과, 사회 전반의 플로리시Flourish, 번성를 높이는 데 영향을 미친다는 것을 수없이 증명해왔기 때문이다.

이제 우리는 오늘날 우리 사회의 심각한 병리적인 현상과 문제를 해결하고 우리 고유의 정서와 강점을 살려서 국민의 삶의 질을 향상시켜 더 행복한 미래로 나아가야 한다. 그러기 위해선 사회 각 분야에 긍정심리학을 도입해 긍정심리학이 주는 기회를 활용해야 한다.

긍정심리학의 장점은 과학적으로 검증된 실천 학문이기도 하지만 우리의 전통문화와 정서에도 잘 맞는다는 것이다. 우리나라의 전통적인 대표 정서는 정情, 흥興, 끼技이다. 이는 긍정심리학의 핵심 요소인 긍정정서와 강점, 관계와 각각 부합된다. 긍정심리학이 미국에서 처음 창시됐지만 그 기반은 동양 철학과 종교 사상이며, 선한 성품과 도덕적 개념이 포함돼 있다. 긍정심리학은 우리에게 기회다. 우리는 긍정심리학이 주는 이 기회를 살려야 한다.

앞으로 긍정심리학으로 특별히 도움을 받을 수 있는 분야는 인성교육과 기업의 조직성과(조직문화), 긍정건강, 국민의 삶의 질(행복)이다.

지난 7월 21일부터 시행되고 있는 인성교육진흥법에 의한 인성교육은 자신의 내면을 바르고 건전하게 가꾸고 타인, 공동체, 자연과 더불어 살아가는 데 필요한 인간다운 성품과 역량을 기르는 것을 목적으로 하는 교육이라고 정의내릴 수 있다. 또 인성교육의 핵심 가치 덕목은 예禮, 효孝, 정직, 책임, 존중, 배려, 소통, 협동이다. 이 덕목들을 중심으로 유치원부터 고등학교까지 매년 인성교육 계획서를 제출해야 하고 교사들은 의무적으로 일정 시간 인성교육을 받아야 한다. 인성교육이 타인, 공동체, 자연과 더불어 살아가는 데 필요한 교육이 되려면 도덕적 규범과 정서적 감정, 사회적 관계, 인지적 판단에 대한 실천 중심의 교육이 병행돼야 한다. 또한 오늘날과 같이 다양하고 복잡하고 경쟁적이고 속도화되고 상호교류가 빈번한 사회 구조 속에서 인간다운 성품과 역량을 기르려면 나 개인 중심에서 나와 너, 나와 우리, 나와 가정, 나와 학교, 나와 사회, 나와 국가까지 연계된 인성교육이 이루어져야 한다. 이러한 교육이 되기 위해선 기존의 전통적·문화적 가치와 규범, 행위도 중요하지만 현대 심리학의 과학적 연구와 검증된 이론, 실천 사례도 포함돼야 한다. 그것이 긍정심리학이다. 긍정심리학은 이번 인성교육진흥법의 인성교육 목표가 되는 인성덕목의 선정을 위한 주요 이론 중 핵심이 되기도 했다. 긍정심리학의 이론과 도구들은 앞으로 인성교육 실천에 중요한 역할을 할 것이다.

긍정심리학은 탄생에서 죽음에 이르기까지 그 사이에서 일어나는 모든 사건과 경험에 있어 좋은 것과 올바른 것, 선한 것, 최상의 것이 무엇인지에 대해 과학적으로 연구하는 학문이기 때문에 영아기, 아동기, 청년기, 성인기, 노년기 등 생애주기 어디에도 적용시킬 수 있다.

긍정심리학의 목표는 힐링과 행복, 웰빙, 성공 모두를 포함시킨 최상의 상태에 도달하고자 하는 플로리시다. 플로리시를 위한 5가지 요소인 긍정정서, 몰입, 의미, 관계, 성취와 이들 모두의 기반이 되는 성격(인성)강점에는 인성교육이 요구하는 도덕적(성격강점), 정서적(긍정정서), 사회적(관계), 인지적(지혜와 판단 능력) 개념과 이들을 실천할 수 있는 과학적으로 검증된 행복 연습도구가 포함돼 있다. 이 도구는 규제와 절제를 강요하는 지식 전달형의 훈육적 방법이 아닌 자율적 참여와 흥미를 유발시킬 수 있는 방법이며 이 연습도구를 실천해 행복을 만들 수 있다. 긍정심리학의 행복은 일시적인 감정이 아니라 지속적인 정서에 의해 만들어진다. 행복 연습도구가 기분이 좋을 때나 나쁠 때나 스스로 행복을 유지시키고 증진시킬 수 있도록 해주기 때문이다. 이렇게 행복이 만들어지면 내면에 건전하고 올바른 행복의 토양을 구축하게 되며 이 토양 위에서 인성교육의 핵심 가치 덕목들이 무럭무럭 자라나게 된다. 인성의 본질은 행복이다. 인성 가치 덕목만을 가르치는 교육으로는 부족하다. 먼저 행복의 토양을 구축하게 해야 한다. 행복의 토양이 구축되지 않은 상태에서 인성교육은 효과를 낼 수 없다. 토양이 바뀌지 않으면 인성의 덕목들이 자랄 수 없기 때문이다.

긍정심리학은 개인의 행복뿐만 아니라 조직을 변화시키고 조직성과를 높여서 지속적인 조직의 플로리시를 이루게 해준다. 긍정심리학이 급속도로 발전하면서 긍정심리학 이론과 기초 과학을 기반으로 하는 긍정조직 이론이 속속 탄생하고 있고, 조직성과들이 발표되고 있기 때문이다. 긍정탐구AI, 긍정조직학POS, 긍정조직행동POB, 심리자본PsyCapital, 진정 리더십Authentic Leadership 등이 지금까지 모습을 드러낸 대표적인 긍정조직 이론이다. 이러한 긍정조직 이론을 조직에 적용시켜 놀라운 조직성과를 내고 있는 것이다.

이처럼 긍정심리학 이론과 기초 과학을 기반으로 긍정조직 이론이 발달하는 것은 이제 긍정심리학이 개인의 영역을 넘어 조직으로 빠르게 확산되고 있음을 보여주는 것이다. 왜 긍정심리학이 이렇게 조직으로 급속히 확산되고 있는 것일까? 강요나 경직된 조직문화로는 불확실한 글로벌 환경에서 지속적인 조직성과를 내고, 실시간 조직에서 발생하는 문제들에 대한 솔루션을 제공하는 데 한계가 있기 때문이다. 이제는 자발적 참여와 유연한 조직문화로의 변환이 요구되는 시대다.

앞으로의 기업환경은 지금보다 더 치열하게 경쟁해야 하는 상황에 놓이게 될 것이다. 그래서 조직들은 매년 경쟁우위를 확보하기 위해 변화, 혁신, 경쟁, 도전, 생존, 성과를 외친다. 하지만 구호만 요란할 뿐 대부분 기대한 만큼의 성과를 내지 못한다. 왜 그럴까? 구성원들이 생각과 마음의 문을 열지 못하기 때문이다. 이러한 변화는 구성원들이 조직 내에서 스스로 생각과 마음의 문을 열게 해야 생긴다. 강요에 의해선 구성원들의 닫힌 문은 열리지 않으며 열린다고 해도 일시적이다. 지속적으로 스스로 생각과 마음의 문을 열게 하려면 조직에서 긍정심리학의 주요 요소인 긍정정서를 배양하고 강점을 찾아 발휘할 수 있게 하며 적극적인 관여를 통해 조직에 대한 충성심을 높여야 한다. 다음 사례를 한번 살펴보자.

한 글로벌 기업은 매년 10% 이상 적자에 시달리고 있었다. 이에 관리자들을 대상으로 긍정교육을 실시했다. 9개월에 걸쳐 긍정적인 피드백과 긍정관계를 통한 긍정정서의 중요성을 강조하는 교육을 집중적으로 한 후 다시 측정한 수치는 놀라웠다. 긍정교육 이후 4개 팀의 프로세스 이익은 평균 42.15% 증가했고, 정서 영역은 교육 전 평균 19.05%에서 59.29%까지 확대됐다. 연계성도 39.19%에서 19.71%로 거의 절반 수준으로 감소했다. 연계성이란 일종의 팀워크를 측정하는 수치로, 전체 팀원 중 동조하지 않거나 반응하지 않는 팀원의 비율을 말한다. 긍정정서의 비율도 평균 1.15에서 3.56로 크게 증가했다.

오늘날 우리나라의 사회적 현상을 봤을 때 우울증, 무기력, 스트레스, 분노 자살, 이혼 등 기분장애(심리장애)나 성격 차이로 인해 직간접적으로 소비하고 부담해야 하는 경제적 비용이 어마어마하다. 참고로 우울증의 사례를 살펴보자. 국민건강보험공단이 2013년 발표한 자료에 따르면 최근 5년간 우울증으로 인한 건강보험 진료비는 2007년 1,830억원에서 2011년 2,310억원으로 26% 이상 증가한 것으로 나타났다. 같은 기간 우울증으로 인한 진료 환자는 47만6,500명에서 53만5,400명으로 12.4%가량 늘었다.

셀리그만은 긍정심리학 요소 안에 있는 행복 연습도구로 긍정심리치료의 효과를 검증하기 위해 환자를 크게 세 부류로 나누었다. 중증우울증을 앓고 있는 환자들을 대상으로 한 이 검증은 긍정심리 치료그룹, 기존의 개인 심리 치료 그룹, 개인 심리 치료와 항우울제를 병행하는 그룹으로 나눈 후 효과를 비교해보았다. 그 결과 긍정심리 치료의 효과는 압도적이었다. 기존 개인 심리 치료를 받은 그룹의 경우 20%의 환자가, 개인 심리 치료와 항우울제를 병행한 그룹의 경우 8%의 환자가 우울증이 호전된 것으로 나타났다.

반면 긍정심리 치료를 받은 그룹은 무려 55%가 호전됐다. 긍정심리 치료는 긍정심리학의 요소 안에 있는 행복을 만드는 연습도구를 사용한다. 이 행복 연습도구는 재미가 있다. 그리고 한번 터득하고 나면 자기강화적이다. 긍정심리학이 우울증을 예방하고 치료하는 데 결정적인 역할을 한다는 것이다.

2015년 『사법연감』에 의하면 우리나라에서는 한 해 33만 쌍이 결혼을 하고 11만 쌍이 이혼을 한다고 한다. 놀라운 사실은 이혼한 이들 중 45.8%가 성격 차이가 원인이라는 것이다. 대부분의 사람들은 성격은 바꿀 수 없다고 믿는다. 그래서 성격이 맞지 않으면 못 산다는 인식이 굳어 있는 것 같다. 긍정심리학의 긍정정서와 강점은 사람의 성격을 바꾸어준다. 성격을 바꿀 수 있다는 이 사실만 알아도 이혼율을 상당히 낮출 수 있을 것이다. 이혼율뿐만 아니라 저출산 현상도 방지할 수 있다. 부부가 행복하면 출산율이 높아지기 때문이다.

언제부터인가 우리나라의 행복지수는 매년 세계에서 최하위권을 보이고 있다. 우리나라가 정말 행복하지 않은 나라인가? 아니다. 행복하지 않은 것이 아니라 행복에 대한 인식이 잘못된 것이다. 행복을 조건으로 생각하는 사람은 아무리 조건이 좋아져도 행복할 수가 없다. 행복은 조건이 아니고 자신이 만드는 것이다. 이렇게 인식 전환만 하더라도 행복지수는 아주 높게 올라갈 것이다. 긍정심리학은 누구든 행복을 만들 수 있다는 사실을 일깨워주고 이 방법을 알려주는 도구들이 포함돼 있다.

나는 지금까지 긍정심리학에 대한 4권의 저서와 10여 권의 번역서, 4편의 논문을 썼다. 이 저서들 대부분이 내용은 좋은데 분량이 너무 많다는 이야기를 자주 들었다. 이 책을 처음 계획하면서 이번만큼은 누구나 부담 없이 재미있게 긍정심리학을 접하고 이해하며 실천할 수 있도록 내용을 줄이고 쉽게 쓰려고 했다.

긍정심리학을 우리나라에 처음 도입한 사람으로서 그만큼 긍정심리학을 널리 알리고 싶은 간절함이 크다. 긍정심리학은 심리학의 한 분야를 넘어 우리나라를 더 플로리시한 나라로 변화시킬 수 있는 실천학문이 될 수 있다는 확신을 갖고 있기 때문이다. 그래서 '긍정심리학이란 무엇인가?'라는 제목으로 시작을 했다. 하지만 원고를 진행하면서 고민이 생겼다. 이제 긍정심리학이 무엇인지 알리는 것도 중요하지만 '긍정심리학이 주는 기회를 어떻게 살릴 것인가? 긍정심리학으로 무엇을 바꿀 수 있을까?'에 대한 방법 제시가 더 필요하지 않을까에 대한 고민이었다. 많은 고민 끝에 전체적인 콘셉트를 바꾸었다.

이 책은 단순히 '긍정심리학이 무엇인가?'에 대한 안내서가 아니다. 긍정심리학이 주는 기회를 어떻게 개인과 개인이 맡은 분야에 적용시키고 활용해 플로리시한 나와 조직을 만들 수 있을까에 대한 방법도 제시한 책이다. 그래서 1장 '긍정심리학이란 무엇인가?'부터 11장 '긍정심리학의 행복 연습도구'까지 제한된 분량이기는 하지만 지난 20여 년간의 긍정심리학의 핵심 이론과 연구결과, 사례들을 최대한 담으려 노력했다. 그러다 보니 내용도 늘어나고, 원서의 인용도 많아졌으며, 앞서 출간한 책들과 중복되는 부분도 늘었다. 양해를 바란다.

나는 지난 10년 이상 아침 일찍(보통 새벽 5시) 잠에서 깨면서부터 밤늦게(보통 밤 12시) 잠이 들 때까지 오직 우리 사회 각 분야에 긍정심리학을 어떻게 적용시킬 것인가에 대해 생각하고, 쓰고, 읽고, 가르치고, 실천하고 있다. 내가 이토록 긍정심리학에 몰입하고 애정을 갖는 것은 누구보다 긍정심리학에 대한 믿음과 확신을 가지고 있을 뿐만 아니라 긍정심리학의 수혜를 많이 받았기 때문인지도 모른다. 긍정심리학은 13년 전 가장 행복할 수 없던 1%에 속했던 나를 지금은 가장 행복한 1%로 만들어주었다. 최근 들어 긍정심리학을 만난 것은 단순한 우연이 아닌 내게 주어진 사명이 아닐까, 라는 생각이 종종 든다. 긍정심리학을 통해 우리 사회를 플로리시하게 만드는 것이 내 사명이라면 감사하고 겸허하게 받아들이고 싶다.

이 책을 쓰면서 많은 어려움이 있긴 했지만 그래도 의미 있고 감사할 수 있는 것은 내 나름대로 '긍정심리학의 정의', '긍정의 정의', '행복의 정의'를 내릴 수 있었다는 점 덕분이다.

책을 마무리하면서 감사드려야 할 분들이 참 많다. 먼저 늘 사랑으로 인도해주시는 하나님께 감사드린다. 박사 논문뿐 아니라 내 전문 영역을 사회 곳곳에 확산시킬 수 있도록 지도해주시는 흥사단 투명사회운동본부 상임대표이신 송준호 안양대학교 교수님, 지난 20년 이상

물심양면으로 도와주신 삼보의 김정태 사장님께 감사드리며, 이 세상에서 가장 존경하는 아내이자 서예가인 화담 김기숙 씨, 큰아들 정현, 작은아들 정훈에게도 감사를 전하고 싶다. 늘 연구와 저술, 강연에 전념할 수 있도록 도와주시는 한국긍정심리연구소 김미선 차장님, 이영규 연구원님, 스태프들 그리고 긍정심리학을 배우기 위해 전문가 과정, 강사 과정, 인성 과정에 참여한 사회 각 분야 전문가님, 긍정심리학에 관심을 가져주신 20만 독자님들께도 감사를 드린다. 이분들은 지금 전국 각지에서 긍정심리학을 확산시키는 데 큰 역할을 하고 있다.

또한 전국 강의장에서 만나서 함께 울고 웃으며 "행복을 만들자!"라고 다짐했던 분들에게도 감사를 드린다. 이 순간에도 그분들을 떠올리면 눈시울이 뜨거워진다. 이분들과 함께 플로리시를 만들어가는 것이 참 행복하다. 전국 어디를 가도 어느 분야 누구를 대상으로 강연을 해봐도 그들은 긍정심리학을 간절히 원한다. 이제, 우리 모두 긍정심리학이 주는 기회를 살려 플로리시한 세상을 함께 만들어갔으면 좋겠다.

"오늘도 플로리시!"

한국긍정심리연구소 소장 우문식

· Content ·

04 성격(인성)강점

05 몰입(관여)

06 긍정관계

07 삶(일)의 의미

11 긍정심리학의 행복 연습도구

Positive Psychology

01

긍정심리학이란 무엇인가?

긍정심리학은 긍정적 사고가 아니다

우리는 '긍정Positive'이란 용어를 많이 사용한다. 그러다 보니 긍정이란 무조건 좋은 것으로 인식해 때, 장소, 대상과 상관없이 남용하기도 한다. 한때 『칭찬은 고래도 춤추게 한다』라는 책이 인기를 끌면서 칭찬의 홍수를 이룬 적이 있었다. 하지만 캐롤 드웩Carol Dweck 스탠퍼드대 교수가 『양육쇼크』를 통해 '지나친 칭찬은 아이를 망친다'라는 연구결과를 발표하면서 교육계를 물론 기업조직에까지 큰 충격을 주었다. 긍정도 마찬가지다. 부정적인 노가 없다면 긍정적인 돛은 목적 없이 펄럭이고 신뢰성을 상실한다.

긍정심리학Positive Psychology이 무엇인지 알아보기 전에 먼저 긍정이 무엇이고, 긍정심리학과 긍정적 사고Positive Thinking가 어떤 차이가 있는지 살펴보자. 긍정이란 무엇일까? 평소에 자주 사용하는 단어이지만 막상 이에 대해 이야기하려면 쉽지 않다. 긍정심리학에서의 긍정은 좋은 것, 올바른 것, 선한 것, 최상의 것을 뜻한다.

좋은 것은 정서적 기쁨, 인지적 만족, 좋은 관계 등을 말한다. 올바른 것은 자신의 양심을 따르는 것, 남의 물건을 훔치지 않는 것, 거짓말 하지 않는 것, 남을 흉보지 않는 것, 피해를 주지 않는 것 등 도덕적 개념이라 할 수 있다. 선한 것은 타인에게 호의를 베푸는 것, 착한 일을 하는 것, 기부하는 것, 봉사하는 것을 말한다. 최상의 것은 긍정심리학의 목표인 플로리시를 의미한다. 여기서 플로리시란 인간의 모든 능력은 물론 잠재 능력까지 발휘하고 좋은 감정과 좋은 행동 모두를 포함하는 행복 이상의 것으로 인간이 누릴 수 있고 이룰 수 있는 최상의 상태에 이르는 것을 말한다. 긍정심리학의 행복에서는 행복의 만개滿開라고도 한다.

긍정심리학은 탄생에서 죽음에 이르기까지 그 사이에서 일어나는 모든 사건과 경험에 있어 좋은 삶과 올바른 삶, 선한 삶, 최상의 삶이 무엇인지를 과학적으로 연구하는 학문이다. 따라서 긍정심리학의 긍정은 어떤 현상을 엄격한 과학적 실험과 검증을 거쳐 그것이 신뢰할 만하고 또 반복적으로 입증이 가능하다는 것을 보여준다. 다시 말하면 어떤 것이 여러 차례 연구를 통해 입증됐고 또 동일한 상황에서 여러 번 반복해 입증할 수 있기 때문에 다음에도 그렇게 될 가능성이 높다는 것이다.

반면 긍정적 사고는 지극히 사적인 생각과 개인 차원의 권장 방법으로 이루어져 있다. 일관성도 부족해 상황에 따라 이랬다저랬다 변하기도 한다. 효과가 없을 경우에는 당신이 긍정적이지 않았기 때문이라고 주장하기도 한다. 긍정심리학은 플로리시한 삶을 지속적으로 오랫동안 살고 싶어 하는 사람들이 과학적 근거에 의해 유용한 지식체계를 쌓은 것인 반면, 긍정적 사고는 자신의 잘못으로 인해 자신에게 어떤 일들이 일어났다고 생각하게 만든다. 뭔가 잘못됐을 때 긍정적으로 바라보지 않았기 때문이라고 여기는 것이다. 일반적으로 그들은 자신에게 일어나는 일들을 자기 마음대로 조종할 수 있다고 생각한다. 긍정적으로 생각하면 긍정적으로 된다는 것이다.

말로만 수없이 긍정을 외치고 긍정적으로 생각하는 것만으로는 부족하다. 긍정이 어떻게 작용하고 어떤 결과를 만들어내는가를 과학적 근거에 의해 긍정의 지식체계를 구축해야 한다. 일부 학자들은 긍정적 사고에 낙관성까지 포함시키는 경향이 있다. 하지만 긍정심리학에서 낙관성은 독립적으로 분류한다.

긍정심리학의 탄생

긍정심리학은 1998년 당시 미국 심리협회 회장이던 마틴 셀리그만 펜실베이니아대 심리학 교수가 창시했다. 그는 1996년 미국 심리협회 회장 선거 역사상 가장 큰 표 차이로 회장에 당선됐는데 이미 '무기력 학습'과 '낙관성 학습'의 발견으로 심리학계의 폭넓은 신뢰와 지지를 받고 있었다. 셀리그만의 사명은 '예방'이었다. 질병 모델을 이용해 연구하는 심리학자들은 대부분 치료에만 심혈을 기울여왔지만 셀리그만의 생각은 달랐다. 치료를 받을 정도면 이미 시기적으로 늦은 것이며, 건강하고 행복한 생활을 할 때 예방에 힘써야 나중에 닥칠 수도 있는 고통의 나락에서 구할 수 있다는 것이다. 치료 결과는 불확실하지만 예방 효과는 굉장히 크다. 산파가 손을 철처히 소독하면 산모가 산욕열에 걸릴 가능성을 차단할 수 있고, 예방접종을 하면 소아마비를 퇴치할 수 있는 것과 같은 이치다.

과연 청소년기에 심리학적 개입 활동을 하면 성인기의 우울증, 정신분열증, 약물중독을 예방할 수 있을까? 셀리그만은 10년간 이에 대한 연구에 몰두했다. 그 결과 10세짜리 아이들에게 낙관적으로 사고하고 행동할 수 있는 방법을 가르치면 그들이 사춘기에 접어들었을 때 우울증에 걸릴 확률이 반으로 줄어든다는 사실을 밝혀냈다. 이에 따라 그는 예방에 대한 연구 및 임상 실험이 자신이 해야 할 일이라고 생각했다.

회장에 취임한 지 6개월 후 그는 시카고에서 예방 교육을 위한 특별위원회 소집과 함께 기획회의를 열었다. 이 회의에 참석한 위원 12명과 권위 있는 몇몇 연구자들은 이구동성으로 예방학에서 정신질환을 어떻게 규정할 것인지에 대한 의견을 쏟아냈다. 하지만 그에게는 지겨우리만큼 따분한 시간이었다. 그런 이야기라면 지금까지 귀가 따갑도록 들어왔기 때문이다. 모두 일리 있는 의견이었지만 그가 더는 듣고 있을 수 없었던 것은 2가지 이유에서였다.

첫째, 이상이 있는 뇌와 정신질환 치료법에 대한 연구는 심리장애를 예방하는 데 전혀 도움이 되지 않기 때문이다. 정신질환을 예방하려면 청소년 각자의 강점, 능력, 미덕-미래지향성, 희망, 대인관계, 용기, 집중력, 신념, 직업윤리 등-을 파악하고 개발해주어야 한다. 이런 강점들을 개발하면 정신질환에 걸릴 정도의 심한 고통을 완화시킬 수 있다. 낙관성과 희망이라는 강점을 개발하면 유전적 위험 요소가 있다고 해도 청소년 우울증을 예방할 수 있다. 마약 밀매가 성행하는 환경에서 자란 도시 빈민 지역의 청소년일지라도 미래지향적으로 생각하고, 좋아하는 일에 몰입하며, 직업윤리가 투철할 경우에는 약물중독에 걸릴 위험이 훨씬 적어진다. 이처럼 고통 완화제로서의 강점 개발은 장애를 치료하는 데만 몰두하는 질병 모델과는 전혀 관계가 없다.

둘째, 정신분열증이나 우울증에 걸릴 위험이 있는 청소년들에게 할돌Haldol이나 프로작Prozac 같은 향정신성 의약품은 그다지 효과가 없기 때문이다. 그것은 난폭한 환자들을 진정시킬 때나 필요하다.

셀리그만이 기대했던 기획회의는 성과 없이 끝났다. 그로부터 2주일 후 그는 만 5세인 딸 니키와 정원에서 잡초를 뽑으면서 니키를 통해 자신의 사명을 발견했다. 그는 아이들에 관한 책과 논문을 여러 편 썼지만, 정작 자신의 아이들에 대해서는 아는 게 별로 없었다. 그날도 정원을 가꾸면서 협회 수뇌부 구성에 몰두하고 있었다. 할 일은 많고 늘 시간에 쫓기다 보니 정원에서 잡초를 뽑을 때조차 여유 부릴 새가 없었던 것이다. 하지만 니키는 잡초를 뽑아 하늘 높이 던지기도 하고 노래하며 춤을 추기도 했다. 딸아이의 그런 모습이 하도 어수선해서 "니키, 조용히 좀 못 해!" 하고 냅다 고함을 지르자, 니키는 집 안으로 들어가 버렸다. 조금 뒤 다시 정원으로 나온 딸이 그에게 다가와 말했다.

"아빠, 드릴 말씀이 있어요."

"무슨 말인데, 니키?"

"아빠는 제가 다섯 살이 되기 전까지 어땠는지 기억하세요? 그때 제가 굉장한 울보였잖아요. 날마다 징징거릴 정도로. 그래서 다섯 번째 생일날 결심했어요. 다시는 징징거리며 울지 않겠다고. 그런데 그건 지금까지 제가 한 그 어떤 일보다 훨씬 힘들어요. 제가 이 일을 해냈다면 아빠도 신경질 부리는 일을 그만두실 수 있잖아요."

고작 5세밖에 안 된 딸이 그도 미처 몰랐던 문제점을 정확하게 짚어낸 것이다. 그는 망치로 머리를 한 대 맞은 듯한 충격을 받았다. 아이를 키운다는 건 그 아이가 지닌 단점을 고치는 게 아니라는 큰 깨달음을 주었기 때문이다. 니키는 스스로 해나갈 능력이 있다. 아버지로서 그가 할 일은 니키의 조숙함을 강점으로 개발해주는 것이다. 성격(인성) 강점의 사회성 지능이라고 하는 이런 강점이 딸아이의 삶의 밑거름이 되게 도와주는 것이다. 자신의 강점을 완벽하게 개발한다면 그것은 자신의 약점이나 험난한 세상살이를 이겨낼 수 있는 힘이 될 것이다.

그는 비로소 아이를 키울 때 아이의 단점이나 약점을 고치는 것보다 훨씬 더 중요한 일이 있다는 사실을 깨달았다. 바로 자녀의 강점과 미덕을 간파하고 개발해줌으로써 아이가 자신에게 적합한 일을 찾아 긍정 특징을 최대한 발휘하도록 이끌어주는 것이다.

사회구성원들이 자신에게 꼭 알맞은 자리를 찾아 저마다 강점을 최대한 발휘할 때 사회 전체의 이익을 이룰 수 있다고 한다면 심리학의 임무는 더없이 막중하다. 어린 딸 니키가 그의 사명이 무엇인지를 일깨워준 것이다.

셀리그만은 미국 심리협회 회장에 당선된 지 2년 뒤인 1998년 신년사에서 "손쓸 도리 없이 망가진 삶은 이제 그만 연구하고 모든 일이 잘 될 것 같은 사람에게 초점을 맞추어야 한다"라고 선포하고 1월 멕시코만 유카탄 아쿠말에서 미하이 칙센트미하이Mihaly Csikszentmihaly, 레이 파울러Ray Fowler 등의 심리학자와 함께 긍정심리학의 기초 이론을 만들고 그 이론을 2000년 〈미국 심리학회지American Psychology〉와 2002년 『마틴 셀리그만의 긍정심리학Authentic Happiness』을 통해 세상에 알렸다. 긍정심리학이 탄생한 지 이제 15년밖에 되지 않았지만 긍정심리학은 빠른 속도로 확산되고 있다.

긍정심리학이란?

긍정심리학은 셀리그만이 심리학이라는 학문이 제2차 세계대전 이후 인간이 가진 심리적 문제와 그 치료 방법에 중점을 두어왔다는 사실을 자각하는 것에서 시작됐다. 이런 병리학적 관점은 오랫동안 중요한 문제로 대두됐으며 심리질환을 이해하고 치료하며 예방하려는 많은 노력을 해왔다. 이로 인해 공황장애와 같은 질환은 완쾌가 가능할 정도로 다양한 심리 치료에서 성과도 있었다. 그러나 심리질환의 치료에만 초점을 맞추다 보니 문제가 발생했다. 대부분의 과학적 심리학은 인간에게 올바르고 긍정적인 것이 무엇인지에 대한 연구를 간과했고, 긍정적이고 좋은 삶에 대한 언급은 종교지도자들이나 정치인들이 하는 정도의 수준에서 벗어나지 못했기 때문이다. 긍정심리학은 이러한 불균형을 바로잡기 위해 인간의 긍정적인 심리적 측면과 미덕, 강점을 과학적으로 연구하기 시작했다.

긍정심리학은 개인과 조직, 사회에서 일어나는 기쁘고 좋은 일을 더 오랫동안 지속시킬 수 있는 방법과 힘들고 나쁜 일을 극복하고 해결할 수 있는 방법을 과학적으로 알려준다.

긍정심리학이 주장하는 가장 기본이 되는 가정은 인간에게는 질병, 질환, 고통이 발생하는 것과 같이 강점과 미덕, 탁월함도 주어진다는 것이다. 그래서 긍정심리학은 인간의 부정정서나 결점만큼이나 긍정정서나 강점에도, 삶에서 잘못된 부분을 교정하는 것만큼이나 최상의 상태를 만드는 일에도, 고통 받는 사람들의 상처를 치유하는 것만큼이나 건강한 사람들의 삶의 성취에도 관심을 갖는다.

긍정심리학은 개인과 조직에 있어 최적의 기능과 작용에 대한 학문적 연구다. 사랑, 감사, 즐거움, 용서, 일의 만족도 같은 긍정정서와 창의성, 용감성, 감상력, 호기심, 열정 같은 강점들이 삶 속에서 어떻게 작용해 어떤 결과를 산출하는지를 보는 것이다.

연습이나 행동에서도 무엇이 작용하는지에 집중하고 있다. 예를 들어 심리상담사라면 대부분 제일 먼저 "당신의 인생에서 어떤 것이 잘못됐고, 어떤 것이 잘되지 않았나요?"라고 질문할 것이다. 반면 긍정심리학자는 제일 먼저 "당신의 인생에서 어떤 것이 제대로 작용하고 있으며, 어떤 것이 잘되고 있나요?"라고 질문할 것이다.

조직에서도 마찬가지다. 컨설턴트는 대개 조직에서 어떤 것이 문제인지, 개선을 위해 무엇을 해야 하는지를 중점적으로 질문한다. 그러나 긍정심리학자는 제일 먼저 조직에서 어떤 것이 잘되고 있는지, 어떤 것이 회사의 강점과 장점인지 등 조직의 최적 기능에 대해 질문하고 그것들을 중심으로 지속적인 조직의 성과를 이룰 수 있게 한다.

이러한 최적 기능과 작용에 대한 전문성과 이해가 부족하면 개인의 행복도나 조직성과를 높이기가 어렵다. 가끔 기업의 교육 담당자와 산업 강사들에게 긍정심리학을 조직에 적용시키기엔 임팩트가 약하다는 말을 듣는다. 생존, 경쟁, 혁신, 도전, 성과를 위한 교육에 약하다는 것이다. 이는 임팩트가 약한 것이 아니고 긍정심리학에 대한 이해와 전

긍정심리학의 정의(우문식, 2015)

셀리그만Seligman (2011)	긍정심리학은 인간의 긍정적 측면과 성격강점을 과학적으로 연구해 개인과 사회의 플로리시를 지원하는 학문이다.
칙센트미하이Csikzentmihalyi, **셀리그만,** **셸던**Sheldon, **프레드릭슨**Fredrickson, **헤이트**Haidt(1999, 2000)	긍정심리학은 최적의 인간 기능에 대한 과학적 연구다. 그것을 발견하고 개인과 지역사회가 플로리시할 수 있도록 하는 요인을 촉진하는 것이 목표다.
피터슨Peterson (2004)	긍정심리학은 탄생에서 죽음에 이르기까지 그 사이에서 일어나는 모든 사건과 경험에 있어 좋은 삶과 올바른 삶이 무엇인지에 대해 과학적으로 연구하는 학문이다.
셸던, **킹**King (2000)	긍정심리학은 보통 사람들이 지니는 강점과 미덕에 대한 과학적 연구이며 그들이 잘 기능하고, 올바르게 행동하며, 삶을 향상시키도록 만드는 것이 무엇인지를 찾아내려는 연구다.
게이블Gable, **헤이트** (2005)	긍정심리학은 인간, 집단, 제도가 최적으로 기능하고 플로리시하는 데 기여할 수 있는 조건과 과정에 대한 연구다.
조셉Joseph, **린리**Linley (2005)	긍정심리학은 정신병리, 고통 같은 부정적 측면의 이해와 완화뿐만 아니라 인간 경험의 긍정적 측면과 인생을 살 만한 가치가 있게 만드는 것에 대한 이해를 강조하는 심리학자들의 새로운 운동이다.
류보머스키Lyubomirsky (2011)	긍정심리학은 심리적 행복의 원천인 긍정정서, 긍정경험, 긍정환경, 인간의 강점과 미덕에 대한 집중적인 연구다.
로페츠Lopez (2011)	긍정심리학은 인간에게 무엇이 올바른 것인지를 연구하는 학문이다.
바움가드너Baumgardner (2009)	긍정심리학은 개인적 자질, 삶 속에서의 선택, 삶의 조건 그리고 좋은 삶을 향상시키는 사회문화적 조건에 대한 과학적 연구로 행복, 신체적 · 정신적 건강, 유의미성과 덕목 등으로 정의되는 학문이다.
에드 디너 Ed Diener (2007)	긍정심리학은 인간의 부정적인 부분보다 긍정적인 부분을 조명하는 심리학의 새 지류다.
샤하르Shahar (2007)	긍정심리학은 최적의 인간 기능과 작용에 대한 학문적 연구다.
루이스Lewis (2012)	긍정심리학은 어떤 현상을 엄격한 과학적 실험과 검증을 거쳐 그것이 신뢰할 만하고 또 반복적 입증이 가능하다는 것을 보여주는 연구다.
헤이트(2006)	긍정심리학은 인간의 행복과 의미를 찾도록 돕는 학문이다.

문성 부족에서 나오는 결과다.

긍정심리학이 조직 개발과 조직문화, 조직성과에 기여하는 바는 놀랍다. 긍정심리학에는 과학적으로 검증된 조직성과를 높여주는 도구와 이를 측정하는 도구가 있기 때문이다. 기업의 존재 이유와 목표가 무엇인가? 성과와 지속적 성장이다. 누가 위기에 처한 조직을 살리고 키우는가? 사람이다. 위기에 처한 조직을 살리고 성과를 높게 낼 수 있는 사람으로 변화시켜주는 것이 긍정심리학이다. 분노, 화, 불만, 불안, 압박 같은 부정성은 행동경향성이 강하지만 사고를 경직되게 만들고 위축시킨다. 반면 기쁨, 감사, 흥미, 자신감, 만족 같은 긍정성은 행동경향성은 약하지만 유쾌한 내면적 경험과 즐거운 생기로 사고를 유연하게 만들고 확장시킨다. 그래서 창의성과, 수용성, 자발성, 회복력을 높여 조직 구성원 스스로 생각과 마음의 문을 열게 하고 변화시켜 조직의 생존과 성과, 새로운 도전에 기여하게 한다.

긍정심리학의 기둥이라고 할 수 있는 핵심 연구 주제는 다음 3가지로 압축할 수 있다. 첫째, 긍정경험인 기쁨, 평안, 감사, 만족, 자신감, 희망, 낙관성 같은 긍정정서Positive Emotion다. 둘째, 긍정적 특성Positive Traits으로 여기에는 긍정심리학의 핵심인 강점Strenths과 미덕Virtues은 물론 몰입, 재능, 관심사, 가치, 운동성 같은 개인의 '능력'까지 포함된다. 셋째, 긍정경험과 긍정적 특성을 독려하는 긍정제도Positive Institutions로 가족, 학교, 기업, 조직, 언론, 민주주의 사회를 말한다. 여기서 긍정제도란 이를 통해 긍정특성을 발달시키고 발현할 수 있도록 도와주며, 긍정경험을 촉진시켜 사람들이 플로리시할 수 있도록 하는 것을 의미한다.

긍정심리학의 이론적 토대를 구축하기 위해 초기 긍정정서 연구는 에드 디너Ed Diener가, 긍정적 특성 연구는 미하이 칙센트미하이, 크리스토퍼 피터슨Christopher Peterson, 조지 베일런트George Vaillant가, 긍정제도 연구는 캐슬린 제이미슨Katheleen Jamieson이 맡았으며 총괄은 셀리그만이 했다.

긍정심리학에서 처음 긍정제도를 연구할 당시 셀리그만은 민주주의, 강한 가족연대, 자유 언론 등을 긍정제도로 꼽았다. 그때까지만 해도 상업적 조직보다는 사회적 기관을 더 염두에 두고 있었기 때문이다. 그러나 최근 긍정심리학이 인기를 얻으면서 긍정심리학의 과학적 이론을 기반으로 하는 긍정조직학 연구가 급속히 성장하고 있으며, 긍정심리학과 긍정조직학 연구가 상호보완적 형태로 발전하면서 상업 분야로 빠르게 확산되고 있다.

최근 이렇게 긍정심리학이 인기를 얻으면서 사회 각 분야에서 개별적으로 연구하거나 응용하는 사람들이 늘고 있다. 바람직한 현상이다. 하지만 문제도 많다. 긍정심리학의 이론과 도구를 이용하면서도 교묘히 긍정심리학임을 밝히지 않거나 긍정심리학의 과학적 이론과 연구 결과물을 무시하고 긍정심리학을 약화시키는 것이다. 피터슨은 이들을 가리켜 "긍정심리학을 나쁘게 이용하는 사람들이다"라고 말했다. 이들은 긍정심리학을 발전시키고 대중화시키려는 사람들이 아니라는 것이다. 긍정심리학의 발전과 대중화와 달리 이들은 긍정심리학자들이 신중하게 연구해온 이론과 결과물을 토막 내어 그것이 진실인 것처럼 변질시켜 간절하게 원하는 대중에게 제시한다. 서점 내의 심리학, 자기계발, 행복 관련 코너나 교육 프로그램 혹은 강의를 들어보면 금방 알 수 있다.

긍정심리학은 이념적 활동이나 세속적 종교가 아니다. 이 학문은 일확천금을 벌기 위한 책략도 아니며 웅변가의 마법 같은 주문도 아니다. 이 세상에는 이런 것들로 가득 차 있다. 정말 많은 사람들이 긍정심리학이 탐구해야 할 플로리시한 삶에 통찰력을 불어넣어준다. 그러나 긍정심리학이라고 불리기 위해서는 통찰을 과학적인 심리학 도구를 통해 연구해 어떤 아이디어가 문제의 현실과 맞는지 혹은 맞지 않는지, 어떻게 작용하는지 탐구하는 것이어야 한다. 그만큼 긍정심리학은 과학적이라는 것이다.

피터슨은 이런 과정을 거치지 않은 이들은 긍정심리학의 연구결과물을 무시하고, 이룰 수 없는 허황된 꿈을 심어주며, 많은 이들이 겪고 있는 실질적인 문제들을 교묘하게 숨김으로써 긍정심리학을 깎아내리거나 적어도 이 학문의 본질을 변질시킨다고 했다. 긍정심리학은 플로리시를 연구하는 응용과학이다.

긍정심리학의 플로리시를 위한 PERMA

긍정심리학은 진화한다. 긍정심리학에서 처음 발표한 '진정한 행복 이론'에서는 긍정정서(즐거운 삶), 몰입(몰입하는 삶), 삶의 의미(의미 있는 삶)에 중점을 두었고 주제는 행복이었으며 목표는 만족한 삶이었다. 행복도를 측정해 삶의 만족도를 구했던 것이다.

하지만 셀리그만은 최근 진정한 행복 이론이 완벽하지 않다고 고백했다. 우선 기존 행복 이론에서는 '행복'이라는 말에 내포된 의미가 유쾌한 기분과 밀접하게 연관될 수밖에 없다는 한계를 갖고 있다. 행복은 즐거운 순간이나 초콜릿 혹은 애무 등 감각적, 감정적 즐거움이 유발하는 일시적 감정 이상의 매우 폭넓은 개념이라는 것이다.

행복을 측정하는 기준도 문제가 있었다. 진정한 행복 이론에서는 삶의 만족도를 행복의 측정 기준으로 삼았는데, 이 방법이 정확도가 떨어질 수 있음을 인정했다. 이 기준은 광범위하게 조사된 자기보고식 측정 방법으로 자신의 삶에 얼마나 만족하는가를 1점부터 10점까지, 즉 끔찍하다(1점)부터 이상적이다(10점)까지의 범위에서 대답할 것을 요구했다. 긍정심리학의 목표는 이 기준을 토대로 삶의 만족도를 높이는 것이었는데, 여기에 문제가 있었다. 사람들이 보고하는 삶의 만족도 수준은 그 질문을 받는 시점에서 그들의 기분이 어떠냐에 따라 결정된다는 사실이 드러났기 때문이다. 수많은 사람들을 조사한 결과, 보고 시점의 기분에 따라 삶의 만족도 수준을 결정한 비율이 70% 이상이고, 당시의 기분과 상관없이 자신의 삶을 올바르게 판단한 비율은 30%도 채 안 됐다.

마지막으로 긍정정서, 몰입, 의미가 별다른 이유 없이 '그 자체가 좋아서' 선택하는 요소들을 완벽하게 설명하지 못한다는 문제가 있었다. 긍정심리학은 강요가 아닌 자신이 좋아서 선택하는 학문이라는 것이다.

이런 문제점을 인정하고 셀리그만은 새로 발전된 이론을 발표하면서 긍정심리학의 목표도 행복 측정에 의한 삶의 만족도에서 '플로리시'로 바꿀 것을 제안했다. 긍정심리학의 새로운 주제는 웰빙이고 목표는 플로리시라는 것이다. 플로리시를 위한 새로운 웰빙 이론은 긍정정서Positive Emotion, 몰입Engagement, 관계Relationship, 의미Meaning, 성취Accomplishment의 5가지 핵심 요소로 구성되며, 이 핵심 요소는 각 요소의 첫 글자를 따서 팔마(PERMA: 영원, 영속)라고 한다. 성격(인성)강점Character Strength은

'진정한 행복 이론'에서는 몰입에 속해 있었으나 새로운 이론에서는 5가지 요소 전체의 기반이 된다.

긍정심리학을 연구하거나 지식을 갖고 있는 독자들은 '팔마PERMA'란 표현에 대해 다소 혼란스러울 수도 있을 것이다. 전에는 주로 '페르마'로 표현했기 때문이다. 페르마는 흔히 프랑스 수학자인 피에르 페르마Pierre Fermat를 지칭한다. 나도 처음엔 페르마라고 불렀다. 하지만 긍정심리학을 깊이 있게 연구하면서 긍정심리학의 올바른 발전과 연구자들의 의도를 존중해주기 위해선 용어에 대한 정확한 표현과 정의가 필요하다는 생각이 들었다. 그래서 중요한 몇 가지 용어를 새롭게 정의했는데 그중 하나가 팔마다. 팔마는 페르마가 아니다. 팔마는 '영원한 삶Perma-life, 영원한 죽음Perma-death'으로 사용되기도 하며, 셀리그만이 제시한 낙관성 학습의 3가지 차원의 설명양식인 내재성, 영속성, 만연성 중 영속성Permanence과 연관 있다. '영원'이나 '영속'으로 정의를 내릴 때 긍정심리학의 목표인 플로리시와 일치되기 때문이다.

플로리시를 위한 5가지 요소를 간단하게 살펴보면 다음과 같다. 첫째, 긍정정서는 우리가 느끼는 것, 즉 기쁨, 희열, 따뜻함, 자신감, 낙관성 등을 말한다. 지속적으로 이러한 정서들을 이끌어내는 삶을 '즐거운 삶'이라고 부른다. 둘째, 몰입(관여)은 음악과 하나 되기, 시간 가는 줄 모르는 것, 특정 활동에 깊이 빠져든 동안 자각하지 못하는 것, 자발적으로 업무에 헌신하는 것을 의미하며, 이 요소를 지향하는 삶을 '몰입하는 삶'이라고 한다. 셋째, 관계는 타인과 함께하는 것을 말한다. 큰 소리로 웃었을 때, 말할 수 없이 기뻤던 순간, 자신의 성취에 엄청난 자긍심을 느꼈던 때를 생각해보면 대부분 타인과 함께할 때였을 것이다. 혼자가 아닌 타인과 함께하는 삶을 '좋은 삶'이라고 한다. 넷째, 의미는 자아보다 더 중요하다고 믿는 어떤 곳에 소속되고 그곳에 기여하는 것에 기초한다. 인생의 의미와 목적을 추구하는 삶을 '의미 있는 삶'이라고 한다. 다섯째, 성취도 플로리시를 위한 중요한 요소다. 사람들은 오직 이기기 위해서나 물질 추구만이 아닌 성공, 성취, 승리, 정복 그 자체가 좋아서 그것을 추구하기도 한다. 일시적인 상태로는 업적이며 확장된 형태로는 성취다. 성취를 위해 업적에 전념하는 삶이 '성취하는 삶'이다.

이 5가지의 기반인 성격(인성)강점은 개인의 성격적·심리적 특성을 말하며, 특성에는 긍정·부정 특성이 있으나 성격강점은 긍정 특성을 뜻한다.

긍정심리학의 행복

행복은 인류의 영원한 화두다. 아주 오래전부터 사람들은 행복한 삶을 꿈꾸며 살았다. 행복이란 무엇인지, 어떻게 해야 행복할 수 있는지를 고민하며 답을 찾기 위해 노력했다. 그러면서 행복도 진화했다. 르네상스 시대 3대 거장으로 불리는 라파엘로Raffaello의 그림 〈아테네 학당〉을 보면 중앙에서 왼쪽이 플라톤, 오른쪽이 아리스토텔레스로 이들이 학당으로 들어오고 있는데 아리스토텔레스 왼손에 들려 있는 책이 『행복론』이다. 이미 그때부터 행복을 가르치고 배웠다는 것이다. 하지만 지금까지 수천 년 동안 많은 사람들이 행복을 가르치고 책을 썼지만 긍정심리학이라는 행복을 과학적으로 연구하는 학문이 나오기 전에는 어느 누구도 행복을 지속시키고 증진시킬 수 있는 과학적인 방법을 제시하지 못했다.

지금까지의 행복은 대부분 추상적(행복은 내 안에 있다, 마음먹기에 달렸다, 선물이다 등)이고, 관조적(내려놓으라, 버려라, 멈춰라 등)이며, 조건적(좋은 대학 들어가면, 좋은 집, 좋은 차, 명품백이 있었으면)이고, 감각적·감정적(맛있는 아이스크림, 초콜릿, 이성 간 접촉)이었다. 이러한 방법들은 행복에 도움은 되나 지극히 일시적이고 시간이 지나면 쉽게 사라진다.

최근에는 행복이 일시적이고 감정적·감각적 즐거움보다 더 광의적 차원에서 다루어지고 있다. 행복은 과학이며 진화한다는 것이다. 최초로 행복을 과학적으로 연구한 사람은 디너다. 그는 '주관적 안녕감'이란 이론에서 행복을 정서적 기쁨과 인지적 만족이라고 했다. 정서적 기쁨은 화, 분노, 불안, 무기력 같은 부정정서가 적고 성취감, 감사, 즐거움, 자신감 같은 긍정정서가 높은 상태를, 인지적 만족은 자신의 삶을 전체적으로 혹은 일, 사랑, 자녀 양육, 여가생활같이 중요한 영역별로 평가했을 때 긍정적인 상태를 말한다. 긍정정서를 많이 경험하고 부정정서를 적게 경험할수록 주관적 안녕감 수준이 높아지며, 자신의 삶을 전체적으로 혹은 영역별 평가에서 긍정적일 때 만족감을 느낀다는 것이다.

셀리그만은 "긍정심리학의 행복은 순간적이고 주관적으로 느끼는 마음 상태에 머무는 것이 아니다. 행복이란 개념에는 참되게 살아온 개인의 삶이 포함된다. 이것은 주관적으로 판단할 문제가 아니다. 참됨Authenticity은 자신의 대표 강점을 발휘함으로써 만족과 긍정정서를 자아내는 행위를 뜻하기 때문이다"라고 말했다.

참된 삶의 모습은 긍정심리학의 미덕과 강점을 일상에서 발휘하는 것을 말하는데, 미덕과 강점에는 도덕성과 선한 품성의 개념이 포함돼 있다. 다시 말하면 참된 삶의 모습이란 올바르고 깨끗한 도덕적 행동을 뜻한다. 최근 들어 행복에 영향을 많이 미치는 것이 역경을 극복해 주는 회복력Resilience이다. 우리는 살아가면서 의도하지 않은 크고 작은 역경을 겪는다. 하지만 똑같은 역경을 겪어도 어떤 사람은 무너지고 어떤 사람은 일어나 더 강해진다. 이는 회복력에 좌우된다. 회복력이 약하면 행복을 지속적으로 유지하기가 어렵다. 이렇게 4가지인 정서적 기쁨, 인지적 만족, 참된 삶, 역경을 이기는 회복력이 행복이며, 이 행복을 지속적으로 유지, 증진시켜서 행복을 만들어주는 것이 긍정심리학이다.

긍정심리학에서 행복이 과학이라는 대표적인 과학적 근거는 행복은 진보한다는 '행복의 가설'과 행복을 과학적으로 증명한 '행복 공식'이다.

차기 긍정심리학 리더로 지목받고 있는 뉴욕대 스턴경영대학원 교수인 조너선 헤이트Jonathan Haidt는 3,000년 동안 이어온 세계의 10대 위대한 사상(지혜)을 통해 행복 가설을 세우고 세계의 문명이 빚어낸 사상 한 가지씩을 통해 행복을 증명해냈다. 최초의 행복 가설은 '행복은 내가 원하는 것을 얻는 데서 온다'라는 것이다. 자신이 원하는 것이 돈이든 명예든 권력이든 손에 넣으면 그것으로 행복해질 수 있다고 믿었다.

"나는 여러 가지 큰일을 성취했다. 궁전도 지었고, 여러 곳에 포도원도 조성했다. 또 정원과 과수원을 만들고, 거기에 온갖 과일나무도 심었다. ……나는 또한 지금까지 예루살렘에 살던 어느 누구도 그렇게 소유해본 적이 없을 만큼 많은 소와 양 같은 가축 떼를 가져보았다. 은과

금, 임금들이 가지고 있던 여러 나라의 보물도 모아보았으며 남녀 가수들도, 남자들이 좋아하는 처첩도 많이 거느려보았다. 드디어 나는 일찍이 예루살렘에 살던 어느 누구보다도 더 큰 세력을 가진 사람이 됐다. 지혜가 늘 내 곁에서 나를 깨우쳐주었다. 원하던 것을 나는 다 얻었다. 누리고 싶은 낙은 무엇이든 삼가지 않았다. …… 그러나 내 손으로 성취한 모든 일과 이루려고 애쓴 나의 수고를 돌이켜보니 참으로 세상 모든 것이 헛되고, 바람을 잡으려는 것과 같고, 아무런 보람도 없는 것이었다."(『전도서』 2장 4~11절)

이 글은 『전도서』의 저자인 솔로몬 왕이 자신의 삶과 함께 행복과 만족을 추구했던 그동안의 행적을 돌아보며 기록한 것으로 추정된다. 그는 원하는 것을 얻으면 행복할 수 있다고 믿고 물질적 풍요 속에서 행복을 찾으려고 했다. 하지만 정작 원하는 것을 얻어도 잠깐 행복했다가 이내 사라지거나 공허함과 허탈감을 느낌에 따라 최초의 행복 가설은 힘을 잃었다.

최초의 행복 가설보다 진일보한 가설이 '행복은 안과 밖에 있다'라는 것이다. 이 가설이 나오기 전까지는 행복은 마음속에 있다고 생각하는 사람들이 많았다. 그 대표적인 인물이 석가모니인데, 석가모니는 마음의 번뇌와 삶에 대한 집착을 버려 마음의 평화를 얻으면 그게 행복이라고 말했다. 지금도 석가모니처럼 행복은 마음속에 있다고 말하는 사람들이 적지 않다. 일명 '행복 마음론'으로 행복은 구체적인 실체 없이 마음속에만 존재하는 것이어서 마음을 편안하게 가지면 행복해질 수 있다는 논리다.

서양의 사상가들은 동양의 석가모니와는 다르게 생각했다. 그들은 행복은 자신이 처한 외부 환경을 변화시킬 때 온다고 믿었다. 사람을 사랑하고, 목표나 즐거움을 열정적으로 추구하며, 인생을 최대한 만끽해야 한다고 주장했다. 삶에 대한 열정과 집착은 때론 고통스러울 수도 있지만 행복의 동력이 되기도 한다는 것이다.

석가모니와 서양의 사상가들 어느 한쪽의 손을 들어주기에는 행복이 그리 단순하지 않다. 행복이란 안에서도 밖에서도 올 수 있는 것이기 때문이다. 또한 안과 밖, 어느 한쪽만으로는 충분히 행복하지 않고, 안과 밖이 조화를 이루었을 때 행복이 극대화된다고 볼 수도 있다.

두 번째 가설도 헤이트에 의해 행복을 정확하게 설명하지 못한다는 것이 증명됐다. 헤이트는 2가지 가설을 반박하면서 '행복은 사이에 있다'라는 새로운 행복 가설을 제시했다. 다양화되고 복잡한 사회에서는 사이, 즉 관계가 중요하다는 것이다. 내 의식과 행동, 나와 너, 나와 가족, 나와 직장 동료들, 나와 신과의 사이까지 다양한 사이를 분열과 갈등 없이 잘 풀어갈 때 행복해질 수 있다는 것이다. 세 번째 가설은 앞의 두 가설에 비하면 상당히 과학적이며 행복의 실체에 많이 접근했지만 이 또한 행복을 완전하게 설명하지는 못한다.

셀리그만과 피터슨, 류보머스키는 "행복은 만들 수 있다"라고 말했다. 셀리그만은 행복이 좋은 유전자나 행운으로 얻어지는 것이 아니라 바이올린 연주나 자전거 타기 기술같이 부단한 연습과 노력으로 만들 수 있음을 과학적으로 증명했다. 셀리그만은 2011년 긍정심리학의 새로운 이론을 그의 저서 『플로리시』에 발표하면서 "나는 이제 당신의 플로리시를 만들어줄 수 있다"라고 말했다. 그만큼 긍정심리학에 대한 확신을 갖고 있다는 것이다. 긍정심리학과 함께 과학도 발달했다. 지금은 과학기술의 발달로 초정밀기기가 개발돼 행복도 측정할 수 있다.

나는 지금까지 10년 이상 긍정심리학을 연구하고 있으며 그 속에 있는 도구를 내 삶에 적용해오고 있다. 세계적인 긍정심리학 석학들의 연구와 내 연구를 종합해볼 때 '행복은 만드는 것이다'라는 결론을 도출할 수 있었다. 그래서 2014년 11월 『행복 4.0』을 통해 새로운 긍정심리학의 행복 4.0 개념을 제시했다. 행복 1.0은 '행복은 내가 원하는 것을 얻는 데서 온다', 행복 2.0은 '행복은 안과 밖에 있다', 행복 3.0은 '행복은 사이에 있다', 행복 4.0은 '행복은 만드는 것이다'이다.

행복은 불행의 반대 개념이 아니다. 반대로 불행 역시 행복의 반대 개념이 아니다. 불행하지 않다고 행복한 것이 아니며 행복하지 못하다고 불행한 것이 아니다. 행복은 자신이 만드는 것이다. 불행하지 않다고 생각하는 사람, 행복하지 않다고 생각하는 사람, 불행하다고 생각하는 사람, 행복하지만 더 행복을 원하는 사람들에게 적극적으로 행복을 만드는 방법을 과학적으로 알려주는 것이 행복 4.0이다.

류보머스키, 데이비드 리켄David Lykken, 셀리그만은 행복을 과학적으로 증명할 수 있는 '행복 공식'과 플로리시를 위한 5가지 행복 요소를 발표했다. 행복 공식은 상당히 과학적이다. 다양한 환경과 조건에 처한 사람 누구든지 행복 공식에 따라 움직이면 행복해질 수 있다. 행복을 만드는 공식은 다음과 같다.

지속적인 행복의 수준

H=Happiness

50%		10%		40%
설정값 (이미 설정된 범위)		**삶의 상황**(조건) (외적 환경)		**자발적 행동** (내적 환경)
S = Setpoint	+	C = Circumstances	+	V = Voluntary Behaviors
유전적 요인, 자동조절기, 쾌락의 늪		돈, 결혼, 나이, 직업, 건강, 교육, 인종, 성, 종교		긍정정서, 몰입, 강점 등

마틴 셀리그만(M. Seligman), 소냐 류보머스키(Sonja Lyubomirsky), 케넌 셸던(Kennon Sheldon)

여기에서 $H_{\text{Happiness}}$는 실제로 내가 경험하는 지속적인 행복 수준이다. S_{Setpoint}는 이미 설정된 행복의 범위이자 설정값이고, $C_{\text{Circumstances}}$는 삶의 상황(조건)이며, $V_{\text{Voluntary Activities}}$는 개인이 스스로 통제할 수 있는 자발적 행동을 의미한다. 이중 우리가 주목해야 할 것은 C와 V다. S는 행복에 미치는 영향이 50%로 이미 유전적 요인과 자동조절기 같은 설정된 값이어서 바꾸기가 어렵기 때문에 행복을 만들려면 결국 C와 V에 집중해야 한다. 이는 바로 자신의 삶의 상황(조건)과 자신이 할 수 있는 자발적 활동이다. 이 공식에서 특이한 것은 삶의 상황이 행복에 미치는 영향은 10%로 그렇게 크지 않다는 것이다. 이는 지금까지 많은 사람들이 행복을 조건으로 생각했기 때문이다. 피터슨의 행복과의 상관관계에 대한 연구에서도 일반적으로 중요한 조건들이 행복과의 상관관계가 낮게 나왔다.

상황은 자신이 바꿀 수 있는 것과 바꿀 수 없는 것 2가지가 있다. 인종, 성, 나이, 장애는 자신이 바꿀 수 없는 상황이고, 재산, 결혼 상태,

사는 장소는 자신이 노력하면 바꿀 수 있는 상황이다. 최소한 내 삶의 일정 시기 동안 상황은 일정한 상태를 유지하기 때문에 이들은 내가 적응할 가능성이 높은 종류의 것들이다.

반면 자발적 행동은 행복에 미치는 영향이 40%로 강점, 긍정정서, 몰입을 활용한 명상, 운동, 신기술 습득 혹은 여가를 즐기는 것처럼 내가 선택하는 것들이다. 이런 활동들은 대부분 노력과 주의를 필요로 한다. 그만큼 자발적 행동을 하기가 쉽지는 않지만 일단 적극적으로 참여해 실천하면 행복을 만들 수 있다.

긍정심리학의 과학이 진보함에 따라 최근엔 행복 공식 중 S가 변화될 수 있다는 연구결과가 나왔다. 설정값의 핵심은 쌍둥이에 대한 유전자 연구인데 우울, 공포, 분노, 수치, 후회 등으로 영향을 받을 수 있다는 것이다. 행복과 소득의 관계에 대한 연구도 마찬가지다. UCLA의 경제학자 리처드 이스털린Richard Easterlin은 국가 차원에서 시간이 흐르면서 소득이 증가해도 행복은 제자리걸음이라는 연구결과를 발표했다. 한 예로 미국의 경우 지난 수십 년 동안 가계소득은 크게 증가했지만 평균 행복 수준은 변하지 않았다는 것이다. 이 결론은 국가의 부, 소비, 사회기반시설이 증가하면 실제로 삶의 질이 높아질 거라는 믿음에 의문을 제기하는 것이다.

하지만 2002년 이후 수많은 경제학자, 사회학자, 심리학자들이 충분한 자료와 정교한 분석을 토대로 이에 반박하는 논문을 내놓았다. 그 논문에 따르면 행복과 소득의 관계는 그렇게 단순하지 않다. 어떤 사람이나 국가에는 해당되지만 다른 사람이나 국가에는 해당되지 않을 수도 있다는 것이다. 그렇다면 어떻게 해야 할까? 이제 긍정심리학이

해야 할 일은 행복 수준을 지속적으로 유지시키는 요인과 그 수준을 증진시키는 요인이 무엇인지 밝혀내는 것이다.

전 세계가 긍정심리학에 열광하는 이유

탈 벤 샤하르 하버드대 교수는 2002년 학부 재학생들을 대상으로 긍정심리학을 개설했다. 개설 첫해에는 수강생이 고작 8명이었고, 그나마도 2명은 중도 포기해 6명만이 학기를 마쳤다. 하지만 2004년에는 362명이 등록했고 2005년에는 800명이, 2006년에는 1,200명이 강의실로 몰리면서 하버드대에서 가장 인기 있는 과목이 됐다. 세계 최고의 수재들인 하버드대 학생 5명 중 1명이 긍정심리학의 행복 강의를 들은 것이었다. 그러자 수백 개의 신문과 TV 프로그램은 물론 심야 코미디 프로그램까지 나서서 이 강의의 놀라운 성공에 대해 다루면서 학교 역사상 가장 인기 있는 강의라고 소개했다. 학생들은 기자들에게 이 수업은 자기가 지금껏 살면서 경험한 가장 실용적인 과목이며 자기 삶을 송두리째 바꿔놓았다고 인터뷰했다. 하버드대 학생들은 이상적 목표를 추구하지만 이상적 모습을 창조하지 못하면 좌절하는데 이 과목은 자기 자신에게 초점을 맞춘다는 것이다. 그리고 기분이 저하되거나 안 좋은 일을 해결하는 방법과 기분이 고양되는 좋은 일을 지속시키는 여러 가지 방법이 있다는 것이다.

세상에서 누가 가장 많은 압박과 스트레스를 받을까? 순위를 매긴다면 아마도 하버드대 학생들이 상위에 속할 것이다. 하버드대 학생 40% 이상이 우울을 경험했다고 털어놓았다. 긍정심리학이 이들에게 10년 이상 가장 인기 있는 과목이라면, 지금껏 살면서 경험한 가장 실용적인 과목이며 자신의 삶을 송두리째 바꿔주었다면 우리가 어떤 분야에 소속됐든 어떤 환경 속에 있든 자신의 삶과 조직에 적용시켜 성과를 낼 수 있을 것이다. 하버드대뿐만 아니라 긍정심리학을 강의하는 대학과 대학원은 일일이 수를 헤아리기 어려울 정도로 많다.

긍정심리학의 인기는 대학에만 국한된 것이 아니다. 지금 긍정심리학은 기업은 물론 병원, 군대 등 각계각층에 빠른 속도로 확산되고 있는 추세다. 미국과 영국은 말할 것도 없고 유럽, 아시아에 이르기까지 긍정심리학에 관심을 갖고 열광하는 사람들이 점점 늘어나고 있다.

긍정심리학은 아직까지 누구도 부인할 수 없는 명명백백한 증거가 축적된 것은 결코 아니다. 셀리그만이 처음 긍정심리학을 연구할 때는 무기력 학습, 설명양식과 우울증, 심혈관질환과 비관성 연구비를 선뜻 지원해주겠다는 곳도 별로 없었다. 그런데 지금은 긍정심리학 강의를 듣고 아무 조건 없이 거액의 수표에 서명할 정도로 인기가 많다. 긍정심리학이 언론과 대중에게 폭발적인 인기를 끌며 이들이 열광하는 이유가 무엇일까?

이유는 분명하다. 긍정심리학은 개인과 조직 모두 지속적인 행복 증진으로 플로리시해질 수 있는 방법을 구체적으로 제시하고 있기 때문이다. 게다가 긍정심리학에서 제시하는 행복 증진 방법은 과학적이다. 대표 표본, 발전된 분석 기법, 통제된 실험실 연구와 같은 과학적 방법에 의해 행복을 만들고 지속시키고 플로리시해질 수 있는 방법을 도출해냈기 때문에 신뢰도도 높고 효과도 뛰어나다. 긍정심리학에서 행복의 만개, 즉 플로리시를 위해 만든 도구를 이용하면 누구나 행복해질 수 있고 조직문화를 바꾸어 행복한 직장을 만들 수 있기 때문에 앞으로도 긍정심리학에 대한 관심은 더욱 높아질 것으로 보인다.

긍정심리학의 목표는 플로리시다

플로리시란 우리의 모든 능력이나 잠재 능력까지 발휘해 번성시켜 활짝 꽃피우는 것이다. 인생이 꽃처럼 활짝 피어난다는 뜻이다. 개인의 지속적인 행복 증진, 기업의 지속적인 성장, 교회의 부흥, 나라의 번성도 플로리시다. 긍정심리학에서는 행복의 만개滿開라고도 하며, 인간이 누릴 수 있는 최고의 삶을 말한다. 플로리시는 라틴어 'Florere(꽃이 피다)'에서 13세기 중세 프랑스어 'Florris(꽃)'로 쓰이다가 14세기 중반부터 번성, 번영이라는 비유적인 단어로 사용되면서 오늘날에 이르게 됐다.

키이스Keyes와 동료들은 인간의 플로리시를 쾌락적 웰빙Hedonic Well-being과 자아실현적 웰빙Eudaimonic Well-being의 다차원적 결합이라고 개념화했다. 이를 기반으로 바바라 프레드릭슨Barbara Fredrickson은 인간의 플로리시를 좋은 감정Feeling Good과 좋은 행동Doing Good 모두를 포함하는 행복 이상의 것이라고 묘사하며 "플로리시란 인간 기능의 최상의 범위 안에 속하는 삶이며 그러한 삶은 선함, 후진 양성, 욕구, 성장, 회복력을 함축한다"라고 말했다.

최근 들어 인간의 플로리시에 대한 관심이 커지는 가운데 셀리그만을 비롯한 주요 이론가인 펠리시아 후퍼트Felicia Huppert, 티모시 소Timothy So, 키이스 등은 플로리시에는 좋은 감정(쾌락 등)과 효율적 기능(행복, 웰빙 등)이 모두 포함되며, 그렇게 해야만 우울증, 불안증 같은 흔한 정신적 장애, 즉 부정적 혹은 평탄한 감정과 저하된 기능을 포함하는 상태의 정반대가 된다는 데 동의했다.

진정한 행복 이론에서 긍정심리학의 목표는 만족한 삶이며 자신의 삶에서 행복지수를 높이는 것이었다면, 새로운 플로리시를 위한 웰빙 이론에서 긍정심리학의 목표는 플로리시이고 다원적이며 자신의 삶에서 플로리시 지수를 높이는 것이다.

최근 국가적으로 가장 활발하게 긍정심리학을 도입하는 나라 중 하나가 영국이다. 영국은 이미 2010년부터 GDP의 대체 지수인 GNH(국민총행복) 지수 개발을 적극 추진하고 있다.

영국 케임브리지대의 후퍼트와 소는 플로리시에 대해 정의하고 유럽의 23개국에서 플로리시를 측정했다. 플로리시에 관한 그들의 정의는 플로리시를 위한 웰빙 이론의 정신과 일치한다. 개인은 플로리시하기 위해 다음의 핵심 요소와 6가지 추가 요소 중 3가지를 갖춰야 한다.

핵심 요소	추가 요소
긍정정서(Positive Emotions) 몰입, 흥미(Interest) 의미, 목적(Purpose)	자존감(Self-esteem) 낙관성(Optimism) 회복력(Resilience) 활력(Vitality) 자기결정 능력(Self-determination) 긍정관계(Positive Relationships)

긍정정서	나는 모든 것을 고려할 때 대체로 행복하다.
몰입, 흥미	나는 새로운 것을 배우기를 좋아한다.
의미, 목적	나는 대체로 소중하고 가치 있는 일을 하며 살아간다.
자존감	나는 나 자신에 대해 대체로 긍정적이다.
낙관성	나는 나의 미래에 대해 언제나 낙관적이다.
회복력	삶에서 문제가 생길 때 나는 예전 상태로 돌아오는 데 대체로 오랜 시간이 걸린다(반대로 대답할 경우 회복력이 더 높다).
긍정관계	나에게 진심으로 관심을 기울이는 사람들이 있다.

그들은 국가별로 2,000명 이상의 성인에게 다음의 웰빙 항목을 제시해 국민의 플로리시를 측정하고, 그것을 기준으로 해당 국가가 어떻게 하고 있는지를 알아냈다.

조사결과, 덴마크가 1위였다. 덴마크는 플로리시하는 국민이 전체의 33%였다. 영국은 그 절반인 18%였고, 최하위는 러시아로 고작 6%였다.

이 연구는 긍정심리학의 '웅대한' 목표로 이어진다. 긍정정서, 몰입, 의미, 성취, 긍정관계를 측정하는 기술이 발달하면서 한 국가, 한 도시 혹은 한 기업에서 얼마나 많은 사람들이 플로리시하고 있는지를 정확하게 질문할 수 있다. 한 개인이 일생 중 어느 시점에 플로리시하는지도, 한 자선단체가 수혜자의 플로리시를 어느 만큼 증가시키고 있는지도 정확히 질문할 수 있다. 또한 학교 시스템이 아동의 플로리시를 도와주고 있는지도 정확히 물을 수 있다.

공공정책은 오직 우리가 측정한 것만을 추종한다. 그리고 최근까지 우리는 오로지 돈, 즉 국내총생산만을 측정했다. 따라서 정부의 성공은 그 정부가 축적한 부의 양에 의해서만 수치로 나타낼 수 있었다. 하지만 무엇을 위한 부인가? 셀리그만은 부의 목적은 더 많은 부를 양산하는 것이 아니라 플로리시를 낳는 것이라고 했다.

이렇게 최근 긍정심리학이 다양한 분야로 확산되고 놀라운 연구결과들이 나오고 있음에도 그 성과는 사회적으로 널리 알려져 있지 않다. 당장 긍정심리학이 필요해 보이는 정책입안자나 극심한 스트레스를 받는 경영자, 변호사, 의사, 일반 기업 직원들도 최근 발표되고 있는 긍정심리학의 놀라운 성과를 외면하고 있고, 교사나 학부모들도 긍정심리학을 통한 인성과 창의성 교육의 성과를 제대로 이해하지 못하고 있다. 대기업들조차 긍정심리학이 제시하는 수많은 조직성과의 기회를 놓치고 있다.

최근 삼성경제연구소의 보고서에 따르면 우리나라 직장인의 행복지수는 100점 만점에 55점이라고 한다. 연봉과 행복은 비례하지 않는다는 것이다. 이제 직장인들도 돈의 경제가 아닌 삶의 질의 경제, 즉 행복을 원한다.

직원들이 행복하지 않다면 어떤 조직이든 지속적인 성과를 내기 어렵다. 조직 구성원들이 행복해야 조직성과를 높이고 조직성과가 높아져야 기업이 플로리시한다. 그리고 조직 구성원들이 그 혜택을 다시 받는다. 이렇듯 행복은 조직을 선순환시켜 개인, 조직, 사회를 플로리시하게 만들 수 있다. 지금 세상은 우리 삶의 방식뿐 아니라 조직문화도 급변하게 만들고 있다.

긍정심리학은 미국에서 창시됐지만 많은 중심 사상이 공자 맹자 노자, 일본의 사무라이 정신, 인도의 『우파니샤드Upanisad』(고대 인도의 철학서) 등 고대동양의 철학과 정신에 기반을 두고 있기 때문에 우리에게는 더 익숙하고 잘 맞는지 모른다. 예를 들어 수신제가치국평천하修身齊家治國平天下라는 공자의 사상은 다른 사람들에게 행복을 알려주기 위해선 내가 먼저 행복을 배워야 한다는 긍정심리학 행복의 기본 원리와 일치한다. 내가 행복해야 가정이 행복하고 가정이 행복해야 조직이 행복하며 조직이 행복할 때 사회 전체가 행복해서 플로리시를 이룰 수 있다.

성경을 보면 '항상 기뻐하라, 쉬지 말고 기도하라, 범사에 감사하라'는 구절이 있다. 긍정심리학 행복의 기본 원리도 역시 이와 일치한다.

긍정심리학은 일시적 기쁨이 아닌 지속적인 기쁨을 추구한다. 항상 쉬지 않고 행복 도구를 연습하고 매사에 감사하는 마음으로 긍정정서를 확장시켜나간다.

우리나라 전통문화 속 가장 대표적인 정서가 끼, 정, 흥이다. 우리 조상들, 선배들은 끼가 있고 정이 있으며 흥이 있었다. 이들은 긍정심리학의 대표 요소인 강점과 긍정정서와 일치한다. 따라서 우리의 고유 정서, 전통적인 강점을 개인과 조직에 쉽고 자연스럽게 적용시킬 수 있을 것이다. 긍정심리학은 금방 끓었다 금방 식는 냄비문화의 경영기법이 아니다. 우리 문화와도 잘 맞는다. 3,000년 전통의 지혜와 사상을 연구해 현대 과학으로 완성시킨, 21세기 빠르게 성장하는 우리 문화와 가장 잘 어울릴 수 있는 학문인 것이다.

Positive Psychology

02

긍정심리학이 주는 기회

긍정심리학의 행복은 경쟁력이다

몇 년 전 하버드대 긍정심리학 교수인 숀 아처가 한국 대표 기업인 삼성의 초청으로 세 시간 동안 임원들을 대상으로 행복 강의를 한 적이 있다. 그는 행복이 업무성과에 어떤 영향을 미치는지 설명하기에 앞서 "행복이 무엇이라고 생각합니까?"라는 질문을 했는데, 통역을 맡은 임원이 통역을 하지 않았다고 한다. 행복을 너무 쉽게 생각하고 조직성과에 별로 중요하지 않다고 판단했기 때문이다.

2013년 6월 삼성경제연구소는 '대한민국 직장인의 행복을 말한다'라는 보고서를 내놓았다. 이 보고서에 의하면 직장인의 행복지수가 예상보다 낮게 나온 것은 물론 직장에서 행복한 직장인이 불행한 직장인보다 훨씬 높은 업무성과를 올리는 것으로 나타났다. 행복한 직장인의 경우 업무 의미감 82점, 업무 자신감 80점, 부정감성(정서) 59점, 에너지 56점인 데 비해 불행한 직장인은 업무 의미감 54점, 업무 자신감 69점, 부정감성(정서) 23점, 에너지 33점으로 행복한 직장인보다 크게 낮았다. 이 보고서는 직장인의 행복지수를 높이고 조직경쟁력을 높이기 위해 6가지 방안을 제시하며, 직장인은 행복해질 수 있는 자신만의 전략을 모색하고 조직은 행복한 직장을 만들기 위한 노력과 지원을 강화해야 한다고 결론 내렸다.

1543년 폴란드의 천문학자 니콜라스 코페르니쿠스Nicolaus Copernicus는 천동설을 정면으로 반박하며, 우주의 중심은 지구가 아니고 태양이라는 지동설을 발표했다. 지구를 중심으로 태양과 행성들이 도는 것이 아니라 태양을 중심으로 지구와 행성들이 돈다는 것이다. 이 이론은 지금까지 지구를 바라보는 시각 자체를 완전히 바꾸어놓았다.

최근 심리학에서도 이 같은 일들이 벌어지고 있다. 바로 행복이 먼저냐, 성공이 먼저냐다. 지금까지 사람들은 성공을 중심으로 행복이 돈다고 믿었다. 하지만 에드 디너, 로라 킹 등 긍정심리학자들은 수많은 메타 분석을 통해 행복을 중심으로 성공이 돈다는 사실을 밝혀냈다. 행복이 성공을 낳는다는 것이다. 이러한 긍정심리학의 놀라운 연구결과가 발표되고 있지만 기업 경영자들은 더 열심히, 더 오래 일해서 성공하면 행복이 따라온다는 고정관념을 아직 버리지 못하고 있다. 최근 삼성 경영자들이 긍정심리학의 주요 요소인 『낙관성 학습』을 필독서로 정한 이유는 무엇일까? 이젠 조직에서도 행복이 경쟁력이기 때문이다.

긍정심리학은 면역체계를 강화시킨다

우리의 심리체계는 원래의 상태로 복귀하려는 성향이 있다. 셀리그만은 긍정심리학 연구를 통해 긍정심리학의 도구를 연습하는 것을 체계화시켰다. 그가 연구한 내용은 다음과 같다.

첫째, 긍정심리학을 통해 많은 학생들이 심리질환(스트레스, 무기력, 우울증 등)에 대처할 수 있게 됐고, 미래에 대해 낙관적인 의지를 가지게 됐다. 둘째, 긍정심리학을 통해 학생들의 학업 성적과 사회활동, 일반인들의 업무수행 능력이 향상됐다. 셋째, 긍정심리학을 통해 희망과 창의성, 자발성, 수용력이 증가됐다. 넷째, 긍정심리학을 통해 분노, 화, 불안 등의 부정정서가 감소됐다. 다섯째, 긍정심리학을 통해 정직도와 일반적인 통찰력이 증가됐으며 역경을 극복하는 회복력이 높아졌다.

셀리그만은 긍정심리학을 배움으로써 어른들과 아이들 모두 '우울'과 '화'의 상태를 막고 앞으로 일어날 수 있는 사고를 감소시키는 효과가 있다는 것을 밝혀냈다. 그는 "이웃 젊은이들이 약물 복용이나 우울감, 무기력에서 벗어날 수 있도록 도와주고 싶다면 그들에게 긍정심리학을 가르쳐줄 필요가 있다"라고 말했다.

긍정심리학은 10대들의 심리를 강화시킴으로써 최근 인터넷 등 미디어로 인한 피해와 약물 복용으로 인한 위험을 감소시키는 데 기여할 수 있다. 긍정심리학 교육을 통해 이미 자신이 가지고 있는 것을 소중히 여기게 해주기 때문이다. 이것의 핵심은 긍정적인 것에 초점을 맞추고 보다 나은 상태를 추구하는 것이다.

효과가 없는 긍정이란 없다. 이는 개인의 삶과 조직성과 모두에 적용된다. 이렇게 함으로써 심리적·신체적 면역체계를 강화시킬 수 있다.

면역체계가 강화된다고 해서 우리가 전혀 아파하지 않는 것은 아니다. 때론 아픈 경험을 할지라도 그 상태에서 보다 신속하게 회복될 수 있는 훈련이다. 긍정심리학 훈련은 낙관성, 희망, 대인관계, 자기정체성, 자존감, 회복력을 강화시키는 것이기 때문이다. 셀리그만은 "긍정심리학은 가장 나쁜 상태를 복구하는 것에 불과했던 것을 가장 최선의 삶을 구축하게 하는 방향으로 변화를 촉진시키는 것이다"라고 말했다.

긍정심리학은 인성을 길러준다

오늘날 우리 교육의 최대 화두는 단연 인성Character이다. 이미 세계 최초로 정부 차원의 인성교육진흥법이 만들어져 시행되고 있다. 지금까지의 지식과 기술을 바탕으로 한 암기와 입시 위주의 경쟁 일변도의 교육 방식에서 벗어나 앞으로는 인성과 창의성, 자존감, 사회성을 기르는 행복교육 방식으로 바꾸기 위한 조치라 할 수 있다.

그렇다면 인성이란 무엇이고 인성교육을 어떻게 시켜야 할까? 인성이란 사전적 의미로는 개인이 가지고 있는 사고, 태도, 행동의 특성이다. 이 특성의 핵심은 선한 품성이다. 인성이 좋고 나쁨은 이 특성을 평가하는 것이다. 사람은 본래 선한 성품을 갖고 태어난다. 기본적인 인성교육은 타고난 내면의 선한 성품을 발현하도록 하고 외면의 비뚤어진 인성을 회복시키는 것이다. 이 성품은 개인의 도덕적·윤리적 개념을 기반으로 하며 규제와 절제를 강요한다. 그러다 보니 다양한 환경에 적응할 수 있는 유연한 인성이 요구되는 오늘날, 너무 경직된 인성으로 인해 긴박한 상황에 능동적으로 대처하지 못해 불행한 결과를 초래하기도 한다. 최근 빈번한 고위 공직자들의 자살 사건은 이의 한 단면일 수 있다.

우리나라 인성교육의 목적은 자신의 내면을 바르고 건강하게 가꾸고 타인과 공동체, 자연과 더불어 살아가는 데 필요한 인간다운 성품과 역량을 기르는 것이다. 이 목적이 실현되기 위해선 도덕적·윤리적 개념과 규제, 절제를 강요하는 지식전달형의 훈육적 교육으로는 한계가 있다. 타인과 공동체, 자연과 더불어 살아가는 데 필요한 교육이 되려면 도덕적 규범과 정서적 감정, 사회적 관계, 인지적 판단에 대한 실천 중심의 교육이 병행돼야 한다. 또한 오늘날과 같이 다양하고 경쟁적이며 속도화되고 상호교류가 빈번한 사회 구조 속에서 인간다운 성품과 역량을 기르기 위해선 나 개인 중심에서 나와 너, 나와 우리, 나와 가정, 나와 학교, 나와 사회, 나와 국가까지 연계된 인성교육이 이루어져야 한다. 이러한 교육이 되려면 기존의 전통적·문화적 가치와 규범, 행위도 중요하지만 현대 심리학의 과학적 연구, 검증된 실천 사례도 포함돼야 한다.

이것이 긍정심리학이다. 긍정심리학은 영아기에서 노년기에 이르기까지 생애주기 어디에도 적용시킬 수 있는 실천 학문이기 때문이다. 긍정심리학의 목표는 힐링과 행복, 웰빙 모두를 포함시킨 최상의 상태에 도달하고자 하는 플로리시다. 플로리시를 위한 5가지 요소인 긍정정서, 몰입, 의미, 관계, 성취와 이들 모두의 기반이 되는 성격(인성)강점에는 인성교육이 요구하는 도덕적(성격강점), 정서적(긍정정서), 사회적(관계), 인지적(지혜와 판단 능력) 개념과 이들을 실천할 수 있는 과학적으로 검증된 행복 연습도구가 들어 있다. 이 도구는 규제와 절제를 강요하는 지식전달형의 훈육적 방법이 아닌 자율적 참여와 흥미를 유발시킬 수 있는 방법이며, 이 연습도구를 실천해 부모와 교사들은 행복을 만들 수 있고 아이들에게 코칭도 해줄 수 있다. 긍정심리학의 행복은 기존의 행복같이 일시적인 감정이 아니라 지속적인 정서에 의해 만들어진다. 행복 연습도구가 기분이 좋을 때든 나쁠 때든 상관없이 스스로 행복을 유지시키고 증진시킬 수 있게 도와주기 때문이다.

긍정심리학의 행복은 4가지 특성을 갖고 있다. 첫째, 즐거움, 쾌락, 희열, 자부심, 희망 같은 정서적 기쁨이다. 둘째, 삶의 과정 속에서의 중요한 것들, 즉 일, 사랑, 자녀 양육, 여가활동에서 느끼는 인지적 만족이다. 셋째, 도덕적이고 참된 삶의 지나온 모습이다. 넷째, 역경을 겪었을 때 이를 극복하는 힘인 회복력이다.

이러한 행복의 특징들은 긍정심리학의 행복 연습도구를 실천함으로써 지속적으로 유발되고 확장된다. 이렇게 되면 행복한 토양을 구축하게 되며 이 토양 위에서 인성교육의 핵심 가치 덕목인 예, 효, 정직, 책임, 존중, 배려, 소통, 협동이 자발적으로 길러진다. 행복한 토양이 구축되지 않으면 아무리 좋고 우수한 인성교육도 뿌리내리기 어렵다. 따라서 행복은 인성의 다른 이름이라고 한다. 행복하면 인성이 길러지기 때문이다.

인성교육은 단순히 가치 덕목을 가르치는 교육이 되면 안 된다. 일상에서 자발적으로 실천해서 길러질 수 있는 교육이 돼야 한다. 행복하면 마음에서 우러나오는 진심 어린 긍정정서에 의해 기분이 좋아지고 즐거워지며 내면으로부터 뿌듯함과 만족감을 느낀다. 그리고 참된 자신의 모습을 떠올리면 당당하고 자신감이 넘친다. 누구나 행복 연습도구의 실천으로 행복한 토양이 구축되면 인성의 핵심 가치 덕목들이 자발적으로 길러질 뿐만 아니라 직무상 겪게 되는 스트레스나 감정, 상호관계를 조절하고 증진시킬 수 있으며 조직성과까지도 향상시킬 수 있다.

긍정심리 치료의 혁명

현대인들의 우울증은 상당히 심각하다. 최근 미국에서는 우울증이 1960년대보다 10배나 증가했고, 우울증 초발 연령도 30세에서 15세 이하로 낮아졌다. 대학생들도 40%가 우울증이 심해 자신이 갖고 있는 능력을 제대로 발휘하지 못하고 있다고 대답했다.

우리나라는 더 심각하다. 2012년 보건복지부 발표에 의하면 우리나라 우울증 환자는 270만 명에 달한다고 한다. 10년 새 67%나 증가한 수치다. 정신질환자는 더욱 많아 530만 명에 육박하고, 100명당 3.7명이 자살을 생각했다고 한다. 우울증과 함께 분노도 많아졌다. 현대사회는 분노의 사회라 해도 과언이 아닐 정도로 분노를 참지 못하고 폭력과 살인을 서슴지 않는 사람들이 날로 증가하는 추세다.

이런 심리적 문제를 해결하고 사람들이 행복한 삶을 살 수 있도록 도와줄 수 있는 것이 긍정심리학이다. 긍정심리학은 단순히 심리적 불안감을 해소하고 안정을 찾는 것을 넘어 인간의 도덕성과 미덕, 행복을 실천하는 과학적인 도구를 갖추고 행복을 만들 수 있도록 돕는다. 그 효과 또한 매우 뛰어나다는 것이 입증되면서 세계적으로 각광받고 있는 것이다.

긍정심리학이 현대인들을 괴롭히는 우울증을 치료하는 데 탁월한 효과가 있을 뿐만 아니라 면역력을 강화시켜 질병을 예방하고 치료하는 데 큰 도움이 된다는 것은 이미 여러 연구결과를 통해 입증됐다. 셀리그만과 테이얍 라시드Tayyab Rashid는 펜실베이니아대 심리상담센터를 찾은 우울증 환자들을 위해 14회기의 긍정심리 치료법PPT을 개발했다. 긍정심리학을 바탕으로 개발한 이 치료법은 기존의 심리 치료법이나 항우울제보다 훨씬 효과적으로 우울 증상을 완화시켰다.

이들은 긍정심리 치료의 효과를 검증하기 위해 환자를 크게 세 부류로 나누었다. 중증 우울증을 앓고 있는 환자들을 대상으로 긍정심리 치료 그룹, 기존의 개인 심리 치료 그룹, 개인 심리 치료와 항우울제를 병행하는 그룹으로 나눈 후 효과를 비교해보았다.

긍정심리 치료의 효과는 압도적이었다. 기존 개인 심리 치료를 받은 그룹의 경우 20%의 환자가, 개인 심리 치료와 항우울제를 병행한 그룹의 경우 8%의 환자가 우울증이 호전된 것으로 나타났다. 반면 긍정심리 치료를 받은 그룹은 무려 55%가 호전됐다. 긍정심리 치료는 긍정심리학의 요소에 포함된 행복을 만드는 연습도구를 사용한다. 이 행복 연습도구는 재미가 있다. 그리고 한번 터득하고 나면 자기강화적이다. 스스로 만들어간다는 것이다.

긍정심리 치료는 14회기를 모두 마치지 않았을 때조차 효과가 있다. 2005년 〈타임〉지에서 긍정심리학을 커버스토리로 다루자 셀리그만은 검사 요청이 쇄도할 것을 대비해 우울증과 행복 검사를 한 후 한 가지 연습을 무료로 제공하는 웹 사이트를 개설했다.

한 가지 연습은 바로 '감사일기Blessing Journal'를 쓰는 일이었다. 수천 명이 접속했는데, 그중에는 심각한 우울증 환자가 50명 있었다. 이들의 평균 우울증 점수는 34점이었다. 이 점수는 '극단적' 우울증 범주에 속하는데, 그런 중증 우울증 환자들이 일주일 동안 사이트에 접속해 잘됐던 일 3가지를 매일 적었다. 불과 일주일간의 긍정심리학 연습의 효과는 즉각적으로 나타났다. 그들의 평균 우울증 점수는 34점에서 17점으로, 즉 극단적 우울증에서 경미한 우울증으로 크게 내려갔고 행복 백분위 점수는 15점에서 50점으로 올라갔다. 간단한 긍정심리 치료만으로도 50명 중 47명이 덜 우울하고 더 행복해진 것이다.

14회기 긍정심리 치료

1회기 긍정자원, 즉 긍정정서, 성격강점, 의미, 관계, 성취의 부족 혹은 결여는 우울증을 유발하고 삶을 공허하게 만들 수 있다.

숙제 환자는 300단어 정도로 1페이지 분량의 '긍정 자기소개서'를 작성한다. 가장 좋은 상태의 자신과 자신의 성격강점을 어떻게 활용했는지를 구체적으로 묘사한다.

2회기 환자는 긍정 자기소개서를 보며 자신의 성격강점을 확인하고 그것들이 예전에 자신에게 도움이 됐던 상황을 이야기한다.

숙제 환자는 온라인 VIA Value in Action 성격강점 검사나 『마틴 셀리그만의 긍정심리학』의 강점 검사에 참여해 자신의 성격강점을 확인한다.

3회기 성격강점을 활용해 정서, 몰입, 의미, 관계, 성취를 쉽게 배양할 수 있는 구체적인 상황에 초점을 맞춘다.

숙제 환자는 감사일기를 쓰기 시작한다. 매일 밤 그날 있었던 3가지 잘됐던 일과 그 이유를 쓴다. 작고 사소한 일이어도 좋다.

4회기 우울증이 지속될 때 좋은 기억과 나쁜 기억의 역할에 대해 토론한다. 분노와 비통을 고수하는 것은 우울증을 지속시키고 웰빙을 약화시킨다.

숙제 환자는 분노와 비통에 대해 그리고 그 두 감정이 자신의 우울증을 어떻게 지속시키는지에 대해 적는다.

5회기 분노와 비통을 가라앉히고 긍정정서로까지 바꿀 수 있는 강력한 도구로 용서를 도입한다.

숙제 환자는 한 가지 범죄와 그에 관련된 감정을 묘사하는 용서편지를 쓰고 그 범죄자를 용서하기로 맹세한다. 하지만 그 편지는 상대방에게 보내지 않는다.

6회기 고마운 마음을 지속하기 위해 감사에 대해 토론한다.

숙제 환자는 충분히 감사하지 못했던 누군가에게 감사편지를 쓰고 반드시 직접 전달한다.

7회기 감사일기를 쓰고 성격강점을 활용함으로써 긍정정서를 배양하는 것의 중요성에 관해 검토한다.

숙제 환자는 감사일기(잘됐던 일 3가지)를 쓴다.

8회기 주어진 현실에 만족하는 '만족자(이 정도면 충분해 등)'가 만족의 극대화를 추구하는 '최대주의자(완벽한 아내, 완벽한 식기세척기, 완벽한 휴양지를 꼭 찾아내야 해 등)보다 행복 수준이 더 높다는 사실에 대해 토론한다. 극대화 추구보다 만족 추구를 더 권장한다.

숙제 환자는 만족 추구를 증가시킬 방법을 검토하고 개인적으로 만족 추구 계획을 세운다.

9회기 특정 사건에 대해 평소에 습관적으로 이야기하는 방식을 사용해 낙관성과 희망에 대해 토론한다. 낙관성의 설명양식은 나쁜 사건을 일시적이고, 바뀔 수 있으며, 일부 사건으로 보는 방식이다.

숙제 환자는 자신에게 닫혀 있는 내재성 차원, 영구성 차원, 만연성 차원의 문에 대해 생각한다. 어떤 문이 열릴까?

10회기 환자가 배우자 혹은 연인의 성격강점을 찾을 수 있도록 돕는다.

숙제 환자가 타인이 보고한 긍정적 사건에 적극적이고 건설적인 반응기술을 하게 지도하고, 환자는 자신의 성격강점과 배우자 혹은 연인의 성격강점을 찾은 것을 축하하는 시간을 마련한다.

11회기 가족의 성격강점을 찾는 방법과 환자의 성격강점의 근원에 대해 토론한다.

숙제 환자는 가족을 온라인 VIA 검사에 참여시킨 후 모든 가족의 성격강점을 표시한 가계도를 그린다.

12회기 긍정정서의 강도와 지속 기간을 증가시키는 기법으로 '음미하기Savoring'를 도입한다.

숙제 환자는 즐거움을 주는 활동을 계획하고 그대로 실천한다. 환자에게 구체적인 음미하기 기법 리스트를 제공한다.

13회기 환자는 가장 훌륭한 선물 중 하나, 즉 시간의 선물을 할 능력이 있음을 안다.

숙제 환자는 많은 시간이 소요되는 어떤 것을 함으로써 자신의 성격강점을 이끌어낸다.

14회기 긍정정서, 몰입, 의미, 긍정관계, 성취를 통합하는 플로리시한 삶에 대해 토론한다.

긍정심리학은 또한 긍정정서가 면역력을 강화시켜 감염성 질환을 예방하고 치료하는 데 도움이 되는 것으로 밝혀졌다. 셸던 코헨Sheldon Cohen 카네기멜론대 심리학 교수는 긍정정서가 감염성 질환에 미치는 영향을 연구한 선구자다. 그는 연구에 자원한 피험자들의 긍정정서와 부정정서를 측정한 후 감기 바이러스의 일종인 리노바이러스를 콧속에 뿌리고 누가 감기에 걸렸는지를 관찰했다. 그 결과 긍정정서가 강할수록 감기에 덜 걸렸음을 확인했다.

긍정심리학 기반의 새로운 긍정조직 이론 탄생

긍정심리학이 급속도로 발전하면서 긍정심리학 이론과 과학을 기반으로 하는 긍정조직 이론이 속속 탄생하고 있다. 이제 긍정심리학이 기초과학에서 응용과학으로 진보하는 것이다. 긍정탐구AI: Appreciative Inquiry, 긍정조직학POS: Positive Organizational Scholarship, 긍정조직행동POB: Positive Organizational Behavior, 심리자본PsyCapital: Positive Psychological Capital, 진정 리더십Authentic Leadership 등이 지금까지 모습을 드러낸 대표적인 긍정조직 이론이다. 데이비드 쿠퍼라이더David Cooperrider에 의해 창시된 AI는 조직을 긍정조직으로 키우기 위한 긍정 변화의 방법론으로, 조직이 성공의 근본 원인을 알고 조직과 그 과정의 긍정적 잠재력을 발산시켜 긍정 변화를 만들어내도록 돕는 것이다. 따라서 AI는 조직이 좀 더 자원을 갖춘 미래를 상상하고 만들어낼 수 있도록 그 조직 내 감추어진 자원을 분명히 밝히는 데 집중한다. AI는 공감, 탐구, 이야기, 상상력, 긍정정서와 집단 역학관계의 힘을 통해 작용하며 4D 방법론으로는 발견Discovery, 운명Destiny, 꿈Dream, 설계Design가 있다.

심리자본 이론은 프레드 루선스Fred Luthans가 만들었는데 긍정심리학의 확산에 영향을 받아 최근에는 긍정심리자본Positive PsyCapital이라고 부르기도 한다. 심리자본은 자기효능감(자신감), 희망, 낙관성, 회복력을 뜻한다.

긍정조직학과 긍정조직행동은 긍정심리학의 과학에 기초한 긍정적 접근법을 조직행동적 차원으로 확대시킨 것이다. 루선스는 "긍정조직학과 긍정조직행동은 긍정심리학의 개념과 이론에 바탕을 두며 조직 구성원 개개인의 긍정경험 및 특정 관심을 공유한다"라고 밝혔다.

긍정조직학은 미시간대 긍정조직학센터의 연구에 의해 제안됐다. 킴 캐머런Kim Cameron에 의하면 긍정조직학은 조직과 구성원들에게 나타나는 긍정적 성과물이나 긍정성이 전개되는 과정 및 긍정적 특징을 연구하는 학문으로, 단일 이론이 아니며 우수성, 번영, 성장, 풍요, 회복력, 미덕에 초점을 맞춘다고 했다.

긍정조직행동은 네브래스카 갤럽리더십연구소가 모태가 돼 발전하는 학문으로 낙관성 개발에 많은 과학적 근거를 제시하고 있다. 루선스는 2000년대 초반 부정에 편향된 전통적 조직행동 연구의 문제점을 지적하고, 이를 벗어나 조직 구성원들의 긍정강점과 역량 같은 긍정조직행동에 대한 개발을 통해 조직의 성과를 높이고자 하는 긍정조직행동 연구를 제안했다.

긍정조직행동의 4가지 핵심 요소는 심리자본인 자기효능감(자신감), 희망, 낙관성, 회복력이다. 루선스는 "긍정심리학의 과학적 기초는 심리학 분야에서 중요한 성례가 돼 공헌할 뿐 아니라 심리자본을 형성할 때 긍정정서는 다양한 영역에 적용할 수 있는 선행조건이 된다"라고 말했다. 진정 리더십의 핵심 이론도 자기효능감(자신감), 희망, 낙관성, 회복력이다. 이들 요소 모두 긍정심리학의 핵심 요소인 긍정정서에서 다루는 주제들이다. 이처럼 긍정조직 이론이 발달하는 것은 이제 긍정심리학이 개인의 영역을 넘어 조직으로 빠르게 확산되고 있음을 시사한다.

긍정심리학은 조직을 번성시킨다

프레드릭슨과 마셜 로사다Marcial Losada는 기업의 긍정정서를 높이면 업무의 효율성이 증가하고 그만큼 성과가 향상된다는 사실을 입증했다. 그들은 장기적으로 매년 10% 이상의 손실을 지속적으로 겪고 있는 한 글로벌 기업의 긍정성을 변화 학습 프로그램 모형에 따라 조사했다. 모형은 첫째, 사람들이 얼마나 질문했는지 혹은 변호했는지, 둘째, 사람들이 얼마나 긍정적이었는지 혹은 부정적이었는지, 셋째, 사람들이 얼마나 타인중심적이었는지 혹은 자기중심적이었는지, 넷째, 환경의 변화에 얼마나 저항했는지, 다섯째, 부정적인 사건들 때문에 해를 입지 않으려고 얼마나 빨리 반응하는지다. 결과는 긍정정서와 부정정서의 비율이 1.15 대 1에 불과했다. 거의 1 대 1 수준이다. 성공적인 기업의 긍정정서와 부정정서의 비율은 2.90 대 1로 이를 '로사다 라인'이라고 한다. 로사다 라인에는 긍정·부정정서 비율뿐만 아니라 다음과 같은 측정치가 있다.

로사다 라인에 의하면 높은 성과를 이루는 성공적인 기업의 경우 정서 영역이 기본적으로 48.36% 이상이다. 존 가트맨John Gottman 박사에 의하면 행복한 결혼생활을 유지하는 부부는 최고의 업무팀과 마찬가지로 정서 영역을 85%까지 확장하며, 반대로 이혼을 선택한 부부는 고작 15%까지 확장하는 데 그친다고 한다.

연계성은 일종의 팀워크를 측정하는 수치로, 전체 팀원 중 동조하지 않거나 반응하지 않는 팀원의 비율을 말한다. 성과가 높은 기업은 연계성도 25.04를 넘지 않는다. 즉 전체 팀원이 20명일 때 나머지 팀원들과 단절된 사람이 5명을 넘지 않는다는 의미다. 마지막으로 수익성은 개별적으로 일했을 때보다 팀으로 일했을 때 프로세스 이익이 얼마나 향상되는지를 보여주는 수치다. 적어도 수익성이 14.56% 이상이어야 성공적인 기업이라 할 수 있다.

오랜 기간 적자에 시달리는 글로벌 기업의 수치는 성공적인 기업에 비해 상당히 낮았다. 이들은 기업 관리자들을 대상으로 긍정교육을 실시했다. 9개월에 걸쳐 긍정적인 피드백과 긍정관계를 통한 긍정정서의 중요성을 강조하는 교육을 집중적으로 한 후 다시 측정한 수치는 놀라웠다. 긍정교육 이후 4개 팀의 프로세스 이익은 평균 42.15% 증가했고, 정서 영역은 교육 전 평균 19.05%에서 59.29%까지 확장됐다. 연계성 수준도 39.19%에서 19.71%로 거의 절반 수준으로 감소했다. 긍정·부정정서 비율도 평균 1.15 대 1에서 3.56 대 1로 크게 증가했다.

이 같은 결과가 나타나자 처음에는 회의적이었던 CEO도 조직에 주목할 만한 변화가 일어났음을 인정했다.

"그동안 우리를 구속하던 매듭을 풀었다. 서로를 바라보는 우리의 시각은 예전에 비해 많이 달라졌다. 서로에 대한 신뢰가 더욱 돈독해졌다. 상대방을 불쾌하게 만들지 않고 의견을 제시하는 법을 배웠다. 자신의 성공은 물론 다른 사람들의 성공에 관심을 기울이게 됐다. 무엇보다 우리는 명백한 결과를 얻었다. 인생에는 몇 가지 지표가 있다. 이 변화 학습 훈련이 그 가운데 하나였다."

나는 우리나라에서 처음으로 긍정심리학의 주요 요소들이 조직성과에 미치는 영향에 대해 박사학위 논문을 썼다. 경영학 박사학위 논문을 긍정심리학을 주제로 쓰는 것이 쉽지 않았지만 경영은 사람이 하는 것이고, 사람이 행복해야 조직성과를 높이며, 그 행복을 만들어주는 것이 긍정심리학이라는 확신을 갖고 설득을 해서 천신만고 끝에 2013년 학위를 받았다. 논문의 제목은 〈긍정심리의 긍정정서와 성격강점이 조직성과에 미치는 영향〉이다. 긍정심리학의 요소 중 긍정정서와 성격강점을 조직성과에 영향을 미치는 선행변수로, 조직시민행동을 중재변수로, 조직몰입과 직무만족을 종속변수로 채택했다. 개인의 긍정심리가 조직 발전을 위한 행위 의도에 어떤 영향을 미치며, 이런 결과는 긍정심리가 조직성과 증진에 영향을 미칠 뿐 아니라 행위 의도를 통해서도 조직성과 증진을 위한 조직몰입도와 직무만족도가 향상될 것이라 기대한 것이다. 분석을 통해 다음과 같은 결과를 확인했다.

긍정정서는 조직몰입, 직무만족 및 조직시민행동에 각각 긍정적인 영향이 있는 것으로 나타났다. 또한 성격강점도 조직몰입, 직무만족 및 조직시민행동에 대해 각각 긍정적인 영향을 미치는 것으로 나타났다. 이 같은 연구결과가 시사하는 바는 국내 최초로 긍정심리학의 주요 변수인 긍정정서와 성격강점이 개인 차원을 넘어 조직의 조직성과 증진을 위한 주요 변수인 조직시민행동과 조직몰입, 직무만족에 어떤 영향을 미치는가를 검증했다는 것이다. 그 결과 긍정심리학에서 제시된 긍정정서와 성격강점은 모두 조직성과 향상에 기여하는 변수인 조직몰입, 직무만족 및 조직시민행동을 증진시킬 수 있는 중요 요인임을 확인할 수 있었다.

긍정심리학의 직업적 변형(코칭)

셀리그만은 긍정심리학의 변형이 가능하다고 했다. 직업적 변형으로는 코칭, 목표설정 이론, AI, 긍정조직학에 가능하다고 했으며, 코칭을 변형하기 위해선 먼저 이론이, 그다음 과학과 응용이 필요하다.

첫째, 이론이다. 긍정심리학은 긍정정서, 몰입, 긍정관계, 의미, 성취, 강점에 대한 연구다. 삶의 이 6가지 면을 측정, 분류하고 구축하려고 시도한다. 측정, 분류, 구축, 시도, 이 4가지를 정확히 실행함으로써 실행의 범위를 정의하고 그것을 임상심리학, 정신의학, 사회사업, 결혼, 가족 상담과 구별함으로써 혼돈에서 질서를 끌어낼 것이다.

둘째, 과학이다. 긍정심리학은 유효한 과학적 증거에 근거한다. 경험으로 검증된 방법을 이용해 측정, 실험, 연구하고 무작위 배정 및 위약 통제된 연구결과를 분석함으로써 어떤 개입이 실제로 효과적이고 어떤 것이 엉터리인지 평가한다. 긍정심리학은 이 황금 기준을 통과하지 못하는 개입은 비효과적이라고 판단해 폐기한다. 증거에 기초한 개입과 검증된 행복 척도는 코칭의 책임감 있는 실행 범위를 설정할 것이다.

셋째, 응용이다. 긍정심리학자들은 초기부터 학문적 위험을 무릅쓰고 연구 내용을 공개했다. 셀리그만은 "반드시 심리학자가 돼야만 긍정심리학을 실천하거나 코치 혹은 강사가 될 수 있는 것은 아니다. 프로이트 추종자들이 저지른 중대한 실수는 오직 정신과 의사들만 정신분석을 할 수 있도록 제한한 것이다. 긍정심리학은 또 하나의 자기방어적인 협회를 보호하는 안전막이 될 마음이 없다. 코칭 기술, 긍정심리학 이론, 긍정 상태 및 긍정 특성의 타당한 측정, 효과적인 개입 부문에서 충분한 훈련을 받는다면 그리고 고객을 더욱 노련한 전문가에게 맡겨야 할 시점을 안다면 실제로 당신은 긍정심리학이라는 씨앗을 뿌리는 사람이 될 것이다"라고 말하며 긍정심리학의 문을 활짝 열어놓았다.

코칭은 근간을 찾는 실행이라 할 수 있다. 근간에는 두 종류가 있다. 증거에 기초한 과학적 근간과 이론적 근거에 의한 근간이다. 긍정심리학은 2가지 모두 제공할 수 있으며, 코칭에 일정 범위의 실행, 효과적인 개입과 척도, 코치가 되기 위한 적절한 자격증을 제공할 수 있다.

그 근거는 무엇일까? 첫째, 긍정심리학은 사람들의 좋은 면을 주시하고 그들이 최상의 상태에 이른 순간에 초점을 맞추며 개인과 집단의 행복에 관심을 갖는다.

둘째, 긍정심리학은 부정정서를 폄하하면서 긍정정서에 초점을 맞추지는 않는다. 긍정심리학은 인생의 중요하고도 자연스러운 면인 부정정서, 실패, 문제, 그 밖의 불쾌한 현상을 인정한다.

셋째, 무엇보다 긍정심리학은 과학이다. 따라서 증거, 척도, 검증에 치중한다. 긍정심리학은 또한 응용과학이다. 따라서 긍정심리학 연구 결과를 토대로 학교, 기업, 정부, 개인적 삶과 사회적 삶의 여러 가지 측면을 개선시킬 심리학 개입을 창안할 수 있다.

넷째, 긍정심리학자들이 창안한 개입은 주로 긍정개입이다. 긍정개입은 고통을 완화하거나 개인의 낮은 기능 수준을 정상 수준으로 회복시키는 것이 아니라 더 우수한 수준으로 높이는 것에 초점을 맞춘다. 긍정심리학자들은 그런 개입의 도움으로 고객이 +2에서 +6으로 올라갔다는 표현을 흔히 사용한다.

이와 같이 긍정심리학의 가장 큰 장점은 그것이 과학이라는 사실이다. 따라서 긍정심리학은 척도와 밀접한 관계가 있다. 코치는 낙관성, 자존감, 동기, 삶의 의미 같은 심리적 현상을 측정하는 검증된 긍정심리학 척도를 통해 이득을 얻을 수 있다. 수준 높은 척도를 이용해 자신이 관심을 갖고 있는 주제를 측정함으로써 그 측정 결과의 정확성을 장담할 수 있고, 게다가 자기 고객의 결과와 비교집단의 결과를 대조할 수도 있다. 코치는 긍정심리학자들이 창안한 우수한 척도를 이용하고 그것을 테스트해 더 우수한 척도를 개발하는 데 일조할 수 있다.

척도 이외에도 긍정심리학은 코칭에 지식을 제공하고 코칭 작업 기준을 높이며 코칭 개입을 개선하게 도와줄 만반의 준비를 갖추고 있다. 실제로 긍정심리학은 온갖 분야의 코치들이 관심을 갖고 유용하게 사용할 수 있는 도구를 개발해 개입에 제공하고 있다. 예를 들어 프레드 브라이언트Fred Bryant 로욜라대 교수는 과거 긍정경험을 이용해 '음미하기'가 어떻게 긍정정서를 일으키는지를 연구하고 있다. 이 도구는 코칭에서 얼마든지 다양하게 실용적으로 활용할 수 있다. '음미하기' 도구를 응용해 조직의 리더, 팀, 부부, 개인이 가정이나 일터에서 더 많은 의미와 행복을 얻게 도와줄 수 있다. 이 도구는 비전 창출이라는 코칭 기법의 한 가지 변형이지만, 미래가 아닌 과거에 초점을 맞춘다. 긍정심리학은 이런 유형의 도구를 수없이 창안해왔다. 그 도구들을 한데 모으면 과학적인 도구 상자가 되는데, 코치는 기존의 코칭 도구에 그것을 추가할 수 있다.

최근 긍정심리학에 흥미가 있고 긍정심리학 교육을 받은 많은 사람들이 긍정심리학을 응용하기 위해 자연스럽게 코칭을 선택한다. 그들을 일반 코치들에 비해 어떤 방법의 차이를 갖고 있으며 어떠한 삶을 사는지 알아보자. 긍정심리학 코칭은 고객과 관계가 투명해야 하고 문제를 찾아내는 것보다 해결책에 초점을 맞춘다. 코치는 고객과 자연스럽고 개방적인 관계가 돼야 하고, 고객의 강점을 찾아주고 일상에서 발휘하게 한다는 것이다. 심리치료사 교육은 대부분 개인적인 정보나 속마음을 너무 드러내지 말라고 한다. 그저 고개만 끄덕이며 "아, 네, 으음, 네" 식으로 반응하라는 것이다. 코칭은 코치와 고객이 서로 완벽한 정직을 바탕으로 진심으로 협력해 진실한 관계를 맺을 때 최선의 결과를 얻을 수 있다. 세계적 긍정심리학 코치인 로버트 B. 디너의 예를 살펴보자.

"나는 긍정심리학 이론과 과학적 연구에서 얻은 명쾌한 지식을 토대로 코칭 작업을 한다. 문제를 찾아내는 대신 주로 해결책을 추구한다는 뜻이다. 또한 강점에 관한 공식 용어를 사용하고 경험적으로 입증된 개입과 척도를 활용하며 고객과 상호작용할 때 긍정정서와 부정정서의 역할에 유의한다. 거의 모든 코치가 이것을 전부 혹은 일부 실천하고 있을 것이다. 나의 코칭과 다른 코치들의 방식의 가장 명확하고도 가장 큰 차이는 나는 내가 직접 찾아낸 광범위한 전문 지식을 활용한다는 것이다. 따라서 나만의 코칭 스타일은 적절한 코칭(탐구하기, 지지하기, 도전하기)과 멘토 역할(전문가로서의 조언과 컨설팅)을 왔다 갔다 하는 것이다. 초보 코치에서 노련한 코치로 성장하면서 나는 고객들이 그 두 영역을 옮겨 다니는 내 능력을 높이 평가할 뿐 아니라 바로 그 능력 때문에 나를 찾아온다는 것을 발견했다. 이렇게 긍정심리학 코칭은 틈새 코칭으로 코치의 경쟁력을 높여줄 수 있다. 긍정심리학 코칭은 기본적인 코칭 감각은 물론 일정 수준의 코칭 스킬에 더해서 행복과 희망 같은 흥미로운 주제에 관한 탐구도 보장하기 때문이다."

최초로 긍정심리학을 변형시켜 '긍정심리학과 목표설정 이론'을 결합시켜 와튼스쿨 최고의 프로그램으로 선정된 『나는 이제 행복하게 살고 싶다: 행복한 인생 목표 세우기』 저자이자 코치인 캐럴라인 A. 밀러Caroline A. Miller는 자신의 경험에 대해 이렇게 설명했다.

"긍정심리학은 내 직업을 소명으로 바꾸었다. 그리고 다른 사람들이 일상 속에서 의미 있는 목표를 추구하고 자신의 역할을 깨닫도록 도와줄 능력을 내게 주었다. 나는 전에는 결코 생각하지 못한 방식으로 큰 변화를 일으키고 있다. 아침에 일어날 때마다 내가 이 세상에서 가장 행복한 코치라고 생각한다."

긍정심리학 코칭의 미래는 밝다. 긍정심리학 분야 자체가 성장하고 있고, 더 많은 컨퍼런스가 열리며, 더 많은 서적과 논문이 출간되고 더 많은 교육 프로그램이 생기고 있기 때문이다. 특히 그 어느 때보다 많은 사람들이 긍정심리학에 관심을 보인다. 이 추세는 더욱 확산되고 있으며 이것은 긍정심리학 코칭에 좋은 영향을 준다. 앞으로 더 큰 규모의 연구가 행해지고 이론적 지식이 늘어나며, 그것을 토대로 더 효과적인 개입과 검사가 고안될 것이다. 긍정심리학 코칭에 관한 언론 기사나 방송이 더 많아질 것이고, 호감과 호기심을 느껴서 질문을 하고 대답을 듣고 마침내 확신을 갖고 더 많은 사람들이 긍정심리학 코칭을 선택할 것이기 때문이다.

학교와 군대에서의 긍정심리 교육

아이들을 행복하게 해주려면 어떻게 해야 할까? 바로 긍정심리 교육과 회복력 훈련이 필요하다. 긍정심리학의 행복 만들기 도구는 재미가 있다. 그래서 강요가 아닌 스스로 좋아서 참여한다. 현재 우리나라 학교에는 대부분 심리상담사가 배치돼 있다. 하지만 일반 심리상담만으로는 한계가 있다. 미국과 유럽에서는 이미 초·중·고등학교와 대학교, 군대에까지 긍정심리 교육을 실시하고 있다. 영국에서는 유치원부터 시키고 있다.

우리나라에서도 학교에서의 긍정심리 교육이 필요하다. 현재 우리나라 청소년의 자살률은 세계 최고 수준이고 행복지수는 꼴찌 수준이다. 어떻게 하면 학생들이 우울하고 고통스러운 상황에서 벗어나 행복한 삶을 살 수 있을까? 그러려면 교육부터 바뀌어야 한다. 지금까지의 교육은 사고기술, 성공, 성취, 순응, 읽고 쓰기, 수학, 일, 시험, 규율 등 직장과 사회에서 성공하기 위해 필요한 지식과 기술을 가르치는 데 머물렀다. 100년 넘게 이 같은 교육을 하면서 사회에서 요구하는 것을 수행할 수 있는 일꾼은 양성했을지언정 아이들은 행복하지 않다. 그래서 학교에서도 긍정교육이 필요하다는 것이다.

셀리그만을 중심으로 펜실베이니아대 긍정심리학응용센터 연구팀이 미국 스트래스헤이븐스쿨과 호주 질롱그래머스쿨 등에서 긍정심리 교육과 회복력 교육을 실시했는데 결과는 놀라웠다. 긍정심리 교육은 우울증과 불안증의 해독제 역할을 톡톡히 해냈고 삶의 만족도를 높여주는 데도 크게 기여했다. 뿐만 아니라 학습 성취도까지 향상됐다.

긍정심리 교육의 내용은 긍정심리학의 5가지 요소와 성격강점인 팔마스PERMAS(5가지 요소와 강점)의 연습도구로 구성된다. 부정적인 면보다는 긍정적인 면을 강조하는 긍정심리학의 특성은 긍정심리 교육에도 그대로 이어진다. 대표 강점을 찾고 긍정정서와 긍정관계, 회복력, 감사, 의미, 몰입 등 행복을 만들기 위한 도구를 가르치는 것으로 긍정심리 교육은 진행된다.

긍정심리 교육은 별도로 시간을 내지 않고도 얼마든지 실시할 수 있다. 긍정심리 교육을 선구적으로 실시했던 질롱그래머스쿨 교사들은 2주 동안 긍정심리 교육을 받은 후 학과목 수업, 스포츠 활동, 목회 상담, 음악, 예배 시간에 긍정심리 교육을 적용했다. 예를 들어 영어 교사는 셰익스피어의 『리어왕』을 읽고 토론할 때 소설 자체는 우울한 내용이지만 학생들에게 주인공의 강점과 그 강점들이 어떻게 좋은 면과 어두운 면을 모두 갖고 있는지 확인하도록 했다. 또한 회복력을 이용해 아서 밀러의 『세일즈맨의 죽음』과 프란츠 카프카Franz Kafka의 『변신』에 나오는 등장인물의 파국적 사고방식을 설명하기도 했다.

수사학 교사는 말하기 숙제를 '망신당한 순간에 대해 발표하라'와 같은 부정적인 주제를 '타인에게 소중한 사람이었던 순간에 대해 발표하라'로 바꾸었다. 실습 교사는 '감사일기'의 감사한 일을 묻는 것으로 하루를 시작하고, 학생들은 '이번 주의 강점'을 잘 보여준 학생을 추천한다. 음악 교사는 회복력 기술을 이용해 망쳐버린 연주에서 낙관성을 이끌어냈다. 모든 학년의 미술 교사는 아름다움을 감상하는 것을 가르쳤다.

이처럼 질롱그래머스쿨은 따로 시간을 할애해 독립적으로 긍정심리 교육을 하는 한편 기존 수업에 긍정심리 교육을 적용하는 방식으로도 실시했다. 이 교육을 총괄했던 셀리그만은 긍정심리 교육을 실시한 후 질롱그래머스쿨은 크게 변했다고 말했다. 학생들은 물론 교사들까지 모두 밝고 행복하고 의욕에 넘쳤다. 행복한 학교에 오고 싶어 하는 지원자도 대폭 늘고, 학교의 긍정적 변화를 보고 기부금도 크게 증가했다고 한다.

필라델피아 외곽에 있는 스트래스헤이븐스쿨에서는 14세에서 15세인 9학년 학생 347명을 언어학 수업 두 집단에 무작위 배정했다. 그리고 한 집단에는 언어학 수업에 긍정심리학 교육과정을 포함시키고 다른 집단에는 포함시키지 않았다. 참여 학생, 학부모, 교사들은 프로그램 시행 전, 시행 직후, 2년 후에 각각 표준 설문지를 작성했다. 학생들의 강점, 사회적 기술, 행동 문제, 학교생활을 즐기는 정도를 조사했다. 그리고 그들의 성적도 확인했다.

이 종합적인 프로그램의 주요 목표는 첫째, 학생들이 자신의 대표적인 성격강점을 확인하게 도와주고, 둘째, 일상생활에서 이 강점의 활용을 증가시키는 것이다. 이 목표에 더해 회복력, 긍정정서, 의미, 목적, 긍정관계를 향상시키기 위해 긍정심리학 개입을 시도했다. 교육과정은 80분 수업, 20회 이상으로 9학년 내내 시행됐다. 여기에는 성격강점들과 그 밖의 긍정심리학 개념 및 기술 토론, 수업 중 활동 주 1회 실시, 긍정심리학 기술을 자신의 삶에 적용하는 실생활 숙제, 성찰 일기가 포함됐다.

스트래스헤이븐스쿨은 이 같은 긍정심리학 프로그램을 시행한 후 다음과 같은 결과를 얻었다. 이 프로그램은 호기심, 학구열, 창의성의 3가지 강점을 향상시켰다. 이 결과는 해당 학생이 긍정심리학 집단과 통제 집단 중 어디에 배정됐는지 모르는 교사들의 보고서를 통해 얻은 것이다. 이 프로그램은 또한 학교에서 학생들의 몰입과 즐거움을 증가시켰다. 이 효과는 일반 수업에서 특히 두드러졌다. 긍정심리학 프로그램 참여 학생들은 일반 언어학 점수와 작문 기술이 향상됐다. 우등반에서는 학점 부풀리기가 만연해 대부분의 학생이 A학점을 받기 때문에 점수가 높아질 여지가 거의 없다. 중요한 점은 행복이 교실 학습의 전통적 목표인 학습을 약화시키지 않았다는 것이다. 오히려 강화시켰다.

긍정심리학 프로그램은 사회적 기능, 즉 친절, 배려, 소통, 협동심, 자기주장, 자기통제력을 향상시켰다. 이는 학부모와 교사 양측의 보고서에 기초한 결과다. 학부모들의 보고서에 따르면 나쁜 행동 역시 감소했다. 행복과 인성이 함양된 것이다. 따라서 결론은 이렇다. 모든 교실에서 행복을 가르쳐야 하며 가르칠 수 있다는 것이다. 그렇게 하기 위해선 교사와 학부모들이 먼저 긍정심리학의 행복을 배워야 한다.

학교에서의 긍정심리 교육

호주의 질롱그래머스쿨은 1학년부터 12학년까지 있으며 교사는 200명, 학생은 1,200명이다. 2008년 셀리그만과 카렌 레이비치Karen Reivich는 긍정심리학 교육자 15명과 함께 호주로 날아가서 2주 동안 질롱그래머스쿨 교사 200명을 훈련시켰다. 9일 동안의 훈련 과정에서 그들은 먼저 교사들에게 그들의 삶에서 긍정심리학 기술을 사용하는 법을 가르쳤다. 그런 다음 다양한 사례를 제시하고 그 기술을 학생들에게 가르치는 법에 관한 교육과정을 자세하게 설명했다. 이를 위해 2주간의 여름휴가를 보수 없이 반납한 교사들은 수업시간에 긍정심리학 기술을 적용해서 가르쳤다. 교육을 받은 아이들은 어떻게 변했을까?

질롱그래머스쿨의 모든 여섯 살배기처럼 케빈은 교복을 갖춰 입은 1학년 급우들과 함께 반원으로 앉아 하루를 시작한다. 선생님이 질문을 할 때마다 케빈은 손을 번쩍 든다. "여러분, 어제 저녁에 잘됐던 일(감사일기)이 뭐였어요?" 서로 대답하려 조바심 내며 몇몇 1학년생이 짧은 일화를 털어놓는다. "어제 제가 제일 좋아하는 거 먹었어요, 스파게티요." "형하고 체스 했는데 이겼어요." 케빈이 말한다. "저녁 먹고 나서 누나랑 같이 현관을 청소했어요. 다 하니까 엄마가 저희를 껴안아 주셨어요."

선생님은 케빈의 말을 잇는다. "잘됐던 일을 이야기하는 게 왜 중요하죠?" 그는 머뭇거리지 않는다. "기분이 좋아지니까요." "케빈, 더 할 이야기가 있어요?" "네, 있어요. 엄마는 매일 제가 집에 가면 잘됐던 일을 물어보세요. 이야기하면 엄마가 행복해해요. 엄마가 행복하면 모두 다 행복해요."

앨리스는 양로원에서 이제 막 돌아왔다. 그녀와 5학년 학생들이 '제빵학' 프로젝트를 완수한 곳이다. 그 프로젝트에서 요리사인 존 애시튼이 자기 외할머니의 빵 만드는 법을 4학년 학생들에게 가르쳤다. 그런 다음 아이들은 양로원을 방문해 노인들에게 그 빵을 나눠드렸다.

"맨 먼저 저희는 우수한 영양섭취에 대해 배웠어요." 앨리스가 말했다. "그러고 나서 건강한 음식을 요리하는 법을 배우고요. 하지만 그것을 먹지 않고 다른 분들께 드렸어요."

"네가 그렇게 오랜 시간을 들여 준비한 음식을 먹지 않는 일이 힘들었지? 냄새가 정말 좋았는데."

"아뇨, 정반대예요." 그녀는 활짝 웃으며 단언했다. "처음에 저는 할아버지들을 무서워했어요. 하지만 제 마음속에서 작은 등불 하나가 켜지는 것 같은 느낌이 들었어요. 그 일을 또 하고 싶어요."

앨리스의 대표 강점은 호기심, 학구열, 끈기, 친절, 사랑이다. 성격강점은 내가 좋아하는 것이다. 앨리스는 자신의 대표강점을 발휘해 이 프로젝트를 훌륭하게 마쳤으며 더 행복해졌고 인성도 길러졌다. 이것이 진정한 행복교육이고 인성교육이다. 앨리스의 절친한 친구가 재빨리 끼어들었다. "다른 사람을 위해 어떤 일을 하는 건 비디오게임을 하는 것보다 기분이 더 좋아요."

군대에서의 긍정심리 교육

학교뿐만 아니라 군대에서도 긍정심리 교육과 회복력 훈련이 절실하다. 군대도 변해야 한다. 더 이상 일방적인 명령과 통제로는 강한 군대를 만들 수 없다. 지금껏 명령과 통제를 바탕으로 육체와 정신훈련을 했지만 총기 사고를 비롯한 사건·사고는 더 많이 늘었고, 군대에 적응하지 못해 자살하는 군인들도 늘고 있다. 학교에서와 마찬가지로 집단 따돌림으로 힘들어하는 군인들도 많다.

이런 문제를 해결하려면 육체 훈련과 함께 심리 훈련이 이루어져야 한다. 그 심리 훈련의 핵심이 긍정심리 교육과 회복력 훈련이다. 셀리그만과 레이비치 박사 연구진은 약 8개월 동안 이라크와 아프가니스탄 참전 군인 100명을 만나 훈련자료를 검토한 결과, 군인들에게 강인한 정신, 강점, 강력한 관계 구축이 필요하다는 결론을 내렸다. 이런 연구결과를 바탕으로 회복력 프로그램인 '종합 군인 피트니스'를 개발했다. 이 프로그램은 2009년 12월부터 조지 케이시George Casey 육군참모총장의 지시로 모든 군대에 실시하고 있다.

종합 군인 피트니스는 ABC 확인하기, 빙산믿음 찾기, 반박하기 등 강인한 정신을 구축하는 데 필요한 기술을 배운 후 성격강점을 확인하는 프로그램으로 짜여 있다. 또한 다른 군인들과의 관계, 가족과의 관계를 강화하는 방법도 알려준다. 처음부터 모든 군인을 대상으로 회복력 훈련을 실시하기란 어렵다. 따라서 부대를 통솔해야 하는 부사관들을 먼저 훈련시키고 그들이 다시 군인들을 교육시키도록 했다.

회복력 훈련의 효과는 곧 나타났다. 한 부대에 걸핏하면 갈등을 표출하고 분란을 일으키는 군인이 있었다. 워낙 문제를 많이 일으키는 탓에 다른 군인들이 모두 그를 멀리했지만 회복력 훈련을 받은 부사관이 자신의 강점인 사랑, 예견력, 감사를 발휘해 그를 감싸 안았다. 부사관은 말썽꾸러기 군인과 진지하게 대화를 나눈 끝에 그 군인이 자신의 아내에게 극도의 분노를 느끼고 있었고, 그 분노를 동료 부대원에게 풀었다는 것을 알 수 있었다. 부사관은 지혜를 활용해 그가 아내의 입장을 이해하고 편지를 쓰게 도와주었다. 자신이 먼 곳에서 복무하는 동안 아내 혼자 너무 많은 것을 감당하게 해서 미안하고 또 고맙다는 내용의 감사편지였다. 결과는 당연히 해피엔딩이다.

우리나라 군대에도 하루 빨리 긍정심리 교육과 회복력 훈련이 이루어져야 한다. 군인들이 행복해야 국민도 행복하다. 젊은이들이 스스로 극복할 수 있는 내면의 힘을 강화시켜주지 않으면 개인도 사회도 불행해질 수밖에 없다. 긍정심리 교육과 회복력 훈련이 우리 사회를 건강하게 만들어주고 행복하게 만들 수 있는 충분한 대안이 될 수 있을 것이다.

Positive Psychology

03

긍정정서

왜 긍정정서인가?

1930년 노트르담수녀회에서 원장수녀가 종신서원을 하는 수녀들에게 그들의 어린 시절과 다녔던 학교, 종교적 경험 및 종신서원을 하게 된 이유에 대한 짤막한 글을 부탁했을 때 '참으로 행복하다'거나 '크나큰 기쁨' 등의 긍정적 표현을 많이 사용한 수녀들이 그렇지 않은 수녀들보다 훨씬 오래 살았다.

수녀의 수명에 대한 사전 지식이 전혀 없는 연구자들이 긍정정서의 합계를 기준으로 조사한 결과, 긍정적으로 활기 넘치게 수도원에서 지낸 수녀들은 90%가 85세까지 산 반면 무미건조하게 지낸 수녀들 중 85세까지 산 사람은 34%였다. 또 긍정적으로 활기 넘치게 지낸 수녀들의 54%가 94세까지 살았지만 무미건조하게 지낸 수녀들 중 94세까지

산 사람은 11%에 불과했다.

긍정심리학의 중요한 연구 중 하나가 '뒤셴 미소'다. 이 미소를 처음 발견한 기욤 뒤셴Guillaume Duchenne의 이름을 딴 이 미소는 마음에서 우러나오는 진짜 웃음이다. 이 미소를 띨 때면 양쪽 입꼬리가 위로 올라가고 눈꼬리에 까마귀나 매의 발 같은 주름살이 생긴다. 반면 '팬아메리칸 미소'는 지금은 없어진 팬아메리칸항공사의 텔레비전 광고에 출연했던 승무원들의 미소에 빗댄 것으로, 뒤셴 미소의 특징이 전혀 나타나지 않는 가짜 웃음이다. 전문가들은 이 미소를 보고 행복한 웃음이라기보다는 공포에 질린 동물의 표정에 훨씬 더 가까워 보인다고 했다.

캘리포니아 버클리대의 대커 켈트너Dacher Keltner와 리앤 하커LeeAnne Harker 교수가 밀스대의 1958년에서 1960년 졸업생 141명을 대상으로 실시한 연구가 있다. 졸업 앨범 사진에서는 3명을 제외한 모든 여학생들이 웃고 있었고, 그중 뒤셴 미소를 띤 여학생들은 절반 정도였다. 이 여학생들이 27세, 43세, 52세가 될 때마다 이들을 만나 결혼이나 생활 만족도를 조사했다. 1990년 전임자로부터 이 연구를 이어받은 켈트너와 하커 교수는 졸업 앨범에서 뒤셴 미소를 짓고 있던 여학생들은 대개 30년 동안 행복하게 결혼생활을 유지하고 있었고, 개인적인 건강 상태도 더 잘 유지하고 있음을 확인했다. 눈가의 주름이 행복을 예측하는 척도임을 확인한 셈이다. 이들은 졸업 앨범에 있는 여학생들의 외모를 살펴본 후 미모는 결혼생활이나 생활만족도와는 무관하다는 결론을 얻었다. 결과적으로 진짜 웃음을 짓는 여성이 행복한 결혼생활을 할 가능성이 높다는 것을 재확인한 것이다.

뒤셴 미소의 연구는 1952년 메이저리그에서도 있었다. 연구자들은 시즌에 참가한 선수들의 사진을 무표정(42%), 옅은 미소(43%), 뒤셴 미소(15%)로 분류했다. 이후 2009년 6월 기준으로 사망한 150명의 선수들의 수명을 조사한 결과 무표정은 평균 72세, 옅은 미소는 평균 75세, 뒤셴 미소는 평균 80세를 산 것으로 나타났다. 셀리그만에 의하면 긍정정서가 높은 사람은 부정정서가 높은 사람보다 평균 8년을 더 산다고 한다.

앞에서 소개한 3가지 연구는 놀랍게도 긍정정서가 드러나 있는 글이나 사진 한 장만으로도 장수나 결혼생활 및 생활만족도를 예측할 수 있다는 사실을 보여준다.

그렇다면 당신의 긍정정서의 수준은 어느 정도인가? 어떤 사람은 긍정정서가 높고 그 상태를 평생 유지한다. 하지만 반대로 긍정정서가 무척 낮은 사람들도 상당히 많다. 이런 사람들은 아무리 큰 성공을 해도 그저 무덤덤하게 반응한다. 대부분의 사람들이 이 둘 사이 어딘가에 속하게 된다.

렌은 20대에 증권사 최고경영자가 되며 백만장자가 됐고 어느 모로 보나 대단히 성공한 사람이었다. 주변의 부러움을 한 몸에 받았고 외모도 출중하고 말솜씨도 뛰어나서 그야말로 최고의 신랑감으로 인정받았다. 그런데 희한하게도 제대로 된 연애를 해본 경험이 없다. 한마디로 렌은 내성적이고 긍정정서라고는 찾아보기 힘든 사람이었다. 그래서 그와 데이트를 한 여자들은 하나같이 그를 싫어했다. 그는 다정하지도 않고 재미도 없으며 잘 웃을 줄도 몰랐다. 그녀들은 모두 똑같이 렌은 어딘가 문제가 있다고 말했다. 결국 그는 셀리그만의 조언에 따라 활동적이고 열정적인 남자를 좋아하는 미국 여성과 결혼하지 않고 걸으로 드러난 성격에 별로 개의치 않고 실용성을 중시하는 유럽 여성과 결혼해 현재 프랑스에서 살고 있다.

기업의 긍정정서를 높이면 업무의 효율성이 증가하고 그만큼 성과가 향상된다는 것이 입증됐다. 프레드릭슨과 로사다는 기업을 방문해 3가지 모델에 따라 그들이 각종 업무회의에서 주고받는 단어를 모조리 기록했다. 3가지 모델은 첫째, 사람들이 얼마나 긍정적으로 말했는지 혹은 부정적으로 말했는지, 둘째, 사람들이 얼마나 타인중심적이었는지 혹은 자기중심적이었는지, 셋째, 사람들이 얼마나 탐구하고 질문했는지 혹은 변호와 관점을 옹호했는지다.

이 연구는 60개 기업에서 수행됐는데 그중 20개 기업은 경제적으로 번성하고 있었고, 20개 기업은 양호한 수준이었으며, 20개 기업은 쇠퇴하고 있었다. 그들은 각 단어를 긍정적 단어 혹은 부정적 단어로 구분한 후 긍정성 대 부정성의 비율을 얻었다. 뚜렷한 경계선이 있었다. 긍정성 대 부정성의 비율이 2.9 대 1보다 높은 기업은 번성 중이었고 그 비율보다 낮은 기업은 경제적으로 좋지 않았다. 그래서 기업의 황금률은 3 대 1이라고 한다. 긍정정서가 3 대 1이 넘으면 번성하고 이보다 낮으면 쇠퇴한다는 것이다. 가장 크게 번성하는 기업의 비율은 6 대 1이었다. 그들은 이를 '로사다 비율'이라 한다. 이 사실을 발견한 칠레 출신의 수학자 마셜 로사다의 이름을 딴 것이다. 이처럼 긍정정서는 인생의 건강과 행복뿐만 아니라 기업 경영의 성패에도 아주 큰 영향을 끼친다.

하지만 최근 브라운Brown과 그의 동료들은 긍정정서 비율에 대한 중요한 티핑 포인트(Tipping Point: 한순간에 변화되는 극적인 순간)를 주장할 만한 수학적 근거가 발견되지 않았다는 논문을 발표했다. 이에 대해 프레드릭슨은 지엽적인 수학적 연구의 오류는 인정하지만 본질인 긍정정서 비율의 가치는 존중돼야 한다고 강조했다. 다음이 이를 증명해준다.

가트맨 박사가 500쌍 이상의 부부를 대상으로 실험한 결과에 의하면 기업의 황금률인 3 대 1은 가정에선 이혼에 이르는 것으로 나타났다. 만족하고 행복한 부부생활을 위해선 5 대 1이 돼야 하고 1 대 3은 재앙을 낳는다고 한다.

3 대 1의 긍정정서 비율의 중요성을 뒷받침해주는 더 명확한 증거는 스워츠Swartz와 그의 동료들이 밝혀냈다. 그들은 우울증 치료를 받고 있는 남자 66명의 결과를 살펴보고 그리고 치료를 받은 후 긍정정서 비율을 측정해보았다. 치료를 받기 전에는 긍정정서 비율이 0.5로 매우 낮았다. 스워츠와 그의 동료들은 자기 보고와 치료 등급을 기준으로 구분했는데 환자들 중에 낙관적인 차도를 보인 것은 치료 후 긍정정서 비율이 4.3이라는 것을, 동일한 기준으로 일반적인 차도를 보였다는 것은 치료 후 긍정정서 비율이 2.3이라는 것을 의미한다. 이와는 대조적으로 전혀 차도를 보이지 않는 것은 치료 후 긍정정서 비율이 0.7이라는 것을 의미한다. 이렇게 긍정정서는 개인의 수명과 성취, 행복뿐 아니라 조직성과에도 큰 역할을 한다.

긍정정서란?

지금부터 긍정정서란 무엇이며 어떻게 배양하고 확장시키고 구축해서 개인의 행복과 조직성과를 키워나가는지 알아보자.

먼저 정서에 대해 살펴보자. 정서는 개인이 어떤 일을 경험하거나 추구하는 목표와 관련된 사건에 대한 의식적·무의식적 평가에 의해 유발된다. 좋은 감정이나 좋은 생각, 나쁜 감정이나 나쁜 생각이 나타난다는 것이다. 대부분의 정서는 감정, 감각, 생각, 행동이라는 4가지 요소로 구성돼 있다. 감정에는 기쁨, 쾌락, 만족, 희망, 사랑, 혐오감, 공포, 분노, 불안, 불쾌감, 증오심 등이 있으며, 감각에는 시각, 청각, 후각, 미각, 촉각이 있다. 생각에는 사고의 유연성과 확장, 사고의 경직성과 위축 외에 생리적 반응이 있다. 슬픔을 느끼면 눈물이 나오고 기쁨을 느끼면 웃음이 나온다. 행동에는 불안과 공포를 느낄 때 나타나는 도피 행동, 분노와 혐오를 느낄 때 나타나는 공격이나 회피 행동, 사랑과 수용을 느낄 때 나타나는 애착과 보호 행동이 있다. 이처럼 정서는 삶 깊숙한 곳에서 감정이나 감각에 국한되지 않고 생각과 행동에도 큰 영향을 미친다. 그만큼 정서는 삶을 행복하게도 불행하게도 만들 수 있는 중요한 요소다.

이러한 정서는 크게 긍정정서와 부정정서로 구분되며, 긍정정서는 다시 과거의 긍정정서, 현재의 긍정정서, 미래의 긍정정서 3가지로 구분할 수 있다. 굳이 과거, 현재, 미래로 긍정정서를 구분하는 것은 각각의 의미가 다를 뿐만 아니라 꼭 밀접하게 연결돼 있는 것도 아니기 때문이다. 예를 들어 과거의 신혼시절을 떠올리면 즐겁고 행복했던 긍정정서를 많이 느끼는데, 이혼 후에는 외롭고, 억울하고, 화가 나는 등의 부정정서를 많이 느낀다.

긍정정서와 부정정서는 반대 개념이 아니다

긍정정서에는 기쁨, 쾌락, 만족, 열정, 자부심, 희망, 감사, 사랑 같은 감정이 있다면, 부정정서에는 공포, 불안, 분노, 증오심, 혐오감 같은 감정이 있다. 이러한 정서들은 시각, 소리, 냄새처럼 사람의 의식 속으로 파고들어간다.

흔히 긍정정서는 좋은 것, 부정정서는 나쁜 것으로 이해하고 부정정서를 무조건 배척하려는 경향이 많다. 그도 그럴 것이 우리는 보통 상대에게 긍정감정을 느낄 때는 다가가지만 부정감정을 느낄 때는 피한다. 고소한 냄새를 풍기며 오븐 속에서 초콜릿 쿠키가 구워질 때는 오븐에 가까이 가고, 누군가 길거리에 토해놓은 오물 때문에 역겨운 냄새가 진동할 때는 다른 길로 돌아간다.

하지만 부정정서가 꼭 나쁘기만 한 것일까? 그렇지 않다. 공포, 비애, 분노 같은 부정정서는 외부의 위협에 대한 1차 방어선으로 우리에게 전투 자세를 취하게 한다. 공포는 위험이 잠복해 있다는, 비애는 무엇인가를 잃고 있다는, 분노는 누군가 침범하고 있다는 신호다. 진화 과정에서 보면 위험, 상실, 침범은 하나같이 생존을 위협하는 것이다. 더

긍정정서와 부정정서의 비교

구분	감정 요소
긍정정서	만족, 안도감, 성취감, 자부심, 경이, 감사, 용서, 인내, 사랑, 친절, 기쁨, 쾌감, 흥미, 평온함, 열정, 재미, 영감, 몰입, 낙관성, 희망, 회복력, 자신감, 신념, 신뢰(24개)
부정정서	공포, 불안, 분노, 증오심, 압박감, 비난, 불만, 무기력, 질투, 탐욕, 이기심, 포기, 원망, 한, 적개심, 좌절, 근심, 고통, 혐오감, 낙담, 열등감, 비관성, 우울, 슬픔(24개)

욱 심각한 문제는 이런 외부의 위협은 한 사람이 이기면 상대방은 지게 돼 있고, 반드시 승자와 패자를 가려야 하는 승패게임으로 제로섬Zero-sum이라는 데 있다. 말하자면 이런 게임의 최종 결과는 제로라는 이야기다. 테니스가 바로 그런 게임이다. 한 선수가 점수를 딸 때마다 상대 선수는 잃을 수밖에 없다. 어린아이들이 초콜릿 하나를 두고 실랑이를 하는 것도 마찬가지다.

부정정서는 제로섬 게임에서 지배적 역할을 하므로 결과가 심각할수록 격렬해지고 절박해진다. 진화에서 사활을 건 싸움은 전형적인 제로섬 게임이기 때문에 극단적인 부정정서로 단단히 무장하게 된다. 따라서 자연 선택은 부정정서가 발달하는 쪽을 택했을 것이다. 생명이 위태로울 때 부정정서를 강렬하게 느낀 우리 조상들은 맞서 싸우거나 도망을 쳤고, 그와 관련된 유전자들을 후세에게 물려주었다.

이처럼 부정정서는 특정 행동경향성을 유발하고, 특정 방식으로 행동하게 하며, 위험과 위협에 대응하게 하는 적응적 기능을 한다. 이런 부정정서 덕분에 지금껏 인류가 생존할 수 있었다고 해도 과언이 아니다.

따라서 부정정서는 해롭기만 한 나쁜 정서가 아니다. 부정정서를 단순히 긍정정서의 반대 개념으로 이해해서는 안 된다. 인간의 긍정정서와 부정정서는 서로 독립적이기 때문에 부정정서를 없앤다고 긍정정서가 자동으로 유발되지는 않는다. 긍정정서와 부정정서는 서로 뿌리가 다르기 때문이다. 화, 불안, 긴장 같은 부정정서 상태에서 기쁨, 평안, 만족감 같은 긍정정서를 개입시키면 부정정서가 상쇄된다. 긴장과 압박을 받으면 교감신경이 활성화되고 근육이 경직된다. 이 상태가 지속되면 신체의 손상이 따른다. 이때 긍정정서를 개입시키면 부지불식간에 부정정서가 상쇄된다.

부정정서의 감소와 긍정정서의 증진은 독립적인 과정이기 때문에 비관성을 약화시키면 부정정서는 감소되지만 긍정정서가 증가하지는 않는다. 따라서 행복을 증진시키려면 비관성을 약화시켜 부정정서를 감소시킬 뿐만 아니라 낙관성을 강화해 긍정정서를 배양시켜야 한다.

긍정심리학에서 긍정정서를 어떻게 보는지에 대해서는 윌리엄 컴튼 William Compton이 잘 설명하고 있다. 그는 "우리 삶에 다양한 부정적 측면이 존재한다는 것을 부인하지 않는다. 또한 부정적 측면을 제거하고 개선하려는 노력의 소중함도 부인하지 않는다. 부정정서가 적절한 수준에서는 적응적인 기능을 하기 때문에 부정정서를 완전히 제거하는 것이 바람직하다고 보지도 않는다. 다만 인간에게는 행복하고 만족스러운 삶을 추구하는 욕구가 더 보편적이며 중요하다고 보는 것이다"라고 말했다.

노먼 브래드번 Norman Bradburn 시카고대 명예교수는 오랫동안 미국인 수천 명의 생활만족도를 조사하면서 긍정정서와 부정정서가 일어나는 빈도에 대해서도 관심을 가졌다. 그는 두 정서의 발생 빈도가 반비례할 것으로 짐작했다. 부정정서를 많이 경험한 사람이 긍정정서를 그만큼 적게 느낄 것이라고 생각했던 것이다. 하지만 여러 차례의 연구결과 반드시 그렇지는 않다는 것이 밝혀졌다. 긍정정서와 부정정서는 완만한 반비례를 이룬다. 이것은 곧 부정정서가 많을 때 긍정정서는 보통보다 조금 적을 수 있다는 것을 뜻한다.

남성과 여성의 정서 차이는 어떨까? 지금까지 확인된 바에 의하면 우울증 경험은 여성이 남성의 두 배로, 일반적으로 여성이 남성보다 부정정서가 더 많다. 그런데 최근 긍정정서의 남녀 차이를 조사한 연구자들은 여성이 남성보다 긍정정서를 훨씬 더 많이 경험한다는 뜻밖의 사실을 발견했다. 뿐만 아니라 여성이 훨씬 더 자주, 더 강렬하게 긍정정서를 경험한다는 사실도 밝혀냈다. 결국 여성이 남성보다 훨씬 더 극단적인 정서생활을 한다는 것이다.

정서와 감정의 차이

많은 사람들이 정서와 감정을 동일시한다. 그래서 긍정정서라고 하면 기쁨, 행복감, 만족, 즐거움 등과 같은 감정을 떠올리기 쉽다. 물론 앞에서 이야기했듯이 '감정'은 정서를 구성하는 4가지 요소 중 하나이지만 그렇다고 감정이 곧 정서라고 이해하면 곤란하다.

긍정심리학에서 대표적으로 많이 사용하는 용어는 감정, 정서, 특질이다. 각각의 용어가 어떤 의미를 갖고 있는지를 알면 정서와 감정을 좀 더 쉽게 구별할 수 있을 것이다. 감정은 기쁘다, 화가 난다 같은 순간적으로 일어나는 마음의 상태를, 정서는 밝고 활기차다, 어둡고 침울하다 같은 지속적으로 일관되게 나타나는 마음의 상태를 말한다. 특질은 유머감각, 공정성같이 시간이 흐르고 환경이 바뀌어도 반복적으로 일어나는 개인의 성격적·심리적 특성인 성격강점이라고 이해하면 된다.

그래도 감정과 정서를 구분하기 쉽지 않다면 다음 예를 살펴보자. 지금까지 살아오면서 가장 행복했던 순간을 떠올려보자. 어린 시절도 좋고 학창 시절도 좋다. 연애하던 시절이나 결혼생활, 가장 큰 성취를 이루었을 때도 좋다. 그때 느꼈던 기분을 다시 한 번 음미해보라. 느낌이 어떤가? 기분이 좋지 않는가?

그 당시 느꼈던 것이 감정이고 오랜 시간이 흐른 지금 그때를 생각해도 기분 좋은 것이 정서다. 이를 긍정정서라고 한다.

긍정정서의 확장 및 구축 이론

긍정정서가 무엇인지 살펴봤다면 이번에는 긍정정서의 대표적인 이론과 지금까지 긍정정서의 과학적인 성과에 대해 알아보자.

긍정심리학이 등장하기 전까지만 해도 심리학에서는 주로 부정정서만을 연구했다. 부정정서에 대한 연구는 활발했어도 긍정정서에 대한 연구는 거의 없었다.

그러던 중 2001년 긍정심리학의 대가 프레드릭슨이 '긍정정서의 확장 및 구축 이론The Broaden and Build of Positive Emotion Theory'을 발표하며 수많은 심리학자들의 호응을 얻었다. 이 이론을 만들기 전까지 프레드릭슨도 학문 연구에 대해 많은 고민을 했다. 그녀의 멘토까지 긍정정서에 대한 연구를 반대할 정도였다. 그렇다고 긍정정서에 대한 연구가 전혀 없었던 것은 아니다. 일부 연구자들이 긍정정서에 대한 연구를 시도했다. 이들은 긍정정서도 부정정서만큼 행동경향성이 있을 것이라는 가설을 세웠다. 하지만 긍정정서는 불안과 공포를 느낄 때 도피하고, 분노와 혐오를 느낄 때 공격하거나 회피하는 행동경향성이 나타나지 않았다. 기쁨이나 즐거움, 만족 등 모호하고 미미한 반응만 나타난 것이다. 그래서 과학자들은 긍정정서는 연구할 가치가 없다고 포기한 것이다.

프레드릭슨에 의하면 '가장 행복했던 순간 떠올려보기' 같은 긍정정서를 경험하게 되면 기분이 좋아진다고 한다. 기분이 좋아지면 머리

긍정정서의 확장 및 구축 이론

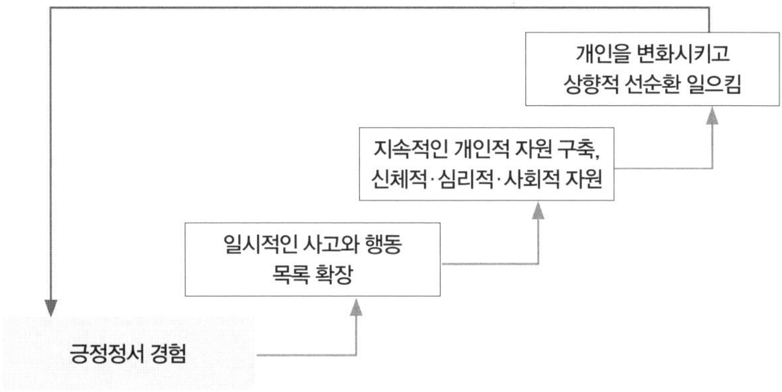

가 밝아지고 아이디어가 많이 떠올라 창의성이 증진되고 수용성과 자발성이 향상돼 우리의 일시적인 사고와 행동 목록을 확장시킨다. 지속적으로는 운동과 건강관리에 의한 신체적 자원, 스트레스나 우울감을 줄여주는 심리적 자원, 사회성 지능에 의한 인간관계를 키워주는 사회적 자원을 구축해 생각과 마음을 스스로 열게 해 개인과 조직을 더 나은 모습으로 변화시켜 상향적 선순환을 일으킨다.

프레드릭슨은 이를 나선형 상승Upward Spirals이라고 불렀다. 이 이론의 핵심 원리는 2가지다. 한 가지는 긍정정서 경험이 생각과 마음의 문을 열어주는 것이고, 다른 한 가지는 더 나은 모습으로 변화시켜주는 것이다. 나선형 상승의 예를 살펴보자. 걷기나 달리기 등의 운동을 한 후 활기를 느끼면 기억력이 증진되고 창의성이 향상돼 배우자를 기쁘게 해줄 수 있는 새로운 아이디어가 잘 떠오른다. 그러면 결혼생활은 더욱 원만해지고 만족도도 높아져 서로에게 헌신하고 감사하며 설령 상대방이 잘못해도 용서하고 싶은 마음이 생겨난다. 긍정정서는 미래를 낙관적으로 생각하도록 돕는다. 낙관적인 생각은 비관적인 생각을 떨쳐 버리고 자신감을 갖게 하며 직장에서 어려움이 생겨도 회복력을 발휘해 고통에서 쉽게 벗어나게 해준다. 이렇게 긍정정서가 조금씩 확장되면서 일어나는 크고 작은 변화들이 구축됨으로써 긍정정서가 일상생활을 더 행복하게 만들어주고 조직생활의 만족도를 높여준다.

긍정정서는 개인의 기쁨이나 만족감만 높여주는 것이 아니다. 조직 내에서 구성원들이 긍정정서를 경험하면 조직에서 가장 버리고 싶어 하는 정서인 분노, 불안, 좌절, 무기력 같은 부정정서가 줄어들며, 역경을 극복할 수 있는 회복력이 키워진다. 직원 중 누군가 긍정정서를 경험하게 되면 조직의 다른 직원들뿐만 아니라 고객에게까지 전달될 수 있다. 그러므로 긍정정서는 조직의 기능이 잘 발휘되도록 도와주어 조직성과를 창출하게 해준다. 프레드릭슨은 특히 조직의 리더들이 보여주는 긍정정서는 확장성이 매우 높다고 강조했다. 리더의 긍정정서는 조직 전체의 성과를 예측할 수 있기 때문이다.

그러면 프레드릭슨의 '긍정정서의 확장 및 구축 이론'을 적용시켜 검증된 긍정정서의 진실에 대해 알아보자.

첫째, 긍정정서는 기분을 좋아지게 한다. 너무나도 명약관화하기에 별로 설명할 것이 없어 보이지만 사실은 그렇지가 않다. 긍정정서는 유쾌한 내면적 경험과 즐거운 생기로 반짝인다. 과거에 경험한 긍정적 순간의 반짝임을 기억하면서 새로운 긍정적 순간을 기쁘게 맞이한다. 우리는 타고난 본능으로 긍정정서를 갈구한다. 하지만 반짝이는 것이라고 다 금이 아니듯 긍정정서에도 유사품과 먼 친척들이 넘쳐난다. 유사품은 마약과 도박, 갖가지 중독이 그에 해당한다. 먼 친척들은 폭식이나 성적 흥분 같은 육체적 쾌락이 속한다. 이런 가짜 긍정정서는 기분을 좋게 하는 효과가 일시적이며 결과적으로는 악영향을 미치기 때문에 진정한 긍정정서와 혼동하지 않도록 주의를 기울여야 한다.

둘째, 긍정정서는 사고를 확장시킨다. 긍정정서는 우리의 사고를 열어주고 시야를 넓혀준다. 비록 일시적인 사고의 확장일지라도 우리 정신에 필요한 공간을 만들어주는 것이다. 그것을 통해 꽉 막힌 부정정서에서 벗어나 보다 융통성을 가지고 큰 그림을 보게 된다. 또한 더 많은 사람들과 일체감을 느낄 수 있게 된다. 긍정정서에 관한 이 근본적이면서도 잘 알려지지 않은 사실은 '긍정정서의 확장 및 구축 이론'의 첫 번째 핵심 진리다. 생각과 마음의 문을 열어준다는 것이다.

셋째, 긍정정서는 자원을 구축해준다. 긍정정서는 개인과 조직을 보다 나은 모습으로 변모시켜준다. 아무리 가볍게 스쳐 지나간다 할지라도 긍정적인 순간들은 장기간에 걸쳐 차곡차곡 쌓이고 합쳐져 우리 인생을 위한 영속적 자원인 신체적·심리적·사회적 자원을 구축해준다. 그럼으로써 우리는 더욱 강인해지고, 현명해지고, 회복력이 높아지고, 사회적인 통합성도 커지게 된다. 긍정정서는 성장을 유발하며 우리를 발전의 길로 나아가게 한다. '긍정정서의 확장 및 구축 이론'의 두 번째이자 마지막 핵심 진리다. 우리를 더 나은 모습으로 변화시켜준다는 것이다.

넷째, 긍정정서는 회복력을 높인다. 긍정정서는 역경에 처해 있는 우리의 회복력을 높이는 신비한 유효성분으로 작용한다. 역경이 우리를 부정정서의 나락으로 떨어뜨리려고 위협할 때 긍정정서는 그 추락에 제동을 걸고 원래의 자리로 되돌아올 수 있게 해준다. 말하자면 긍정정서는 리셋 버튼 같은 역할을 한다. 그러므로 아무리 긍정정서가 부정정서에 비해 미약하게 보인다 할지라도 긍정정서에는 스스로를 지탱하는 힘이 있다. 역경 속에서도 긍정정서는 지속적으로 우리의 사고를 확장시키고 자산을 구축해주기 때문이다.

다섯째, 긍정정서 비율이 플로리시를 예고한다. 인생에서 긍정정서가 발현되는 상대적인 빈도가 티핑 포인트에 좌우된다는 것이다. 대체로 사람들은 긍정정서를 부정정서에 비해 2배 정도 더 많이 경험한다. 그러나 이런 긍정정서 비율로는 그럭저럭 살아가기는 하지만 거의 성장하지 못한다. 그것은 쇠퇴나 다름없다. 긍정정서 비율이 3 대 1은 넘어야 비로소 발전을 기대할 수 있다. 이 범주에 속하는 사람들은 생기와 창의력, 회복력을 느끼며 개인적인 성장과 긍정적인 변화를 확실히 감지하게 된다. 바로 플로리시이며 이로써 전혀 새로운 인생의 경지에 올라서게 된다.

여섯째, 긍정정서 비율은 높일 수 있다. 이는 우리에게 찬란한 희망을 선사한다. 우리는 노력을 통해 긍정정서 비율을 높일 수 있으며 쇠퇴에서 번영의 길로 경로를 수정할 수 있다. 자신의 긍정정서 비율을 생각보다 잘 통제할 수 있기 때문이다.

긍정정서는 키우는 것이다

긍정정서는 노력하기에 따라 얼마든지 키울 수 있다.

한 늙은 인디언 추장이 어린 손자에게 말했다.

"얘야, 우리 모두의 마음속에서는 두 마리의 늑대가 싸우고 있단다. 한 마리는 분노, 불안, 슬픔, 이기심, 질투, 탐욕을 가지고 있고, 다른 한 마리는 기쁨, 겸손, 사랑, 인내, 친절, 평안을 가지고 있단다."

손자가 물었다. "어떤 늑대가 이기나요?"

추장은 간단하게 대답했다. "네가 먹이를 주는 녀석이 이긴단다."

추장의 말처럼 우리 마음에는 매사를 비관적으로 바라보는 부정적인 마음과 더불어 낙관적인 태도로 상황의 밝은 면에 주목하는 긍정적인 마음이 공존하며 매 순간 경합한다. 긍정적인 마인드를 지닌다는 것은 우리를 행복한 삶으로 인도하는 마음속의 늑대에게 먹이를 주는 것이다. 긍정적인 마인드를 지닌 채 긍정정서를 확장하고 구축하려고 노력하면 얼마든지 이를 키울 수 있다.

긍정정서는 우리가 필요할 때마다 꺼내 쓸 수 있는 통장에 예금된 현금과 같고 목이 마르면 떠서 마실 수 있는 샘물과 같다. 키우면 키울수록 행복을 만드는 데 도움이 된다. 다만 긍정정서를 키우는 방법이 긍정정서가 과거와 관련된 것인지, 현재 혹은 미래에 대한 것인지에 따라 달라진다.

온갖 역경을 극복하고 성취한 일에 대한 자부심, 고된 노력 끝에 대학 입시에 합격했을 때의 만족감, 프레젠테이션을 성공적으로 끝마쳤을 때의 성취감과 자부심, 어떤 힘든 일을 잘 이겨내고 지금에 이르렀다는 안도감과 평정, 용서 등이 있을 것이다. 이런 정서들이 과거의 긍정정서다. 그런가 하면 가장 소중한 사람과의 사랑, 선물을 받았을 때의 기쁨, 음악을 들으며 아늑한 침대에 누워 있을 때의 평온함, 좋아하는 일에 흠뻑 빠져 있을 때의 즐거움과 몰입, 환희, 목표를 향해 도전하는 열정 등은 현재의 긍정정서이며 원하는 목표를 이루어낼 수 있다는 희망, 자신감, 신념, 신뢰, 낙관성 등은 미래의 긍정정서다.

당신은 주로 어떤 긍정정서를 많이 느끼는가? 과거, 현재, 미래의 긍정정서가 모두 행복하다면 더없이 좋겠지만 반드시 그렇진 않다. 모든 일이 순풍에 돛을 단 배처럼 순조롭게 잘 풀리는 사람이 불쑥불쑥 솟아오르는 과거의 아픈 기억 때문에 고통스러워할 수도 있다. 이런 사람은 과거의 긍정정서를 높여야 한다. 반대로 미래를 생각할 때마다 불안하고 걱정스러운 마음이 자주 드는 사람이라면 미래의 긍정정서를 높여야 한다. 다행스럽게도 과거, 현재, 미래의 긍정정서는 지금보다 한층 높일 수 있다. 그래서 행복은 만들어갈 수 있는 것이다.

과거의 긍정정서 키우기

당신은 과거에 만족하는 편인가, 아니면 고통스워하거나 괴로워하는 편인가? 행복한 삶을 살고 싶다면 상처와 원망으로 얼룩진 과거를 내팽개치면 안 된다. 흘러가버린 물처럼 이미 지나가버린 과거를 어떻게 바꿀 수 있느냐고 생각하는가? 물론 당신이 경험했던 일이나 과거 자체를 바꿀 순 없다. 부모의 이혼으로 불행했던 어린 시절, 충분히 사랑을 느끼지 못했던 학창 시절, 소심하고 부끄러워서 매사에 자신감이 없었던 일까지 과거가 온통 만족스럽지 못한 경험으로 가득할 수도 있다. 그런 경험을 바꾸거나 없던 일로 만들 수는 없다. 하지만 그 과거를 바라보는 관점은 바꿀 수 있다. 많은 사람들이 어른이 된 후에도 과거 어린 시절에 겪었던 사건과 상처 때문에 고통을 겪으며 살아간다. 이제 자신을 아파만 하던 과거에서 해방시켜주자.

대부분의 사람은 흔히 어린 시절의 기억이나 상처가 성인기에도 영향을 미친다고 알고 있다. 하지만 셀리그만은 어린 시절의 경험이 실제로는 성인기의 삶에 거의 혹은 전혀 영향을 미치지 않는다는 것을 입증했다. 유아기에 받은 깊은 상처가 성인기의 성격 형성에 영향을 미친다고 해도 그것은 감지하기 힘들 정도로 아주 작을 뿐이다. 요컨대 성인기에 겪는 장애는 유년기의 불행한 경험 때문이 아니다. 그러므로 성인기에 나타나는 우울, 불안, 불행한 결혼생활이나 이혼, 약물중독, 성적 장애, 실직, 자녀 학대, 알코올중독, 분노 등의 원인을 어린 시절의 불행에서 찾는다는 것은 타당성이 없다. 이 놀라운 사실을 깨닫는 것만으로도 과거에서 자신을 해방시킬 수 있다.

과거에서 해방되려면 우선 과거의 삶을 있는 그대로 수용하고 긍정적 경험에서 긍정정서를 찾아보는 것이 중요하다. 그러면 만족감과 성취감, 자부심, 안도감, 평정, 감사, 용서 등의 긍정정서를 느낄 수 있고 과거는 지금보다 한층 만족스럽게 다가올 것이다. 긍정경험에 대한 자부심과 감사, 용서를 통해 과거에 대한 부정정서를 긍정정서로 전환시키면 행복해질 수 있다.

과거의 긍정경험 속에서 긍정정서를 배양하고 확장하고 구축하는 방법은 여러 가지다. 그중 가장 효과가 뛰어난 방법이 '감사방문', '용서하기'다.

감사하기

인간이 하루 동안 하는 생각은 5만~6만 가지라고 한다. 이 가운데 좋은 생각은 몇 가지나 될까? 놀랍게도 85%가 부정적인 생각이다. 긍정적인 생각은 단 15%에 불과하다. 생각이 가는 방향을 그대로 방치해둔다면 부정적인 마음을 갖는 게 자연스러운 흐름일 수밖에 없다.

사람들이 이렇게 부정적인 생각을 많이 하는 이유는 무엇일까? 평소 지난 시간을 돌이켜볼 때가 있다면 주로 무슨 생각을 했는지 떠올려보자. 친구와 기뻐했던 일, 잘 해결된 일, 감사한 일, 성공했던 일인가, 아니면 친구와 다투고 마음 상했던 일, 엉망으로 꼬이고 잘못된 일, 실패했던 일인가? 사람들은 대부분 실수했거나 실패했던 일을 두고두고 생각한다. 당신이 부정적인 생각을 많이 하는 이유는 잘된 일보다는 잘 안 됐던 일을 떠올리기 때문이다.

실패했거나 잘되지 않았던 일을 분석하고 교훈을 얻는 건 바람직하다. 하지만 많은 사람들이 실패나 결과가 좋지 않은 일을 떠올리면서 교훈을 얻기보다는 아쉬워하고 후회하며 기분이 가라앉는다. 그러다 보면 삶이 침체되는 것이다. 사소한 걱정에서 시작했을 뿐인데 근심과 불안이 눈덩이처럼 불어난 적이 있는가? 그것이 정서의 특징이다. 부정정서는 더 많은 부정성을, 긍정정서는 더 많은 긍정성을 불러온다.

과거에 일어난 좋은 일들을 제대로 평가 혹은 음미하지 않거나 나쁜 일들을 두고두고 떠올리는 것은 마음의 평화, 안정, 만족을 해치는 주요 원인이 된다. 과거에 대한 이런 정서들을 안정과 만족으로 바꿀 수 있는 방법이 있다. 바로 감사다. 감사는 선물이나 인정, 도움을 받았을 때 고마워하는 긍정정서다. 감사는 행복과 가장 밀접하게 관련된 성격적·정서적 특성을 갖고 있다.

심리학자인 로버트 에몬스Robert Emmons와 마이클 맥컬러프Michael McCullough는 사람들에게 감사하게 생각하는 일을 하루에 5가지씩 쓰게 하는 실험을 했다. 그 결과 감사를 표현한 사람이 그렇지 않은 사람보다 삶을 훨씬 더 긍정적으로 수용하고 행복해진 것을 확인할 수 있었다. 뿐만 아니라 잠도 더 잘 자고 운동도 많이 하고 육체적인 질병도 거의 발생하지 않았다. 이들은 '평소에 얼마나 감사하는 마음을 갖고 살아갈까?', '감사가 어떤 이점을 가져다줄까?'에 대해서도 연구했다.

에몬스와 맥컬러프는 사람들을 네 그룹으로 나누어 실험을 했다.

첫 번째 그룹은 감사하는 사람들이다. 이들은 기쁠 때나 슬플 때나 감사하는 습관을 가졌다. 두 번째 그룹은 괴롭히는 사람들이다. 이들은 밤낮으로 시비를 걸고 부정적으로 생각하는 사람들이다. 세 번째 그룹은 잘난 체하는 사람들이다. 다른 사람들보다 뭔가 더 나은 척 행동하려는 사람들이다. 마지막 네 번째 그룹은 통제하는 사람들이다. 하루 동안 생기는 어떤 일도 제어하는 그룹이다.

6개월 동안 그들을 관찰하면서 다음의 5가지를 측정했다.

첫째, 그들은 얼마나 많이 병원을 갔는가?(신체적 건강) 둘째, 그들은 얼마나 긍정적이고 낙관적인가? 셋째, 그들은 얼마나 행복해하고 있는가?(행복) 넷째, 그들은 얼마나 다른 사람에게 관대한가?(관계) 다섯째, 그들은 얼마나 그들의 목표를 좋아하는가?(목표)

이렇게 5가지 척도로 이 네 개 그룹을 평가했을 때 각각 판이한 결과를 보였다. 가장 안 좋았던 그룹은 당연히 괴롭히는 사람들이었고, 그다음으로 세 번째, 네 번째 그룹이었다. 그리고 가장 건강하고 낙관적이고 행복하고 관대하며 목표에 대한 희망이 확실하고 성공적인 그룹은 바로 '감사하는 그룹'이었다. 감사하는 그룹의 사람들은 늘 감사한 마음으로 과거의 경험들을 음미하며 가족들이나 주변 환경에 대해 깊이 성찰하고 반영한다. 여기서 주목할 점은 감사하는 마음이 심리적인 것뿐만 아니라 육체적 건강까지 가져다준다는 것이다.

이처럼 감사는 심리와 건강, 수면은 물론 인간관계와 업무 능력까지 향상시킬 수 있는 힘을 갖고 있다. 그래서 미국 속담엔 '행복은 감사의 문으로 들어왔다가 불평의 문으로 나간다'라는 말이 있다. 감사는 과거에 대한 좋은 기억을 강화시켜 좋은 일에 대한 기억을 자주 떠올리게 하며 그 당시의 긍정정서를 되살리게 한다. 감사의 실천은 부정정서와 공존하기가 어렵기 때문이다.

감사는 은혜 제공자, 선물·이익, 수혜자 3가지 요소로 구성돼 있으며, 감사의 종류는 '……때문에 감사한 일(일을 할 수 있기 때문에 등)', '…… 그럼에도 감사한 일(월급이 적지만 그럼에도 감사 등)', '무조건 감사한 일'의 3가지가 있다.

첫 번째 감사는 개인적인 어떤 이유에 의해 자발적으로 일어나는 감사이고, 두 번째 감사는 직장이나 어디에 소속돼 통제를 받는 다소 강제성이 포함된 타의에 의한 감사이며, 세 번째 감사는 종교적이고 순종적인 감사라 할 수 있다. 감사의 소중함을 이해하기 위해선 자신에 대한 감사가 중요하다. 자신에게 감사해본 적이 있는가? 앞의 3가지 감사의 종류를 참고해 자신에게 감사한 이유 3가지를 적어보라. 단, 너무 크고 거창한 것을 찾으려고 하지 마라. "너 자신을 알라"고 외친 소크라테스도 평생 살면서 남자로 태어난 것, 그리스인으로 태어난 것, 그 당시 태어난 것 3가지에 대해 감사했다고 한다. 어떤 대단한 것이 있어야 감사할 수 있을 것 같지만 찾아보면 의외로 지극히 평범한 것들이다.

자신에게 감사한 것을 썼다면 다음은 부모, 배우자, 자녀, 직장 상사, 사장, 회사에 감사한 것을 적어보라. 처음에는 감사할 거리를 찾기가 쉽지 않을 것이다. 하지만 잠시 마음의 문을 열고 찾아보면 끝도 없이 많이 나온다. '…… 때문에 감사한 일', '…… 그럼에도 감사한 일', '무조건 감사한 일'을 찾다 보면 평소에 다소 소원한 관계에 있던 사람들도 긍정적으로 바뀐다.

감사편지, 감사일기, 감사노트 등 감사하기 종류는 참 많다. 중요한 것은 무조건 감사나 과학적으로 검증되지 않은 개인적인 아이디어 차원의 감사는 그 성과가 입증되지 않았거나 일시적인 것들이라는 점이다. 긍정정서는 일시적 감정이 아닌 지속적이어야 한다. 가능하면 과학적으로 검증된 감사 방법을 권한다, 셀리그만은 감사일기(하루에 감사한 일 3가지를 쓰고 왜 감사한지 이유를 쓰는 것)와 감사방문(감사편지를 써서 방문해서 읽어주는 것)을 적극적으로 권했다.

긍정심리학자들은 분노와 우울을 감소시키고 행복을 증진시키기 위해 석가모니부터 토니 로빈스에 이르기까지 모든 훈련 방법을 수집했다. 그리고 이것들을 실제로 활용 가능하고 가르칠 수 있는 형식으로 바꾸었다. 무엇이 실제로 효과가 있는지, 효과가 가장 큰 것은 무엇인지, 효과에 대한 참가자의 기대를 확인하고자 했던 것이다.

최종적으로 일주일 동안 행복 훈련을 위한 5가지 활동, 즉 첫째, 감사방문(감사편지를 쓰고 방문하라), 둘째, 감사일기(일주일 간 매일 감사한 일 3가지를 쓰고 그 이유를 설명하라), 셋째, 최선을 다한 나(내가 최선을 다했던 사건에 대해 글로 적고, 일주일 동안 매일 이 이야기를 다시 읽어라), 넷째, 대표 강점 찾기(온라인 혹은 책에서 성격강점 검사를 받고 가장 높은 점수를 기록하라. 이 강점을 한 주 동안 더 많이 사용하라), 다섯째, 대표 강점을 새로운 방식으로 사용하기(성격강점을 일주일 동안 새로운 방식으로 활용하라)를 선택했다.

'행복 훈련'의 사전과 사후, 훈련이 끝난 6개월 후 참가자들의 행복과 우울을 측정한 결과 감사방문, 대표 강점을 새로운 방식으로 사용하기, 감사일기 순으로 분노와 우울을 감소시키고 행복을 증진시킨 것으로 나타났다.

감사방문

감사방문은 감사의 마음을 담아 쓴 편지를 들고 상대방을 직접 방문하는 것이다. 그만큼 마음에서 우러나오는 감사를 표현하는 게 어떤 건지 알게 해준다. 감사는 말로만 하는 것이 아니라 진심으로 고마운 마음을 전하는 것이다.

먼저 가만히 눈을 감고 이제껏 살아오면서 고마움을 느꼈던 사람을 떠올려보자. 밀린 업무를 도와주거나 퇴근길에 차를 태워준 정도의 고마움이 아니라 당신 인생에서 그 사람이 존재한다는 것만으로도 고맙고 소중한 사람을 생각해보자. 어렵고 힘든 시기에 다시 일어설 수 있도록 용기를 준 친구, 방황할 때나 조언이 필요할 때 도움을 준 멘토나 스승 그리고 당신이 공부할 수 있도록 궂은일 마다하지 않고 뒷바라지를 해준 부모님……. 고마운 사람이지만 지금껏 감사함을 표현하지 못했던 사람을 떠올려보자. 고마운 사람의 얼굴을 머릿속에 그려보는 것만으로도 마음이 뭉클해지면서 자신의 인생이 불행했던 것만은 아니라는 생각이 들 것이다.

그 마음 그대로 이제 감사편지를 써보자. 편지는 가능한 한 A4 용지 3분의 2 분량인 700자 정도로 구체적으로 쓰자. 그 사람이 당신을 위해 어떤 말을 했는지, 어떤 행동을 했는지, 그게 자신의 인생에 어떤 영향을 끼쳤는지 자세하게 쓰자. 그리고 자신이 지금 그 일에 감사하고 있다는 걸 알리고 그 사람이 해준 걸 얼마나 자주 고맙게 생각하는지도 언급하는 게 좋다. 그러려면 충분한 시간을 두고 생각해야 한다.

편지를 다 썼는가? 이제 완성된 편지를 품고 그 사람을 방문하러 가보자. 단, 감사편지에 대한 이야기는 미리 하지 말 것. 그 사람과 마주 앉아서 편지를 쓰던 마음 그대로 편지를 읽어나간다. 감사방문에서 중요한 건 편지를 쓸 때도, 읽을 때도 진심을 담아 감사를 표현하는 것이다.

편지를 읽으면서 어떤 느낌이 드는가? 또 듣고 있는 상대방의 표정과 반응은 어떤가? 그 느낌에 주목하면서 편지를 다 읽은 다음 그 내용과 두 사람이 느낀 감정을 서로 나누어보자. 어떤 변화가 있는가?

피터슨에 의하면 감사방문은 편지 받은 사람을 100% 감동시키고 눈물 흘리게 만들며, 편지를 쓴 사람도 만족감을 느낀다고 한다. 셀리그만도 이 감사방문만을 통해 한 달 동안 더 행복해진다고 한다. 감사방문은 한글을 터득한 유치원생부터 노인까지 누구나 할 수 있다. 특히 부모님께 해보자. 용돈보다 더 큰 행복을 주고받을 것이다. 집안의 행사 때 활용해도 좋다. '긍정심리학 전문가 과정'에 참가했던 한 고등학교 선생님은 어머니 칠순잔치에 5남매가 모두 어머니께 감사편지를 써서 읽어드렸다고 한다. 어땠을 것 같은가?

감사 이벤트(감사장 주기)

학교나 기업에서 학생들과 교육생들의 참여의식을 높이고 직접 체험의 기회를 주기 위해 감사 이벤트를 갖는 것도 좋다. 셀리그만은 긍정심리학 수업 시간에 '감사의 밤'을 개최했다. 자신의 삶에서 중요한 사람인데도 단 한 번도 고마움을 전하지 못한 사람을 한 명씩 초청해 고마움을 담은 감사장을 전달하고, 감사장의 내용에 대해 이야기를 나누는 것이다. 대신 초청한 사람에게는 모임이 시작되기 전까지 그 모임의 목적을 비밀에 부치는 것이 좋다. 다음은 패티라는 학생이 어머니를 초대해 읽어드린 감사장 내용이다.

우리는 한 사람의 존재를 얼마나 소중하게 여길까요? 그 사람의 가치를 가장 찬란하게 빛나는 순금에 비유할 수 있을까요? 한 사람이 지닌 내면의 가치를 모든 사람이 뻔히 알 수 있다면, 제가 굳이 이런 발표를 할 필요는 없을 겁니다. 현실은 그렇지 않기에, 저는 제가 아는 가장 순수한 영혼을 소개하려고 합니다. 그분은 바로 저의 어머니입니다. 지금 어머니께서 저 애가 지금 무슨 엉뚱한 짓을 하느냐는 듯 저를 바라보고 계시다는 걸 압니다. 제가 어머니를 선택한 건 당신께서 이 세상에서 가장 순수한 영혼을 지니신 분이어서가 아닙니다. 그렇지만 어머니는 제가 이제껏 만난 그 누구보다 진실하고 순수한 마음을 지니신 분입니다.

생판 모르는 사람들이 어머니에게 전화를 해서 세상에서 가장 사랑하는 사람을 잃은 가슴 미어지는 아픔을 털어놓을 때마다 저는 깜짝깜짝 놀라곤 했습니다. 어머니는 그런 사람들과 통화를 할 때마다 마치 당신 일이기라도 한 것처럼 울음을 터뜨리곤 하셨으니까요. 어머니는 너무나 큰 상실감에 빠진 사람들에게 위안이 돼주시는 분입니다. 어렸을 때는 이해하지 못했지만, 저는 이제 어머니가 도움을 필요로 하는 사람들을 따뜻하게 감싸주시는 참으로 진실한 분이란 걸 잘 압니다.

제가 알고 있는 사람 중에서 가장 훌륭한 사람을 소개하는 지금, 저는 마냥 기쁩니다. 저는 제 앞에 계시는 어머니처럼 순수한 사람이 되기를 꿈꿉니다. 당신은 평생 동안 어떤 보답도 바라지 않고, 다만 다른 사람들이 기쁘게 살아가기만을 바라셨습니다.

패티가 감사장을 읽는 동안, 강의실 안에 있던 사람들의 눈에는 눈물이 그렁그렁했고 감격한 패티의 어머니는 목메인 소리로 "넌 언제나 박하처럼 향기로운 내 딸이야"라고 말했다. 한 학생은 훗날 이 일을 이렇게 회상했다. "감사장을 주는 사람도, 받는 사람도, 지켜보는 사람들도 모두 울었어요. 주체할 수 없이 눈물이 나오더군요." 강의실에서 운다는 것은 지극히 이례적인 일인데, 더욱이 모든 사람들이 울음을 참지 못했다면 그건 모든 인간성의 거대한 뿌리를 건드렸기 때문일 것이다.

감사는 조직의 성과를 높인다

기업에서 강연을 하다 보면 왜 조직에서 감사하기가 필요한지를 제대로 이해하지 못하는 사람들을 아직도 많이 만나게 된다. 심지어 이미 감사하기를 하고 있으면서도 어떤 이점이 있는지를 모르는 사람들도 있다. 언젠가 대기업 강의에서 만난 한 팀장은 매일 감사일기를 쓰고 있다고 했다. 전체 팀원이 30여 명 되는데, 자신을 포함해 단 두 명만이 감사일기를 쓴다는 것이다. 매일 5가지 감사한 일을 적는다고 해 격려를 해주고 왜 감사일기를 쓰느냐고 물어봤다. 놀랍게도 그냥 좋고 문장력이 늘기 때문이라고 대답했다. 감사의 핵심을 모르고 있었던 것이다.

감사의 이점을 제대로 알기 위해선 긍정정서를 이해하는 것이 중요하다. 감사일기를 쓰면 긍정정서를 배양해서 일시적으론 확장시킬 수 있고 지속적으론 구축할 수 있다. 이러한 긍정정서는 타인에게도 영향을 미쳐 긍정정서를 갖는 조직원이 많으면 많을수록 그 조직은 건강하고 행복하며 조직성과를 높일 수 있다. 조직에서 감사일기뿐만 아니라 감사편지, 감사 메모, 감사의 말, 감사 문자메시지 전달 등의 다양한 감사하기도 효과가 있다. 이러한 감사하기는 구성원들의 기분을 좋게 해 조직 분위기를 긍정적으로 증진시켜주는 직접적인 효과뿐 아니라 구성원들이 인지적으로 만족감을 느끼게 해 행복지수를 높여준다. 또한 분노나 화, 질시, 불만, 불안, 무기력 같은 부정정서들을 줄일 수 있게 해준다.

조직에서 긍정정서가 가진 이점은 조직에서 버리고 싶은 부정정서나 태도를 상쇄시킬 수 있기 때문이다. 감사에 의해 배양되는 긍정정서는 조직에서 최적의 기능을 수행하게 하고 정서적으로 행복을 키워주는 나선형 상승효과를 만든다. 감사하기로 개인이 경험한 긍정정서는 타인을 통해 퍼져서 조직과 공동체까지 변화를 일으킬 수 있기 때문이다.

조직에서 감사하기는 스트레스나 심리적 외상에 대처하는 데, 기존의 관계를 강화하고 새로운 관계를 맺는 데 도움이 된다. 리더가 이러한 감사하기의 이점들을 알고 조직에서 실행한다면 조직성과를 증진시킬 수 있는 행복한 조직으로 만들 수 있을 것이다.

분노와 용서하기

분노, 화, 경멸 같은 정서는 개인이나 조직에서 가장 버리고 싶은 부정정서다. 이 정서는 너무 강력해서 잊고 버리기 위해 많은 노력을 하지만 쉽게 되질 않는다. 하지만 개인의 건강과 행복, 조직의 팀워크와 성과를 위해선 반드시 버려야 할 부정정서다.

누군가에게 모욕, 무시, 배신, 사기, 폭행을 당하거나 피해를 입으면 마음속에서 분노, 화, 적대감과 같은 부정정서가 솟구칠 것이다. 다른 사람의 잘못으로 고통을 겪는다면 분노가 치밀고 화가 나는 것은 당연하다. 하지만 이런 부정정서는 일차적으로는 자신을 더욱 힘들게 만들고, 더 나아가 주변 사람과 자신이 포함된 조직에도 해를 끼치기 때문에 가능한 한 빨리 해소하는 것이 좋다.

부정정서는 사고의 폭을 축소시켜 행동반경에 제한을 준다. 건강과 관계에도 악영향을 미친다. 건강에 어떤 영향을 주는지 알아보자.

레드퍼드 윌리엄스Redford Williams 듀크대 행동의학연구센터 교수는 분노와 질병을 연결해주는 생물학적인 경로가 무척 다양하다고 말했다. 최근 한 연구에 의하면 분노 수준이 높은 사람들은 대사증후군에 걸릴 가능성이 크며, 혈당이 높아지고 인슐린 저항이 생긴다고 한다. 혈액 내에 지방이 많아지고 체중이 증가돼 당뇨병 발생 확률도 높다고 한다.

또한 분노는 심혈관질환의 주요 요인이 된다고 한다. 분노를 하면 교감신경계가 활성화되고 심혈관 반응이 격렬해진다. 그래서 자주 분노하면 혈압이 상승하고 동맥벽이 손상을 입는다. 이것이 손상되면 인트로킨6가 분비되고 이는 간으로 가서 C반응세포를 분비시킨다. C반응세포는 심장질환의 주요 위험 요인이다. 따라서 오랫동안 자주 화를 내면 심장마비에 걸릴 가능성이 매우 커진다.

분노를 표출하지 않고 속으로 참아도 몸이 망가진다. 만성적으로 화를 참으면 암세포를 죽이는 NK세포의 활동이 억제된다. 화를 낼 때와 마찬가지로 동맥벽도 손상된다. 또한 지방을 많이 분비해 콜레스테롤 수치가 높아지고, 혈액 안에 혈소판을 더 많이 응고시켜 동맥혈관이 막힐 위험이 크다. 결국 분노를 내부에 꼭꼭 가둬두면 그 감정이 자신을 서서히 병들어 죽게 만든다는 것이다.

분노가 건강에 악영향을 미친다는 연구결과는 수없이 많다. 의과대학생 255명을 대상으로 노골적인 적대감을 측정하는 성격 검사를 실시한 결과 가장 화를 잘 내는 사람은 가장 적게 화를 내는 사람보다 의사생활을 한 지 25년 후 심장질환에 걸릴 확률이 거의 다섯 배나 높은 것으로 나타났다. 또한 나이 들어 심장마비에 걸릴 위험이 가장 높은 사람들은 고함을 잘 치는 사람, 참을성 없는 사람, 쉽게 분노를 터트리는 사람인 것으로 밝혀졌다.

분노, 화, 적대감은 대인관계에도 치명적이다. 늘 상대에게 불만을 갖고 보복의 기회를 노리고 있기 때문에 조직에서 친밀한 협업 상호작용의 동기를 저하시킨다. 협업 상호작용 시 소통의 질을 저하시켜 팀워크를 저해하고 조직성과 향상에 악영향을 불러일으킨다.

이처럼 분노는 건강을 해치고 행복한 삶을 방해한다. 그렇다면 어떻게 해야 분노를 가라앉힐 수 있을까? 시간이 가고 세월이 흐른다고 분노가 가라앉지는 않는다. 분노를 해결하는 유일한 방법은 '용서'뿐이다.

하지만 자신에게 깊은 상처를 준 사람을 용서하기란 쉽지 않다. 그럼에도 용서는 꼭 필요하다. 용서는 개인의 내적 변화뿐만 아니라 관계 변화도 불러오기 때문이다. 그래서 용서는 가까운 사람들과의 관계를 회복시키고, 억울함과 화 같은 부정정서의 소용돌이에 휘말리는 것을 피할 수 있게 한다. 또한 용서는 부정정서를 긍정정서로 바꾸어주기 때문에 조직 내에서 긍정정서를 확장하고 구축하는 효과를 얻을 수 있다.

일터에서 회사나 팀, 상사, 동료에게 갖고 있는 분노, 화, 적대감, 보복, 불만 같은 부정정서를 털어내지 못하면 개인이 행복하지 않은 것은 물론 화목한 조직문화도 만들지 못하고 조직성과도 내기 힘들다. 이러한 부정정서는 사람을 죽음으로 몰고 가기도 하지만 일터 역시 죽음의 일터로 몰고 갈 수도 있다. 앞으로 행복한 직장생활을 위한 조직문화를 활성화하려면 일터에서도 용서라는 미덕이 필요하다. 용서는 자애와 자비다. 그래서 모든 종교에서 용서를 강조하는 것이다.

우리는 분노, 화, 적대감, 보복, 불만 같은 너무 무거운 과거의 부정정서의 짐을 지고 간다. 용서란 과거는 과거대로 인정하는 한편 현재를 보듬고 미래를 향해 나아가는 것이다. 따라서 용서는 스스로 마음의 짐을 벗어버리는 방법이다. 증오, 분노, 앙갚음, 책망 따위에서 자유로워지지 못하면 자신을 스스로 괴롭히는 격이 된다. 해묵은 상처는 자기 자신을 과거에 얽어매는 쇠사슬이 돼 발길을 붙잡고 늘어진다.

용서를 베풀려면 마음이 너그러워져야 한다는 것은 잘못된 생각이다. 용서는 이를테면 마음의 경제학이다. 단 한 번만 지불함으로써 몇 해에 걸쳐 쌓이고 쌓인 마음의 고통을 말끔히 씻어낼 수 있는 비용이 바로 용서다. 이것은 금융투자에서 딱 한 번의 손실을 감수하는 것과 같다. 용서하기를 거부하는 행위는 이제껏 자신이 받은 수없이 많은 상처에 대한 피해를 고스란히 감내하겠다는 뜻이나 다름없다. 나아가 은행에 갚아야 할 이자처럼 불어나는 부정적인 마음을 끝까지 지니고 살겠다는 태도다.

누군가 무심결에 저지른 일은 용서하기 쉽다. 특히 함께 지내온 아주 가까운 사람이라면 선뜻 용서할 수 있다. 하지만 작정하고 자신에게 피해를 준 사람을 과연 용서할 수 있을까? 사랑하고 아끼는 부모나 형제가 무심코 저지른 실수 때문에 입은 상처는 '옥에 티' 정도로 생각할 수 있지만, 의도적으로 되풀이해 상처를 준 사람을 정녕 용서할 수 있을까? 때론 정말 용서하기 힘든 것들이 있다. 굳게 믿었던 사람이 너무도 깊은 상처를 입혀서 도저히 용서할 수 없다고 느껴질 때는 어떻게 해야 할까?

긍정심리학의 교육과정 중 용서를 실습해보는 시간이 있다. 대부분 처음부터 참여하지만 그중에는 참여를 안 하는 사람도 있다. 너무나 상처가 크고 깊어서 가해자를 떠올리기만 해도 분노가 폭발할 것 같아 참여하지 못하는 것이다. 이들은 내 아이를 죽이고, 내 가정을 파탄내고, 내 인생을 망쳐놓은 사람을 어떻게 용서할 수 있겠느냐며 울분을 터뜨린다.

충분히 이해할 수 있다. 도저히 용서할 수 없는 사람을 용서하기란 정말 쉽지 않다. 그럼에도 용서를 해야 할 이유는 분명하다. 용서는 가해자를 위한 것이 아니라 자신을 위한 것이다. 용서하는 것이 자신을 해코지한 사람을 이롭게 하든 아니든 그것은 상관없다. 자신의 삶의 질만 생각하면 그만이다. 용서는 자신을 확신하는 데서 비롯된다.

묵은 상처에서 벗어날 때 비로소 자신의 삶의 무게가 가벼워진다.

분노하고 미워하는 마음을 10년, 20년 끌고 간다면 얼마나 고통스럽겠는가? 게다가 분노와 미움이란 쌓일수록 커지는 법이다. 용서하지 못하는 건 은행에 갚아야 할 이자가 늘어나는 것과 같다. 그래서 용서는 마음의 경제학이다. 뿐만 아니라 쓰라린 과거의 기억을 떠올리면서 얼마나 많은 시간을 허비하고 있는가? 당신이 현재를 느끼고 미래를 기대하며 준비해야 할 시간을 빼앗기고 있는 것이다. 감정이라는 게 영원히 지속될 것 같지만 일정 기간이 지나면 되돌아간다. 어느 기간이 지나면 분명 평온함을 되찾을 수 있다. 중요한 건 당신이 절대 용서할 수 없다는 생각을 버리고 힘들겠지만 그래도 용서할 수 있다고 마음을 누그러뜨리는 것이다.

일반적으로 쉽게 용서하지 못하는 이유를 몇 가지 꼽아보면 다음과 같다. 첫째, 용서는 불공평하다고 생각하기 때문이다. 가해자에게 앙갚음할 동기를 약화시키고 또 다른 희생자를 예방하는 데 필요한 정당한 분노를 억제시킨다는 것이다. 둘째, 용서는 가해자에게 사랑을 베푸는 행위인데 피해자가 사랑의 결핍으로 사랑을 바라는 것으로 비쳐지기 때문이다. 셋째, 복수는 정당하고 당연한 일인데도 용서는 그런 복수를 방해한다고 생각하기 때문이다.

그러나 용서는 고통을 완화시키거나 심지어 긍정적인 기억으로 전환시키기도 해서 마침내 훨씬 더 큰 생활만족도를 얻게 한다. 용서하지 않는다고 해서 그 자체가 가해자에게 복수를 하는 것도 아니며, 용서할 경우에는 자신을 과거의 고통에서 해방시키기 때문이다. 용서하는 사람이 그렇지 못한 사람보다 건강하고, 특히 심장질환에 걸릴 가능성이 훨씬 적다는 것이 밝혀졌다. 용서하고 나아가 화해하면 둘의 인간관계도 좋아진다.

용서에 이르는 길(REACH)

"어머니가 살해됐어요. 카펫에도 벽에도 온통 피범벅이예요."

1996년 새해 아침 '용서란 무엇인가?'에 대해 써온 심리학자 워싱턴Worthington 박사는 동생 마이크에게 이런 전화를 받고 얼굴이 새파랗게 질렸다. 녹스빌 본가에 허둥지둥 도착한 박사는 자신의 노모가 쇠막대기와 야구방망이에 맞아 돌아가셨다는 걸 알았다. 어머니의 음부에는 술병이 꽂혀 있었고 집 안은 난장판이 돼 있었다. 그가 그토록 용서라는 화두에 매달렸던 것은 근원을 알 수 없는 영감 때문이었을까? 셀리그만은 이 용서의 대가가 갈고닦아 정립한 '용서에 이르는 길'은 마치 숭고한 도덕 교육의 본향에서 캐낸 토산물 같다고 말했다.

정말 용서를 하고 싶은데 뜻대로 되지 않는 사람도 있을 것이다. 정말 잊기 힘든 기억을 잊거나 용서하기 힘든 누군가를 용서하고 싶다면 다음 방법이 도움이 될 것이다. 워싱턴 박사는 쉽지도 않고 단숨에 하기도 힘들지만 용서에 이르는 길을 5단계로 나누어 설명하는데 그는 이것을 '리치REACH'라고 부른다.

- R(Recall): 받은 상처를 돌이켜 생각하자

상처를 치유하고 용서하기 위해선 먼저 당신이 받은 상처를 현실로 불러내야 한다. 아프고 쓰라리겠지만 가능한 한 객관적인 자세를 취해야 한다. 당신에게 상처를 준 사람을 나쁜 사람이라거나 악한으로 생각해서도, 자기 연민에 휩싸여서도 안 된다. 천천히 마음을 가라앉히고 그때의 사건을 되짚어보자.

- E(Empathize): 감정이입을 하자

당신에게 상처를 준 그 사람은 대체 왜 그랬다고 생각하는가? 그 이유가 무엇인지 상대방의 입장을 헤아려보려고 노력해보자. 상대방에게도 나름 이유가 있었을 것이다. 쉽진 않겠지만 해명할 기회를 줬을 때 상대방이 했을 법한 이야기를 생각해보자. 어쩌면 공포에 질려 있었거나 심각한 불안에 휩싸여 스스로 통제하지 못했을 수도 있다. 다음의 설명을 참고하면 도움이 될 것이다.

- 가해자는 자신의 생존이 위협당한다고 느낄 때 무고한 사람을 해칠 것이다.
- 남을 공격하는 사람은 대개 그 자신이 공포, 불안, 고통에 휩싸여 있기 십상이다.
- 사람들은 자신의 본성 때문이 아니라 어쩔 수 없는 상황에서 남을 해치는 경우가 있다.
- 사람들은 대개 다른 사람을 해칠 때는 제정신이 아니다. 그 때문에 마구잡이로 폭력을 휘두른다.

- A(Altruistic Gift): 용서는 이타적 선물임을 기억하자

다른 누군가에게 용서를 받은 경험이 있는가? 그때를 떠올려보자. 용서를 받았을 때 어떤 기분이 들었는가? 용서를 받지 못했다면 평생

괴로워했을 수도 있지 않았겠는가? 따라서 용서는 당신이 그 사람에게 받은 일종의 선물이나 마찬가지다. 그런 마음으로 당신에게 상처와 모욕을 준 그 사람을 용서해보자. 당신에게 줄 수 있는 최고의 선물이기도 하다. 그러나 용서하는 것은 이기심의 발로가 아니다. 오히려 용서라는 선물은 피해자가 가해자에게 베푸는 것이다. 용서가 진정한 선물이 되려면 스스로 마음의 상처와 원한을 극복할 수 있다고 다짐해야 한다. 선물을 주면서도 원망을 떨쳐내지 못하면 자유를 얻지 못할 테니 말이다.

- C(Commit): 공개적으로 용서를 밝히자

당신이 용서했다는 사실을 다른 사람에게 알려보자. 상대방에게 용서하는 편지를 쓰거나 일기, 시, 외침으로 용서를 표현할 수도 있다. 아니면 당신이 친한 친구에게 한 용서에 대해 털어놓자. 이렇게 하면 당신의 마음을 지키는 데 도움을 받을 수 있을 것이다.

나는 실습 시간에 주로 자신의 내면에 깊이 자리 잡고 있는 용서할 대상에 대한 분노, 원망, 저주의 감정을 진솔하게 끄집어내도록 한다. 그다음 용서편지를 쓰게 한다. 자신이 원하는 대로 써도 되지만 몇 가지 기준에 맞추어 쓸 것을 권유한다. 먼저 용서편지를 쓰는 이유와 무엇에 분노하고 있는지에 대해 구체적으로 쓴다. 다음은 가해자의 행동이 피해자에게 어떤 영향을 주었는지와 가해자의 입장과 행동을 이해하려 한다고 쓴다. 마지막으로 앞으로 계속되는 분노에 어떻게 대응할지와 용서하겠다는 내용을 쓴다. 그리고 가능하면 앞으로 모든 것이 원하는 대로 잘되길 바란다는 진솔된 마음을 전하도록 한다. 용서편지는 머리가 아닌 가슴으로 쓰는 것이 좋다. 편지는 가해자에게 보내지 말고 일정 기간 보관해두면서 가끔 읽어보라. 그리고 가해자에 대한 부정정서가 일어나지 않는다고 생각할 때 촛불에 태워 없애라.

• H(Hold): 용서하는 마음을 굳게 지킨다

용서가 어려운 것이 용서를 했다가도 그 사건에 대한 기억이 어느 순간 불쑥 되살아나곤 하기 때문이다. 용서란 원한을 말끔히 지워 없애는 게 아니라 기억 끝에 달려 있는 꼬리말을 긍정적으로 바꾸는 것이다. 거듭 말하지만 용서하지 않는다는 사실만으로 가해자에게 보복하는 것은 아니다. 원한을 곱씹으며 기억에 얽매이기보다 기억에서 헤어나기 위해 노력해야 한다. 직접 작성한 '용서편지'를 읽으며 "나는 용서했다"라는 말을 되뇌면 이 단계를 극복하기가 한결 쉬울 것이다.

현재의 긍정정서 키우기

현재의 긍정정서에는 쾌락Pleasure과 만족Satisfaction이 포함된다. 쾌락은 짜릿한 감각적 요소와 격렬한 정서적 요소를 지닌 기쁨으로, 철학자들은 이를 가리켜 '원초적 감정'이라고 한다. 황홀경, 전율, 오르가슴, 희열, 환희, 안락함이 여기에 속한다. 이런 감정들은 생각할 겨를도 없이 순식간에 일었다가 덧없이 사라진다.

만족은 자신이 몹시 좋아서 하는 활동이지만 반드시 원초적인 감정을 자아내지는 않는다. 그보다는 자신이 하는 일에 푹 빠져서 자신의 존재마저 잊어버릴 정도로 몰입하게 한다. 토론에 참가하기, 암벽타기, 책 읽기, 춤추기, 농구하기 등은 시간 가는 줄 모를 정도로 빠질 뿐만 아니라 남다른 기량을 연마하기 위해 노력하고, 자신의 강점으로 개발하고 싶은 활동을 통해 얻게 된다. 만족감은 쾌감보다 오래 지속되고 진지한 사고 작용과 해석 과정이 따르며 습관화되지도 않을뿐더러 자신의 강점과 미덕을 발휘해 얻는 것이다. 만족의 핵심은 몰입과 강점이다.

쾌락에는 육체적 쾌락과 정신적 쾌락이 있다. 육체적 쾌락은 감각기관을 통해 즉각적으로 느꼈다가 이내 사라진다. 그런 만큼 사고 작용이 거의 혹은 전혀 개입되지 않는다. 감각기관이 진화한 것도 긍정정서와 밀접하게 관련돼 있기 때문이다. 만지거나 맛을 보는 것, 냄새를 맡는 것, 몸을 움직이는 것, 보는 것, 듣는 것은 직접적으로 쾌락을 유발한다.

정신적 쾌락은 육체적 쾌락과 공통점이 많다. 원초적인 긍정감정이라는 점, 순간적으로 일었다가 이내 사라진다는 점, 쉽사리 습관화된다는 점에서 그렇다. 그러나 외부로 발산하는 방식이 훨씬 더 복잡하고 인지적이며 다양하다는 점에서는 육체적 쾌락과 다르다.

정신적 쾌락은 강도에 따라 다시 3가지로 나눌 수 있다. 강렬한 정신적 쾌락으로는 도취, 무아지경, 황홀경, 전율, 환희, 열광, 희열, 흥분 등이, 보통의 정신적 쾌락으로는 기쁨, 반가움, 유쾌함, 즐거움, 재미, 활기, 감격 등이, 낮은 정신적 쾌락으로는 편안함, 포만감, 안도감, 여유, 일체감, 위안 등이 있다.

쾌락을 증가시키면 긍정정서를 키울 수 있다. 쾌락이란 용어에는 즐거움이 포함돼 있다는 것을 이해하면 된다. 쾌락을 증가시키는 방법으로는 습관화와 중독, 마음챙김, 음미하기가 있다. 이 3가지를 잘 활용하면 긍정정서를 증가시키는 데 많은 도움이 될 것이다.

습관화와 중독

당신이 전율, 환희를 느끼는 어떤 일을 오랫동안 하지 않는다면 어떻겠는가? 전율과 환희 같은 쾌락을 느끼는 일을 멈췄을 때 그 일을 하고 싶다는 열망이 생기면 중독의 위기에 처한 것이다. 쾌락은 분명 어느 정도는 긍정정서를 높여준다. 그런데 문제는 이것이 반복되다 보면 자극에 무뎌지면서 더 강한 자극이 필요해지고 나중에는 마치 약물중독처럼 돼버린다는 것이다. 부자와 가난한 사람의 행복도가 크게 차이 나지 않는 것도 그 때문이다. 어느 순간 아주 당연한 것처럼 여기면서 적응해버린다. 행복을 가로막는 장벽인 셈이다.

쾌락은 외부 자극이 없어지면 그 자극이 자아내는 긍정정서는 아무런 흔적도 남기지 않은 채 사라진다. 물론 이러한 현상에도 예외는 있다. 멋진 영화를 본 다음 날에도 당시의 감동이 되살아난다거나 평생 네댓 번이나 맛볼까 말까 한 고급 와인처럼 여운이 오래 남는 것들도 있다.

하지만 똑같은 쾌락에 탐닉하면 이런 효과를 얻지 못한다. 맛있는 아이스크림을 두 번째 먹을 때의 쾌감은 맨 처음 맛볼 때보다 덜하고, 네 번째 먹을 때는 그저 칼로리 높은 간식일 뿐이다. 이때쯤 되면 그 아이스크림은 밍밍한 물이나 다름없다. 습관화 혹은 적응이라 부르는 이 과정은 엄연한 신경학적 현상이다.

신경세포는 새로운 사건에는 서로 연합해 반응하지만 새로운 정보를 얻을 수 없는 사건에는 대응하지 않는다. 신경세포를 기준으로 보면 똑같은 자극에 대해 잠시 동안 반응을 보이지 않는 이른바 불응기不應期에 해당하며, 뇌 전체를 기준으로 보면 새로운 사건은 받아들이고 그렇지 않은 사건들은 무시하는 것이다. 이런 사건이 많을수록 반응할 필요가 없는 것들은 폐기 처분해버린다.

쾌락은 아주 빨리 사라지기도 하지만 부정적인 영향을 남기는 경우도 많다. 습관화나 중독이 되기 때문이다. 등이 가려울 때 긁으면 시원해지지만 긁기를 멈추는 순간 가려움증은 견디기 힘들 정도로 심해진다. 이를 악물고 참아보려고도 하지만 긁고 싶은 갈망이 워낙 큰 탓에 웬만한 의지로는 떨쳐내기 힘들다. 흡연, 연거푸 터지는 기침, 일단 먹기 시작하면 끊임없이 손이 가는 땅콩, 먹어도 또 먹고 싶은 아이스크림 등이 그런 경우다. 더더욱 심각한 문제는 이것이 약물중독의 과정과 같다는 사실이다. 당신의 쾌락을 향상시킬 필요성이 바로 여기에 있다. 중독을 피하고 쾌락의 늪에 빠지지 않을 방법이 있기 때문이다.

어떤 일에 쾌락을 느낄 때가 있다면 얼마나 자주 그 일을 하는지 떠올려보자. 초콜릿을 좋아하는 사람은 손에서 초콜릿이 떠나지 않을 것이고, 커피를 좋아하는 사람은 커피를 입에 달고 살 것이다. 그래서 전율이나 환희 등 쾌락을 누릴 수 있는 일들을 최대한 누리되, 시간 간격을 넓혀 틈틈이 경험하는 것이다. 커피를 하루에 6~7잔 마신다면 1~2잔으로 줄이거나 하루를 건너뛰는 등 간격을 넓혀보자. 그러면 중독도 피할 수 있게 되고 다음 번에 커피를 마실 때 그 맛이 더욱 좋아진다. 조금만 현명해지면 커피 한 잔을 통해서도 이전보다 더 많은 여유와 평안함을 누릴 수 있다. 쾌락의 질을 향상시키는 것이다.

만약 금단현상처럼 그 일이 몹시 하고 싶어진다면? 바로 그 순간에 당신 스스로 재미와 흥미를 느낄 수 있는 깜짝 놀랄 일을 해보라. 혹은 가족이나 친지끼리 뜻밖의 기쁨을 주고받을 수 있도록 쾌락이라는 '선물'을 해보라. 애인 혹은 배우자, 동료에게 본인이 마시고 싶은 커피를 대신 건넨다든가, 퇴근길에 장미꽃 한 송이를 사들고 가보자. 동료의 책상이 허전하거나 삭막해 보이진 않는가? 그렇다면 다음 날 아침 작은 화병 하나를 놓아보자. 처음에는 어리둥절해하다가 기뻐할 동료의 얼굴이 상상이 되는가? 이것이 쾌락을 잘 사용하는 방법이다. 본인도 기쁨을 누리면서 다른 사람에게 기쁨을 선사하다 보면 어느 순간 더 행복해하고 있는 자신을 발견할 것이다.

마음챙김

3년간의 수행을 마친 승려가 스승의 암자에 도착했다. 문을 열고 안으로 들어서는 그 승려는 깊고 오묘한 부처의 가르침을 모두 깨달았다는 자신감에 차 있다. 스승이 어떤 질문을 하든 문제없다는 듯한 자세다.

"꼭 한 가지만 묻겠다."

스승의 나직한 말에 승려가 대답했다.

"네, 스승님."

"꽃이 문간에 세워둔 우산 오른쪽에 있더냐, 왼쪽에 있더냐?"

이 질문에 입도 벙긋 못 하고 얼굴만 붉히던 승려는 그대로 물러나 3년간의 수행을 다시 시작한다.

'마음챙김Mindfulness'은 무심함이 우리 삶에 만연해 있다는 사실을 깨닫는 데서 시작된다. 현재의 자신을 찾으라는 것이다. 우리는 숱한 경험을 눈여겨보지 못한다. 무심코 행동하고 무심하게 반응할 뿐 깊이 생각하지 않는다.

마음챙김에 대한 연구의 대가로 꼽히는 엘렌 랭거Ellen Langer 하버드대 교수는 자료를 복사하기 위해 줄서 있는 사무실 직원들 사이에 끼어드는 실험을 했다. 짐짓 새치기를 하려는 것처럼 밑도 끝도 없이 "제가 당신 앞에 끼어도 되겠습니까?"라고 물었을 땐 거절당했다. 그런데 "중요한 자료를 급히 복사해야 하는데 제가 당신 앞에 끼어도 되겠습니까?" 라고 물었을 때는 허락을 받았다.

좀 더 세심하게 관심을 기울이는 방법을 개발한 랭거 교수 덕분에 우리는 현재의 순간을 새롭게 인식할 수 있게 됐다. 이 방법의 핵심은 진부한 상황을 새롭게 인식하게 하는 관점 전환의 원칙이다.

앞만 보고 정신없이 달리기보다 느긋하고 여유 있는 자세를 취하면 우리는 현재라는 시간에 훨씬 더 마음을 쏟게 된다. 동양의 명상법은 여러 가지가 있지만 대부분 날마다 규칙적으로 수행하는 것이어서 속도를 중시하는 서양인들의 조급한 마음을 차분히 가라앉히는 데 더없이 좋다. 명상은 불안을 다스리는 데도 효과가 있다. 차분하고 여유가 있어야 비로소 현재에 관심을 기울일 수 있기 때문에 꽃이 문간에 세워둔 우산의 오른쪽에 있는지 왼쪽에 있는지 기억할 가능성이 훨씬 더 큰 것이다.

음미하기

잠깐 시간을 멈추고 현재 자신이 그릴 수 있는 모든 풍경을 음미Savoring해보자. 자신의 과거를 음미해보고, 자신의 현재를 음미해보고,

자신의 미래를 음미해보자. 옛 친구를 만나 즐겁게 그 시절을 돌아보며 대화를 나눠본 게 언제였는가? 뜨거운 온천물에 몸을 담그고 편안하고 여유롭게 현재를 즐겨본 게 언제였는가? 마지막으로 여행을 준비하거나 즐거운 모임을 기다리면서 흥분되고 설레는 기분을 느껴본 게 언제였는가? 기억이 까마득하다면 그만큼 숨 가쁘게 살아왔다는 이야기다. 당신이 충분히 느낄 수 있는 행복을 놓치고 살아왔다는 것이다.

지금껏 살아오면서 당신이 가장 행복했던 순간을 떠올려보자. 열심히 노력해 대학 입시 합격자 발표를 듣던 순간? 첫 월급을 타서 부모님께 당당히 용돈을 드렸던 순간? 사랑하는 사람과 결혼식을 올리던 순간? 아이가 처음 걸음마를 배우던 순간? 학부모가 되던 순간? 가장 가치 있는 일을 성취했던 순간? 이렇게 행복했던 순간을 평소 얼마나 자주 음미하는가? 만약 신혼여행의 추억이 담긴 앨범을 자주 들춰보는 사람이라면 혹은 인생의 소중한 장면이 담긴 사진을 냉장고에 붙여놓거나 스크랩북을 만들어 자주 회상하는 사람이라면 행복한 사람일 가능성이 높다. 행복한 사람들은 자신에게 있는 부정정서를 잘 다스릴 뿐만 아니라 긍정 경험을 충분히 음미하면서 행복을 키워나간다.

브라이언트와 베로프Beroff 로욜라대 교수가 음미하기와 관련한 실험을 한 적이 있다. 가장 행복했던 순간이나 좋은 경험을 음미하는 사람, 가장 행복했던 순간이나 좋은 경험을 떠올리되 그 기억과 관련된 기념물을 보면서 음미하는 사람, 아무 기억도 음미하지 않는 사람, 이렇게 세 집단으로 나눠 실험한 것이다.

어떤 집단의 행복도가 가장 높았을 것이라고 생각하는가? 실험에서는 기념물을 보면서 그때의 좋은 기억을 음미한 사람들이 가장 행복해했다. 아무 기억도 음미하지 않은 사람들에 비하면 월등한 행복을 느꼈다는 것이다. 지금 사무실 책상이나 집 안을 둘러보자. 책상 위에 사랑하는 사람이나 가족, 친구들과 함께 찍은 사진이 놓여 있거나 지난 휴가지에서 사 온 물건이나 바닷가에서 주워 온 돌멩이 같은 기념물이 보이는가? 그렇다면 좋은 경험을 충분히 음미하면서 행복을 느끼고 있다는 것이다.

과도한 물질주의, 치열한 경쟁, 과정보다 결과만을 중시하는 사회, 속도와 미래지향성만을 중시하는 가치관이 우리 삶에 속속들이 스며들어 우리의 정신적 현재를 빈곤하게 만들고 있다. 휴대전화에서 우주선에 이르기까지 현대의 첨단기술은 대부분 더 빨리, 더 고급스럽게, 더 많은 일을 해내게 하는 것들이다. 끊임없는 시간 절약과 미래에 대한 설계 요구 때문에 우리는 현재라는 광대한 터전을 잃고 있다.

브라이언트와 베로프 교수는 작은 농원을 만들고 이 농원을 현재라는 터전을 잃어버린 현대인들이 현재를 발견하고 즐길 수 있도록 '음미하는 곳'이라고 이름 지었다. 이렇게 음미하기란 사람과 사물에 대해 되새기고, 자신이 살면서 겪은 여러 가지 긍정 경험에 관심을 기울이며, 그것에 가치를 부여하는 것을 의미한다. 긍정 경험을 충분히 느껴서 행복감을 증폭시키고 그 정서가 지속되도록 노력하는 것이다.

음미하기는 과거의 좋은 경험들만 떠올리는 건 아니다. 평소 밥을 먹을 때 허겁지겁 먹는가, 아니면 충분히 맛을 느끼면서 천천히 먹는가? 길을 걸을 때 무심히 걷는가, 아니면 주변을 자세히 살피면서 걷는가? 산을 오를 때 오직 정상에 올라가는 게 목표인가, 아니면 나무와 계곡,

바람을 느끼면서 올라가는가? 멀리 떨어져 있는 부모나 자식의 편지를 대충 줄거리만 읽는가, 아니면 함께 있는 것처럼 다정하고 따스하게 읽는가? 저녁에 친구들과 모임이 있을 때 아무 느낌 없이 약속 장소에 나가는가, 아니면 설레고 흥분되는 기분으로 그 시간을 기다리는가?

만약 후자를 택했다면 이미 생활 속에서 충분히 음미하면서 살아가고 있는 사람이다. 이렇게 음미하기는 과거를 긍정적으로 돌아보고, 현재를 충분히 즐기며, 미래를 기대하는 모든 걸 말한다. 당신의 과거, 현재, 미래의 긍정정서를 모두 높여줄 수 있는 방법이다. 이렇게 했을 때 당신의 인생이 얼마나 풍요롭고 풍부해지겠는가? 당신이 음미하는 순간 하찮고 보잘것없게 여겨지던 모든 게 의미 있는 것으로 다가오게 된다.

나는 '음미하는 곳'에서 브라이언트와 베로프 교수 그리고 학생들이 오감을 총동원해 걷고 있는 모습을 떠올리는 것만으로도 행복해진다. 눈으로 보고, 귀로 듣고, 입으로 맛보고, 코로 냄새 맡고, 피부로 감촉을 느낀다는 건 그 자체로 살아 있음을 느끼는 일이다. 음미하기란 지금껏 당신이 무관심하게 스쳐 갔던 모든 것에 관심을 기울이는 것이다. 행복은 자신에게만 모든 관심을 쏟는 게 아니다. 세상에 관심을 갖고 더 깊은 눈을 지니게 될 때 더욱 커지는 것이다.

브라이언트와 베로프 교수에게 음미한다는 것은 곧 즐거움을 발견하고 만족을 느끼는 찰나를 포착하려는 의식적인 노력이다. 이들이 산을 오르다가 틈틈이 쉬면서 음미하는 예와 아이들의 편지를 읽으며 음미하는 예를 살펴보자

"나는 차가운 공기를 깊이 들이마셨다가 천천히 내쉰다. 그때 어디선가 코를 찌르는 향기가 풍겨 이리저리 둘러보니 내가 딛고 선 바위 틈새에서 자라고 있는, 하늘거리는 라벤더 한 송이가 눈에 들어온다. 나는 눈을 지그시 감고 저 아래 골짜기에서 불어오는 바람 소리를 듣는다. 높다란 바위에 걸터앉아 온몸으로 따뜻한 햇살을 받으며 황홀경에 빠져보기도 한다. 그리고 이 순간을 영원히 추억할 작은 돌멩이 하나를 주워 온다. 까칠까칠한 것이 사포 같다. 문득 돌멩이의 냄새를 맡아보고 싶은 이상한 충동에 사로잡혀 코를 킁킁거린다. 케케묵은 냄새가 물씬 풍기는 것이 아득히 먼 옛날을 떠올리게 한다. 아마도 이 땅이 생긴 이래 그 자리를 죽 지켜왔으리라." -브라이언트

"내 아이들이 쓴 편지를 좀 더 찬찬히 볼 수 있도록 조용한 시간을 내어 차례차례 읽어간다. 따뜻하고 부드럽게 내 몸을 어루만져주는 샤워 물줄기처럼 편지 속의 글들이 느릿느릿 굴러와 내 몸을 감싸도록 나는 한 줄 한 줄 천천히 읽어나간다. 눈물이 날 만큼 정겨운 대목도 있고, 자신의 주변에서 일어나는 일을 날카롭게 꿰뚫어보는 자못 놀라운 대목도 있다. 마치 내가 편지를 읽고 있는 이 방에 함께 있기라도 하듯 아이들 모습이 생생하게 떠오른다." – 베로프

음미하는 능력은 배워서 구축할 수 있는 자원이다. 단순히 좋은 일을 받아들이는 것을 넘어 그것의 풍미를 느끼고 그 즐거움의 면면을 깊이 감상할 수 있다. 이런 음미하기에 대해 그동안 알지 못했다면 그 방법을 배움으로써 기분 좋은 일들이 일어나기 전과 도중, 후에 그 좋

은 일의 진수를 이끌어내 긍정정서를 세 배는 더 증가시킬 수 있다. 음미한다는 것은 단순히 진정한 즐거움을 의도적으로 발생시키고, 강화하고, 연장시키는 방식으로 좋은 사건들에 대한 좋은 면들을 충분한 여유를 가지고 일일이 감상하는 것이다.

하지만 음미하기는 분석이 아니라는 점을 명심하자. 긍정정서를 함양하는 일에는 지나치게 정신적 개입을 하면 안 된다. 경험을 전체적으로 받아들이고 그것이 전하는 느낌을 감상하되 해부하거나 분석하지는 말라는 것이다. 과도한 분석은 긍정정서를 위축시키기 때문이다. 음미하기는 브라이언트와 베로프 교수의 예에서 보듯이 상황을 변경함으로써 가능해지기도 한다.

프레드릭슨이 개최한 긍정심리학 세미나에 참석했던 대학원생 존은 자신의 삶에서 음미를 더하는 실험을 해보았다. 그때 그는 대학원 첫 학기였고, 그로 인해 사랑하는 가족과 여자 친구와 떨어져 지내며 전화 통화로만 안부를 묻곤 했다. 전화 통화가 그에게 그토록 중요한 의미를 지녔던 적은 평생 처음이었다. 하지만 그는 자신이 10대 시절부터 나쁜 통화 습관을 갖고 있음을 깨닫게 됐다. 전화 통화를 하면서 인터넷 검색을 하거나 통화에 집중할 수 있는 적당한 장소를 찾지 않았던 것이다.

음미에 관한 학문적 결과에 고무된 존은 자신에게 뭔가 문제가 있다는 생각이 들었다. 중요한 사람들과의 전화 통화에서 그에 합당한 대우를 하지 않았던 것이다. 그래서 그는 이전과는 다르게 행동하기로 결심했다. 여자 친구나 부모님에게 전화를 걸거나 받을 때는 컴퓨터를 끄고 편안한 의자가 있는 조용한 곳을 찾아갔다. 그러자 그들이 자신에게 하는 말과 거기에서 오는 느낌에 더욱 주의를 기울일 수 있게 됐고 한결 거리낌 없이 대화할 수 있게 됐다. 긍정정서가 높아졌으며 특히 사랑과 희망이 샘솟았다. 자신의 인생에서 중요한 사람들과 전화 통화하는 환경을 변화시킴으로써 존은 그들과 나누는 순간을 음미할 수 있었다. 그 느낌이 얼마나 기분 좋고 큰 유대감을 주는지 놀라울 따름이었다.

음미하기의 5가지 방법

평소 음미하기가 익숙하지 않은 사람이라면 다음 방법들을 시도해보자. 이 5가지는 브라이언트와 베로프 교수가 대학생 수천 명을 대상으로 실험한 결과 알아낸, 음미하기를 증진시키는 방법들이다. 이 방법을 이용해 자신에게 일어난 좋은 일을 더 자주 음미해보자. 그러면 이전보다 한층 행복하고 풍요로운 인생이 느껴질 것이다.

• 첫 번째 음미하기: 공유하자

경험을 함께 나눌 수 있는 사람을 찾아 그 순간을 얼마나 소중하게 여기는지 들려주자. 기쁨은 나누면 배가된다. 친구와 마주 앉아 텔레비전 프로그램 이야기만 하는가? 이제 자신의 좋은 경험을 들려주자. 그러면 자신은 더 행복해지고 친구와의 관계도 친밀해질 것이다. 이렇게 공유하기는 다른 사람의 사회적 지지를 통해 자신의 긍정정서를 높이는 것이다.

- 두 번째 음미하기: 추억을 만들자

등산길에 작은 돌멩이를 주워 오거나, 휴대전화나 컴퓨터 바탕화면에 행복한 순간의 사진을 띄워놓거나, 책상에 친구들과 찍은 사진을 놓아두자. 휴대전화나 스크랩북, 앨범을 뒤적이면서 행복했던 순간을 떠올리는 것도 좋다. 기념물을 볼 때마다 행복했던 그때의 느낌이 되살아날 것이다. 추억 만들기는 긍정경험을 나중에 잘 회상할 수 있도록 노력을 기울이는 것이다.

- 세 번째 음미하기: 자축하자

자신에게 좋은 일이 생기면 수줍어하거나 기쁨을 억제하지 말고 마음껏 기쁨을 누리자. 실적이 좋다거나 발표를 훌륭하게 해냈다면 그로 인해 다른 사람들이 얼마나 깊은 인상을 받았는지 되새기고 결과를 위해 노력을 기울인 자신에게 칭찬하고 격려해주자. 자축하기는 자신에게 생긴 긍정적인 사건을 스스로 기뻐하고 축하해주는 것이다.

- 네 번째 음미하기: 집중하자

자신이 하는 일에만 집중하고 나머지는 완전히 차단한다. 수프를 만들어 먹을 때를 생각해보자. 잠시 딴 데 정신을 팔면 수프는 눌어붙는다. 실내음악을 들을 때도 오로지 음악에만 집중하기 위해 눈을 지그시 감아보자. 온전히 집중하지 못하면 다른 일에도 지장을 준다. 집중하기는 지금 하는 일에만 집중하고 나머지는 완전히 차단해 몰입하는 것이다.

• 다섯 번째 음미하기: 심취하자

자신이 하고 있는 일에 전념한 채 다른 것은 생각하지 말고 오로지 느끼기만 한다. 다른 일을 떠올리거나, 현재 자신의 일이 어떻게 진척될지 궁금해하거나, 더 좋은 방법을 궁리하느라 마음을 흩트리지 않도록 한다. 음미하기는 분석하기가 아니라 느끼는 것이다. 심취하기는 어떤 일을 하든 거기에만 전념해 기쁨을 최대화하는 것이다.

미래의 긍정정서 키우기

미래의 긍정정서인 신념, 신뢰, 자신감, 희망, 낙관성도 현재의 긍정정서와 마찬가지로 행복 연습도구를 통해 확장시키고 구축해 행복을 만들어갈 수 있다.

당신은 미래에 대한 기대나 희망을 갖고 있는가? 미래를 낙관적으로 바라보는가? 미래를 생각하다 보면 언제나 희망에 부풀어 오르는 건 아니다. 어쩌면 지금 이 순간에도 돈, 노화, 직업, 자녀 등 미래에 대해 걱정하는 사람이 있을 것이다. 모든 게 불확실하기 때문이다. 그래서 많은 사람들이 미래를 대비하기 위해 지금 열심히 일하고 많은 돈을 벌려고 애를 쓴다. 내일의 행복을 위해 오늘의 행복을 미루는 것이다. 하지만 그렇게 한다고 해서 미래를 생각할 때마다 희망적이고 기대가 되는가? 오히려 불안하고 초조해질 때가 많을 것이다. 당신이 평소 불안한 감정을 많이 느낀다면 미래의 긍정정서를 높여야 한다.

미래의 긍정정서의 핵심은 낙관성과 자신감이다. 낙관성과 자신감은 키울 수 있다. 이 장에서는 자신감을 찾고 키우는 방법을 알아보자.

자신감 키우기

자신감이란 어떠한 것을 할 수 있다는 자신의 능력에 대한 믿음과 목표를 성공적으로 수행할 수 있다는 확신이다. 따라서 자신감이 강한 사람은 단순히 목표를 세우는 데서 끝나는 것이 아니라 자신에게는 그 목표를 이루는 데 필요한 능력이 있고 달성하는 방법을 배울 수 있다고 믿는다. 또한 본인의 의지대로 인생을 살아가면서 스스로의 행동을 제어하고 운명을 개척할 능력이 있다고 생각한다. 자신감이 강한 사람은 어떤 어려움이 닥쳐도 의연하게 대처한다. 어려움을 어떻게든 피해야 하는 불가능하고 무시무시한 위협이 아니라 정복해야 할 도전 과제로 받아들인다. 설령 실패를 겪어도 신속한 회복력과 건전한 시각을 지니고 있기 때문에 금방 일어서고 자신에게 문제가 있다며 스스로를 탓하지 않는다. 이런 사람들에게 미래는 늘 설레고 긍정적인 모습일 수밖에 없다.

자신감은 대부분 타고나는 것보다 자신이 성취한 크고 작은 성공의 경험을 통해 나타난다. 자신감을 잃는 것도 마찬가지로 크고 작은 실패의 경험이나 사건을 통해 나타난다.

자신감을 잃거나 무기력해질 때가 언제인가? 대부분 겪게 되는 예를 몇 가지 들어보자. 먼저 누군가에게 제안하거나 요구했는데 거절당할 때다. 이성 간의 프러포즈, 좋은 아이디어, 어려운 상황에서 한 부탁 등을 상대방이 들어주지 않으면 무기력해진다. 둘째, 불인정받을 때다. 상사에게든, 친구에게든, 가족에게든 능력이나 신뢰, 인격 등을 인정받지 못하는 것이다. 셋째, 상대적 빈곤을 느낄 때다. 외모, 실력, 부富 같은 조건을 비교하며 상대적으로 초라한 경우다. 넷째, 기대나 확신을 갖고 시도하고 도전했는데 연속적으로 실패했을 때다. 이럴 때 나타나는 현상을 긍정심리학에선 무기력 학습이라고 한다. 실패를 하면서 무기력이 학습된다는 것이다. 마지막으로 수명 연장과 환경 변화에 따른 미래에 대한 불확실성을 느낄 때다.

여러분 중에서도 위 내용 중 한두 가지는 경험했을 것이다. 그 경험을 통해 아직도 무력감에 빠져 있는 사람들도 있을 수 있다. 하지만 현재 자신감이 없고 무기력하다고 걱정하지 않아도 된다. 방법을 터득하고 노력하면 누구든 얼마든지 자신감을 키울 수 있기 때문이다. 다만 자신감을 키우려면 결단력과 집중력, 성실한 태도, 끈기, 스스로의 믿음에 대한 확신이 필요하다. 자신감을 키우는 것은 머리로 이해하기는 쉽지만 막상 실행하기가 쉽지 않기 때문이다. 다음에 소개하는 방법을 이용하면 자신감을 키울 수 있을 것이다.

첫째, 역할모델을 만든다. 성취형 사람들은 대부분 성공한 이들의 전기를 열심히 읽는 것으로 알려졌다. 사회적으로 크게 성공한 사람들도 훌륭한 역할모델이 될 수 있지만 주변 사람들 중에서 역할모델을 찾는 것도 중요하다. 멀리 있는 역할모델보다 늘 가까이서 보고 배울 수 있는 사람이 더 많은 도움이 되기 때문이다. 실제로 운동선수들 중 자신과 같은 목표를 이룬 다른 운동선수들과 함께 훈련해 놀라울 정도로 발전하고 성공한 예가 많다.

둘째, 치어리더를 곁에 둔다. 자신을 믿어주고 항상 격려와 적절한 조언을 해줄 수 있는 사람, 신뢰해주는 사람이 곁에 있다면 스스로의 능력에 대한 믿음이 커지고 다른 상황에서라면 감히 시도하지 않았을 일에도 위험을 무릅쓰고 도전하게 된다. 멘토나 코치, 경험 많은 연장자가 우리의 정서 발달에 영향을 끼치고 적절한 치어리더가 곁에 있을 때 큰 힘을 얻는 것도 바로 이런 이유 때문이다.

셋째, 스트레스를 적절히 관리한다. 자신감이 높지 않은 사람들은 우울한 기분과 신체적인 고통을 이유로 최선을 다하지 않는 경우가 많다. 스트레스나 신체 증상을 적절히 관리하는 법을 배우면 좀 더 긍정적인 기분으로 목표를 달성할 때까지 끈기 있게 노력할 수 있다. 평소에 긍정경험을 많이 하고 감사일기 쓰기, 좋은 하루 만들기, 음미하기 같은 행복 연습도구를 일상에서 실천해보면 큰 도움이 될 것이다. 긍정정서는 면역력을 강화시켜주고 회복력을 키워주기 때문에 심리적 고통을 완화시켜주고 활력을 되찾을 수 있게 해준다.

넷째, 성취 경험을 해본다. 자신감을 키우는 데 성공 경험만큼 효과적인 것도 드물다. 자신을 진정으로 믿을 수 있도록 하기 위해 직접 성취 경험을 해보는 것이다. 성취는 꼭 큰 것이 아니어도 괜찮다. 작더라도 성취했다는 그 자체의 경험이 중요하다. 하나의 큰 목표를 세운 후 여러 개의 작은 조각으로 나누어 그것을 하나씩 달성해나가면서 성취 경험을 하는 것이다.

다섯째, 지속적으로 학습한다. '앎'만큼 자신감을 키워주는 것도 없다. 앎이란 책이나 교육을 통해 지속적인 학습이 이루어지는 것을 말한다.

나의 사례를 하나 소개하겠다. 2005년 나는 개인 자격으로 우리나라에서 최초로 빌 클린턴 전 미국 대통령을 초청해 김영삼·김대중 전 대통령과 정계·재계·학계 인사, 외교 사절 등 800여 명이 참석한 가운데 『빌 클린턴의 마이 라이프』 출판기념회를 열었다. 내가 운영하는 출판사에서 국내 번역, 출판했기 때문이다.

큰 행사를 성공적으로 치른 후 바오로 2세Paulus II 등 세계 유명 인사들의 책을 많은 계약금을 주고 출판했다. 그런데 기대한 만큼 성과를 내지 못했다. 연이은 실패에 출판사는 위기를 겪게 됐다. 나 또한 자신감을 잃고 무기력증에 빠졌다. 이때 고향 후배가 오랜 역사를 갖고 있는 한 교육 프로그램을 추천했다. 교육 비용도 부담됐지만 늘 쫓기는 상태라서 마음의 여유가 없었기에 썩 내키지 않았다. 그렇지만 신뢰하는 후배였기에 큰맘먹고 교육에 참여했다. 약 3개월 동안 진행됐는데 그 교육이 무기력했던 나를 자신감 넘치는 나로 만들어주었다. 배움은 정직하다. 절대로 배신하지 않기 때문이다.

여섯째, 성격강점을 찾는다. 성격강점은 성격적·심리적으로 나타나는 긍정적 특성이다. 성격강점을 책으로 검사해보면 9~10점 나오는 강점이 대부분 3~7가지 정도 될 것이다. 이것이 대표 강점이다. 인터넷으로 검사할 때는 상위 7개가 대표 강점이다. 이 대표 강점들이 자신의 정체성이다.

참고로 나의 대표 강점은 창의성, 학구열, 정직, 감사, 끈기, 희망, 열정, 용감성이다. 당신은 자신에 대해 무엇을, 얼마나 알고 있는가? 자신에 대해 모르고 확신이 없으니까 미래가 불안하고 초조해지는 것이다. 이 대표 강점은 당신의 소유물이다. 시간과 환경이 바뀌어도 지속적으로 나타내는 특성이 있기 때문에 대부분 평생 함께 있어준다. 이러한 대표 강점을 소유한다고 했을 때 미래에 대한 두려움보다 자신감이 솟아나게 된다.

일곱째, 낙관적인 설명양식을 사용한다. 낙관성 학습의 설명양식은 사건이 일어난 이유를 스스로에게 습관적으로 설명하는 방식이다. 설명양식에는 비관적인 설명양식과 낙관적인 설명양식이 있다. 낙관적인 설명양식은 비관적인 사람을 낙관적으로, 무기력한 사람을 자신감 넘치는 사람으로 만들어준다. 대부분의 사람들이 자신을 낙관적이라고 생각한다. 낙관성은 무조건 긍정이나 막연한 낙관이 아니다. 사고의 정확한 원인을 찾는 것이다. 낙관성의 설명양식이 그 역할을 통해 비관적인 습관을 낙관적으로 바꾸어 자신감을 키워준다.

긍정정서는 성격도 바꾼다

지금까지 과거, 현재, 미래의 긍정정서에 대해 살펴봤다. 이제 마지막으로 긍정정서가 성격도 바꾼다는 놀라운 사실을 알아보자. 2015년 『사법연감』에 의하면 우리나라에서는 한 해 33만 쌍이 결혼을 하고 11만 쌍이 이혼을 한다고 한다. 33%가 이혼을 하는 셈이다. 놀라운 사실은 이혼한 이들 중 45.8%가 성격 차이가 원인이라는 것이다. 경제문제나 배우자의 부정보다 성격이 맞지 않으면 살 수 없다고 생각하는 것이다.

긍정심리학과 행복을 연구하는 나로서는 너무 가슴이 아팠다. 그건 아닌데……. 성격은 바꿀 수 있다. 지금까지 많은 심리학자들은 성격은 바꿀 수 없다고 했다. 그래서 우리는 별다른 노력도 안 하고 그대로 믿고 가는 것이다. 하지만 긍정심리학자들은 성격을 바꿀 수 있다고 한다. 셀리그만과 그 동료들은 어릴 때 상처가 성인기까지 영향을 미친다는 프로이트의 주장을 가설로 선정해 종단 연구를 실시한 결과 어떠한 것에서도 발견하지 못했다. 피터슨도 성격강점은 시간과 환경이 바뀌어도 지속적으로 나타나려는 특성이 있으며, 일반적으로 안정적이지만 시간이 흐르면 변할 수 있다고 했다.

리켄Lykken과 텔레겐Tellegen은 쌍둥이 연구를 통해 실제로 유전론의 증거를 확인했다. 그들은 행복을 향상시킬 수 있는지에 대한 자신들의 연구결과를 발표하면서 '행복해지려고 하는 것은 키를 더 키우고 싶다는 것과 같은 쓸데없는 노력이다'라는 암울한 결론을 내렸다. 하지만 리켄은 후속 논문에서 이러한 결론을 철회했고, 행복은 가능한 세트포인트 내에서는 변화될 수 있다고 했다. 그는 우울, 공포, 수치, 분노, 후회를 행복을 갉아먹는 요소로 설명하며, 우리가 이러한 행복 저해요소를 제어할 수 있을 때 행복은 당연히 증가할 것이라고 밝혔다.

프레드릭슨도 "성격에 대한 전형적인 논의 중 한 가지 부정적인 가정은 성격은 확고히 고정돼 있어 바꿀 수 없다는 것이다. 그러나 끊임없이 변화하는 성질을 지닌 우리의 신체와 뇌를 돌아볼 때 성격 또한 습관으로 보는 것이 더 타당하다고 생각한다. 어떤 습관들은 평생토록 지속되지만 세월이 흐르면서 변하는 습관도 있다. ……생활 속에서 부정정서나 긍정정서가 구축되면 마치 우연처럼 습관이 바뀔 수도 있다"라고 말했다.

예를 들어보자. 니나는 평생 동안 소심하게 살았다. 자신감이 부족했고, 늘 패배를 곱씹었으며, 특별한 인생의 의미를 느끼지 못했다. 그랬던 그녀가 프레드릭슨이 진행하는 회사의 긍정정서 워크숍에 참가하게 됐다. 지금 그녀는 다른 사람에게 먼저 다가가고 까다로운 고객전화도 기꺼이 받는 사람이 됐다. 이제는 어려움 따위는 쉽게 떨쳐버리며 난생 처음으로 인생 목표란 걸 갖게 됐다. 긍정정서는 그녀에게 이러한 강점들을 구축해주었다. 그녀는 적극성 훈련을 받거나 회복력 강좌를 들은 것이 아니라 그저 긍정정서를 통해 생각과 마음을 좀 더 열었을 뿐이다. 그런데 시간이 흐르면서 이러한 개방성이 그녀의 성격을 바꾸어주고 삶을 변화시킨 것이다.

나 역시 지난 10여 년 동안 긍정심리학을 연구하고 적용하면서 성격이 바뀌는 것을 직접 체험하고 있다. 나는 원래 급하고 화도 잘 내는 편이었다. 하지만 지금은 화를 내지 않는다. 성격 DNA까지 바뀌었다.

영양사는 우리에게 하루 동안의 음식 섭취량과 활동량을 파악하라고, 재무 컨설턴트는 지갑과 은행 예금의 현금흐름을 파악하라고 이야기한다. 나는 당신에게 매 순간 부정정서와 긍정정서를 모두 관리할 것을 당부하고 싶다. 음식 섭취량과 현금관리가 훗날 건강한 신체나 건전한 재정적 목표를 달성하는 데 도움이 될 수 있는 것처럼 오늘의 긍정정서 배양에 대한 관리는 개인의 행복을 만들고 조직성과를 높이는 데 도움이 될 수 있다.

긍정정서 배양을 위해 자신과 타인에게 자비를 베풀자. 모든 형태의 선량함과 아름다움, 탁월함을 추구하고 음미하자. 그리고 현재의 순간을 소중히 여기자. 그러면 감사와 경이, 영감의 물결이 끊임없이 밀려들 것이다. 모든 녹색식물이 광합성을 하기 위해 해를 향해 고개를 돌리듯이 우리의 눈과 생각, 마음이 긍정정서를 향하도록 연습하자. 연습을 하면 할수록 더 많은 긍정정서를 배양하게 될 것이다. 그리고 긍정정서는 강도보다 빈도가 훨씬 더 중요하다는 것을 명심하자. 이는 아무리 사소한 긍정정서의 경험이라도 자주 경험하다 보면 더 높은 경지로 올라갈 수 있는 토대가 구축됨을 뜻한다. 긍정적인 사고와 행동을 확장하고 구축함으로써 우리는 인생에 더 많은 긍정정서의 씨앗을 뿌릴 수 있다. 더 많은 긍정정서를 뿌리고 거둘수록 우리는 더 행복해질 수 있다.

조직에서의 긍정정서 키우기

긍정정서를 키워서 개인의 행복을 높여주는 것만큼 조직에서 긍정 조직문화를 창조하는 문제도 중요하다. 앞에서 소개한 삼성경제연구소 조사에서도 알 수 있듯이 우리나라 직장인의 긍정정서 지수가 100점 만점에 48점밖에 되지 않기 때문이다. 많은 구성원들이 좌절감을 심어주는 기업 문화에 대한 불만을 표출한다. 그 불만은 고약한 경영진과 모호한 목표, 과다한 업무, 촉박한 데드라인, 조직의 변화로 인한 스트레스, 빈약한 교육 프로그램, 창의성을 발휘할 기회 부족 등이다. 구성원들 뿐만 아니라 배우자나 자녀, 가까운 친구들 역시 똑같은 불만을 토로한다. 업무는 우리가 낮 시간에 하는 활동의 대부분을 차지하기 때문에 일터에서 극심한 스트레스를 받으면 그 부정정서를 고스란히 안고 귀가하기도 한다. 조직에서 긍정정서 키우기가 필요한 이유는 사내 정치와 업무 요구도 등 업무 관련 스트레스 요인만이 아니다. 긍정심리학 연구는 조직 차원에서 긍정정서를 이용할 때 직원들의 생산성이 더 높아지고 만족감이 증가한다는 것을 보여주고 있기 때문이다.

심리학자 피터 워는 직업만족도와 직장에서 행복을 수십 년간 연구했다. 그리고 조직마다 10가지 측면에서 서로 다르며, 그것이 구성원의 행복에 직접 영향을 미친다는 것을 확인했다. 그 10가지 측면은 다음과 같다.

1. 개인이 통제력을 발휘할 기회
2. 기술을 사용할 기회
3. 외부에서 제시한 목표
4. 업무 다양성
5. 명확성(명확한 기대와 피드백)
6. 적절한 보수
7. 직장 내 안전
8. 지지적인 감독
9. 대인 접촉 기회
10. 사회적 계급 혹은 지위

최고의 조직은 이 요소를 모두 갖추고 있으며 정말로 좋은 조직은 그중 많은 것을 갖고 있다. 워는 조직을 정서적 만족과 그 결과라는 관점에서 고려한다. 그는 정서를 둘씩 짝지어서 묘사하는데, 정서들은 그것이 얼마나 유쾌한가(혹은 불쾌한가), 얼마나 자극적인가에 따라 그 강도가 달라진다. 앞에서 소개한 10가지 측면이 갖춰질 경우 구성원들은 불쾌한 정서보다 유쾌한 정서를 더 많이 경험한다. 게다가 10가지 측면 중 외부에서 제시한 목표와 업무 다양성 같은 일부 요소는 긍정정서를 더 많이 자극하고, 조직 내 안전 같은 다른 요소들은 긍정정서를 더 적게 자극한다. 지금까지 대부분 내재적 동기는 외재적 동기보다 효과적이라는 것을 보여주는 증거가 풍부하지만, 워는 외부에서 제시한 목표가 아주 큰 도움이 된다고 주장한다. 그는 업무 부과, 주의력 요구, 개인적 자원에 대한 요구, 역할에 따른 책임감 등을 목표로 제시한다. 워에 따르면, 그런 목표가 적정량 제시될 때는 긍정정서를 자극할 수 있지만 지나치게 많은 불안을 불러온다. 또한 개인이 통제력을 발휘할 기회가 지나치게 적을 때는 대체로 우울감이 증가하고 활력이 감소하며 불안은 증가한다. 따라서 이 10가지 측면은 단순히 좋은 조직을 구별하는 표식이 아니며, 각 측면은 서로 다른 방식으로 구성원의 행복에 영향을 미친다.

워의 모형은 조직의 긍정문화 창조를 위한 몇 가지 개입을 제시할 수 있다. 그의 모형은 상향식 접근법으로 지지적인 감독과 적절한 보수 같은 구성 요소에 초점을 맞추고 보다 포괄적으로는 행복을 지향한다. 하향식 접근법을 취하는 다른 모형들은 긍정정서에 초점을 맞추고 그 긍정정서를 도구로 이용해 구성 요소를 변화시킨다. 조직 구성원들이 과거, 현재, 미래의 긍정정서를 키울 수 있도록 도구를 활용하는 것이다.

조직에 긍정정서를 함양시켜 긍정조직 문화를 확산시키면 어떤 변화가 일어날까? 조직에서 긍정정서의 이점을 입증한 증거는 류보머스키와 킹 연구진이 수행한 대규모 메타 분석(연구 논문들에 대한 연구)이 제공한다.

긍정정서의 이점(류보머스키, 킹, 디너의 연구)

1. 이직률이 감소한다.
2. 고객 서비스에 대한 평가가 좋아진다.
3. 관리자의 평가가 좋아진다.
4. 정서적 피로가 감소한다.
5. 직무만족도가 높아진다.
6. 조직시민행동이 좋아진다.
7. 결근 일수가 감소한다.
8. 응급실과 병원을 찾는 횟수가 감소한다.
9. 사교 모임에 더 자주 참여한다.
10. 자원봉사를 더 많이 한다.
11. 더욱 다정하고 더욱 확신에 차 있고 더욱 자신만만하다는 인상을 준다.
12. 연봉이 오른다.
13. 더 오래 산다.
14. 치명적인 교통사고 발생률이 감소한다.
15. 알코올 혹은 그 밖의 약물 남용 발생률이 감소한다.
16. 질병 혹은 부상에서 더 빨리 회복된다.
17. 임금을 올려줄 가치가 있다는 평가를 받을 가능성이 더 많다.
18. 창의적이라는 평을 들을 가능성이 더 많다.
19. 협력을 통해 갈등을 해결할 가능성이 더 많다.
20. 의욕이 증가한다.
21. 의사결정 효율성이 높아진다.
22. 창의적 사고가 증가한다.
23. 타인에 대해 더욱 포괄적으로 사고한다.

Positive Psychology

04

성격(인성)강점

왜 강점인가?

"당신의 강점은 무엇인가요?"라고 물었을 때 망설이지 않고 바로 자신 있게 대답할 수 있는 사람은 많지 않다. 반대로 "당신의 약점은 무엇인가요?"라는 질문에는 강점을 물었을 때보다 대답이 쉽게 나온다. 보통의 사람들은 살아오면서 자신의 강점보다는 약점을 많이 느끼고 의식하기 때문이다.

긍정심리학 창시자인 셀리그만은 이 같은 경향이 나타나는 이유에 대해 '부정성 편향' 때문이라고 했다. 우리가 부정성인 약점과 문제에 중점을 두는 것은 적응적 전략이라는 것이다. 무언가 잘못돼간다는 것은 불길한 결과를 암시하기 때문에 역사적으로 볼 때도 약점과 문제를 잘 알고 해결하는 사람이 생존경쟁에서 유리했다.

하지만 지금은 다르다. 개인이나 조직 모두 약점보다는 강점을 잘 활용할 때 어떤 일에서든 더 좋은 결과를 내고 그만큼 행복해질 수 있다는 것이 여러 연구결과와 사례에서 입증됐다.

당신이 돛단배라고 상상해보자. 불행히도 항해 중에 돛단배에 구멍이 났다. 그 구멍을 약점이라고 하자. 상식이 있는 사람이라면 그 약점, 즉 구멍을 무시하지 않을 것이다. 그랬다가는 뒤집히거나 가라앉을 테니까. 따라서 구멍을 막아야 한다. 그리고 구멍을 막은 후 한 가지 중요한 사실을 깨닫게 된다. 구멍을 완벽하게 막아도 어디로든 가지 못한다는 것을! 돛단배를 앞으로 나아가게 하는 것은 바로 돛(강점)이다. 전진하려면 돛을 높이 올려야 한다.

세계적 경영학자 피터 드러커Peter Drucker는 "약점으로는 그 어떤 성과도 낳을 수 없다. 성과를 낳는 것은 강점이다. 강점을 파악해야 한다"라고 말했다. 실제로 보통 상사에게 약점을 지적받으면 그것을 보완하기 위해 짜증을 내며 지루하게 하루 일과를 마친다. 반면 강점을 칭찬받으면 강점을 살려 자신의 능력을 최대한 발휘하고 활기차고 즐겁게 하루를 마무리할 수 있다. 즐겁게 일했을 때 성과가 좋은 것은 두말할 나위도 없고 무엇보다 즐겁게 일하는 직원들은 행복하다. 긍정정서 그 자체보다 자신의 능력을 발휘해 스스로 긍정정서를 자아내는 것을 원하기 때문이다.

그럼에도 사람들은 마약, 초콜릿, 성기구, 사랑이 배제된 성행위, 자위행위, 쇼핑, 텔레비전 시청 등 순간의 쾌락을 위한 방법이나 도구를 무수히 개발해왔다. 하지만 큰 부와 성공을 쌓고도 이러한 손쉬운 방법으로 행복, 기쁨, 환희, 평안, 황홀경을 얻을 수 있다는 생각으로 살다가 심리적 허탈감에 빠져 괴로워하는 사람들도 많다.

셀리그만은 이처럼 자신의 강점과 미덕을 발휘하지 않고 순간적이고 외적인 자극을 이용해 긍정정서를 경험하면 공허함, 불확실성, 우울증에 빠지게 되고 결국 죽을 때까지 불안하고 고통스러운 현실 속에서 살아가게 된다고 말했다. 순간적인 쾌락이 아닌 자신의 강점과 미덕을 발휘해 얻은 긍정정서야말로 진정한 긍정정서다.

성격(인성)강점이란?

그렇다면 성격(인성)강점이란 구체적으로 어떤 것일까? 사람은 저마다의 특성을 갖고 있다. 인도 콜카타에서 평생을 가난하고 병든 사람들을 위해 봉사하며 살았던 마더 테레사Mother Teresa 수녀와 제2차 세계대전을 승리로 이끌며 영국의 국민적 영웅이 된 윈스턴 처칠Winston Churchill 총리의 특성은 다르다. 테레사 수녀가 친절과 사랑, 영성 등의 특성이 강했다면, 처칠 총리는 리더십과 열정, 용감성 등의 특성이 강했다고 할 수 있다. 또 우리가 천재 발명가로 부르는 에디슨Edison이나 인류 최초로 비행기를 만들어 하늘을 날았던 라이트 형제Wright Brothers, '애플 신화'를 창조한 스티브 잡스Steve Jobs는 남다른 창의성과 호기심, 끈기, 학구열이 뛰어났다고 볼 수 있다. 우리나라의 반도체 산업을 일군 고 이병철 회장은 예견력과 창의성이, 자동차 산업을 일군 고 정주영 회장은 용감성과 열정이 남달랐다.

이렇게 사람마다 지닌 특성은 다 다르다. 하다못해 동일한 유전자를 물려받은 형제자매도 과연 한 배 속에서 나온 사람인지 의심스러울 정도로 판이하게 다른 경우도 많다. 이러한 특성은 꼭 좋은 것만 있는 것은 아니다. 긍정적인 특성이 있는가 하면 부정적인 특성도 있다. 또한 특성은 한 가지가 아니라 여러 가지일 수 있는데, 강점이란 다양한 성격적·심리적 특성 가운데 특히 두드러지는 긍정적인 특성을 의미한다.

현재 전 세계적으로 가장 많이 사용되는 2개의 강점이 있다. 하나는 셀리그만과 피터슨이 만든 24가지 VIA 성격(인성)강점Character Strengths이며, 다른 하나는 갤럽이 개발한 34가지 스트랭스 파인더Strengs Finder 재능강점이다. VIA 성격강점이 삶의 전체 영역을 다룬다면, 스트랭스 파인더 재능강점은 직무 영역을 다루고 있다. 최근에 인성이 우리나라 교육의 키워드로 자리 잡으며 성격강점을 인성강점이라고도 한다. 성격강점에는 인성의 가치 덕목 목록이 모두 포함돼 있기 때문이다. 최근엔 성격강점 360도 검사법이 개발돼 사용되고 있다. 검사 방법은 24가지 성격강점 내용을 20여 명의 가족이나 친지들에게 보내 내 강점이 무엇인지 알려달라는 방식으로 진행된다.

성격강점은 셀리그만과 피터슨의 오랜 노력 끝에 만들어졌다. 이들은 강점을 만들 때 가치를 중요하게 생각했다. 그래서 이름도 가치 행동VIA: Value in Action 성격강점이라고 붙여졌다. 하지만 성격강점이 사회 각 분야로 급속도로 확산되면서 VIA라는 개념도 바뀌었다. 가치 행동이 아닌 길VIA이라는 의미로 쓰인다. VIA는 라틴어에서 유래했다. 미국의 거리를 애비뉴Avenue로 표기하듯 유럽에서는 VIA로 표기하기도 한다.

성격강점은 세계에 두루 퍼져 있는 6가지 미덕과 그 아래 24가지 실천도구를 말한다. 6가지 미덕이란 시대와 문화를 막론하고 철학가들과 종교사상가들이 인정한 중요한 핵심 가치인 지혜와 지식, 용기, 사랑과 인간애, 정의감, 절제력, 영성과 초월성을 말한다. 이 6가지는 저마다 그 미덕을 함양하는 확실한 방법이 있다. 그 실천 방법으로 만들어진 것이 24가지 강점이다.

예를 들어 절제력이라는 미덕은 자기통제력, 신중함, 겸손이라는 강점을 발휘해 얻을 수 있다. 자기통제력이 뛰어난 사람이 유혹을 참아내고 자신을 절제할 수 있지 않겠는가? 추상적인 미덕과는 달리 강점은 과학적으로 측정하고 평가할 수 있다. 미덕은 3,000년 동안 세계 도처에 퍼져 있는 것을 찾고, 플라톤, 아리스토텔레스, 아퀴나스, 아우구스티누스 등 철학자들의 저술, 구약성서, 탈무드, 불경, 코란과 같은 경전, 공자, 노자, 벤자민 프랭클린의 저술, 일본의 사무라이 정신, 고대 인도의 철학서인 『우파니샤드』 등 총 200가지의 덕목 목록 작성을 통해 최종 6개로 정리됐다. 또한 성격강점은 1만8,000개 목록 가운데 24개가 선정된 것이다.

- 지혜와 지식(창의성, 호기심, 학구열, 판단력, 예견력)
- 용기(용감성, 끈기, 정직, 열정)
- 사랑과 인간애(사랑, 친절(배려), 사회성 지능)
- 정의감(팀워크(협동심), 공정성, 리더십)
- 절제력(용서, 겸손(존중감), 신중함, 자기통제력)
- 영성과 초월성(감상력, 감사, 희망, 유머, 영성)

하버드대 교육대학원 원장이며 다중지능 창시자인 하워드 가드너 Howard Gardner는 "셀리그만과 피터슨의 성격강점 발견은 심리학 반세기 중 가장 위대한 업적이다"라고 밝히고 성격강점의 유용성을 인정했다.

긍정심리학에서는 왜 24개의 강점을 선정했을까? 셀리그만과 피터슨은 다음의 3가지를 주목했다. 첫째, 대부분의 문화권에서 중요하게 여기는가다. 예를 들어 철저한 시간 개념을 갖고 있는 시간관리는 우리나라와 같은 자본주의 국가에서는 무척 필요한 강점이다. 하지만 인도나 아프리카 같은 나라에서는 시간관리에 대한 필요성을 느끼지 못한다. 둘째, 목적을 위한 수단으로서가 아닌 그 자체로서 가치가 있는가다. 지능과 시간관리가 강점이 되지 못하는 이유는 목적을 위한 수단으로 사용된다는 점 때문이다. 24가지 성격강점은 각자 모두 독립적이며 과학적인 검증을 마쳤다. 그래서 강점 하나하나 자체에 가치가 있는 것이다.

셋째, 학습에 의해 변화할 가능성이 있는가다. 대부분의 성격 검사는 유형별로 나눈다. 그리고 성격을 고정적인 것으로 본다. 성격은 바뀌지 않는다는 것이다. 하지만 긍정심리학의 성격강점은 유형이 아니고 정도의 차이다. 세상에는 성자도 없지만 죄인도 없다. 더 성자 같고 더 죄인 같은 사람만 있을 뿐이다. 이는 유형이 아니고 정도의 차이인 것이다. 긍정심리학에서는 성격도 바꿀 수 있는 것으로 본다.

프레드릭슨은 성격에 대한 전형적인 논의 중 한 가지 부정적인 가정을 들자면 심리적 강점은 확고히 고정돼 변경할 수 없다는 것이라고 했다. 끊임없이 변화하는 성질을 지닌 우리의 신체와 뇌를 돌아볼 때 심리적 강점 또한 습관으로 보는 것이 더 타당하며, 이 습관은 대부분 지속되지만 세월이 흐르면서 변하는 습관도 있다는 것이다. 그래서 24가지 성격강점은 일반적으로 안정적이지만 시간이 흐르면 변할 수도 있다.

성격(인성)강점과 재능은 다르다

많은 사람들이 성격강점과 재능을 같은 뜻으로 받아들인다. 성격강점과 재능은 모두 긍정심리학의 주제이고 비슷한 점도 많지만 몇 가지 두드러진 차이가 있다. 첫째, 성격강점은 종교와 철학, 선한 성품을 기반으로 하는 도덕적 특성을 갖고 있지만, 재능에는 도덕적 개념이 없다는 점이다. 예를 들어 정직, 용감성, 창의성, 친절은 강점의 한 종류로 이는 모두 도덕적 특성과 관련 있다. 반면 절대음감, 빨리 달리기, 연기 같은 재능은 도덕적 개념과는 상관없이 개인이 남들보다 뛰어나게 잘하는 장기에 가깝다.

둘째, 재능은 타고나는 것이어서 후천적으로 발달시키기가 어려운 반면 성격강점은 선천적인 특성은 약하더라도 후천적인 노력으로 얼마든지 개발할 수 있다는 점이다. 재능도 노력하면 발달시킬 수 있다고 생각하는 사람도 있겠지만 한계가 있다. 100m 달리기를 한다고 가정해보자. 시간을 단축시키기 위해 준비 자세에서 엉덩이를 더 높이 쳐들고 상체를 앞으로 미는 연습을 하고, 더 빨리 달릴 수 있는 주법을 익힌다고 해도 타고난 재능을 조금 더 향상시키는 데 그칠 뿐이다. 하지만 강점은 다르다. 창의성, 신중함, 겸손, 친절과 같은 강점들은 노력하면 할수록 강화된다. 그래서 성격강점이 인성교육에 중요하다는 것이다.

셋째, 성격강점은 사람들의 재능이나 능력을 밝혀내는 것이 아니라는 점이다. 재능은 어떤 일을 얼마나 잘하느냐 하는 것이다. 하지만 성격강점은 자신이 어떤 사람이며 일을 할 때 무엇에 비중을 두느냐에 관한 것이다. 대체로 사람들은 자신이 드러날 때, 남들이 자신의 진정한 가치를 알아주고 인정해줄 때 뿌듯함을 느낀다. 그런 상황에 있을 때 그들은 점점 더 성과를 높이며 그들의 재능은 최대화된다. 그와는 반대로 진정한 자아가 무시 혹은 오해받거나 커다란 기계장치에 부속된 하나의 톱니바퀴에 지나지 않는 취급을 당할 때는 의욕을 잃고 답답함을 느낀다.

넷째, 성격강점은 자신이 하고 있는 일 그리고 그 일을 함께 진행하고 있는 사람들과 연결되도록 해준다는 점이다. 재능은 일을 잘하게 해주지만 사람들이 일을 중요하게 느끼는 순간은 일이 그들의 대표 강점과 연결될 때다. 이것은 일에 '소명'이라는 특징이 생기는 과정이다. 그것은 또한 일이 사람에게서 가장 중요한 것을 이끌어내는 순간이다.

한 조직의 예를 들면 사람들이 가진 재능과 자원들을 조직을 이루는 뼈와 근육으로 여긴다면 각 구성원의 성격강점은 모든 것을 잘 돌아가게 해주는 피와 같으며 결합조직이라 할 수 있다. 피가 원활하게 순환되고 결합조직이 잘 유지될 때 궁극적으로 구성원 개인과 조직의 성과를 높일 수 있다.

성격강점은 장점과도 구별된다. 장점은 이미 내가 잘 아는 것이고 잘하는 것이다. 하지만 성격강점은 내가 좋아하는 것이고 아직 모르는 것이 있다. 성격강점은 내면의 성격적·심리적 특성이기 때문이다.

성격(인성)강점의 기준

그렇다면 성격강점의 기준은 무엇일까? 여기에는 3가지 기준이 있다. 첫째, 성격강점은 시간과 환경에 상관없이 계속 나타나는 '심리적 특성'이 있다. 딱 한 번 어디에선가 친절을 베풀었다고 해서 인간애라는 강점을 발휘하는 건 아니다.

둘째, 성격강점은 '그 자체로서 가치'가 있다. 강점은 대개 좋은 결과를 낳는다. 예를 들어 조직에서 리더십을 발휘하면 신망을 얻고 승진을 하게 된다. 그러나 강점은 바람직한 결과를 낳지 않더라도 그 자체로 소중하다. 우리가 어떤 활동을 하는 것은 만족과 의미 그 자체를 얻기 위함이지, 꼭 긍정정서나 뛰어난 결과만을 만들어내기 위함이 아니듯이 말이다. 강점은 또한 부모가 새로 태어난 자식에게 거는 희망에서도 엿볼 수 있다. "내 아이는 창의적이고 용감하며 사회성이 뛰어난 사람이 됐으면 좋겠다"처럼 말이다.

셋째, 성격강점은 우리가 갖추고 싶은 정신 상태를 말한다. 한 사람이 강점을 발휘한다고 해서 주위 사람들이 자신의 강점을 드러낼 기회가 줄어드는 것은 아니다. 도리어 강점을 발휘하는 것을 보면 감동하고 용기를 얻는다. 지켜보는 사람들의 마음에 질투가 아닌 부러움이 가득 차오른다. 즉 강점을 발휘하는 사람은 참된 긍정정서를 느끼게 되고, 이를 지켜보는 사람들도 자신의 강점을 발휘하고픈 욕구를 불러일으키므로 모두가 발전하고 성공하는 승자가 될 수 있다.

그렇다면 성격강점을 분류할 때 무엇을 기준으로 구분했을까? 24개의 성격강점은 다음의 모든 것을 만족시키는 것들이다.

- 보편성: 문화와 시대를 초월해 어디에서나 흔히 볼 수 있다.
- 자아실현: 성취감을 준다.
- 도덕적 가치: 유익을 주는 결과가 명확하게 따라오지 않더라도 그 자체만으로도 도덕적 가치가 있다.

- 타인의 영향: 타인의 성격강점을 본 사람들이 이를 질투하지 않고 감탄하게 만든다.
- 부정적 반의어: 마음에 당기지 않는 반대 요소들이 담겨 있다(예: 친절, 불친절).
- 특질성: 행동, 사고, 감정 전체에 걸쳐 뚜렷하게 나타나는 식으로 고유의 속성을 가지고 있고, 어떤 상황에서든 일반적으로 충분히 나타나며, 시간이 흐르면서 점점 더 안정적으로 자리 잡는다.
- 차별성: 분류체계에 따라 분류해보면 다른 긍정적 특징들과 확연히 구분된다.
- 전형인 인물: 성격강점이 유난히 두드러지게 나타나는 사람이 있다.
- 신동: 의식을 하기도 전에 이러한 성격강점을 드러내는 어린이나 청소년이 있다.
- 선택적 결여: 어떤 개인에게는 특정 성격강점이 전혀 나타나지 않기도 한다.
- 촉진제도: 사회적 훈련이나 과정을 통해 이를 계획적으로 유지하고 개발하고자 한다.

24가지 성격(인성)강점 분류 및 특성

성격강점은 6가지 미덕과 그 아래 호기심, 학구열, 리더십, 겸손, 친절, 사랑 등 24가지로 분류된다. 셀리그만은 이것을 '24가지 강점'이라 부른다. 이들 24가지 외에도 연관된 강점을 포함하면 60여 가지가 된다. 함께 참고하면 도움이 될 것이다. 성격강점의 목표는 성격을 구성하는 기본적인 특성들을 분별해내는 것이고 그것은 전 세계 어디에서

나 자아실현, 만족, 행복 등 '플로리시한 삶'으로 나아가는 통로라고 할 수 있다. 분류체계는 과학 공동체에 제공하려는 목적 아래 과학적으로 측정할 수 있다.

다음의 24가지 강점을 살펴보면서 미덕과 강점 각각의 이론적 배경과 특징을 이해하고, 자신이 어떤 강점을 갖고 있는지 확인해보자. 이 성격강점은 첫째, 최고의 것, 좋은 것, 올바른 것, 선한 것에 초점을 맞추게 해 긍정적으로 만들어준다. 둘째, 가정과 직장에서 행복을 증대시켜준다. 셋째, 인간관계를 향상시켜준다. 넷째, 건강에 균형을 찾게 해준다. 다섯째, 직장 혹은 학교에서 성과를 높여준다. 여섯째, 인생의 목표를 달성하게 도와준다. 일곱째, 인성을 길러준다.

지혜와 지식(Wisdom and Knowledge)

더 나은 삶을 위해 지식을 습득하고 활용하는 것과 관련된 것으로, 인지적Cognitive 강점이라 한다.

1. 창의성(Creativity: 재능, 독창성) 문제를 해결할 때 새로운 혹은 색다른 생각을 좋아하거나 미적인 이상향을 추구한다. 예술적으로 표현하거나 사물 혹은 사건에 접근하는 새로운 길을 찾음으로써 창의성을 드러낼 수 있다. 사람들은 당신을 좋은 상상력을 가진 독창적인 사람이라고 말한다.

2. 호기심(Curiosity: 흥미, 모험심) 모든 것에 대해 관심과 호기심이 있다. 스스로를 새로운 경험에 항상 열려 있는 탐구자로 여길 때가 많다. 때

론 이러저런 것들에 대해 궁금하게 여기며 새로운 것, 색다른 것들에 끌린다. 새로운 장소, 새로운 사람, 새로운 상황, 새로운 아이디어를 찾아내기를 좋아한다.

3. 판단력(Judgment: 개방성, 비판적 사고) 판단력은 특정 주제, 사안 혹은 관점에 관한 정보를 얻게 하는 강점이다. 판단력은 열린 생각이나 비판적인 사고와 관련 있다. 이 강점을 가진 사람은 정보를 철저히 따져본다. 모든 가능성을 고려하고 무엇이든 다각적인 면에서 살펴보며 의사결정을 내리기 전에 모든 관련 사실을 확보한다.

4. 학구열(Love of Learning) 학구열 강점을 가진 사람은 책을 읽거나, 박물관 혹은 도서관에 가거나, 강의를 듣거나, 교육방송을 보면서 지식을 쌓을 때 기분이 좋아진다. 때론 새로운 것을 배우면서 문이 활짝 열린 것 같은 기분을 느끼며 학습을 중단하고 싶은 마음이 전혀 생기지 않는다. 오래된 혹은 새로운 주제를 깊이 파고들어가기를 좋아하며 어떤 것에 대해 얕은 지식에 머무르는 것으로는 만족하지 않는다. 강의를 하거나 가르치는 것도 좋아한다.

5. 예견력(Perspective: 통찰력, 지혜) 어떤 상황에 놓이면 그 상황에서 큰 그림을 볼 때가 많다. 따라서 조언이나 상담을 받으려고 찾아오는 사람들이 많고, 그들에게 통찰력 있고 핵심 있는 관점을 제시해준다. 인생에서 일어나는 중대사에 관한 중요하고 힘든 질문을 집중적으로 다룰 수 있고, 다른 사람과 자신을 충분히 납득시킬 수 있으며, 세상을

바라보는 의미 있는 시각을 가지고 있다.

용기(Courage)

내적·외적 난관에 직면하더라도 추구하는 목표를 성취하고자 하는 의지를 실천하는 정서적 강점이 이에 속한다.

6. 용감성(Bravery: 용맹, 용기) 용감성은 옳다고 판단되면 다른 사람들이 반대할 때조차도 굽히지 않는 것과 관련 있는 강점이다. 용감성은 개인적인 두려움, 어려움과 당당히 마주하는 능력이며 어려움에 도전함으로써 용기를 보여준다. 용감성은 싸움터에서 보여주는 용기나 신체적 용기가 확대된 개념이다. 요컨대 도덕적 용기와 정신적 용기까지 모두 포함된다.

7. 끈기(Persistence: 근면성, 성실성) 어떤 장애물이 있더라도 자신이 시작한 것은 반드시 끝내는 인내를 보여줄 수 있는 사람이다. 이 강점은 목표를 설정하고 그 목표에 도달하기 위해 열심히 노력하는 것, 일에 깊이 관여하는 것, 자신이 하는 일을 즐기는 것과 깊은 관련이 있다. 끈기 강점을 활용하는 사람들은 성실하고 열심히 일한다.

8. 정직(Honesty: 신뢰, 진정성) 대부분의 상황에서 진실하고 신실한 방식으로 행동한다. 주변에서 대개 "보이는 그대로다"라고 묘사하는, 바로 그런 사람임에 틀림없다. 항상 진실하려고 노력하고 한번 뱉은 말이나 약속은 꼭 지키려고 노력한다. 한마디로 겉과 속이 같고 말과 행동

이 일치하는 사람이다.

9. 열정(Zest: 열의, 열망, 활기) 인생에 적극적으로 다가가는 편이며 흥분과 에너지를 경험한다. 매일 기대를 갖고 삶을 맞이하며 멀찌감치 물러서서 관망하기보다 인생에 적극적으로 뛰어든다. 열정적이기 때문에 활동량도 많고 그만큼 건강도 좋은 편이다.

사랑과 인간애(Humanity)

다른 사람을 보살피고 친밀해지는 것과 관련된 대인관계Interpersonal에서의 강점이다.

10. 사랑(Love: 사랑하고 사랑받는 능력) 다른 사람들과 가까이 지내고 그들에게 깊은 관심을 둔다. 동시에 다른 사람들도 당신의 기분과 행복에 깊은 관심을 두고 있다. 때론 자신의 필요보다도 다른 사람의 필요를 더 앞세우기도 하며 거기서 기쁨을 느낀다. 자신에게 정말 중요한 사람들에게 따뜻함과 불쌍히 여기는 마음을 드러내기도 한다.

11. 친절(Kindness: 배려, 예의) 친절은 좋은 인간관계에서 나타나는 강점이다. 사람들에게 예의를 지키고 친절하게 대하려는 경향이 있으며 다른 사람들을 돕는 것이 쉽고 또 즐겁다. 뭔가 이득이 있어서가 아니라 친절을 베푸는 것 자체가 좋아서 그렇게 행동한다. 친절을 베푸는 부분적인 이유는 다른 사람들을 행복하게 해주는 것이 좋아서다.

12. 사회성 지능(Social Intelligence: 정서적·개인적) 사람들과 어울리기를 좋아하며 어떻게 하면 사람들의 마음을 움직일 수 있는지를 안다. 상황을 잘 파악하며 자신의 동기유발 상태는 물론 다른 사람들의 동기유발 상태와 기분도 잘 읽어낸다. 주변 분위기에 잘 흡수되며 공식적인 분위기이든 비공식적인 분위기이든, 사전에 계획된 것이든 갑자기 발생한 것이든 다양한 사회적 상황에서 적절하게 처신하는 방법을 알고 있다.

정의감(Justice)

개인과 집단 간의 상호작용을 건강하게 만드는 건강한 공동체생활과 관련된 사회적 강점이다.

13. 팀워크(Teamwork: 협동심, 시민정신, 충성심) 팀 구성원과 같은 자세를 가진 사람이며 혼자 일할 때보다 그룹 멤버로서 일할 때 더 잘한다. 그룹의 일원으로서 그룹에 대한 책임감을 느끼며 자신의 개인적인 이익보다 그룹의 이익을 더 중시한다. 또한 그룹을 지지하고 리더들을 존경하며 더 큰 규모의 그룹 혹은 공동체와의 조화를 즐긴다. 팀워크는 건강한 공동체나 고기능 그룹 조성에 기여하는 구성원 모두의 강점이다.

14. 공정성(Fairness: 공평성, 정의) 모든 사람들이 사적인 감정으로 다른 사람들에 대한 결정을 하지 않게 똑같은 기회를 갖도록 하는 것이 항상 중요한 문제가 된다. 모든 사람들을 공정과 평등의 원칙에 따라 대

하려고 노력한다. 도덕성 딜레마를 다른 관점에서 보는 것에 탁월할 때가 있다.

15. 리더십(Leadership) 그룹이라는 상황에 있으면 꼭 리더가 되며 다른 사람들이 행동을 취하는 데 영향을 준다. 조직을 짜고 그룹 활동을 계획하기를 좋아해 집단 활동을 잘 조직하고 이끈다. 때론 사람들이 어떻게 할 것인지 방향을 잡기 위해 찾아온다. 그룹의 성공과 도전에 대한 책임이 당신에게 있다고 볼 수 있다.

절제력(Temperance)

지나침으로부터 보호해주는 긍정적 특징들로 독단에 빠지지 않고 무절제를 막아주는 중용적 강점이라 할 수 있다.

16. 용서(Forgiveness: 자비) 용서는 자비와 관련 있다. 상처를 마음에서 내보내고 원한을 품지 않는다. 용서가 미움과 분노로부터 자신을 보호해준다는 것을 알기 때문이다. 사람들에게 기회를 한 번 더 줘서 다시 상황을 바로잡을 수 있도록 해준다. '문제나 갈등을 쉽게 잊어버릴 수 있는 것'이 상대적으로 쉽다. '과거는 과거일 뿐이다'라는 격언처럼 사람들이 실수했더라도 다시 새롭게 출발을 하는 모습을 보고 싶어 한다.

17. 겸손(Modesty: 존중감, 겸양) 겸손은 나보다 다른 사람들을 앞세우고 존중하는 것이며 내가 다른 사람들보다 특별하거나 더 중요한 사람인 것처럼 행세하지 않는 것이다. 겸손한 사람은 튀려고 하기보다는 다른

사람들과 융화하는 사람이다. 뭔가를 이뤄냈을 때 자신이 한 것을 떠벌리지 않으며 결과가 모든 것을 말해주도록 한다.

18. 신중성(Prudence: 조심성, 분별력) 신중함이 묻어나는 사람들은 어떤 상황의 결과를 통해 생각하며 나중에 후회할 말이나 행동을 하지 않으려고 노력한다. 다시 돌이켜야 할 수도 있는 위험을 자초하지 않으며 적절한 것과 적절하지 않은 것의 차이를 안다. 신중성은 성실성, 자기주장, 따뜻한 대인관계, 통찰력과 관계가 있다.

19. 자기통제력(self-regulation: 자기조절, 자제력) 인생에서 균형감각, 질서, 진전을 이루도록 해준다. 거기에는 충동, 갈망, 감정을 절제하는 것도 관련 있다. 이 강점은 대인관계에서 신체적·심리적 증상을 덜 겪으며, 자기수용과 자신감을 더 많이 가지는 등 개인적 적응을 좀 더 잘하는 것과 연결돼 있다.

영성과 초월성(Transcendence)

현상과 행위에 대해 의미를 부여하고 커다란 세계인 우주와의 연결성을 추구하는 초월적 혹은 영성 강점이다.

20. 감상력(Appreciation of Beauty and Excellence: 심미안, 경의, 감탄, 고상함) 감상력은 아름다움과 탁월한 것을 인정하고 누리는 것이다. 매일 일상적으로 주변에 둘러싸인 아름다움을 느끼며, 일이 좋은 결과를 낳았을 때 그리고 행사가 탁월하게 수행됐을 때 그것을 인정하고 감사

할 줄 안다. 사소한 것들이 가진 아름다움에도 주목하고 인정한다. 다른 사람들은 당연하게 여기는 것들에도 감탄할 줄 아는 사람이다. 그리고 숲이나 도심지를 걷거나, 책이나 신문을 읽거나, 사람들의 삶에 대해 배우거나, 스포츠나 영화를 보는 것과 같이 주변에서 경험하는 것들로 인해 경이로움과 감탄에 사로잡힐 때가 많다.

21. 감사(Gratitude) 건강, 운이 좋았던 것, 인간관계 등 자신이 가진 것들에 감사할 때가 많다. 받은 축복을 헤아려보거나, 얼마나 복 받은 삶을 살았는지 혹은 복 받은 삶을 살고 있는지에 대해 생각해본다. 자신에게 그리고 사랑하는 사람들에게 일어난 좋은 일들에 감사하다고 느낄 뿐만 아니라 감사를 표한다.

22. 희망(Hope: 낙관성, 미래지향성) 희망이라는 강점이 있는 사람은 주로 인생의 밝은 면을 보고, 다른 사람들이 부정적인 면만을 볼 때도 긍정적인 면을 찾아낸다. 대부분 자신이 세운 목표를 달성해낼 수 있다고 믿으며 미래에 대해서도 가장 좋은 모습을 기대하며 미래의 계획도 세운다.

23. 유머(Humor: 유쾌함) 다른 사람의 얼굴에 미소가 번지게 만드는 것을 좋아한다. 여기에는 장난기도 포함된다. 자신이 웃는 것뿐만 아니라 다른 사람들을 웃기는 것도 좋아해 함께 있으면 재미있다고 느끼는 사람이다. 어두운 상황에서도 그 상황에 담긴 밝은 면을 드러낼 수 있다. 유머는 힘든 상황을 좀 더 견딜 수 있게 해주고 평범한 것에는 생동감

을 가져다준다. 어려움을 겪고 있는 사람들에게 쉼을 주고 스트레스를 받고 있는 사람들의 긴장을 풀어준다.

24. 영성(Sprituality: 삶의 목적의식, 종교성, 신앙심) 인생의 의미와 목적에 관한 나름의 신조가 있으며 그것은 평안을 가져다준다. 때론 이런저런 면에서 자신의 신조에 맞는 행동을 하는데 예를 들면 묵상, 기도, 자연 만물과의 소통, 종교예식에 참석한다. 자신을 영적인 사람이나 종교적인 사람으로 보거나 혹은 둘 다에 해당한다고 본다.

성격(인성)강점 찾기

그동안 약점이나 단점을 보완하려고 시간과 노력을 쏟아본 적이 있는가? '나는 왜 이렇게 용기가 부족하고 매사에 소심할까?'라고 생각해본 적이 있는가? 그 생각에 골몰하다 보면 열등감을 느끼거나 자책하기도 하고 더러는 좌절하거나 그 약점을 숨기려고 용기 있는 척 허세를 부리기도 한다. 이젠 그럴 필요가 없다. 그동안 자신의 강점을 몰랐다고 해도 강점을 찾아 지금부터 얼마든지 발휘할 수 있기 때문이다.

강점이 없는 사람은 없다. 강점은 자신을 파악하고 이해하도록 해주는 심리적 도구로, 누구나 강점을 찾아 곧바로 일상에 적용할 수 있다. 이것이 강점과 재능의 중요한 차이다. 재능은 타고나는 경우가 많고 또한 오랜 시간 갈고닦아야 빛이 난다. 하지만 강점은 곧바로 발휘할 수 있고 특별하게 더 키우고 싶은 강점이 있다면 배우고 습득해서 자기 것으로 만들어갈 수도 있다. 강점은 특별한 사람이 아닌 누구에게나 있다. '친절'이라는 강점을 지닌 사람이 자원봉사 활동이나 다른 사람을 돕는 일에 강점을 발휘한다면 더 큰 만족을 느낄 것이다. 자신의 성격에 딱 들어맞는 일을 한다면 얼마나 의욕과 활기가 넘치겠는가? 일, 사랑, 자녀 양육, 여가 등 일상생활에서 강점을 발휘하면 열정과 환희, 몰입을 경험하면서 진정한 자아를 찾아 살고 있다고 느낄 것이다.

자신의 강점을 정확하게 찾는 방법은 인터넷에서 검사하는 방법과 책을 통해 약식으로 검사하는 방법이 있다. 셀리그만이 운영하는 홈페이지(www.authentichappiness.org)와 VIA 홈페이지(www.viastrengths.org)에서 찾을 수 있으며, 『마틴 셀리그만의 긍정심리학』에서 직접 검사해보아도 된다. VIA는 최근 문항을 240개에서 120개로 줄이고 한국어로도 번역돼 있어 누구나 로그인만 하면 편리하게 강점을 무료로 검사할 수 있다(한국긍정심리연구소 홈페이지(www. kppsi.com)에서도 자세하게 알려주고 있다).

책으로 강점 검사가 끝났으면 높게 나온 점수 순으로 번호를 매겨보자. 각 강점마다 10점이 만점이다. 책으로 강점 찾기를 했을 때 9~10점이 나오는 3~7개가 당신의 대표(상위) 강점이다. 인터넷으로 했을 때는 상위 7개의 강점이 대표 강점이다. 그다음 12개가 중간 강점이고 나머지 5개가 하위 강점이다. 대표 강점이 더 중요하다는 것이지, 중간 강점이나 하위 강점이 중요하지 않다는 것은 아니다. 24가지 강점은 모두 중요하다.

대표 강점 찾기

강점을 찾았다면 이번에는 강점 중에서도 자신을 대표하는 '대표 강점'을 찾아보자. 상위 강점 7개를 자세히 살펴보자. 대부분 평소에 자신의 모습을 가장 잘 나타내는 강점이지만 그중 한두 가지는 쉽게 공감하지 못하는 것도 있을 것이다. 그것은 당신에게 큰 선물이 될 수 있다. 왜냐하면 아직 자신에 대해 몰랐던 성격적·심리적 특성을 새롭게 발견한 것이기 때문이다. 나는 대표 강점 중 학구열과 용감성이 내 특성인지 몰랐다.

일상에서 대표 강점을 발휘하려면 대표 강점의 특징을 아는 것이 중요하다. 특징을 알아야 동기부여가 되기 때문이다. 대표 강점은 24가지 성격강점 중 자신의 성격적·심리적 특성이 가장 잘 나타나는 강점을 말한다. 일반적으로 대표 강점은 사람을 이루는 중심이며 그 사람은 그것을 쉽게 표출하고 또한 그것을 표출할 때 자신에게 동기유발과 함께 에너지가 생기는 것을 느낀다. 대표 강점은 표출되려는 강한 힘을 가지고 있으며 거부할 수 없을 정도다. 그렇기 때문에 대표 강점을 아는 것은 매우 중요하다.

그렇다고 24가지 성격강점 중 대표 강점만 중요하다는 것은 아니다. 사람의 성격이 가진 중간 강점과 하위 강점도 그에 못지않게 중요한데 그 이유는 조절하는 역할을 하기 때문이다. 대표 강점은 많은 성격강점들 중 다른 사람들에게는 그렇지 않은데 자신에게만 유난히 더 자연스럽게 나타나는 것이다.

이렇게 찾은 대표 강점은 현재 자신의 모습이자 정체성이라 할 수 있다. 이제 이 대표 강점은 지금부터 당신의 소유물이다. 대표 강점을 소유하고 있다는 것만으로도 이미 부자다. 돈, 직업, 명예, 지식, 가족, 건강도 행복한 미래를 만드는 데 도움이 되지만 완벽하게 미래를 책임져 주지는 못한다. 미래의 가장 소중한 자산은 심리적 자산이다. 아무리 많은 물질적·사회적·신체적 자원을 가졌어도 심리적 자산이 무너지면 끝이다. 사회적으로나 경제적으로 남부러울 것 없어 보이던 유명 인사가 무기력증에 빠지고 우울증에 시달리다가 자살하는 일이 비일비재하다. 이런 안타까운 일들은 대부분 심리적 자산이 바닥 났을 때 일어난다.

대표 강점을 찾았다면 미래에 대한 막연한 불안감을 떨쳐버려도 좋다. 비록 돈, 직업, 명예가 부족해도 죽을 때까지 함께할 대표 강점이 있다면 행복을 만드는 데 중요한 심리적 자산을 갖춘 심리적 부자이기 때문이다. 이 소중한 자신만의 자산인 대표 강점을 일, 사랑, 여가 등 일상생활에서 많이 활용할수록 행복지수는 높아진다. 대표 강점의 특성은 아래와 같다.

- 내 강점에 대해 '진정한 내 모습'이라고 할 수 있도록 내가 가진 것이어야 하며 나의 진짜 모습과 일치해야 한다(소유감과 진정성, "이게 진짜 나야").
- 내 강점을 드러낼 때, 특히 처음으로 드러낼 때 큰 기쁨을 느낀다.
- 내 강점을 활용해 주제를 배우거나 일할 때 학습과 일의 속도가 매우 빠르다.
- 내 강점을 활용할 새로운 방법을 열심히 찾아낸다.
- 내 강점에 따라 행동하기를 열망한다("나 좀 내버려줘").
- 내 강점을 활용할 때 피곤하기는커녕 오히려 기운이 난다.
- 통찰과 직관으로 강점을 발견한다.
- 내 강점을 주로 활용할 수 있는 개인적인 일(프로젝트, 창업)을 스스로 고안하고 추구한다.

- 그 강점을 활용할 때 황홀경에 빠지기까지 한다.
- 강점을 사용하고자 하는 내적 동기를 가진다.

자신의 강점 찾기에서 대표 강점은 대부분 위의 조건을 충족시킨다. 셀리그만은 이 강점을 되도록 많이 사용할 것을 권했다. 만일 대표 강점 중 이 조건을 충족시키는 것이 하나도 없다면 일, 사랑, 여가 활동, 자녀 양육에 활용한다고 해도 큰 효과를 얻기 힘들기 때문이다. 셀리그만이 착안한 행복한 삶의 공식은 자신의 대표 강점을 주요 일상 활동 속에서 날마다 발휘해 큰 만족과 참된 행복을 자아내는 것이다. 이제 대표 강점을 구체적으로 어떻게 연마하고 활용하는지 방법을 알아보자.

대표 강점 연마하기

대표 강점을 활용하기 전에 먼저 대표 강점을 연마하자.

나의 대표 강점은 학구열과 창의성인데 이것은 내 삶을 지탱해주는 기둥과 같다. 나는 하루도 빠짐없이 나의 대표 강점을 연마하려고 노력한다. 학생들에게나 고객들에게 긍정심리학을 쉽고 재미있고 유익하게 강의하기 위해 새로운 책과 자료를 구입해 탐독하고 아이디어를 확장시키노라면 마음 깊은 곳에서 큰 기쁨이 솟아오른다. 내가 가장 기쁠 때는 강의를 잘할 때다. 이런 날은 힘이 솟고 신바람이 난다. 그것은 내 대표 강점인 학구열을 일상에서 발휘해서 얻는 진정한 행복이다.

그렇다면 강점들을 어떻게 연마할 수 있을까? 직장이나 집, 여가활동 중 대표 강점을 활용하기 위해선 연습이 필요하다. 성격강점 검사에서 대표 강점을 확인했다면 그중 어떤 강점들이 실제 자신의 모습에서 가장 잘 드러나는지 확인해보자. 그런 다음 한두 개를 선택하고 이 강점을 매일 새로운 방법으로 사용하다 보면 행복이 지속적으로 유지되는 효과를 경험할 수 있다.

이는 셀리그만과 피터슨에 의해 체계적인 검사로 그 효과가 이미 입증된 것이다. 대표 강점을 연습하면 자아실현에 기여하게 되고, 어떤 일에서 탁월한 결과와 성취를 이루게 되며, 의욕과 열정을 느낄 수 있는 동기부여가 된다. 또한 자신의 대표 강점을 파악해 그중 한두 가지를 일주일 동안 일상 속에서 활용하면 더 행복해진다.

대표 강점을 연마할 때는 가장 쉽게 할 수 있는 것부터 시작하고 가능한 한 새로운 방법으로 사용해보는 것이 좋다. 다음의 강점 연마 방법에서 자신에게 적합한 것을 찾아보고 자신만의 새로운 방법을 고안해보자. 이 강점 연마 방법은 24가지 강점을 바탕으로 헤이트와 테이얍 라시드, 아프로즈 안줌이 만든 목록을 보완한 것이다.

자신의 대표 강점 연마 방법을 찾아낸 다음에는 한 주 동안 강점을 연마하는 연습 시간을 따로 배정해보자. 예를 들어 대표 강점이 창의성이라면 기존의 관습적인 방식 대신 본인만의 새로운 방식을 창조해내는 능력이 뛰어날 것이다. 이런 사람은 도예, 사진, 조각, 그리기, 채색하기 수업에 참여할 수 있으며, 저녁에 한두 시간을 할애해 디자인 공모전을 준비하거나 시나리오를 쓸 수 있다.

대표 강점이 유머라면 친구들에게 재미있는 이메일을 보내길 권한다. 그리고 일주일에 세 번씩 새로운 조크를 배우거나 그것을 친구들에게 활용해보고, 시트콤, 재미있는 쇼 혹은 영화를 보거나 만화책을 매

1. 지혜와 지식과 관련된 강점 연마 방법

구분	강점	연마 방법
1	창의성	• 도예, 사진, 조각, 그리기, 채색하기 수업에 참여한다. • 운동용 자전거를 옷을 담는 선반으로 사용하거나 오래된 재봉틀을 콘솔로 활용하는 것처럼 집에 있는 물건을 전형적인 쓰임새가 아니라 다른 용도로 활용하는 방법을 찾아낸다. • 자신이 쓴 글이나 시를 담은 카드를 친구에게 보내거나 인터넷에 올린다.
2	호기심	• 자신이 모르는 주제에 대한 강의를 듣는다. • 익숙하지 않은 음식을 하는 식당을 방문한다. • 자신이 사는 동네에서 새로운 곳을 발견하고 그곳의 역사에 대해 배운다.
3	학구열	• 학생이라면 필독서가 아니라 권장도서까지도 읽는다. • 새로운 어휘를 매일 배우고 사용한다. • 비소설류의 책을 읽고 강연회나 세미나에 참석한다.
4	판단력	• 자신이 강력한 의견을 가지고 있는 사안에 대해 그와 반대되는 입장을 펼쳐본다. • 다문화 행사에 참석해 그 행사가 열리는 동안 그리고 행사가 끝난 후 그 행사에 대한 자신의 관점을 비판적으로 평가해본다. • 매일 자신의 독선적인 의견이 무엇이며 어떤 점에서 잘못됐는지 생각한다.
5	예견력	• 자신이 아는 가장 현명한 사람에 대해 생각하고 그 사람처럼 하루를 살아본다. • 누군가 요청했을 때만 조언을 해주거나 할 수 있는 한 심사숙고해 행동한다. • 친구들, 가족 구성원, 동료들 간의 논쟁을 해결한다.

2. 용기와 관련된 강점 연마 방법

구분	강점	연마 방법
6	용감성	• 집단에서 대중적으로 호응을 받지 못하는 아이디어도 당당하게 말한다. • 명백히 부당한 행위를 하는 권력 집단을 목격할 경우 반드시 이의를 제기한다. • 평소 두려움 때문에 잘하지 못했던 일을 해본다.
7	끈기	• 해야 할 일의 목록을 만들고 매일 목록에 있는 일 한 가지씩을 실천한다. • 일정에 앞서 중요한 일을 마친다. • 텔레비전 시청, 휴대전화 통화, 간식, 이메일 체크 같은 것에 마음이 흐트러지지 않고 몇 시간 동안 일에 집중한다.
8	정직	• 마음에서 우러나오지 않는 칭찬을 포함해 친구들에게 선의의 거짓말조차도 하지 않는다. • 가장 가치 있게 여기는 것이 무엇인지 생각하고 그것과 관련된 일을 매일 한다. • 어떤 일을 하고자 하는 동기를 다른 사람에게 말할 때 진실하고 정직하게 설명한다.
9	열정	• 적어도 일주일 동안 매일 알람을 맞출 필요가 없을 만큼 일찍 잠을 자고, 일어나서 영양이 풍부한 아침식사를 한다. • "왜 해야 하는데?"라고 말하기보다 "해보는 게 어때?"라고 말하는 것을 세 배 늘린다. • 매일 자신에게 필요한 일보다는 하고 싶은 일을 한다.

3. 사랑, 인간애와 관련된 강점 연마 방법

구분	강점	연마 방법
10	사랑	• 부끄러워하지 않고 칭찬을 수용하며 고맙다고 말한다. • 사랑하는 사람에게 짧은 편지를 쓰고 그날 그 사람이 쉽게 발견할 수 있는 곳에 둔다. • 가장 친한 친구가 정말로 좋아하는 무언가를 함께해준다.
11	친절 (배려)	• 자신에게 있는 것들을 다른 사람들에게 빌려준다. • 자신이 알고 있는 사람들을 위해 일주일에 세 번, 3가지 친절한 행동을 한다(친구들이나 이웃들에게 작은 호의 베풀기, 슬픈 일을 겪고 있거나 아픈 친구에게 전화 걸기, 바쁜 친구를 위해 대신 장봐주기, 아기 돌봐주기 등) • 운전 중 보행자에게 양보하고 보행할 때는 운전자에게 양보한다.
12	사회성 지능	• 친구나 가족이 어려운 일을 한다는 것을 알아주고 그들에게 격려의 말을 한다. • 누군가 귀찮게 하더라도 보복하기보다 그들의 동기를 이해한다. • 분위기가 불편한 사람들의 모임에 일부러 참석해 관찰자의 입장이 돼본다. 그리고 아무것도 판단하려 하지 말고 단지 자신이 관찰한 것만을 묘사해본다.

4. 정의감과 관련된 강점 연마 방법

구분	강점	연마 방법
13	팀워크 (협동심)	• 자신이 할 수 있는 한 가장 멋진 팀원이 돼준다. • 친구 혹은 이웃을 위해 맛있는 식사를 준비한다. • 이사 가는 이웃에게 작별을 고하기 위해 혹은 새로운 이사 온 이웃을 환영하기 위해 사람들이 함께하는 자리를 만든다.
14	공정성	• 적어도 하루에 한 번은 실수를 인정하고 그에 대한 책임을 진다. • 적어도 하루에 한 번은 썩 좋아하지 않는 사람에게도 응당의 신임을 보인다. • 사람들의 이야기를 방해하지 않고 잘 듣는다.
15	리더십	• 친구들을 위해 사교 모임을 만든다. • 직장에서 즐겁지 않은 일을 도맡아 하고 그것을 완수한다. • 처음 만난 사람이 편안하게 느끼도록 행동한다.

5. 절제력과 관련된 강점 연마 방법

구분	강점	연마 방법
16	용서	• 다른 사람에게 용서받은 것을 기억하고 그 선물을 다른 사람들에게도 베푼다. • 원망을 품고 있는 사람들의 명단을 작성해보라. 그 사람들을 만나 그 문제에 대한 이야기를 나누어보든지, 아니면 '나는 용서했다'라고 마음먹을 수 있는지 생각해본다. • 용서의 편지를 쓰되 그것을 보내지 말고 일주일 동안 매일 그것을 반드시 읽는다.

17	겸손 (존중감)	• 하루 종일 자신에 대한 이야기를 전혀 하지 않는다. • 너무 눈에 띄는 옷은 입지 않는다. • 자신보다 친구들이 더 뛰어난 점이 무엇인지 생각하고 그 점에 대해 칭찬한다.
18	신중성	• "부탁합니다" 혹은 "고맙습니다"라는 말 외의 다른 말을 하기 전에 두 번 생각한다. • 운전할 때 10km 정도 낮추어 달린다. • 간식을 먹기 전에 '이것은 살이 찌더라도 꼭 먹어야 되는가?'라고 자문한다.
19	자기 통제력	• 운동 프로그램을 시작해 일주일 동안 매일 꾸준히 실천한다. • 타인에 대해 뒷담화나 비열한 이야기를 하지 않는다. • 이성을 잃으려고 할 때 열까지 세고 그것이 정말 필요한지 반추한다.

6. 영성, 초월성과 관련된 강점 연마 방법

구분	강점	연마 방법
20	감상력	• 자연 경치나 사랑하는 사람들을 사진에 담고 그것을 컴퓨터 바탕화면에 깐다. • 매일 보았던 가장 아름다운 것에 대해 일기를 쓴다. • 적어도 하루에 한 번 멈춰 서서 일출이나 꽃, 새소리와 같이 자연의 아름다움을 느낀다.
21	감사	• 하루 동안 "감사합니다"라는 말을 얼마나 하는지 세어보고, 일주일 동안 그 횟수를 늘려간다. • 매일 하루를 마감하며 감사일기(잘됐던 일 3가지)를 쓰고 그 이유를 쓴다. • 한 달에 한 번씩 감사의 편지를 써서 감사방문을 한다.
22	희망 (낙관성)	• 과거에 실망했던 것에 대해 생각하고 그것을 가능하게 하는 기회를 찾는다. • 다음 주, 다음 달, 내년의 목표를 쓰고 이 목표를 성취할 수 있는 구체적인 계획을 세운다. • 자신의 비관적인 생각을 반박한다.
23	유머 감각	• 친구들에게 재미있는 이메일을 보낸다. • 일주일에 세 번씩 새로운 조크를 배우고 그것을 친구들에게 활용해본다. • 시트콤, 재미있는 쇼 혹은 영화를 보거나 만화책을 매일 읽는다.
24	영성	• 자신의 삶의 목표에 대해 매일 생각한다. • 매일 하루 일과를 시작할 때 기도하거나 명상한다. • 친숙하지 않은 종교 의식에 참가한다.

일 읽는 것도 좋다. 대표 강점이 자기통제력이라면 욕구나 충동을 자제하는 능력이 뛰어나기 때문에 저녁에 TV를 보는 대신 헬스클럽이나 공원에서 운동할 수 있다.

또 대표 강점이 감상력이라면 적어도 하루에 한 번은 멈춰 서서 일출이나 꽃, 새소리와 같이 자연의 아름다움을 느껴보고 매일 보았던 가장 아름다운 것에 대해 일기를 써도 좋다. 매일 다니는 익숙한 길 대신 새로운 길을 따라 출퇴근하거나 매일 저녁 버스에서 한두 정거장 미리 내려서 걸을 수도 있다. 대표 강점이 리더십이라면 친구들을 위해 사교 모임을 만든다. 직장에서 즐겁지 않은 일을 도맡아 하고 그것을 완수한다. 그리고 처음 만난 사람이 편안하게 느끼도록 행동한다.

대표 강점을 연마하는 연습을 쉽게 할 수 있는 사람이 있는가 하면 힘들다고 느끼는 사람도 있을 것이다. 중요한 건 자신의 대표 강점을 믿고 일상생활에서 자주 활용해야 한다는 것이다.

대표 강점의 연마로 일상에서 대표 강점을 적용하기가 익숙해졌다면 이제 나머지 강점을 연마하자. 중요도의 차이가 있을 뿐 나머지 강점도 중요하다. 이 강점들도 1만8,000개 강점에서 추려진 것들이기 때문이다. 이들 강점으로 개인이나 조직에서 발생하는 문제들을 해결할 수 있으며 인성도 함양시킬 수 있다.

대표 강점 적용 사례

사례 1 대표 강점을 연마하는 연습이 끝났다면 개인적으로 삶의 중요한 영역인 일, 사랑, 자녀 양육, 여가 활동에서 대표 강점을 활용할 계획을 세워보자.

대기업에 다니는 30대 초반인 강현철 대리의 예를 들어보자. 그의 대표 강점은 사랑, 친절, 희망, 유머, 팀워크, 정직이다. 그는 '긍정심리학의 플로리시 과정'에서 자신의 대표 강점을 찾고 흥분을 감추지 못했다. 지금까지 자신이 어떤 사람이지도 모른 채 앞만 보고 달려왔는데 강점 검사를 통해 자신의 정체성을 알게 됐기 때문이다. 강 대리는 사랑 강점을 발휘해 사귀고 있는 여자 친구에게 청혼했다. 사랑의 강점에는 사랑할 능력과 사랑받을 능력이 포함돼 있다. 사랑할 능력이 있다는 확신을 가진 것이다. 결혼 승낙을 받고 희망 강점을 발휘해 개인과 직장에서의 미래에 대한 계획을 세웠다. 희망 강점 안에는 낙관성과 미래지향성이 포함돼 있다. 개인적으로는 '사랑하는 아내와 상의해 자녀를 몇 명 낳겠다. 교육은 어떻게 시키겠다. 부부가 함께 어떤 취미를 공유하겠다. 이런 남편, 이런 아빠가 돼 행복한 가정을 꾸리겠다'와 같은 계획을 세웠다.

직장에서는 '대표 강점인 유머, 팀워크, 정직을 발휘해 동료와 상사에게 존중받고 인정받아서 언제까지 과장으로, 부장으로, 임원으로 승진을 하겠다'라는 계획을 세웠다. 또 친절 강점을 발휘해 가정과 직장에서뿐만 아니라 지역의 봉사활동에도 참가하고 일주일에 한 번은 선행을 하겠다고 마음먹었다. 그리고 바로 아내 될 사람과 결혼 준비를 하면서, 직장에서 맡은 프로젝트를 진행하면서 자신의 대표 강점인 친절, 유머, 팀워크, 정직을 적용시켰다. 이렇게 자신의 대표 강점을 활용할 계획을 세우고 일상에서 발휘하다 보니 평소에 자주 갖던 미래에 대한 걱정과 불안이 사라진 것은 물론 직장에서 직원들과의 관계도 더 좋아지고 스트레스와 불만도 없어졌다. 더 긍정적이고 활력이 넘치고 적극적이며 자발적인 사람으로 바뀌었다.

사례 2 법조인은 명예와 부를 한꺼번에 거머쥐는 전문직으로 알려져 있지만 최근 한 설문조사에서 개업 변호사 중 52%가 자신의 직업에 대해 불만족스럽다고 밝혔다. 경제적인 문제 때문이 아니라는 것은 굳이 말할 필요도 없다. 2000년 일류 법률회사에 근무하는 변호사의 초임 연봉은 최고 20만 달러로, 전문직 종사자들 중 최고 소득을 기록한 지 이미 오래다. 하지만 변호사는 자신의 직업에 불만을 느끼는 것 말고도 일반 사무직에 종사하는 사람들에 비해 우울증에 걸릴 위험이 훨씬 높은 것으로 나타났다.

존스홉킨스대 연구진은 조사 대상 104개 직종 중 심각한 우울증 환자가 현저하게 증가한 직종을 조사한 결과 변호사들이 1위라고 밝혔다. 변호사가 우울증에 걸릴 확률은 일반 사무직 종사자들보다 3.6배나 높았다. 뿐만 아니라 변호사들은 다른 업종 종사자들보다 알코올에 중독되거나 불법 약물을 사용하는 비율이 훨씬 높은 것으로 나타났다. 특히 여성 변호사들은 이혼율도 상대적으로 높다. 변호사 중에서는 조기 퇴직하거나 전업하는 사람들이 많다. 변호사는 전문직 종사자 중 소득이 가장 많은데도 불행하며 건강하지도 않다는 조사결과가 이를 시사해준다.

긍정심리학을 잣대로 변호사라는 직업에 대해 불만족하는 이유를 진단해보자면 비관성이 강하고, 자유재량권이 낮으며, 적대적 경쟁을 치르는 거대한 사업체의 일원이라는 3가지 요소를 꼽을 수 있다. 앞의 2가지는 해결할 방법이 있다. 9장 '낙관성 키우기'에서 지속적이고 효과적으로 비관성을 극복할 수 있는 방법이 자세히 소개돼 있다. 변호사에게 더 큰 문제는 비관성이 직장생활을 넘어 생활 전체로 일반화될 수 있는 만연성이다. 이처럼 비관성을 자신의 삶 전체로 파급시켜 적용하는 태도를 고칠 수 있는 방법은 믿을 만한 증거를 제시해 반박하거나 낙관성을 키우는 것이다. 이 방법을 활용한다면 신참 변호사들의 업무수행 능력과 만족도를 높이는 데 큰 효과를 얻게 될 것이다.

중압감은 큰 반면 자유재량권이 낮은 데서 비롯되는 사기 저하도 해결할 방법이 있다. 변호사의 업무량이 과도한 것은 불가피한 현실이다. 그러나 자유재량권을 좀 더 허용한다면 신참 변호사들은 더 큰 만족을 얻고 업무 능력도 향상될 것이다. 그 한 가지 방법은 변호사들의 일과를 조절해 업무에 대한 개인의 권한을 늘려주는 것이다.

이 방법을 효과적으로 활용한 예로 글로벌 자동차 회사인 '볼보'를 들 수 있다. 이 회사에서는 1960년대 조립 라인에서 일하는 근로자들을 매일 똑같은 부품만 하루 종일 조립하는 단순 노동에서 조별로 자동차 완제품 한 대를 조립하게 함으로써 업무 권한을 늘려주었다. 이와 마찬가지로 법률회사에서도 신참 변호사들에게 의뢰인을 직접 만나고, 상사들의 지도를 받으며 협상 과정에 참여해 전체적인 업무를 파악할 수 있는 기회를 부여한다면 큰 효과를 얻게 될 것이다. 많은 신참 변호사들이 사직하는 전례 없는 사태에 직면한 법률회사에서 이런 방법을 활용하는 사례가 늘고 있다.

변호사업계를 지배하고 있는 적대적 경쟁에 의한 제로섬 게임을 완전히 없애기란 쉽지 않다. 좋든 나쁘든 자신의 의뢰인을 위해 적대적인 경쟁 속으로 뛰어들어 최선을 다할 때 자신의 존재가 부각되고 입지를 굳힐 수 있기 때문이다. 활발한 무료 변론이나 재판보다는 중재와 타협으로 해결하려는 노력 등은 모두 적대적인 경쟁을 예방하는 데 큰 도움이 되지만, 이것들은 임시방편에 불과하다. 그러나 대표 강점을 활용하면 적대적인 경쟁의 장점도 살리고 직업 만족도까지 높여서 일석이조의 효과를 얻을 수 있다.

모든 법률회사에서는 변호사들이 저마다 지니고 있는 대표 강점이 무엇인지 교육이나 검사를 통해 분명하게 파악할 수 있다. 아울러 사기가 저하된 직원, 의욕적인 직원, 생산적인 직원의 차이도 쉽게 알 수 있다. 직원들에게 하루 1시간씩 '대표 강점 계발' 시간을 마련해주어 평소와는 다른 업무를 경험하고 강점을 발휘할 기회를 준다면 직원들은 회사 발전에 크게 기여할 것이다. 다음은 뉴욕의 한 로펌 변호사들이 자신의 대표 강점을 발휘하는 예다.

- 사만다의 대표 강점은 열정이다. 이 강점은 변호사 업무에서는 거의 발휘되지 않는다. 하지만 사만다는 법원 도서관에서 의료 사고에 관한 변론서를 작성하는 한편, 자신의 탁월한 언어 능력을 발휘해 홍보 담당 직원과 함께 회사 홍보 자료도 작성한다.

- 마크의 대표 강점은 용감성이다. 이것은 법정 변호사에게 유리한 강점인데, 그간 신참 변호사들의 변론을 작성하는 업무를 맡는 바람에 이 강점을 제대로 살리지 못했다. 다가오는 재판에서는 꽤 유명한 변호사와 맞서기 위해 자신의 강점을 살려 유능한 동료 변호사와 함께 결정적으로 공박할 계획을 세웠다.

- 사라의 대표 강점은 창의성이다. 이 강점은 판례를 주도면밀하게 분석하는 데는 별 도움이 되지 않지만, 자신의 또 다른 강점인 끈

기와 결합되면 사정은 완전히 달라진다. 라이히 교수가 예일대 법학대학원 교수가 되기 전 법률회사 소속 변호사로 활동했을 때 복지 사업은 정부가 베푸는 특혜가 아니라 국민의 고유 재산이라는 사실을 주장하기 위해 케케묵은 판례를 꼼꼼히 분석했다. 그 결과 법조계에서 전통적인 '재산' 개념보다 그가 명명한 '새로운 재산'이라는 용어를 채택하는 계기를 마련했다. 이것은 곧 복지 비용은 지불해야 마땅한 것이지, 공무원들이 마음 내킬 때 선심을 쓰는 게 아니라는 뜻이다. 사라도 특정 판례에 대한 새로운 이론을 모색하는 업무를 할 수 있을 것이다. 판례를 꼼꼼히 분석한다는 것은 유전을 탐사하는 것과 같다. 유전을 발견할 확률은 아주 희박하지만 찾아낼 경우에는 대단한 업적을 세우게 될 것이다.

- 조슈아의 대표 강점은 사회성이다. 이 강점 또한 도서관에서 저작권법에 대한 판에 박힌 업무를 담당하는 변호사에게는 좀처럼 활용할 기회가 없는 강점이다. 그러나 조슈아의 대표 강점은 연예인이나 자신이 서명한 계약서 내용조차 제대로 모르는 골치 아픈 의뢰인들을 상대할 때 빛을 발할 것이다. 고객을 관리하는 데는 소송 절차를 밟는 것보다 좋은 인간관계를 맺기 위한 노력이 필요하기 때문이다.

- 스테이시의 대표 강점은 리더십이다. 그녀는 리더십이 탁월해서 근무 환경 개선을 위한 신참 변호사 단체의 회장을 맡고 있다. 그녀는 익명으로 쓴 건의사항을 모아 회사 대표에게 제출하고 동료

들의 복지 향상을 위해 도움을 주고 있다.

앞에서 소개한 '직장에서 대표 강점 발휘하는 방법'은 법조인에게만 적용되는 것이 아니다. 기본적으로 2가지 사실만 염두에 둔다면, 이 책의 모든 사례와 함께 자신의 업무 환경에 응용할 수 있을 것이다.

첫째, 대표 강점은 대부분 윈-윈 게임에서만 효과를 얻을 수 있다는 점이다. 스테이시가 건의사항을 모으고 동료들의 불만을 해결하려고 노력할 때, 동료들은 그녀를 더욱 존경한다. 또한 동료들의 건의사항을 회사 대표에게 제출해 그 대표는 직원들의 사기를 진작시킬 수 있는 방법을 더욱 잘 알게 됐으며, 아울러 스테이시는 자신의 대표 강점을 발휘함으로써 긍정정서를 유발하게 됐다.

둘째, 직장에서 긍정정서가 많이 확장될수록 생산성이 높고, 이직률이 낮으며, 회사에 대한 충성도가 높다는 사실이다. 대표 강점을 발휘하면 긍정정서를 얻는다. 무엇보다 중요한 것은 스테이시와 그 동료들은 저마다 대표 강점을 인정받고 활용할 기회가 주어질 때 회사에 오래 근무할 가능성이 높다. 설령 그들이 주 5시간 동안 소송 절차와 무관한 일을 할지라도 마침내 소송 과정에 직접 참여할 날이 올 것이기 때문이다.

앞에서 예로 든 법조인이라는 직업은 회사가 직원의 업무 능력을 개발하도록 독려하는 방법, 주어진 근무 환경 속에서 직원들이 저마다 만족을 얻기 위해 대표 강점을 발휘하는 방법을 알려주기 위한 한 가지 예다. 직장에서 대표 강점을 발휘했을 때 몰입을 경험할 기회가 많을뿐더러 생산성도 더욱 향상될 수 있다. 게다가 커다란 만족까지 얻을 수 있으니, 이것이야말로 플로리시에 성큼 다가서는 길이다.

사례 3 조직에서는 대표 강점을 어떻게 활용할까? 첫째, 조직 자체를 강점 기반 조직으로 만든다. 이는 일반적인 의미에서의 강점, 조직 구성원 개개인의 강점을 중심으로 조직문화를 확립하라는 말이다. 영국에서 긍정심리학을 전문적으로 연구하고 확산시키는 연구소인 CAPP는 강점 기반 조직이다. 그들은 그것을 자랑스럽게 여기며 강점 문화를 발전시키는 다양한 개입을 실천한다. 예를 들어 CAPP에서 일하는 사람은 누구나 자신이 일상에서 발휘하는 대표 강점 한두 개를 묘사한 '강점 만화'를 하나씩 갖고 있다. 그 만화들은 액자에 넣어 사무실 벽에 걸어두기 때문에 액자를 볼 때마다 모든 직원이 조직에 개인적 자원을 제공한다는 것을 상기시켜준다.

이 밖에도 구성원의 강점을 인정하는 방법은 많다. 세계적 여론조사 전문 기업인 미국의 갤럽연구소는 각 사무실 문패에 개인의 이름과 그의 강점 목록을 함께 적어놓는 방법으로 구성원의 강점을 인정한다. 조직 내에서의 긍정 피드백도 강점 기반 조직을 만드는 데 도움이 된다. 무조건 입에 발린 칭찬을 하라는 것이 아니라 유익하고 고마운 결정이나 업무에 대해 솔직하고 긍정 피드백을 해야 한다. 개선하면 좋을 점을 지적할 때 솔직한 칭찬을 함께하면 조직원들이 피드백을 훨씬 더 쉽게 받아들일 수 있다. 강점을 일종의 습관으로 만드는 방법을 찾는 브레인스토밍은 조직을 더욱 활기차고 생산적이며 창의적인 곳으로 만들어준다.

강점을 기초로 직원을 채용하는 방법도 강점 기반 조직을 자연스럽게 만들 수 있는 좋은 방법이다. 전통적인 채용 방식은 기술과 경험을 빈자리와 완벽하게 조화시키는 것이다. 예를 들어 마케팅 업무를 담당할 사람을 뽑을 때 마케팅을 해본 경험이나 능력이 있는 사람을 뽑는 방식이다. 이 방식은 뚜렷한 매력과 이점이 있지만 지원자의 심리적·성격적 특성에 의한 잠재력을 최대한 포착하지는 못한다. 어떤 지원자가 콜센터에서 다년간 근무한 경력이 있다는 사실을 알면 그의 언어 능력, 신뢰성, 심지어 친화력까지도 가늠할 수 있다. 하지만 그 사실은 그의 창의성, 열정, 낙관성에 대해서는 별로 알려주지 않는다. 이 성격적·심리적 특성들은 생산성과 이직률에 결정적인 영향을 미치기 때문에 매우 중요하다. 인사 담당자는 지원자에게 어떤 강점을 갖고 있는지 질문할 수 있다. 이 질문은 다양한 정보를 끌어내고 면접에 더욱 적극적으로 임하고 몰입하게 해준다.

CAPP는 최근에 영국 최대 보험사인 '노위치 유니언'과 함께 강점에 기초한 채용 전형을 개발했다. 특정 기술 혹은 콜센터 근무 연수 같은 특정 경력을 추구하는 대신 노위치 유니언은 특정 강점을 찾는 광고를 내보냈다. 이 광고는 학습 가능한 기술 대신 보다 선천적인 핵심 강점과 성격을 강조했다. 노위치 유니언의 채용 광고는 얼마나 성공적이었을까? 강점에 기초한 채용 전략을 시도한 부서들은 채용 후 처음 4개월 동안 직원의 몰입도가 현저히 증가했고 업무 수행 수준이 우수했으며 직원 이직률은 절반으로 줄었다.

셀리그만이 미국 메트로폴리탄 라이프 보험회사에서 진행한 연구 결과도 직원을 채용할 때 왜 강점을 중요시해야 하는지를 알려준다. 낙관성 점수를 기준으로 실험 대상자를 낙관성이 좋은 그룹과 나쁜 그룹으로 나누었을 때 낙관성이 좋은 그룹이 입사한 후 2년 동안 37%가량 더 많은 실적을 올렸음을 확인할 수 있었다. 또한 낙관성 점수가 상위 10% 안에 드는 직원들은 하위 10%에 드는 직원들보다 88%나 더 많은 실적을 올렸다.

강점에 기초한 채용은 왜 그렇게 성공적일까? 한 가지 이유는 오늘날의 일터가 역사상 유례없이 빠른 속도로 변하고 있기 때문이다. 컴퓨터를 비롯한 IT기술이 빠르게 변하기 때문에 조직 관리자는 정기적으로 신기술을 업데이트해야 한다. 또한 지리적·사회적 이동성이 증가함에 따라 새로운 팀원, 사무실, 관리자에게도 규칙적으로 다시 적응해야 하는데, 그러기 위해서는 재능과 경력만으로는 한계가 있다.

조직에서 강점이 특히 중요한 곳은 관리 영역이다. 뛰어난 관리자는 주로 강점에 초점을 맞춘다는 갤럽 조사결과가 있다. 강점 기반의 관리가 가능하려면 관리자가 자신의 강점을 알아야 하고, 함께 일하는 직원들의 강점을 찾아주고 강화하는 것을 중시해야 하며, 그렇게 할 능력을 갖춰야 한다. 관리자가 강점에 초점을 맞추려면 직원 개개인의 성격에 맞게 자신의 관리 전략과 상호작용 방식을 개별화해야 한다. 과다한 업무량과 시간, 실적 압박 때문에 관리자는 모든 직원들을 일일이 격려하기가 쉽지 않다. 오히려 관리자 자신도 의욕을 상실할 때가 많기 때문이다.

마지막으로 조직 전체 직원들의 대표 강점 데이터베이스를 만드는 것도 강점 기반 조직을 만드는 좋은 방법이다. 그렇게 하면 개인별·팀별 소단위부터 대단위까지 조직 전체의 강점을 관리할 수 있다. 직원

개개인의 대표 강점 관리는 조직 차원에서 기존의 재능이나 자격, 경력보다 조직의 활성화와 조직성과에 유용하게 활용할 수 있을 것이다.

성격강점 검사를 통해 직원의 대표 강점 찾기, CAPP '강점 만화'처럼 그 강점을 기억하기 위한 개입 실천하기, 직원이 자신의 대표 강점을 업무에 적용하도록 도와주기 등 모두 시도할 만한 전략이다.

조직에서 강점과 특히 밀접한 관계가 있는 영역은 아웃플레이스먼트(재취업 교육)이다. 조직의 경쟁력을 강화하고 장기적인 발전을 위해서는 어쩔 수 없이 함께 일하던 직원을 해고해야 할 때가 있다. 해고를 당하는 직원은 두말할 것도 없이 괴롭겠지만 그 모진 결정을 내리고 나쁜 소식을 전할 수밖에 없는 관리자들도 고통스럽기는 매한가지다. 강점 기반은 일터에 남은 직원들의 활기를 돋우고 관리자가 회복력을 발휘하게 해주며 떠나는 직원을 위한 아웃플레이스먼트에도 적용될 수 있다.

강점은 가장 작은 것을 행해 가장 큰 변화를 일으키는 방법을 제공한다. 강점은 직원이 지닌 막대한 천연자원이며 엄청난 성장이 가능한 영역이다. 강점 기반 조직을 구축해서 직원들의 강점을 찾아주고 연마하게 해서 업무에 적용하게 하는 것은 조직 구성원들의 활력, 효과성, 생산성, 창의성, 긍정성, 의미를 높이는 확실한 방법이다.

사례 4 셀리그만은 1년의 치료 중단 기간을 포함해 약 6년 동안 엠마라는 여성을 치료해오고 있다. 2년 전, 거의 유일한 친구의 죽음을 겪은 후 엠마는 다시 심리 치료실을 찾았다. 최근 셀리그만은 엠마의 치료에 긍정심리학의 행복 연습도구 3가지를 적용했다. 유아기부터 성장기, 심지어 최근까지 엠마는 모든 방식으로 학대를 받았고 중증 우울증에 자살 시도 경력까지 있었다.

지난 몇 달 동안 셀리그만은 긍정심리학 요소를 적용하기로 결정했다. 제일 먼저 엠마를 대표 강점 검사에 참여시켰다. 그녀는 자신을 보잘것없는 '인간쓰레기'라고 믿고 있었는데, 그 모습이 아닌 깊이 감춰진 참모습을 볼 수 있도록 도와주기 위해서였다. 그 검사는 명확한 자아상을 세워줄 토대였으며, 그가 들고 있는 깨끗한 거울에 비친 선명한 엠마의 모습을 상징하는 도구였다. 진전은 더뎠다. 하지만 엠마는 강점에 대해 이야기하고 자신의 진짜 강점을 찾아내고 그중 몇 가지 강점 때문에 자신이 얼마나 곤란을 겪었는지 알게 됐다. 그리고 그 강점과 그 밖의 강점들을 유리하게 활용할 영역을 확인하고 자신의 개발되지 않은 강점을 키우는 데 도움이 될 강점들이 무엇인지 발견했다.

사흘 후 엠마는 종이 두 장을 들고 나타났다. 거기에는 엠마가 시도하려고 마음먹은 7가지 항목과 단계가 적혀 있었다. 그 내용을 읽는 동안 셀리그만은 눈물을 흘렸고 엠마는 내내 웃는 얼굴이었다. 엠마는 여간해선 웃지 않았었다. 셀리그만은 참으로 기쁜 순간이었다고 했다. 게다가 엠마는 무기력 학습과 연관된 가장 중요하고도 가장 힘겨운 수렁에서 벗어나고 있었으며 심리 치료 대상의 일부였던 그 밖의 모든 개인적인 문제를 떨쳐내게 됐다.

사례 5 한국긍정심리연구소는 1년에 3~4회씩 긍정심리학 전문가 과정을 진행하고 있다. 여기에 참가하는 대상은 대부분 강사, 상담사, 교사, 교수 같은 전문직에 종사하는 사람들과 박사학위 논문을 준비하는 사람들이다. 프로그램 중 내 강점을 찾고 가족이나 동료의 강점을 찾아주는 과제가 있다. 이 과제를 수행하면서 대부분의 수강생들은 강점을 찾아주었을 때 그 사람이 얼마만큼 변하고, 서로의 관계가 얼마만큼 달라지는지를 직접 체험하고 놀라곤 한다.

김숙명 선생님 사례도 강점의 힘을 여지없이 보여준 좋은 예다. 인터넷 중독 상담교사이자 경성대학교 박사과정을 밟고 있는 김 선생님은 2012년 11월 전문가 과정에 참가했다. 부산에 거주하면서도 8주 동안 한 번도 빠지지 않고 교육을 받은 성실한 분이다. 2주차에 가족이나 동료 강점 찾아주기 과제를 받은 김 선생님은 상담교사 연수로 인해 가족들 강점을 찾아줄 수가 없었다. 할 수 없이 함께 연수를 온 동료 선생님의 강점을 찾아주기로 했다. 동료 선생님은 상담교사이지만 아주 비관적이고 부정적이었다. 김 선생님이 긍정심리학 공부를 하면서 긍정정서를 배양하고 확장시켜 행복도를 높인 상태에서 부산에 내려가면 그 선생님으로 인해 자신도 영향을 받아 행복도가 떨어질 정도였다.

처음 그 선생님에게 대표 강점 찾기를 권유했을 때 "이런 것을 뭐 하러 해요?"라며 탐탁지 않은 반응을 보였다고 한다. 강점에 대한 간단한 설명과 함께 과제물로 해야 한다는 설명을 듣고 억지로 자신의 대표 강점을 찾았는데 그 강점이 '유머'와 '리더십'이었다. 대표 강점을 찾은 후 그 선생님에게 놀라운 변화가 일어났다. 다음 날부터 완전히 다른 사람으로 변한 것이다. 매사에 무기력하고 비관적이었던 그 선생님은 팀 활동이나 개인 발표 때 유머를 섞어가며 리더십을 발휘하며 자신감 넘치는 모습을 보였다. 전에도 유머를 좋아하고 다른 사람과 어울리기를 좋아했지만 그것이 대표 강점인 줄은 상상도 못 했다는 것이다.

수료식을 마치고 헤어지면서 김 선생님에게 "선생님은 내 생명의 은인입니다. 진정한 나를 찾게 해주고, 나를 새롭게 태어나게 해주셨으니까요"라며 감사의 인사를 했다고 한다. '생명의 은인'이란 표현은 죽기 직전 자신을 구해줄 때 사용하는 표현이다. 매사에 무기력하고 비관적이었던 그 선생님의 활기차고 자신감 넘치는 모습을 상상해보자. 당신도 누군가가 그렇게 바꾸어주었다면 '생명의 은인'이란 표현을 할 수 있지 않을까? 직장에서도 동료나 부하 직원에게 대표 강점을 찾아준다면 당신 또한 팀 성과는 물론 개인적으로 더 긍정관계가 형성되고 존경받는 리더로 자리매김할 수 있을 것이다.

사례 6 초등학교 4학년 세원이는 학습 속도가 더딘 아이였다. 그렇다고 학습 부진아는 아니었다. 천천히 반복해서 설명하면 잘 이해했고 한 번 이해한 것은 오래 기억하는 편이었다. 하지만 세원이에게 초등학교 고학년 수업은 언제나 속도가 빨랐다. 미처 이해하지도 못했는데 다음 내용으로 넘어가니 수업을 쫓아가기 힘들었고 점점 흥미도 떨어졌다. 성적도 당연히 좋지 않았다. 공부를 잘하고 싶은데 마음처럼 되지 않아 세원이는 답답하고 속상했다.

세원이 엄마는 그런 세원이가 안타까웠다. 이해력이 떨어지는 탓에 노력해도 공부를 잘할 수 없다면 계속 공부하느라 불행한 것보다 공부에 연연해하지 않고 행복하게 살기를 바랐다. 그런 뜻에서 긍정심리학의 행복 도구를 이용해 아이의 대표 강점을 찾고, 긍정정서와 회복력을 키워주었다. 스트레스에 잘 대처할 수 있도록 세원이를 도왔다. 세원이의 대표 강점은 끈기와 호기심이었다. 이해력은 조금 떨어져도 끈기와 호기심이라는 강점을 잘 활용하면 학업 부진을 극복할 수 있으리라 엄마는 믿었다.

"세원아, 남들보다 조금 늦어도 괜찮아. 우리 세원이는 호기심도 많고 무엇보다 끈기가 있잖아. 『토끼와 거북이』 이야기 알지? 토끼가 거북이보다 훨씬 빠르지만 결국 끈기 있는 거북이가 이겼잖아. 그러니까 늦어도 조바심 내지 말고 찬찬히 가자. 알았지?"

엄마는 세원이를 격려함과 동시에 다른 한편으로는 더딘 학업 속도를 보완할 수 있는 방법을 궁리했다. 남들보다 예습과 복습을 더 철저히 하는 것이 그것이었다. 끈기가 대표 강점인 아이였기 때문에 예습과 복습을 지루해하지 않고 잘할 수 있을 것이라 판단했다. 엄마의 예상은 적중했다. 철저한 예습과 복습으로 세원이는 수업을 척척 소화했다. 한 번 이해한 것은 잘 잊지 않았고, 예습과 복습을 여러 번 반복하니 날이 갈수록 지식이 풍부해졌다. 이런 과정을 거치며 중하위권이었던 성적이 상위권에 들게 됐다. 무엇보다 더 이상 공부 때문에 스트레스 받지 않았고 예전과 달리 수업 시간을 재미있어 하게 됐다. 세원이는 그 어느 때보다 행복하다.

내 대표 강점 적용 사례

나는 내 대표 강점들을 떠올리거나 발휘할 때마다 행복하다. 이 강점들이 지난 10년 동안 나를 지켜주고 이끌어주었으며 앞으로도 그럴 것이다. 그래서 나는 내 대표 강점들에 감사한다.

지난 10년은 물질적·정신적으로 참으로 힘겨운 시간이었다. 아마도 대표 강점을 찾고 활용하지 않았다면 극복하지 못했을지도 모른다. 솔직히 긍정심리학을 처음 접했던 2003년만 해도 "진정한 행복은 자신의 대표 강점을 찾고 일상에서 발휘하는 것이다"라는 셀리그만의 말을 있는 그대로 받아들이지 못했다. 당시 사람들은 IMF를 거치면서 물질을 중요시하고 집착했다. 대부분의 사람들이 잘 먹고 잘 사는 것을 행복이라 생각했던 상황에서 셀리그만의 행복론이 현실과 다소 동떨어진 느낌이 들었던 것도 사실이다.

하지만 내 대표 강점을 활용해 역경을 극복하고 목표했던 것을 하나하나 성취해가면서 확신이 들었다. 대표 강점 중 희망(낙관성) 강점은 미래에 대한 기대를 저버리지 않게 했고, 창의성 강점은 긍정심리학이라는 새로운 분야를 개척해 전문가가 되게 했다. 학구열 강점은 초등학교 졸업이 전부였던 나를 13년 만에 박사, 교수, 베스트셀러 작가가 되게 했다. 끈기, 열정, 용감성 강점은 전문 강사가 되게 했고, 자기통제력 강점은 89kg의 거구를 70kg대로 만들어주었으며, 감사 강점은 일상의 조그만 일에도 감사하며 긍정정서를 확장시켜 언제나 행복하게 해주었다. 그 구체적인 사례 몇 가지를 소개하면 다음과 같다.

사례 1 2004년 7월 어느 날, 모 통신사 사장에게서 전화가 왔다. 빌 클린턴 전 대통령이 9월에 한국에 오는데 상의할 일이 있다는 것이다. 급히 약속 장소로 가보니 정부의 대내외 주요 행사를 전문적으로 진행하는 큰 회사 대표가 와 있었다. 그는 클린턴을 초청하는 일에 7억~8억원 정도 들어가는데, 도서출판 물푸레에서 7,000만원만 내고 클린턴의 리셉션을 개최하면 어떻겠느냐고 제안했다. 그즈음 그의 자서전 『빌 클린턴의 마이 라이프』를 출간했는데, 아마도 그 책을 보고 연락했던 것 같았다. 마다할 이유가 없었다. 그 자리에서 흔쾌히 수락했다.

나는 『빌 클린턴의 마이 라이프』를 출간하고 읽으면서 클린턴 전 대통령이 한국을 방문했으면 좋겠다는 생각을 많이 했었다. 왜냐하면 그 당시 북한은 박길현 유엔 대사를 통해 대한민국을 불바다로 만들겠다고 위협하고 있었으며 그로 인해 우리 국민들은 불안해했다. 그는 재임 기간 동안 북한의 김정일과 불편하지 않은 관계를 맺었기 때문에 한국을 방문한다면 우리 국민들이 위로를 받을 수 있을 것이라고 생각했다. 그리고 김영삼·김대중 두 전직 대통령이 퇴임 후 한 번도 자리를 함께하지 않았고 악수조차 한 적도 없었기에 클린턴이 한국을 방문한다면 두 분을 만나게 할 수 있는 기회를 제공할 수 있을 것 같았다. 초청 행사가 2개월도 채 남지 않았기 때문에 마음이 급했다.

그로부터 2주일 정도 지났을 즈음 또 전화가 왔다. 이번엔 행사를 담당했던 회사의 대표였다. 스폰서를 구하지 못해 포기하려고 하는데 물푸레에서 주관할 의사가 있으면 하라는 것이었다. 지금까지 책만 만들었지 큰 행사를 주관해본 적은 없었다. 생각조차 해본 적이 없던 일이라 금방 대답하지 못했다. 3~4초가량 흐르는데 번뜩 떠오르는 것이 있었다. 바로 내 대표 강점이었다. 창의성, 열정, 용감성, 희망, 끈기, 자기통제력, 감사 강점을 활용하면 해낼 수 있을 것 같다는 자신감이 생겼다. 오케이를 한 후 바로 창의성과 희망, 용감성 강점을 발휘해 빌 클린턴 사무실로 이메일을 보냈다.

'한국에서 『빌 클린턴의 마이 라이프』를 번역 출판한 도서출판 물푸레의 우문식입니다. 한국을 방문할 계획이 있습니까? 방문한다면 초청자는 있습니까?'

바로 답장이 왔다. 한국엔 오는데 아직 초청자는 없다고 했다. 세계 유명 인사들을 초청하는 데는 주로 브로커가 개입하는 것 같았다. 모 통신사 사장과 처음 만날 때도 일본의 나카무라라는 사장이 클린턴과 친구여서 초청하게 됐고 비용이 들어간다고 했다. 초청자가 없다는 말을 듣고 그제야 클린턴 초청을 제안했던 이들에게 이용당했다는 것을 알아차렸다. 잠시 마음이 복잡했지만 곧 추스르고 다시 내가 초청하겠다는 이메일을 바로 보냈다.

'저를 믿고 한국에 오십시오. 제가 한국에서 업무를 잘 볼 수 있도록 돕겠습니다.'

당시 UN의 쓰나미 대사로 임명받은 클린턴은 구호 기금을 모으는 중이었다. 그렇지만 한국 정서는 클린턴에 대해 부정적이었다. 재임 기간 동안 한 여성과의 스캔들로 구설에 올랐기 때문이다. 사실 스캔들을 제외하면 클린턴은 미국 역사상 국정 운영을 가장 잘한 대통령 중 한 명으로 평가받는다. 그럼에도 많은 한국인들이 클린턴을 곱게 보지 않았다. 하지만 나는 클린턴을 좋아했다. 특히 그의 자서전 『마이 라이프』를 번역 출판하면서 그를 진심으로 존경하게 됐다. 그래서 한국에서 그를 진정으로 생각하는 사람은 나뿐이라는 생각까지 들 정도였다.

3일 후 회신이 왔다. 초청장을 보내라는 것이다. 클린턴을 초청한다는 사실에 가슴이 벅찼다. 이번 기회에 한국에서 그의 부정적 이미지를 불식시키고 싶었다. 그렇지만 기쁨도 잠시, 곧 걱정이 몰려왔다. 국내 대표적인 행사 전문 업체도 스폰서를 구하지 못해 포기한 것을 과연 내가 할 수 있을지 자신이 없었다. 하지만 곧 마음을 고쳐먹었다. 내 대표 강점을 믿고 적극적으로 활용해 꼭 행사를 성공적으로 치르겠다고 결심했다.

그러고는 창의성 강점을 발휘해 전반적인 아이디어를 냈다. 강점은 독립적으로 작용할 수도 있지만 서로 연결돼 있기에 시너지 효과를 낼 수 있다. 먼저 전문 업체에 대행을 맡기지 않고 지인들을 중심으로 직접 팀을 구성했다. 대략적인 행사 규모와 예산이 잡히면서 각자 역할을 분담시켰다. 나는 총괄하면서 스폰서와 귀빈을 초청하는 일을 맡았다. 이런 역할을 맡으려면 그만큼 사회적 경험과 인맥, 자금이 있어야 한다. 그런데 나에겐 어느 것 하나 충족되는 것이 없었다. 있다면 내 대표 강점과 그동안 세상과 타협하지 않고 원칙대로 성실하게 살아왔다는 것이 전부였다.

가장 먼저 스폰서부터 해결해야 했다. 먼저 내 강점인 창의성을 발휘해 클린턴에 대해 관심을 가장 많이 갖는 곳, 필요로 하는 곳 그리고 가장 짧은 시간에 의사결정이 가능한 곳을 물색했다. 방송국과 신문사였다. 서너 곳을 선정하고 무조건 용감성을 발휘해 전화를 했다. 그 당시 퇴임 대통령임에도 현직 대통령과 버금가는 영향력을 갖고 있었기에 모두 긍정적인 반응을 보였다. 일주일 만에 기적 같은 일이 벌어졌다. 한 방송사에서 유명인이 진행하는 토론 프로그램에 전직 대통령 한 분과 출연하는 것을 조건으로 2억5,000만원을 후원하겠다는 연락이 왔다. 한 신문사에서는 단독으로 언론사 사장과 클린턴과의 특별 대담을 게재하는 조건으로 2억5,000만원을 후원하기로 했다. 또 다른 신문사에서도 연락이 왔다. 조찬을 함께하고 사진을 찍을 수 있다면 권당 3만3,000원 하는 『빌 클린턴의 마이 라이프』 1만 권을 구입해 주기로 한 것이다. 창의성과 용감성 강점 덕분에 행사에 필요한 비용을 얼추 지원받을 수 있게 된 것이다.

다음은 유명 인사 초청이었다. 이것 역시 쉬운 문제가 아니었다. 그 상황에서 내가 가장 의지하며 효율적으로 활용할 수 있는 것은 강점밖에 없었다. 시간과 돈을 투자해도 만족할 만한 결과를 기대하기 어렵다는 결론을 내렸기 때문이다. 그래서 내가 직접 하기로 했다. 먼저 클린턴과 친분이 있는 전직 대통령을 초청하기로 했다. 이분들은 퇴임 후 그때까지 한자리에 함께한 적도 없고 서로 악수 한 번 하지 않은 불편한 관계였다. 무조건 동교동 최 모 비서관, 상도동 김 모 실장한테 전화를 걸어 초청하고 싶다고 했다. 그분들 입장에서는 어이가 없을 정도로 당돌한 행동이었겠지만, 난 내 강점인 용감성, 끈기, 희망(낙관성)을 활용해 밀어붙이면 성사시킬 수 있겠다고 확신했다. 여러 차례 조율한 후 결국 두 분 모두 참석해 축사를 해주기로 했다.

하나하나 문제를 풀어가며 행사를 준비하던 중 예상치 못한 변수가 생겼다. 클린턴이 한국 방문 일주일을 남겨놓고 갑자기 심장 수술을 받게 된 것이다. 그 일로 행사는 다음 해인 2005년 2월로 연기해야 했다. 예산 계획에 다소 차질이 생겼지만 행사는 성공적으로 치러졌다. 정계, 재계, 학계, 예술계, 외교 사절을 포함해 800여 명의 지도층 인사들이 참석했다. 또한 외국 언론까지 극찬하는 성공적인 행사가 됐다. 다른 국가들은 대부분 정부 차원에서 초청했지만 한국은 개인이 초청해 가장 크게 행사를 치렀기 때문이다. 개인 자격으로 클린턴을 초청한 것은 내가 처음이라고 한다. 또한 개인이 전·현직 대통령 세 분을 한곳에 모시고 행사를 치른 것도 내가 유일하다고 한다.

지금도 그때의 일을 생각하면 뿌듯하다. 돈과 권력이 있다고 다 할 수 있는 일이 아니었다. 지식과 의지가 있다고 가능한 일도 아니었다. 악조건 속에서도 내 대표 강점을 찾고 그것을 믿고 활용할 방법을 찾아 발휘했기 때문에 가능했다고 생각한다. 그래서 그 경험이 더욱 소중하고 행복하다.

사례 2 성인이라면 대부분 한두 번은 체중 조절에 관심을 갖거나 다이어트를 해본 경험이 있을 것이다. 그러나 대부분 실패한다. 살이 찌는 이유는 분명하다. 섭취하는 양에 비해 활동하는 양이 적으면 에너지가 남아돌아 살이 찔 수밖에 없다. 따라서 적게 먹고 많이 활동하면 살이 빠지겠지만 말처럼 쉽지가 않다.

세상에서 가장 인내하기 힘든 것 중 하나가 먹고 싶은 것을 앞에 두고 참는 것이다. 나도 먹는 것을 좋아해서 30세 이후로는 계속 체중이 불어 20kg 이상 과체중이었다. 여러 번 다이어트를 시도했지만 그때만 잠깐 살이 빠졌다가 곧 요요현상으로 더 불어났다. 그러다 2006년 우연한 기회에 프랑스 여자들의 체중 관리와 식습관을 다룬 『프랑스 여자는 살찌지 않는다』라는 책을 기획, 출판하게 됐다. 일상생활에서 자연스럽게 체중을 줄일 수 있는 방법을 소개한 책이었는데, 왠지 그 책에서 소개한 대로만 하면 살이 빠질 것 같았다. 지금까지 여러 가지 다이어트 방법에 실패한 경험이 있는지라 이번에는 나의 대표 강점을 적용하기로 했다.

책 내용대로 3개월 개선 프로그램을 직접 실천했다. 그때 내 몸무게는 89kg이었다. 개선 프로그램을 적용하는 초기에는 참기도 힘들었고 실감이 나지 않았다. 구체적인 방법으로는 식사량의 10~15% 줄이기,

육류나 인스턴트식품, 음료 같은 비만을 유발하는 음식 삼가기, 저녁 늦게 먹지 않기, 출퇴근길에 15분씩 걷기, 물 많이 마시기 등이었다. 항상 먹고 싶은 욕구를 자제하지 못했기에 시간이 흐르면서 인내하기가 너무 힘들었다. 포기하고 싶은 생각이 들 때마다 나는 내 강점이 끈기와 자기통제력, 낙관성임을 상기하며 참았다.

'내 대표 강점이 끈기와 자기통제력인데 이 정도는 견뎌야지. 이 정도도 못 참는다면 대표 강점이라 할 수 있을까?'

나 자신에게 끊임없이 동기부여를 하며 버텼다. 한 달이 지나면서 조금씩 반응이 왔다. 3개월 후에는 4kg이, 6개월 후에는 7kg이, 1년이 되자 15kg이 줄어 있었다. 그때 나는 몸무게를 확인하면서도 다이어트 효과라는 생각은 하지 못했다. 습관이 몸에 배어 있기 때문이다. 다이어트를 한 지 10년이 다 됐지만 여전히 70kg 중반대를 유지하고 있다. 지금도 거울 앞에서 내 모습을 볼 때마다 기분이 좋다. 대중 앞에서 강의를 할 때도 자신감이 넘치고 행복하다. 나의 대표 강점을 적용하지 않았더라면 아무리 좋은 프로그램이라도 이전과 마찬가지로 중간에 포기했을 가능성이 높았을 것이다. 새삼 나의 대표 강점을 찾고 활용할 수 있었다는 것이 다행스럽게 느껴진다.

사례 3 내 박사학위 논문 제목은 〈긍정심리의 긍정정서와 성격강점이 조직성과에 미치는 영향〉이다. 박사학위 과정을 밟으면서 경영학의 인사, 조직과 함께 지속적으로 긍정심리학을 연구했다. 그리고 논문도 긍정심리학을 주제로 쓰고 싶었다. 하지만 경영학에서 긍정심리학에 대한 논문을 쓴다는 것이 쉬운 일은 아니었다. 논문 지도를 받을 때부터 제동이 걸렸다. 논문 주제를 정하는 과정에서 긍정심리학에 대해 이야기하자 선행 논문이 없다는 이유로 담당교수님이 만류했다. 앞으로 학위 과정이 순탄치 않을 것이라는 경고 메시지 같았다.

하지만 나는 긍정심리학을 우리나라 기업에 적용하고 싶었다. 미국과 유럽에서는 이미 긍정심리학의 과학적인 기초 이론과 도구를 통해 놀라운 성과를 내고 있었기 때문이었다. 지도교수님께 왜 이 논문을 써야 하는지, 이 논문이 우리나라의 경영학 분야와 조직에 어떤 영향을 줄 것인지를 설명하며 설득했고 다행히 허락받을 수 있었다.

나는 내가 10년 이상 연구해오던 긍정심리학 논문을 잘 쓰고 싶었고 검증도 제대로 받고 싶었다. 그래서 심사위원에 저명한 심리학 교수님도 포함시켜줄 것을 부탁했고, 퍼블리시 논문도 경영학회에서 발표하기로 했다. 논문 심사위원장은 논문 지도 과정을 담당했던 교수님이 맡았다. 긍정심리학 논문은 안 된다고 했던 분이다. 부위원장은 심리학 교수님이 맡았다. 심시위원 구성부터 앞으로 심사 과정이 험난할 것임을 예고했다. 석사학위 논문은 내가 원하는 방향이나 수준을 충족시키지 못했기 때문에 박사학위 논문만큼은 잘 쓰겠다는 각오로 동기들보다 2학기 늦추면서 철저히 준비했다.

그러나 본격적인 심사에 들어가자마자 학위, 퍼블리시 논문 모두 우수한 검증 결과가 나왔음에도 많은 질책을 받았다. "왜 경영학 논문에 긍정심리가 들어가고 행복이 들어가느냐", "이게 경영학 논문이냐"라는 것이었다. 평소에 마음을 열고 친하게 지내던 교수님들도 심사장에 들어가면 '뭐 저런 사람이 있나!' 할 정도로 다르게 보이기도 한다. 내가 이렇게까지 하면서 논문을 써야 되나 하는 회의감도 수없이 들었다. 논문 내용도 내용이지만 제목도 내가 원하는 제목은 안 된다는 것이었다. 1, 2, 3차 심사에서 통과를 못하고 한 학기를 또 넘겼다. 심사위원 중에는 나이도 들었는데 쉬운 주제로 쓰지 왜 그렇게 고생하느냐고 안쓰러워하는 분도 계셨다. 다음 학기도 통과된다는 보장이 없었다.

나도 긍정심리학이란 주제로 경영학 박사학위 논문 쓰기가 쉽지 않다는 것을 안다. 심사위원들의 반대도 일리가 있다는 것을 안다. 하지만 긍정심리학은 심리학에서 치료의 목적으로만 국한시킨 학문이 아니다. 심리학뿐만 아니라 경영학이나 교육학에 접목시킬 때도 탁월한 성과를 낼 수 있다는 연구결과와 확신이 있었기 때문에 우리나라에 긍정심리학을 처음 도입한 사람으로서 후배들을 위해서라도 꼭 쓰고 싶었던 것이다. 우여곡절 끝에 다음 학기에 박사학위 논문도, 경영학회 논문도 통과해 학위를 받았다. 심사 마지막 날 내용에 대한 심사가 끝나고 심사위원들에게 마지막으로 제목 변경에 대해 간절하게 부탁해서 통과됐다.

이렇게 해서 내가 원했던, 〈긍정심리의 긍정정서와 성격강점이 조직성과에 미치는 영향〉이라는 제목으로 긍정심리학이 경영학의 조직성과에 미치는 영향을 우리나라에서 최초로 검증한 박사학위 논문이 나오게 된 것이다.

나는 모든 일상에서도 그렇지만 논문 심사 과정에서도 내 대표 강점을 최대한 적용했다. 어떠한 질책이나 모욕적인 상황도 버틸 수 있는 끈기를, 어떠한 위기나 어려움이 닥쳐도 해낼 수 있다는 희망을, 매번 새로운 문제가 돌출되는 상황에 유연하게 대처할 수 있는 창의성을, 지속적인 연구와 방법을 제시하는 학구열을, 끝없이 목표를 추구하는 열정을 발휘했다. 대표 강점에 의지하지 않았더라면 중간에 학위를 포기했을지도 모른다.

Positive Psychology

05

몰입(관여)

왜 몰입이 중요한가?

몰입이 행복을 만드는 중요한 도구임은 긍정심리학의 권위자인 헝가리 태생의 칙센트미하이의 연구에서도 증명됐다. 몰입할 때가 가장 행복하다는 것이다. 그는 '경험표집 방법'을 고안해 어떤 활동이 행복을 가져오는지를 분석했다. 경험표집 방법은 일상생활의 경험을 무작위로 표집해 순간의 행동과 심리를 측정하는 것이다. 이 실험에 참가한 사람들은 하루에도 몇 차례씩 울리는 호출기를 들고 다니며, 그것이 울릴 때마다 공책을 꺼내 그 순간 자신이 하고 있는 일과 그것이 얼마나 즐거운지를 기록했다. 칙센트미하이는 수천 개의 호출기가 수만 번 울린 결과를 분석함으로써 사람들이 단지 과거에 즐거웠던 기억이 아니라 실제로 지금 즐겁게 하고 있는 일이 무엇인지를 알아냈다.

그는 실험을 통해 의미 있는 즐거움에는 두 종류가 있음을 밝혀냈다. 하나는 육체적인 즐거움이다. 평균적으로 사람들은 가장 행복한 시간으로 식사 시간을 꼽는다. 식사를 하는 동안에는 전화를 받는 것조차 싫어한다. 섹스도 식사 시간 못지않게 즐거워한다. 맛있는 음식을 먹거나 섹스를 하는 것은 모두 육체적인 즐거움에 속한다. 육체적인 즐거움을 느낄 때 사람들은 행복해하지만 그렇다고 하루 종일 육체적인 즐거움에만 빠져 있을 수만은 없다. 그렇게 할 수도 없을뿐더러 실제 가능하더라도 음식과 섹스는 많이 하면 곧 물리게 돼 있다. 일정 수준의 만족을 넘어 계속 먹어대거나 성행위를 하면 더 이상 즐거움이 아닌 역겨움으로 느껴지기 쉽다.

칙센트미하이는 육체적 즐거움보다 더 큰 즐거움을 주는 상태가 있음을 발견했다. 그것은 바로 힘은 들지만 자신의 능력으로 감당할 수 있는 임무에 전적으로 빠져든 상태다. 칙센트미하이는 그것을 '몰입Flow'이라 부르며 '몰입은 삶이 고조되는 순간에 물 흐르듯 행동이 자연스럽게 이루어지는 느낌을 표현하는 말이다'라고 정의했다. 즉 하늘을 나는 것 같다, 시간 가는 줄 몰랐다, 그 일에 완전히 빠져들었다, 전혀 자각하지 못했다 등의 반응이라 할 수 있다. 그것은 운동선수가 말하는 물아일체, 신비주의자가 말하는 무아지경, 예술가가 말하는 미적 황홀경과 일치한다.

칙센트미하이의 이복형의 말을 들으면 몰입의 상태를 좀 더 쉽게 이해할 수 있다. 이복형은 정년퇴임을 한 후 취미 삼아 광물을 관찰하며 지내고 있었다. 그 형이 칙센트미하이에게 다음과 같은 말을 했다.

"며칠 전 아침을 먹고 수정을 꺼내 현미경으로 살펴보고 있었어. 그런데 내부 구조가 갈수록 어두워 보이기에 구름이 해를 가렸나 하고 하늘을 보니 벌써 날이 저물었더라고."

날이 저물었는지도 몰랐던 것은 칙센트미하이 형이 수정을 관찰하는 데 몰입해 있었기 때문이다.

이처럼 몰입은 어떤 활동에 깊이 빠져 시간이나 공간, 타인의 존재, 심지어 자신까지도 잊는 심리 상태로 현재 하고 있는 일에 심취한 무아지경 상태를 말한다. 아무런 갈등과 고민 없이 정신력이 하나로 모아지는 순간이라고 할 수 있다. 이런 몰입을 경험해본 적이 있는지. 아마 누구나 한두 번쯤은 경험해보았을 것이다. 만약 한 번도 몰입을 경험해본 적이 없다면 행복의 절정을 맛보지 못했다고 해도 과언이 아니다. 그만큼 몰입은 행복을 만드는 데 없어서는 안 될 중요한 요소다.

몰입은 스키를 타거나 시골길을 여유롭게 운전하거나 단체 스포츠에 참여할 때처럼 몸을 움직일 때 발생하는 경우가 많다. 또한 그림 그리기, 글쓰기, 사진 찍기 같은 고독한 창조적 활동 중에 발생할 수도 있다.

몰입을 즐기려면 몇 가지 특징을 아는 것이 중요하다. 먼저 자신의 주의를 완전히 잡아끄는 명백히 도전적인 일이 있어야 하고, 그 일을 감당할 만한 능력이 있어야 하며, 각 단계마다 자신이 어떻게 하고 있는지에 대한 즉각적인 반응을 받아야 한다. 성악가가 고음부를 잘 처리하거나 고비를 잘 넘기고 노래할 때, 화가가 매끄러운 붓놀림으로 채색할 때 그들은 순간순간 좋은 느낌을 받는다. 몰입을 경험할 때는 헤이트가 『행복의 가설』에서 제시한 코끼리와 기수의 예처럼 완벽한 조화를 이룬다. 코끼리(자동 처리)가 안정되게 숲 속을 달리며 대부분의 일을 하는 동안 기수(의식적인 생각)는 문제와 기회를 찾는 일에 몰두하며 필요한 경우 코끼리에게 도움의 손길을 내민다.

만족의 핵심은 몰입

긍정심리학에 있어 칙센트미하이의 중요한 업적 중 하나는 몰입을 체계화시켰다는 것점이다. 몰입이 탄생할 수 있었던 건 아주 사소한 질문 덕분이었다. 칙센트미하이는 전 세계 각계각층의 남녀노소 수천 명을 인터뷰하면서 이런 질문을 던졌다.

"당신의 삶에서 가장 큰 만족을 얻었을 때는 언제이고, 그때의 기분은 어떠했나요?"

일본 교토에 사는 10대 오토바이족은 다음과 같이 대답했다.

"우리가 처음 오토바이를 몰 때는 완전히 난장판이에요. 그러다 오토바이가 순조롭게 달리기 시작하면서 공감대가 형성돼요. 이것을 뭐라고 표현하면 좋을까, 마음이 하나가 되는 것을 느껴요. 그러다 문득 깨닫죠. 우리는 일심동체라는 것을 그리고 한 몸이라는 것을. 그러고는 희열을 느껴요. 그때부터 속도를 최대로 높이기 시작하는데, 이때야말로 지상 최고의 황홀경에 빠지게 되죠."

발레리나의 대답도 비슷했다.

"일단 발레를 시작하면 둥둥 떠다니듯 즐기면서 내가 하는 몸짓을 느낀답니다. 그러면 몸이 한결 가벼워지죠. 모든 것이 내 뜻대로 잘되면 무아지경에 빠져 온몸이 땀범벅이 될 정도로 혼신의 힘을 다하게 돼요. 당신도 몸짓으로 자신을 표현해보세요. 그게 바로 발레의 목적이거든요. 몸짓 언어로 의사소통을 하는 것입니다. 나는 음악과 더불어 우아하게 발레를 함으로써 객석의 사람들에게 나 자신을 멋지게 표현하는 셈이에요."

10대 오토바이족이나 발레리나 외에도 명상가, 체스 선수, 공장 근로자, 암벽 등반가 할 것 없이 자신이 좋아하는 일을 열정적으로 할 때 가장 큰 만족을 얻었다고 대답했다. 신비주의자가 말하는 무아지경, 화가와 음악가가 말하는 미적 황홀경, 운동선수들이 말하는 물아일체와 같은 심리 상태였다고 한다. 좋아하는 일에 몰입했을 때의 느낌이 어떤 흐름에 자연스럽게 빠져드는 것 같았다는 것이다. 그래서 칙센트미하이는 삶을 훌륭하게 가꿔주는 건 행복감이 아니라 깊이 빠져드는 몰입이라고 결론 내렸다.

많은 사람들이 행복을 순간의 기분이나 쾌락이라고 생각하지만 일시적인 쾌락과 몰입을 통해 느끼는 만족감은 차원이 다르다. 쇼핑을 할 때의 즐겁고 좋은 기분은 자신의 삶에 아무런 변화를 가져오지 못한다. 하지만 자신이 좋아하는 일을 하면서 몰입할 때 느끼는 만족감은 심리적으로 성장하게 해준다.

몰입은 자신이 좋아하는 일을 할 때 혹은 강점을 발휘할 때 자연스럽게 경험할 수 있다. 몰입을 했을 때의 느낌은 마치 하늘을 자유롭게 날아가거나 물 흐르는 것처럼 편안하다. 의식이나 지각을 한곳에 집중하게 되고, 자의식을 잊게 되며, 명확한 목표와 피드백에만 반응하게 되고, 주위 환경에 대한 통제감을 경험하게 된다. 그 결과 자신이 집중하고 있는 일이나 활동과 무관한 사고나 지각을 하지 않게 된다. 사람들이 특정 활동을 수행하는 주된 이유는 바로 이러한 몰입 경험에 기인한다.

일상에서 자주 몰입을 경험하는 사람과 쾌락에 빠지는 사람이 느끼는 행복감은 엄청나게 다르다. 이렇게 자신이 갖고 있는 모든 역량을 하나의 일에 완전히 집중해 쏟아부을 때 진정한 행복감을 느낄 수 있다.

몰입 활동의 최우선 기능은 즐거움을 주는 것이다. 연극, 미술, 종교의식, 운동 등은 이 활동들의 구조화된 방식 때문에 구경하거나 참여하는 사람들은 즐거운 마음의 상태를 경험하고 의식의 질서를 찾는다.

여기서 한 걸음 더 나아가 몰입 활동은 개인에게 발견의 느낌과 창의적 깨달음을 준다. 몰입 활동은 한층 더 높은 수준의 활동을 할 수 있도록 돕고 이전에 경험해본 적 없는 인식의 상태를 느끼게 해준다. 결국 몰입 활동을 통해 즐거움을 얻고 창의성을 발전시키면서 자아를 성장시킬 수 있다. 몰입을 경험하고 만족하는 데서 끝나는 것이 아니라 자아를 더 긍정적인 방향으로 성장하게 돕는 것이 몰입 활동의 핵심이다.

몰입 경험의 조건

작곡, 암벽 등반, 춤, 체스 등의 활동을 할 때 몰입을 할 수 있는 이유는 규칙이 있고, 기술이 필요하며, 목표가 분명하고, 피드백을 제공하며, 통제가 가능하기 때문이다. 이 밖에도 몰입을 경험하려면 여러 가지 조건이 맞아떨어져야 한다. 칙센트미하이는 몰입을 경험하기 위한 조건으로 명확한 목표, 신속한 피드백, 과제와 능력 사이의 균형, 집중력 강화, 현재의 중요성, 통제, 시간 감각, 자의식 상실 등 8가지가 있다고 밝혔다.

첫째, 명확한 목표가 있어야 한다. 현재 하고 있는 일이 불분명하거나 오랜 기간이 소요되는 일이라면 몰입이 잘 이루어지지 않는다. 명확하고 짧은 시간 안에 결과를 만들어낼 수 있는 일을 할 때 몰입이 잘된다. 그래서 몰입을 경험하기 위해선 목표가 분명해야 한다. 즉 어떤 활동에 깊이 관여하려면 매 순간 자신이 무엇을 해야 하는지 정확히 알고 있어야 한다. 여가 시간보다 직장에서 일할 때 몰입이 잘되는 이유는 업무 규정과 명확한 목표가 있기 때문이다.

둘째, 즉각적인 피드백도 중요하다. 내가 그 일을 왜 하는지, 어떠한 결과를 창출할 것인지 등 분명한 목표도 없고 그 일에 대한 즉각적이고 적절한 피드백도 없다면 그 일에 계속해서 몰입하기가 어렵다. 스포츠나 오락게임에 몰입이 잘되는 것은 재미도 있지만 그때그때마다 즉각적인 피드백이 있기 때문이다.

셋째, 과제와 능력 사이의 균형도 필요하다. 어떤 과제가 주어졌을 때 너무 어렵거나 쉬우면 몰입 경험이 잘 일어나지 않는다. 수준 있는 과제와 높은 능력이 결합했을 때 최고의 몰입을 경험할 수 있다. 아무리 호기심이 생기는 일이라도 능력이 따라주지 못해 해낼 자신이 없다면 몰입은커녕 시작도 못하거나 시작했다가도 금방 포기하게 된다. 공부를 잘하는 학생들은 대부분 공부할 때 몰입을 잘한다. 그만큼 실력을 갖추었기 때문이다. 반대로 학습 능력이 떨어지는 학생들은 몰입을 잘하지 못한다. 열심히 공부해도 실력이 부족하니 따라갈 수가 없고 의욕 역시 떨어질 수밖에 없다. 하지만 누구나 더 열심히 노력해서 능력과 실력을 키운다면 과제와 능력의 균형을 맞추어 몰입을 경험할 수 있다.

넷째, 집중력도 몰입하는 데 많은 영향을 미친다. 몰입을 경험하기 위해선 집중력을 강화해야 한다. 주의가 산만한 아이들은 호기심이 분산돼 공부에 몰입하기 어렵다. 어른들도 마찬가지다. 집중력이 약한 사람들은 한 가지 일을 진득하게 하지 못한다. 어떤 일을 하다가도 해야 할 다른 일이 생각나면 그 일을 한다. 어떤 일이든 집중을 못 하니 벌여 놓은 일들은 많지만 뒷수습을 하지 못해 문제가 생기는 경우도 많다. 물론 재미없는 일을 억지로 하다 보니 집중하지 못할 수도 있지만 설령 재미없는 일이라도 집중하다 보면 일에 흥미를 느끼고 몰입할 수 있다. 집중력을 키우기 위해선 자신의 대표 강점을 일상에서 발휘해 흥미를 유발시키고, 분명한 목표와 즉각적인 피드백이 가능한 기회를 자주 포착하도록 하자. 그렇게 하면 그 일에 흠뻑 매료돼 몰입을 경험하게 된다.

다섯째, 현재를 중요시해야 한다. 몰입을 경험하기 위해선 지금 이 순간 외에는 다 잊어버려야 한다. 일상의 고민과 걱정거리를 뒤로하고 미래의 불안감도 잊고 오직 이 순간에만 집중해야 몰입이 잘된다. 일단 몰입에 빠져들면 더 이상 잡생각이 머릿속에 파고들지 못한다. 그런데 말처럼 쉽지가 않다. 공부하다가도 친구나 게임 생각이 나고 직장에서 업무를 보다가도 집에 있는 아내나 자녀들 생각이 불쑥불쑥 난다. 마치 컴퓨터 바탕화면에 어지럽게 깔려 있는 폴더처럼 우리 머릿속은 늘 복잡하다.

미팅을 하다 보면 유난히 주의산만한 사람들을 볼 때가 있다. 몰입을 하려면 지금 당장 이 순간에 집중해야 한다. 지금 미팅을 하면서 중요한 전화가 올 텐데, 언제 오려나? 하고 노심초사하거나 미팅 끝나고 해야 할 일을 생각하는 것은 몰입을 방해할 뿐만 아니라 일을 그르칠 가능성이 크다. 컴퓨터 바탕화면에 수없이 많이 깔린 폴더를 모두 지워 버리고 오직 '현재'라는 폴더만 남겨놓자.

여섯째, 자신을 장악할 수 있다는 통제감이 필요하다. '내가 하는 일과 그 결과를 통제할 수 있다'라는 느낌을 갖고 있는 것이다. 즉 실제 생활에서 흔히 고민하는 '내가 일을 잘해내지 못하면 어떻게 될까?'와 같은 걱정과 우려가 사라지고 집중력이 살아남에 따라 완전한 통제력을 갖고 있는 것처럼 느끼게 한다.

우리는 일상에서 갑작스러운 장마나 폭설로 인한 재해, 급격한 환율 변동과 주가지수 변동처럼 자기 의지대로 통제할 수 없는 일들에 너무 많이 노출돼 있다. 하지만 몰입을 경험하면 제한된 범위 내에서는 완전히 자신을 통제할 수 있다고 느낀다. 운동이나 게임을 하다 보면 그때마다 결과가 다른데, 최고의 성과를 내는 경우는 대부분 몰입이 잘돼 나의 의지대로 나 자신을 완벽하게 통제했을 때다. 강의할 때도 그렇다. 강의에 몰입할 때는 자유자재로 청중들을 행복하게 만들어준다.

일곱째, 시간 감각에 변화가 온다. 몰입 경험의 특징 중 한 가지는 시간에 대한 감각을 인지하지 못하는 것이다. 사랑하는 사람이나 친한 친구들과 만나 재미있는 이야기를 하다 보면 시간이 금방 지나간다. 1시간쯤 지났을 거라 생각했는데 몇 시간이 훌쩍 지나가 놀랐던 경험을 한 적이 있을 것이다. 또 자신이 좋아하는 일에 푹 빠질 때도 마찬가지다. 칙센트미하이 이복형의 몰입 상태 예에서 보듯이 말이다.

나는 매일 아침 5시에 일어난다. 그래서 8시에 출근하는 아내의 아침을 챙겨준다. 그런데 가끔 중요한 강의 준비나 흥미 있는 주제의 글쓰기, 책읽기에 몰입하다 보면 아내의 출근 시간을 놓치곤 한다. 이처럼 몰입을 하면 시간이 가는 줄 모르게 된다. 반면 몰입을 하지 못하면 하루가 1년처럼 느껴지기도 한다.

마지막으로 자의식 상실을 경험하게 된다. 몰입 상태가 되면 현재 하고 있는 일에 푹 빠져서 그 활동을 관찰하거나 평가하는 의식이 존재하지 않는다. 한마디로 무아지경의 상태에 이르는 것이다. 그래서 몰입을 하면 좋고 싫은 감정을 느끼기 어렵다. 심지어 행복한지도 모른다. 행복을 느끼려면 내면의 상태에 관심을 기울여야 하는데, 몰입은 완전히 심취해서 내면의 소리는 물론 누가 옆에서 말을 걸어도 모르기 때문이다. 자의식을 상실해서 그렇다. 대부분 사람들은 몰입 경험을 하는 동안 자의식을 망각하지만 그 이후로는 자부심이 높아진다. 칙센트미하이는 하루 동안 자부심의 변화를 측정했는데 몰입 상태에 근접한 이후에는 개인의 자부심 수준이 상당히 올라간다는 사실을 발견했다

대표 강점은 몰입을 가능하게 만들어주는 열쇠

칙센트미하이는 자신이 좋아하고 만족하는 일을 할 때 몰입을 경험할 수 있다고 했다. 물론 근무 시간 내내 몰입 상태를 유지하는 것은 어렵다. 최적의 상태일 때 두세 차례 몇 분간 일어나는 정도지만 그것만으로도 충분히 근무 시간 전체가 즐겁고 행복할 수 있다.

사실 업무 시간은 몰입을 경험하기에 가장 적절한 시간이기도 하다. 여가 활동과는 달리 직장에서 일하는 것 자체가 몰입할 수 있는 조건을 많이 형성하기 때문이다. 일반적으로 업무의 역할과 규칙이 정해져 있으며 대인관계에도 뚜렷한 목적과 원칙이 있다. 게다가 업무 능력에

대한 피드백이 수시로 이루어진다. 업무 시간에는 대개 자신이 맡은 일에 집중해야 하기 때문에 산만해질 우려가 적다. 주의가 산만해지면 재능은 물론 강점까지도 제대로 발휘하기 힘들다. 따라서 사람들은 흔히 집보다 일터에서 일하고 싶어 한다.

이처럼 직장은 몰입하기에 적합한 기회를 제공하는 곳인데, 직장에서 하고 싶지 않은 일을 생계 때문에 억지로 한다면 그것만큼 불행한 일도 없다. 일하는 동안 누릴 수 있는 가장 큰 행복이 몰입이다. 몰입해 일하면 몸도 마음도 즐겁고, 시간 가는 줄도 모른다. 마치 화살처럼 시간이 빨리 지나가 금방 점심시간이 되고 금방 퇴근 시간이 된다.

그렇다면 직장에서 몰입을 경험하려면 어떻게 해야 할까? 몰입은 자신이 해야 할 일과 그 일을 할 수 있는 능력이 완벽하게 맞물릴 때 일어난다. 따라서 자신의 대표 강점을 확인하고 이를 날마다 발휘할 수 있는 직업을 선택하면 몰입하는 행복을 누릴 수 있다.

자신의 대표 강점을 고려하지 않고 단지 사회에서 좋은 직업으로 인정받는다는 이유만으로 그 직업을 가졌을 경우 몰입하기도 어렵도 당연히 행복해지기도 어렵다. 최근 설문조사에서 개업 변호사들을 대상으로 직업만족도를 조사했는데, 약 52%가 자신의 직업에 불만을 느낀다고 답했다. 수입만 보면 경제적인 문제 때문이 아니라는 것은 굳이 말할 필요도 없다. 변호사는 자기 직업에 환멸을 느끼는 것 말고도 일반 사무직에 종사하는 사람들에 비해 우울증에 걸릴 위험이 훨씬 높다. 미국에서 변호사는 우울증, 자살, 이혼율이 가장 높은 직업이기도 하다.

변호사의 사례는 직업을 구할 때 연봉을 비롯한 일반적인 조건보다 대표 강점을 고려해야 한다는 것을 말해준다. 대표 강점을 날마다 발휘할 수 있는 직업은 이른바 '천직'이라 할 수 있다. 천직을 갖고 있는 사람들은 당연히 행복할 수밖에 없다. 다만 행복을 더 발전시키려면 대표 강점을 발휘할 수 있는 직업을 가졌다는 데 만족해서는 안 된다. 수시로 재교육을 받아 대표 강점을 더욱 많이 활용할 수 있도록 노력해야 한다.

몰입은 성취의 원동력이다

동양인 최초로 독일 슈투트가르트 발레단 단원이 된 발레리나 강수진의 발 사진을 본 적이 있는가? 우아하고 아름다운 발레리나의 발이라기보다는 큰 사고를 당하거나 몹쓸 병에 걸려 뒤틀리고 옹이가 진 듯한 발이었다. 피멍으로 얼룩지고 고목처럼 울퉁불퉁한 발. 하루도 빠짐없이 19시간씩 연습에 매달린 결과였다. 강수진은 정강이뼈에 세로로 길게 금이 간 것도 모르고 며칠 동안 춤을 춘 적도 있다고 한다. 완전히 몰입해서 아픈 것조차 몰랐던 것이다. 그렇지 않았다면 어떻게 열정만으로 그 힘든 시간을 지속해나갔겠는가? 이렇게 몰입은 어떤 일을 이룰 수 있게 하는 원동력이면서 그때 느끼는 만족감은 가장 행복한 상태라고 할 수 있다.

강수진 외에도 자기 분야에서 놀라운 성취를 이뤄낸 사람들은 대부분 몰입을 잘한다. 세계적인 과학자 뉴튼은 읽고 있던 책에 푹 빠진 나머지 달걀 대신 시계를 넣어 삶았다고 한다. 비트컴퓨터 조현정 회장의 일화도 유명하다. 그는 20대 때 병원관리 프로그램을 개발해 벤처기업 1호인 비트컴퓨터를 설립, IT업계에서 손꼽히는 업체로 성장시킨 사람이다. 병원관리 프로그램을 한창 개발하던 중 어느 날 프로그램을 구매하겠다는 연락을 받고 외출해보니 혼자서만 털 코트를 입고 있었다고 한다. 개발에 몰입하는 동안 겨울이 지나고 여름이 온 것을 까맣게 몰랐기 때문이다. 빌 게이츠도 하버드대를 다니던 시절, 수업도 빠지면서 컴퓨터에만 몰입했다. 그 결과 전 세계 PC 운영체제를 지배하는 윈도를 개발할 수 있었다.

어떤 특별한 사람만이 몰입을 잘할 수 있는 능력을 갖고 있다고 생각하면 오산이다. 절대 그렇지 않다. 오히려 몰입은 평범한 사람들이 비범한 성취를 이루게 하는 원동력으로 작용한다. 수영 황제로 유명한 마이클 펠프스는 원래 주의력결핍과잉행동장애ADHD: Attention Deficit Hyperactivity Disorder를 앓던 아이였다. 펠프스의 부모는 ADHD를 고치기 위해 수영을 가르쳤는데 펠프스는 처음에는 물을 무서워했다고 한다. 이에 현명한 엄마는 물을 보지 않아도 되는 배영부터 가르쳤고, 결국 펠프스는 수영에 흥미를 느껴 하루도 빠짐없이 수영에 몰입해 세계적인 수영선수가 될 수 있었다.

누구든 몰입을 경험하고 만족감을 얻을 수 있다. 자신이 원하는 분야에서 더 높은 성취를 이뤄낼 수 있다는 뜻이다. 자신이 진정으로 좋아하는 일을 하면서 몰입하고 만족을 느끼고 한계를 넓혀나가는 삶보다 더 축복받고 행복한 삶이 어디 있겠는가?

몰입과 관여

'관여Engagement'란 무엇일까? 긍정심리학에서는 '몰입'과 '관여'를 혼용하고 있어 우리나라에서는 관여를 몰입으로 인식하는 경향이 있지만 관여는 몰입보다 더 포괄적인 개념이다. 'Engagement'의 사전적 의미는 약속, 계약으로 많이 알려져 있지만 그보다는 'Engage'라는 동사가 지닌 '관여하다, 참여하다, 관심을 끌다, 사로잡다'라는 의미로 이해하는 것이 바람직하다.

칙센트미하이를 비롯한 몇몇 사람들의 관여에 대한 정의를 살펴보면 관여가 어떤 의미인지 좀 더 확실하게 이해할 수 있다. 칙센트미하이와 나카무라는 '열정 관여Vital Engagement'에 대해 '즐거움의 몰두와 주관적 삶의 의미를 경험하며 세상에 적극적으로 임하는 태도'라고 정의했다. 한편 브리트와 그의 동료들은 '직원 관여'에 대해 '자신이 맡은 일을 중요하게 여겨 그것에 대해 책임감을 느끼고 헌신함으로써 탁월한 업무 성과를 내려는 것'이라고 정의했다.

열정 관여도 중요하지만 최근 조직에서는 직원 관여가 인적자원 활동의 핵심 요소로 급부상하고 있다. 직원들이 자기가 맡은 일에 적극적으로 관여하면 할수록 조직의 효율성, 수익성, 생산성은 크게 향상된다. 이를 입증하는 증거는 수도 없이 많다. 그중 스테어스와 길핀이 찾아낸 증거에 의하면 직원들의 관여가 행복, 출석률, 이직률, 노력, 성과, 업무의 질, 판매 성과, 수입, 이윤, 고객만족, 배당금, 비즈니스 성장, 성공과 관련 있음이 밝혀졌다.

하지만 안타깝게도 최근 평가에 의하면 직원들 중 일에 적극적으로 관여하는 직원은 19%에 불과하다고 한다. 흔히 20 대 80 법칙이 조직을 지배한다고 하는데, 이는 열심히 일하는 20%의 직원이 나머지 80%의 직원을 먹여 살린다는 것이다. 조직의 대부분을 차지하는 80%의 직원들이 적극적으로 일에 관여하게 만들 수 있다면 조직이 더 많은 성과를 내고 직원들이 행복해질 수 있음은 두말할 것도 없다.

직원이 적극적으로 일에 관여하면 조직에만 이익이 될 것이라 생각하는 사람들이 있는데 이는 잘못된 생각이다. 사람이 일에 관여하면 기분이 좋아지고 스스로를 유능하게 느끼며 소속감을 갖게 된다. 일에 관여하는 정도가 약해 몰입하지 못하면 일하는 게 고역스럽게 느껴져 스트레스가 더 쌓일 수밖에 없다. 일에 관여하지 않는 직원들이 많으면 많을수록 조직은 큰 손해를 본다.

갤럽은 2003년 영국에서 직원들이 일에 관여하지 않고 주식이나 인터넷 서핑을 하거나 잡담을 하는 등 업무와 관련 없는 일을 하면서 낭비하는 비용이 얼마인지를 조사한 적이 있다. 그 비용은 무려 연간 3억7,000만~3억9,000만 파운드에 달하는 것으로 나타났다. 일개 조직이든 국가든 이러한 손실을 감당할 만큼 여유로운 곳은 없음에도 아직까지 상황이 개선됐다는 지표는 없다.

그렇다면 어떻게 해야 직원들이 일에 적극적으로 관여하게 만들 수 있을까? 긍정심리학에서 제시한 방법은 직원들의 강점과 재능을 살려주는 것이다. 이 밖에도 긍정정서, 몰입, 의미, 목표 설정 4가지가 직원 관여에 큰 영향을 미치는 것으로 나타났다. 긍정정서는 자발적인 관여를 높여주고, 몰입 경험은 관여의 좋은 표시가 되며, 자신의 일이 의미가 있다고 믿는 것은 관여도가 건강하게 유지되고 있다는 표시다. 마지막으로 올바른 목표 설정은 직원들의 관여, 행복, 즐거움, 성과, 만족을 증가시켜준다. 직장인들의 관여도가 높을 때 행복도 증진된다. 어떻게 직원들의 강점과 재능을 살려주고, 어떻게 긍정정서를 키우며, 어떻게 몰입하고 목표 설정을 하는지는 각 해당 장에서 소개했다. 여기서는 직원 관여가 조직에서 직원들이 일에 몰입하게 만들고, 그로 인해 행복한 직장생활을 할 수 있게 만드는 중요한 요소라는 것만 확실하게 기억해두길 바란다.

Positive Psychology

06

긍정관계

왜 긍정관계가 중요한가?

셀리그만과 디너는 가장 행복한 사람으로 밝혀진 상위 10%를 집중 연구했다. 그런데 이들 '가장 행복한' 사람들은 보통 사람들이나 불행한 사람들과 확연히 다른 점이 하나 있었다. 바로 폭넓은 인간관계였다.

가장 행복한 사람은 혼자 있는 시간이 적고 사회활동을 하는 시간이 많았으며 자타가 공인할 만큼 대인관계도 좋았다. 외향적이고 사교적인 성격으로 어떤 일이든 열정적으로 동참하면서 관계를 맺을 기회가 많고 사람들에게 긍정적인 피드백을 받으면서 행복지수는 더 높아지는 것이다.

행복의 조건으로 긍정관계를 말하는 학자는 그들뿐만이 아니다. 『행복의 가설』 저자인 헤이트도 행복은 사이(관계)에서 온다고 했다.

그만큼 복잡한 사회일수록 관계가 중요하다는 것이다.

셀리그만에 의하면 약 50만 년 전에 600cm³였던 인류의 두개골은 현대에 이르러 1,200cm³로 두 배 늘었다고 한다. 인간의 뇌가 커진 이유는 무엇일까? 이렇게 뇌가 커진 이유에 대한 보편적인 설명은 도구와 무기를 만들기 위해서라는 것이다. 도구를 만들고 사용해 물리적 세계를 다루려면 정말로 똑똑해야 하기 때문이다. 하지만 영국의 이론 심리학자인 닉 험프리Nick Humphrey는 다른 이유를 내놓았다. 두뇌는 물리적 문제가 아닌 사회적 문제를 해결하기 위해 커졌다는 것이다.

긍정관계는 다이어트에도 효과적이다. 낸시 메이킨이란 여성은 몸무게가 무려 318kg이었다. 그녀는 먹으면 기분이 나빴다. 그런데 기분이 나쁠수록 더 먹었다. 오랜 기간 외출마저 하지 않았고 집 안에서 가족들과 지내는 시간이 전부였다. 그러던 어느 날 여동생에게 컴퓨터를 선물 받았다. 다행히 그녀는 인터넷을 할 줄 알았다. 평소 정치에 관심이 많았던 그녀는 인터넷 채팅방에 들어가 친구를 사귀고 수시로 의견을 교환하기도 했다. 그들은 낸시의 외모를 평가하지 않았고 늘 친절하고 따뜻하게 대했다. 그녀는 자신이 소중하다는 것을 깨닫고 자존감을 느끼기 시작했다. 그러다 보니 하루하루가 즐겁고 기대가 됐다. 그러면서 살이 빠지기 시작했다. 별도로 운동도 하지 않았고 약도 먹지 않았으며 수술도 하지 않았다. 오직 폭식만 하지 않았을 뿐이다. 그녀는 놀랍게도 3년 동안 240kg이 빠졌다. 그녀는 자신을 더 좋아하게 되면서 살이 빠지기 시작했다고 했다. 그리고 자기 자신을 더 좋아하게 된 이유로는 인터넷에서 만난 좋은 친구들과 긍정관계를 키웠기 때문이라고 말했다.

대한민국 국민의 행복지수는 아주 낮다. 그 이유로는 여러 가지가 있겠지만 사람들과 더불어 사는 방법보다 서로를 밟고 경쟁하는 방법을 더 많이 배우고 강요당하는 사회적 분위기와도 관련 있다. 돈과 명예가 행복을 결정하는 중요한 요소라고 생각하기에 남들보다 더 많이 벌고, 더 높이 올라가기 위해 친구나 동료를 마음을 나눌 대상이 아닌 경쟁자로 바라본다. 이런 환경에서 진실한 인간관계를 맺기란 상당히 어렵다.

덴마크는 우리나라와는 달리 오래전부터 다른 사람을 인정하고 존중하는 사회적 분위기가 조성돼 있다고 한다. 어릴 때 집과 학교에서 가장 먼저 배우는 것도 남을 존중하고 피해를 주지 말라는 것이다. 이처럼 서로 더불어 사는 법을 배우므로 사는 게 즐거울 수밖에 없다. 실제로도 덴마크 국민의 행복지수는 높은 편이다. 다른 나라 사람들은 단순히 덴마크가 사회복지가 잘돼 있기 때문에 행복하다고 생각하지만, 덴마크 국민이 꼽는 행복의 비결은 다른 사람을 존중하는 사회적 분위기다.

당신의 인간관계는 어떤지 돌아보자. 새벽 4시에 전화해서 고민을 털어놓을 수 있는 사람이 있는가? 무언가를 성취하고 이루었을 때 사심 없이 기뻐하고 축하해줄 가족이나 친구가 있는가? 단 한 명이라도 있다면 없는 사람보다 더 행복하고 오래 살 가능성이 크다. 반대로 당신이 사람들과의 관계에서 충분한 만족을 못 느끼거나 혼자 고립돼 있다면? 이는 흡연이나 음주, 비만보다도 위험해서 더 빨리 죽을 수도 있다. 그래서 긍정심리학자들이 가장 중요한 행복의 요소로 꼽는 것이 인간관계다.

로버츠 쿠민스Roberts Cummins 호주 데킨대 심리학과 교수의 연구결과도 긍정관계가 행복을 만드는 데 중요한 요소임을 보여준다. 쿠민스 교수는 지난 2001년부터 2만3,000명의 시드니 시민들을 대상으로 삶의 만족도를 인터뷰했는데, 시드니에서 시민들의 만족도가 가장 높은 지역의 특징은 인구밀도가 적고 이웃관계가 돈독하며 수입격차가 작은 것으로 나타났다. 이 조사결과를 바탕으로 쿠민스 교수는 배우자, 가족, 친구와의 관계에서 경험하는 친밀감은 행복도를 예측하는 가장 강력한 변인으로 물질적 풍요나 건강 및 여가 활동보다 더 강력하다고 밝혔다.

긍정관계는 행복과 성공 모두를 만들어준다

전 세계를 충격과 절망에 빠뜨렸던 9·11테러 당시 비행기에 타고 있던 사람들은 추락 직전 무엇을 하고 있었을 것이라고 생각하는가? 당신이 그 자리에 있었다면 그 상황에서 무엇을 생각했겠는가? 산더미처럼 쌓여 있는 회사 업무? 미처 해결하지 못한 일? 아니면 당신의 꿈?

당시 사람들은 세계무역센터 건물에 비행기가 부딪히기 직전 하나같이 어딘가로 전화를 걸었다고 한다. 그러고는 엄마에게, 남편과 아내에게, 친구에게 마치 약속이나 한 것처럼 "사랑해!"라는 말을 남겼다.

다음은 9·11테러 당시 비행기 탑승자와 세계무역센터 안에 갇혀 있던 사람들의 마지막 통화 내용이다.

여보, 뭔가 엄청난 일이 일어난 거 같아.

나는 아마 살 수 없을지도 몰라.

여보, 사랑해. 아이들 잘 부탁해.

– 세계무역센터 실종자 스튜어트 멜처(32)

엄마! 건물의 벽이 불에 휩싸였어! 벽으로 연기가 막 들어오고 있어.

도저히 숨을 쉴 수가 없어. 엄마, 사랑해. 안녕!

– 세계무역센터 실종자 베로니크 바워(28)

내가 여기서 빠져나갈 수 있을지 모르겠어.

여보, 당신을 정말 사랑해.

살아서 당신을 다시 봤으면 좋겠어 안녕.

– 세계무역센터 케네스 벤(45)

여보, 내가 탄 비행기가 피랍됐어.

당신을 다시 볼 수 있었으면 좋겠어.

만약 그렇게 안 되면……. 여보, 인생을 즐겁게 살아야 돼.

– 유나이티드 항공 175기 탑승자 스위니(38)

자신의 마지막 순간에 한 일은 다름 아닌 누군가에게 사랑을 전하는 일이었던 것이다. 죽음을 앞둔 대부분의 사람들이 하는 첫 번째 후회 역시 좀 더 사랑하지 못한 것, 좀 더 잘해주지 못한 것, 좀 더 감사하지 못한 것이라고 한다.

아마 여러분도 사람 때문에 무척 행복했거나 죽도록 고통스러웠던 경험을 한 번쯤은 했을 것이다. 가장 행복하게 만드는 것도 사람이고 가장 고통스럽게 만드는 것도 사람이었을 것이다. 삶은 관계의 산물이다. 심리 치료를 받는 가장 흔한 이유가 인간관계의 문제라는 것만 봐도 행복은 관계를 빼고는 이야기할 수 없다.

혹시 이 시간이 아깝고, 성공을 위해 가족, 친구, 소중한 사람들과의 시간을 포기해야 한다고 생각하는가? 만약 그렇게 생각한다면 크게 잘못 생각하고 있는 것이다. 실제로 성공을 위해 관계를 어느 정도 희생시키는 사람들이 적지 않다. 사회적으로 성공하기 위해 가족들과 함께하는 대신 일터에서 대부분의 시간을 보내고, 바쁘다는 이유로 명절에나 겨우 부모님을 찾아뵙는 사람들이 부지기수로 많다. 하지만 성공을 위해 관계를 등한시하면 그만큼 성공도 멀어진다는 것을 아는 사람들은 그리 많지 않은 것 같다.

하버드대의 위간Wigan 박사가 직장, 가정, 사회생활 등 각 분야에서 실패한 사람들을 대상으로 왜 실패했는가를 조사한 결과를 보면 전문지식이 모자라 실패한 사람은 고작 15%였다고 한다. 나머지는 왜 실패했을 것이라고 생각하는가? 85%가 인간관계를 잘못해서 인생에 실패했다고 대답했다. 미국의 카네기재단에서 5년간 사회적으로 성공했다는 사람 1만 명을 대상으로 조사한 결과도 마찬가지였다. 성공하는 데 가장 중요한 요소가 전문성이 15%, 인간관계가 85%였던 것이다.

아프리카에는 '빨리 가고 싶으면 혼자 가라. 그러나 멀리 가려면 함께 가라'는 속담이 있다. 빨리 가고 싶은가? 전통적으로 사회생활에서 일을 잘하면 성공하고 사람 관계를 잘 맺으면 행복하다고 여겨져온 게 사실이다. 그런데 시대는 갈수록 인적 네트워크를 잘 활용하는 사람에게 행복뿐만 아니라 성공까지도 선사하는 방향으로 진화하고 있다. 행복의 열쇠도, 성공의 열쇠도 사람 사이에 있다는 것을 언제나 기억하자.

긍정관계를 위한 8가지 방법

피터슨은 "긍정심리학이란 무엇인가?"라는 질문에 서슴없이 "타인이다"라고 대답했다. 타인과의 관계가 그만큼 중요하다는 것이다. 이 8가지 방법은 피터슨이 생애 마지막 한국 방문 때 제시한 긍정관계를 위한 방법을 중심으로 만든 것이다. 이미 알고 있는 방법이 대부분일 수 있지만 평소 염두에 두고 꾸준히 실천하면 어느새 인간관계가 긍정적으로 변해 있음을 느낄 수 있을 것이다.

첫째, 자기 자신을 먼저 알자. 사람들은 자신을 잘 안다고 생각하지만 정작 자신을 제대로 아는 사람은 많지 않다. 긍정관계를 위해선 자신을 정확히 아는 것이 중요하다. 성격적 특성은 무엇인지, 가치관은 무엇인지, 좋아하고 잘하는 것은 무엇인지, 어떤 스타일의 리더십을 가졌는지 등 자신이 어떤 사람인지를 모르면 갈등과 분열이 만연한 사회 환경 속에서 긍정관계를 유지하고 증진시키기가 어렵다.

둘째, 상대의 강점을 보자. 우리는 대부분 상대의 긍정적인 면보다 부정적인 면에, 강점보다 약점에 초점을 맞추는 데 익숙하다. 특히 동성이든 이성이든 처음에 느꼈던 긍정적인 모습과 강점도 시간이 지남에 따라 평범해지고 부정적으로 보이거나 약점으로 바뀌기도 한다. 이때쯤이면 벌써 관계에 심각한 틈이 생기고 있다고 보면 된다. 상대에 대한 긍정적 환상과 강점을 먼저 보고 찾으려고 노력하면 그만큼 인간관계가 긍정적으로 발전한다.

셋째, 좋은 이야기나 칭찬을 하자. 대부분의 사람들은 좋은 이야기보다 뒷담화나 험담을, 격려나 칭찬보다 질책이나 책임 추궁을 많이 한다. 뒷담화의 내용은 비판적인 것이 압도적으로 많고 다른 사람들의 비도덕적인 사회적인 일탈에 대한 것도 큰 비중을 차지한다. 뒷담화를 할 때 남의 장점에 대해 말할 때도 있지만, 이런 이야기들은 단점에 관한 이야기의 10분의 1 수준밖에 안 된다. 형식적이고 남발하는 지나친 칭찬은 관계를 훼손시킬 수 있지만 진실 되고 적절한 칭찬은 상대의 기분을 좋게 해줄 뿐만 아니라 좋은 행동을 유발시킨다.

넷째, 감사를 표현하자. 감사도 습관이다. 사소한 일상에서 중요한 비즈니스에 이르기까지 감사 표현을 자주해 습관으로 만들자. 감사는 생활만족도와 거기서 비롯되는 모든 요소와 가장 견고하게 연결된 강점이며 사람과 사람 사이에 강력한 정서적 유대감을 형성해준다. 감사는 다른 사람과의 비교를 억제하게 하며, 가장 저렴한 투자로 최상의 인간관계를 만들어주는 부담 없이 편안한 교류 수단이기도 하다.

다섯째, 배려는 나를 위한 것이다. 대부분의 사람들이 상대방을 배려하는 데 익숙하지 않다. 치열한 경쟁 속에서 어떻게든 살아남으려고 애쓰다 보니 이기적인 사람이 된 경우도 있을 것이다. 당신은 혹시 가족들의 생계를 위해 밖에서 이렇게 고생하는 만큼 가족들이 당신을 배려하고 희생을 감수해야 한다고 생각한 적은 없는가? 힘들게 공무원 시험을 준비하면서 고생하는 만큼 가족 모임이나 집안일에 대해서는 신경을 못 쓰는 게 당연하다고 생각한 적은 없는가? 남이 나를 배려해주길 바라면 끝이 없다. 내가 배려하는 게 결국 나를 위한 일이다.

여섯째, 항상 용서와 이해하는 마음을 갖자. 서로의 관계를 오래 지속시키고 긍정관계로 맺어줄 수 있는 유일한 방법은 용서와 이해다. 우리는 관계를 맺어가는 과정에서 자의든 타의든 실수를 하고 문제를 일으킨다. 이로 인해 상처를 입거나 피해를 당하기도 한다. 이때 상대에게 기회를 다시 주고 용서를 베푸는 것만이 이러한 문제를 해결하고 관계를 지속시킬 수 있게 해준다. 또한 상대가 자신의 견해에 반대하거나 비판을 하면 감정적으로 받아들이는 예가 많다. 이럴 때 상대의 입장과 견해를 이해하고 받아들일 수 있는 열린 마음을 갖는 것이 중요하다.

일곱째, 시간의 선물을 하자. 인간관계의 균열이 생기는 이유 중 하나가 서로가 원할 때 함께하지 못하기 때문이다. 특히 부부 관계에서 많이 발생한다. 여자는 자신이 원할 때 누군가 함께 있어주고 사소한 것이라도 자기 생각 혹은 이야기에 공감하고 공유해주길 바란다. 이러한 바람들을 채워주지 못하면 그 공간은 다른 부분들로 메우게 된다. 이때부터 관계는 균열이 생기게 되는 것이다. 시간의 선물만큼 서로의 관계를 회복시켜주고 아름답게 만들어주는 것도 드물다. 시간의 선물에는 상대방에 대한 사랑, 배려, 공감, 관심, 소통이 포함돼 있기 때문이다.

여덟째, 적극적이고 건설적으로 반응하자. 인간관계에서 가장 중요한 것은 상대를 기분 좋게 해주는 것이며 상대가 자신을 좋아하게 해주는 것이다. 그래야 자신에 대한 믿음을 갖게 되고 마음의 문을 연다. 적극적이고 건설적인 반응 기술은 상대를 기분 좋게 해주고 자신을 좋아하게 만들어주는 행복 연습도구다. 상대가 긍정적인 이야기를 했을 때 반응하는 방식은 4가지가 있다. 첫째, 적극적이며 건설적인 반응(진실하고 열광적인 지지), 둘째, 소극적이며 건설적인 반응(절제된 지지), 셋째,

적극적이며 파괴적인 반응(긍정적 사건의 부정적인 측면 지적하기), 넷째, 소극적이며 파괴적인 반응(긍정적인 사건 무시하기)이다.

상대의 강점을 찾자

신디 헤이잔Cindy Hazan 코넬대 심리학과 교수는 사랑에는 3가지가 있다고 말했다. 첫째는 상대방을 인정하고, 편안하게 해주고 도와주며, 자신감을 심어주고 이끌어준 자식에 대한 부모의 사랑이다. 둘째는 물질적·정신적 양식을 제공해주고 의지할 수 있게 해준 부모에 대한 자식의 사랑이다. 마지막으로는 남녀 간의 사랑이다. 남녀 간의 사랑은 이 3가지 중 가장 이상적인 사랑으로, 상대방의 강점을 가장 이상적으로 여기며 약점과 단점에는 개의치 않는다. 결혼은 한 울타리 안에서 이 3가지 사랑 모두를 누리게 해주는 남녀 간의 결합이다. 이것이 바로 결혼을 커다란 행복의 요인으로 꼽게 하는 특성이기도 하다.

당신은 지금 누군가를 열렬히 사랑하고 있을 수도 있고, 결혼을 했을 수도 있을 것이다. 연인이나 배우자와 교감하는 안정적인 사랑은 그 자체로 커다란 행복이고, 인생의 고난과 역경을 헤쳐나가는 버팀목이 된다. 특히 결혼은 앞의 행복 공식에서 살펴본 것처럼 당신이 더 행복해질 수 있는 외적 환경 가운데 하나다. 하지만 중요한 건 결혼의 질이다. 당신은 애인과의 관계나 결혼생활에 만족하고 있는가, 아니면 권태기를 겪고 있거나 상대방의 얼굴조차 보기 싫어질 때가 있는가?

연인들은 사랑에 빠졌을 때 영원한 사랑을 맹세하지만 유감스럽게도 사랑의 열정은 식는다. "어떻게 사랑이 변하나?" 하겠지만 사랑은 끊임없이 변한다. 이유 없이 사랑하고 이유 없이 사랑이 식어버린다. 그래서 사랑에는 유효기간이 있다는 말도 한다. 그런데 당신은 정말 사랑에 빠졌을 때 아무 이유가 없었다고 생각하는가? 당신은 사랑하는 사람의 어떤 모습에 호감을 느꼈는가? 외모, 아니면 능력? 타임머신을 타고 사랑에 빠졌을 때로 돌아가보자. 아마 상대방의 약점이나 단점 같은 건 없다고 생각했고 설령 단점을 발견해도 대수롭지 않게 여겼을 것이다. 당신은 애인이나 배우자가 대단한 성공을 이뤄서 좋아하는가, 아니면 바이올린을 잘 켜기 때문에 좋아하는가? 아닐 것이다. 소매를 걷어붙이고 열정적으로 일에 몰두하는 모습, 다른 사람을 배려하고 포용하는 자세, 착실함, 한결같은 모습, 포기하지 않는 끈기…….

결국에는 강점에 끌렸다는 것이다. 반대로 누군가 당신에게 호감을 느낀 것도 당신의 강점 때문이다. 이렇게 사랑의 본질은 상대가 지닌 강점과 잠재력을 알아봐주는 것이다. 그동안 당신은 본인의 강점을 모르고 살아왔겠지만 당신의 애인과 배우자는 이미 당신의 강점을 알아봐준 사람들이다. 얼마나 고마운가? 만약 당신이 애인이 없다면 강점을 더 적극적으로 개발하면 한층 매력적인 사람이 될 수 있다는 뜻이기도 하다. 이렇게 처음에는 긍정적으로 작용하던 상대방의 강점이 시간이 가면서 당연하게 여겨지거나 보기 싫어지는 것뿐이다. 발랄한 말솜씨는 수다로 들리고 끈기는 독기로 여겨지고 지조는 고집불통으로 보인다. 상대방이 변한 게 아니라 당신의 관점이 변한 것이다.

그래서 더 원만한 연인 관계나 결혼생활을 유지하고 싶다면 본인의 대표 강점을 찾아 적극적으로 발휘해야 한다. 대표 강점이 '유쾌함과 유머감각'이라면 매일 저녁 식사 시간에 텔레비전을 틀어놓는 대신 하루 일과를 유머러스하게 이야기해볼 수 있을 것이다. 또 대표 강점이

'용서와 자비'라면 배우자가 실수를 했거나 잘못했을 때 너그럽게 자비를 베풀어 다시 기회를 줄 것이다. 둘 사이에 어떤 오해가 생겨도 강점을 발휘해 먼저 오해를 풀려고 노력할 것이다. 대표 강점이 '신명과 열정'이라면 청소나 빨래 등 집안일을 할 때 즐거운 놀이를 하듯 열정적으로 해보자. 지금보다 훨씬 즐겁고 행복한 일이 많아질 것이다.

하지만 당신이 아무리 강점을 발휘하면서 더 좋은 관계를 만들려고 노력해도 상대방이 달라지지 않는다면? 얼마 못 가 지쳐서 포기해버릴 수도 있다. 사랑이 어려운 건 혼자 하는 게 아니기 때문일 것이다. 그럴 때 당신은 어떤 방법으로 상대방을 바꾸려고 노력하는가? 강요나 설교, 심지어 부탁? 그럴 땐 상대방의 강점을 활용해보자. 당신은 상대방의 강점에 대해 생각해본 적이 있는가? 당신의 애인과 배우자에게도 그들만의 독특한 성격적 특성이 있다. 그 강점을 찾아 자꾸 격려해주는 것이다.

그러려면 일단 상대방에 대해 진지하게 생각하는 시간이 필요하다. 지금 열렬히 사랑하고 있거나 신혼이라면 눈만 뜨면 상대방을 생각하고 또 생각하겠지만, 권태기이거나 결혼한 지 오래된 부부라면 상대방을 생각하는 시간은 별로 없을 것이다. 진지하게 생각하는 시간도 거의 없을 것이다. 그러다 보면 마음도 멀어지고 사랑도 식는다. 시간을 갖고 상대방의 강점을 생각해보자. 그리고 강점 세 가지 정도를 골라보자. 이제 상대방이 최근에 그 강점 세 가지를 발휘한 사건을 찾아보자. 당신이 생각하는 배우자의 강점이 용기라면 용기를 발휘한 사건이 있을 것이다. 용서가 강점이라면 당신이 아내가 아끼는 그릇을 깨뜨렸다거나 당신이 저지른 실수를 너그럽게 용서해주었을 수도 있고, 학구열이 강점이라면 퇴근 후 자기계발을 위한 시간을 가졌거나 밤늦게까지 책을 읽었을 수도 있다.

그 사건과 강점을 글로 적은 후 상대방에게 보여주고 함께 이야기를 나눠보자. 그리고 상대방에게도 강점 검사를 받도록 권유해보자. 일단은 무척 고마워할 것이다. 그리고 당신이 자기 강점을 알고 있고 인정한다는 사실을 알게 되면 어떻겠는가? 스스로의 행동에 자부심을 느끼고 앞으로는 더 자주 강점을 발휘하려고 노력하게 될 것이다.

샌드라 머레이Sandra Murray 뉴욕주립대 교수는 만족하지 못한 부부는 서로에 대한 '일그러진 이미지'를 갖고 있다고 말했다. 이들은 친구들이 평가한 것보다 배우자의 강점을 훨씬 더 과소평가하고, 만족한 부부는 친한 친구들은 전혀 강점으로 여기지 않는 것조차 서로 강점으로 본다. 이처럼 배우자의 약점도 호의적으로 보는 것이다. 가장 행복한 부부는 어떤 부부일까? 배우자를 긍정적으로 대하며 약점보다는 강점을 부각시키면서 불행한 일도 함께 극복할 수 있다고 믿는 부부다. 이들 부부는 일상의 피곤함을 다소 도발적으로 표출해도 서로가 너그러이 받아주는가 하면, 실수를 눈감아주고 약점을 강점으로 개발할 수 있도록 격려해주기 때문이다.

행복한 부부는 상대방의 강점을 찾고 의견을 존중해주는 '공감적 대화법'을 재치 있게 활용할 줄 안다. 의견 충돌이 있을 때마다 사소한 것에 병적으로 집착하는 남편의 어이없는 단점을 가볍게 받아넘기는 아내는 이렇게 말했다.

"나는 이런 방법이 효과가 있다고 믿어요. 우린 이제껏 사소한 의견 충돌로 큰 싸움을 벌인 적이 없었으니까요."

자신감이 부족한 남편에 대해 이렇게 말하기도 했다.

"남편을 더욱 따뜻하게 대해야겠다는 생각이 들어요."

집요하고 완고한 배우자에 대해 이렇게 말하는 아내도 있다.

"난 남편의 굳은 신념을 존중해요. 그래야 부부 관계가 돈독해질 수 있다고 믿거든요."

그런가 하면 남편의 질투심을 '자기 존재를 소중하게 여기는' 징표라고 이해하는 아내도 있다. 너무 쉽게 결정하는 아내에 대해 이렇게 생각하는 남편도 있다.

"처음에는 아내가 경솔하게 보였는데, 만일 아내가 그런 태도를 고친다면 우리의 부부 관계가 힘들어질 것 같아요."

또한 숫기가 없는 아내를 두고 "내가 밝히고 싶지 않은 나만의 비밀을 억지로 캐내려 하지 않아요. 오히려 아내의 그런 점이 저는 좋습니다"라고 말하는 남편도 있다.

이처럼 가장 행복한 부부는 부정을 긍정으로, 비관을 낙관으로, 약점을 강점으로 바라보며 긍정관계를 키워간다.

공감 능력을 키우자

당신은 아스퍼거 증후군에 대해 들어본 적이 있는가? 오직 자기 자신에게만 집중하는 사람들을 말한다. 자기 나름대로 한 가지 잣대만 가지고 다른 사람의 감정을 판단해 결국 그 사람의 표정이나 기분을 읽지 못하는 것이다. 이런 사람들은 사회성이 떨어져서 얘기를 할 수 있는 자폐증과 비슷하다. 아인슈타인이나 에디슨 같은 천재들도 아스퍼거 증후군 소양을 가지고 있었는데, 대부분 기억력이 뛰어나서 학교

성적도 좋고, 일류대 합격률도 높으며 천재라고 불리는 경우까지 있다고 한다.

유독 자기가 좋아하는 것만 일방적으로 말하고 다른 사람 말은 안 듣는 사람들이 있다. 실례되는 말을 밥 먹듯이 하면서도 그 사람의 기분은 개의치 않는 경우도 많다. 혹시 당신도 학업 성적과 업무 능력은 뛰어난데 다른 사람은 전혀 개의치 않는 편인가? 아니면 막연하게 다른 사람에게 상처 주는 일이라고 생각하면서도 본인 이익을 위해 어쩔 수 없다고 생각하는가?

그런데 아스퍼거 증후군을 앓는 사람들이 장벽에 부딪히는 첫 번째 관문은 면접이라고 한다. 학교생활에서는 큰 문제가 없고 오히려 성적이 좋아 칭찬받지만, 막상 사회로 나가면 성적이나 능력보다 더 중요한 게 있게 마련이다. 당신이 면접관이라면 아무리 학교 성적이 좋아도 사회성이 떨어지고 자기 자신만 아는 사람을 뽑겠는가? 그래서 실제로도 대부분 불합격한다고 한다. 자기만 생각하는 태도 때문에 면접에서 떨어지고, 직장에서는 승진이 더디며, 성공도 가로막힌다면 그때도 고집스럽게 본인만을 생각하겠는가? 아직 학생이거나 사회생활을 갓 시작했다면 피부로 느끼지 못할 수도 있다. 하지만 사회생활을 하는 시간이 길어질수록 크고 작은 문제에 부딪힐 수밖에 없다.

검은색 터틀넥과 청바지를 즐겨 입었던 스티브 잡스, 당신은 그를 어떤 사람으로 기억하는가? 가장 창조적인 CEO? 세계를 바꾼 혁명적 인물?

그는 젊은 나이에 자신이 아끼던 폭스바겐 차를 팔아 종잣돈을 마련하고, 빈 차고를 사무실 삼아 애플사를 창립해 큰 성공을 거뒀다. 하지만 얼마 못 가 본인 회사에서 본인이 고용한 사장에게 쫓겨나고 말았다. 바로 독단적인 성격 때문이었다. 당신은 그게 자기 회사에서 쫓겨날 만큼 큰일이라고 생각하는가? 만약 고객들이 무엇을 원하고 어떤 취향을 갖고 있는지 모른다면 어떤 제품이 나올 것이라고 생각하는가? 아무리 아이디어가 무궁무진한들 결국에는 본인 입장에서만 생각한 독단적인 아이디어가 될 수밖에 없다. 개발한 제품도 실패를 거듭했다. 그런데 훗날 스티브 잡스가 애플사로 복귀하면서 주변 사람들에게 정식 직함이었던 애플의 CEO 말고 불러달라고 했던 직함이 하나 있었다. 바로 CLO Chief Listening Officer, 최고경청자다. 자신이 실패를 거듭했던 이유가 독단적인 아이디어 때문이었다는 걸 뒤늦게 깨달았던 것이다. 그제야 고객의 입장을 생각하고 고객들이 원하는 아이디어와 제품을 개발하기 시작했다.

상대방의 입장에서 생각하지 않으면 사람과의 관계, 일까지도 실패하고 만다. 상대방의 마음을 느끼고 함께하는 것, 그게 공감이다. 나 말고 다른 사람의 고통까지도 함께 나누며, 마음을 헤아리는 역량인 것이다. 공감이란 이해심 가운데서도 차원이 높은 이해심이라고 할 수 있다. 특히 다른 사람의 고통을 이해해줄 때 그 사람의 슬픔까지도 치유될 수 있다. 당신이 공감을 통해 이해의 폭을 넓혀가면 긍정적인 유대관계를 맺으면서 개인의 행복과 조직의 성공에 다가가는 것이다.

44세에 노벨상을 받은 미국의 화학자이자 시인 로알드 호프만 Roald Hoffmann에게 사람들이 성공 이유를 물은 적이 있었다. "당신은 화학자로서 성공하려면 무엇이 필요하다고 생각하는가? 호기심? 창의력? 분석력?" 그런데 호프만은 "그건 바로 공감 능력이다"라고 답했다고 한다. 타인을 희생시켜 최대한 많은 이익을 내는 게 아니라 타인과 협력하는 게 최고의 전략이라는 것이다. 협력을 고민할 때는 다른 뇌 부위가 활성화되는데, 타인의 감정을 받아들이고 공감해 그 사람의 처지에서 생각할 때 훨씬 더 건설적인 해결책을 찾을 수 있다. 스티브 잡스가 애플사에 복귀하면서 개발한 제품들이 줄줄이 성공한 것도 마찬가지다. 당신은 그게 혼자 힘이었다고 생각하는가? 그렇지 않다. 모든 걸 혼자 하려는 생각을 버리고 최적의 사람들을 불러모아 함께 노력했기에 가능했던 것이다.

대표적 편의점 사업체인 서클K사의 은퇴식장에서 사회자가 30년 이상 근무하다 은퇴하는 신시아 할머니에게 질문을 했다. "지금까지 한 매장에서 어떻게 그렇게 오래 근무할 수 있었나요?" 할머니는 침착하면서도 확고한 목소리로 대답했다. "19달러짜리 야구 글러브 때문이에요." 신시아는 이혼 후 새 직장을 잡을 때까지 임시로 서클K사에 근무하기로 마음먹었다. 일한 지 3일이 됐을 때, 아홉 살짜리 아들에게 전화가 왔다. 야구공과 글러브를 사달라는 것이었다. 당장 돈을 갚아야 할 곳도 많아 다음에 사주겠다고 아들을 달래고 전화를 끊었다. 다음 날 아침 신시아가 출근하자 사장이 사무실로 쓰고 있는 조그만 방으로 신시아를 데리고 갔다. 사장은 상자 하나를 신시아에게 건네주면서 말했다. "어제 당신이 아들과 전화하는 내용을 우연히 들었어요. 이거 야구공과 글러브예요. 회사에서 주는 거예요. 부담 갖지 말고 아들에게 주세요."

이런 회사라면 열심히 다닐 맛이 나고, 또한 이런 동료와 회사를 배반할 수 없어 끝까지 충성했노라고 이야기하자 직원들의 우레와 같은 박수가 터져나왔다. 야구공과 글러브의 공감경영은 박수와 함께 은퇴식에 참석한 모든 이들의 가슴으로 번져나갔다.

이렇게 공감 능력은 삶의 거의 모든 곳에 영향을 미친다. 모든 일이 사람을 대상으로 하는 것이고 사람이 만들어가는 것이기 때문이다. 요즘 젊은 사람들은 기성세대에 비하면 훨씬 창의적이고 능력도 뛰어나다. 하지만 공감하고 소통하는 능력 면에서는 더 많은 노력을 기울여야 한다. 그렇지 않으면 뛰어난 아이디어와 남이 부러울 만한 능력을 갖고도 언젠가는 한계에 부딪히는 날이 온다. 좋은 인간관계는 더더욱 멀어진다. 그동안 당신은 집에서, 일터에서, 친구들과의 모임에서 트러블이 있을 때마다 어떻게 생각해왔는가? 사람들이 당신을 이해하지 못하고, 당신도 그들을 이해할 수 없다고 생각하진 않았는가? 상대가 바뀌기를 바라는 건 어려운 일이다. 그 변화의 실마리가 당신에게 있다는 것이다.

소통력을 키우는 대화법

만약 당신이 눈을 마주치고 주의를 집중하면서 그 사람 말에 공감해주면 의사소통의 문제로 고민하는 일은 거의 없을 것이다. 당신은 이렇게 해서 화자에게 표현 능력을 적극적으로 발휘할 기회를 주는 것이나 다름없다. 더불어 믿음과 신뢰까지 얻을 수 있을 것이다. 누군가를 처음 대면하는 자리에서도 상대방 말을 잘 듣는 것만으로도 그 사람을 파악할 수 있고, 신뢰를 바탕으로 그를 당신 편으로 만들 수 있다. 그리하여 당신도 적보다 친구가 많은 사람이 되는 것이다.

그런데 살다 보면 일상적인 대화만 있는 건 아니다. 더러는 회의를 하다가도 욱할 때가 있고, 민감한 사안일수록 특히 그렇다. 아니면 아이를 돌볼 사람이 마땅치 않은 상황에서 아내가 회사를 그만둘 것이냐, 집안 어른에게 부탁할 것이냐 같은 육아 문제로도 감정이 격해지기 쉽다. 그러다 보면 큰 싸움으로 번지게 마련이다. 아마 당신에게도 이야기만 나왔다 하면 날카로워지는 어떤 문제가 있을 것이다. 당신은 그 문제를 이야기해야 하는 상황일 때 어떻게 하는가? 싸울 게 뻔해서 대화를 피하고 자리를 떠버리는가? 당신은 그 대화를 가장 어렵게 하는 게 무엇이라고 생각하는가? 문제 자체? 문제에 대한 서로의 의견 차이? 아마 곱씹어보면 문제 때문도 아니고 의견이 달라서도 아니었을 것이다. 흥분하고 화내고 감정이 격해지면서 이야기가 안 통한다고 끝내버린 경우가 많았을 것이다.

이때 셀리그만이 추천하는 방법을 활용해보자. 화자와 청자를 정해서 발언권을 가진 사람은 말을 하고, 발언권이 없는 사람은 듣는 '화자와 청자 의식'이다. 우선 주변의 물건 중에서 편한 대로 의사봉을 준비하자. 의사봉을 들고 있는 사람에게만 발언권이 있다는 사실을 명확하게 하는 것이다. 숟가락이나 리모컨 등 무엇이든 의사봉으로 정한 다음 누가 먼저 화자가 될 것인지 결정하자. 화자가 정해지면 화자는 의사봉을 들고 이야기를 하고, 청자는 순서가 될 때까지 무조건 들어주는 게 규칙이다. 중간에 끼어들어도 안 되고 의견이 달라도 순서가 될 때까지 기다려야 한다. 공감적 경청과 마찬가지로 쉬운 것 같아도 막상 현실에서 실천하기는 어렵다. 의견이 다르면 말을 끊고 자기 의견을 피력하는 경우가 대부분이기 때문이다. 하지만 어떤 경우에서도 화자와 청자의 규칙을 명심하자.

만약 당신이 먼저 발언권을 가졌다면 당신 생각과 감정에 대해서만 말해보자. 평소 당신의 대화를 떠올려보자. "당신을 이해할 수가 없고, 당신의 태도가 실망스럽고, 당신은 항상 이기적이고……." 본인이 판단한 상대방의 생각이나 감정을 언급하는 일이 훨씬 많았을 것이다. 그러다 보면 본인 생각과 감정을 충분히 전할 수도 없고, 상대방의 생각이나 감정을 지레짐작하게 된다. 이제는 "당신은……"이라고 말하지 말고 "나는……"이라고 말해보자. "당신이 미워"가 아니라 "나는 당신이 인상을 쓰고 험악한 말을 할 때 무시하는 것 같아서 끔찍했어"라고 본인 기분이나 감정을 상대방에게 전하는 것이다. 말을 하다 가끔 듣는 사람에게 대꾸할 기회를 주는 것도 좋다. 그러면 듣는 사람은 자기가 들은 내용을 정리해서 상대방 말을 되짚듯 말하되, 반박하거나 해결책을 제시하려고 하지 말자. 거부의 몸짓이나 표정도 피해야 한다. 상대방이 한 말을 이해했다는 표시만 하고, 반박은 발언권이 돌아올 때 하면 된다. 그렇다고 해서 발언권을 넘겨받자마자 성급하게 해결책을 제시하려고 해선 안 된다. 문제를 해결하는 것보다 더 중요한 건 격해져 있는 감정 대립을 해소하는 것이다.

이렇게 의사봉을 주거니 받거니 하면서 대화를 이어가다 보면 좀 더 냉정하고 차분하게 대화할 수 있다. 그러면 서로의 입장을 이해할 수 있고 대화 과정에서 원만한 해결책을 찾거나 타협할 수도 있을 것이다. 대화를 어렵게 하는 건 대화 자체가 아니라 격해져 있는 감정 때문이라는 걸 기억하자.

당신은 듣기 하나가 무척 어렵다고 생각되는가? 하지만 당신이 잘 들으려고 애쓰기만 해도 지금 고민하고 걱정하는 많은 갈등이 해결될 것이다.

배려는 무조건적 희생이 아니다

나는 1975년 12월부터 1978년 10월까지 5사단 열쇠부대에서 포병으로 군 생활을 했다. 1976년에 5사단이 양평에 있었는데, 교육 사단이다 보니 규율이 엄격했고 외출과 외박에 대한 통제도 심했다. 그런데 한번은 설 무렵에 부모님이 면회를 오셨다. 반갑게 위병소에서 인사를 나누고 있는데 후임병인 채 일병이 고개를 푹 숙이고 나왔다. 대구에서 애인이 왔다는 것이다. 내가 "채 일병! 애인하고 좋은 시간 가져라!"는 말을 남기고 부모님을 모시고 민가로 가려는데, 어쩐 일인지 채 일병의 표정이 어두웠다. 지난주에 사단 내에서 무단이탈 장병이 있어서 오늘은 외출 외박이 안 된다는 것이었다.

그런 사건이 일어나면 부모나 아내는 가능한데 애인이나 친구는 외출 외박이 불가능했다. 코가 쑥 빠져 있는 모습이 짠하고 안돼 보였다. 그래서 나는 부모님께 상황을 설명드리고 자정에 몰래 채 일병과 교대를 해주기로 했다. 들키면 모두 영창감이었다. 부모님은 오랜만에 아들을 보러 오셨는데 아쉬운 눈치였고, 나도 마찬가지였다. 그래도 후임병도 딱하고 대구에서 양평까지 온 그 여인도 딱해서 도와주기로 한 것이다.

그렇게 해서 처음 보는 후임병 애인과 자정이 될 때까지 단둘이 방에 있었다. 부대 근처에는 민가라고는 주막을 겸한 곳 한 곳뿐이었는데 방도 달랑 두 개에 두 사람이 누우면 딱 맞을 만큼 작은 방이었다. 하루 종일 진눈깨비까지 내리면서 5시부터 어두워지기 시작했다. 전기도 없이 촛불만 켜놓고 처음 보는 남녀가 앉아 있으려니 얼마나 어색하고 많은 생각이 오갔겠는가? 주인아주머니는 남의 사정도 모르고 애인이 와서 좋겠다고 바람을 잡았다. 그런데 간단히 저녁을 먹고 이런저런 이야기를 하다가 이 여인이 갑자기 누우면 안 되겠냐는 것이다. 새벽에 출발해서 피곤했던 모양인데, 짧은 미니스커트를 입고 그것도 좁은 방에서 남자랑 단둘이 있는데. 내가 매력이 없었는지, 믿어도 좋을 사람으로 보였는지, 어쨌든 그 뒤로 여자는 자리에 누웠다.

나는 자는 데 방해될까 봐 촛불을 꺼주고 군화는 그냥 신고 있었다. 군화를 벗으면 긴장이 풀릴 것 같아서였다. 시계를 보니 자정이 되려면 아직도 5시간이나 남았고 내가 부대에 들어가서 채 일병을 내보낸다는 보장도 없었다. 만약 그러면 어떡하나? 이런저런 생각을 하는데 옆에서는 단잠에 빠진 숨소리가 들렸다. 시간이 지날수록 몸을 자주 뒤척이면서 슬쩍슬쩍 몸이 닿았다. 그럴수록 나는 최대한 몸을 움직이지 않으려고 긴장하고 있었다. 군화까지 신고 오래 버텼더니 다리부터 온몸이 저려오기 시작했다. 촉각은 곤두서고 좁은 방 안에서 여자와 단둘이 있어야 하는 상황이 얼마나 괴로웠을지 상상이 가는가?

12시까지 거의 초인적인 자기통제력을 발휘했다. 여자를 깨워서 채 일병을 내보겠다고 약속하고 부대로 돌아가 아직 6시 점호 전까지는 무슨 일이 있어도 돌아와야 한다는 다짐을 받고 내보냈다. 그런데 이번에는 불안해서 도저히 잠이 오지 않았다. 걸리면 바로 영창감인데, 시간 안에 와야 하는데, 위험한 일을 벌이고 있는 것이다. 결국 뜬눈으로 밤을 새우고 아침 점호가 시작되었다. 사달이 났다. 채 일병이 안 보이는 것이다. 인원 점검을 하는데도 나타나지 않았다. 아, 애인과 탈영이라도 했나? 늦잠을 자버렸나? 별의별 생각이 다 드는데, 그때 채 일병이 헐레벌떡 달려오는 게 아닌가! 달려온 채 일병이 죄송하다면서 감사하단다. 내가 더 감사했다. 그러면서 불안했던 마음이 싹 가시고 뭔가 큰일을 해낸 것처럼 괜히 뿌듯해졌다. 내 강점 중 하나가 자기통제력이다. 지금도 가끔 그때 일을 생각하면 기분이 좋다. 그 상황에서 상대를 배려하고 나를 지킨 게 자랑스럽다.

그때 일을 '채 일병 애인 구하기'라고 스스로 정해놓고 절제가 필요한 순간, 배려가 필요한 순간이 오면 떠올리곤 한다. 내가 살면서 했던 배려 가운데 스스로가 대견하고 기분 좋았던 경험 중 하나다. 당신에게도 남을 배려해서 뿌듯했던 경험이 있는가? 당신은 평소 얼마나 배려심이 있다고 생각하는가? 항상 남을 도와주고 보살펴주려고 마음을 쓰면서 살고 있는가? 아마 자신이 잘 듣는다고 생각해도 막상 주변 사람들은 그리 생각지 않는 것처럼, 당신이 스스로 배려심 많다고 생각해도 주변 사람들 생각은 다를 수 있다.

사경을 헤매던 한 노인이 저승사자에게 잡혀갔다. 처음 간 곳은 지옥 문이었는데, 마침 점심시간이었다. 커다란 원탁 가운데 맛있는 음식이 있고, 식탁 주변에서는 사람들이 1m가 넘는 커다란 젓가락을 들고 식사를 하고 있었다. 당신은 1m짜리 젓가락으로 음식을 집어먹을 수 있겠는가? 사람 팔이 그렇게 길진 않다. 그곳 사람들도 다들 음식을 먹으려고 안간힘을 썼지만 젓가락이 너무 길어 음식을 먹을 수 있는 사람은 한 명도 없었다. 결국 아무도 먹지 못하고 식사 시간이 끝나버렸다.

노인이 지옥 문을 나와 들어간 곳이 천국 문이었다. 천국 문을 열고

들어갔더니 지옥보다 한결 깨끗하고 사람들 모습도 편안해 보였다. 시간이 지나서 저녁 식사 시간이 되자 지옥과 마찬가지로 커다란 원탁 위에 맛있는 음식이 차려져 있고, 1m가 넘는 젓가락이 놓여 있었다. 노인은 속으로 이곳 사람들도 굶어야겠구나, 하고 생각했다. 그런데 노인의 생각과는 다르게 사람들이 여유 있게 음식을 먹고 있었다. 당신은 어떻게 가능했다고 생각하는가? 노인이 봤더니 이쪽에 앉아 있는 사람이 테이블 너머에 앉아 있는 사람에게 음식을 먹여주고 있었다. 서로의 입에 음식을 넣어주면서 자기 배도 상대방 배도 채울 수 있었던 것이다.

많은 사람들이 배려가 무조건적인 희생이고 남을 위하는 것이라고 생각하지만 결국은 본인에게 이로운 사랑이다. 당신이라면 누군가 당신 입에 음식을 넣어준다면 꿀꺽 받아먹고 말겠는가? 당신도 상대편 입에 음식을 넣어주고 싶도록 만드는 게 배려의 힘이다. 상대방을 사랑하고 관심을 갖고, 존중하고 인정할 때 서로를 배려할 수 있다. 배려는 크고 거창한 게 아니다. 당신이 어떤 일을 할 때 다른 사람을 한 번 생각한 다음에 하는 것이다. 나보다 상대방을 먼저 보살펴주는 것, 그게 진정한 배려일 것이다.

사랑의 힘

몇 년 전 서울 도심에서 친구들과 함께 오토바이를 훔쳐 달아난 혐의로 열여섯 살의 한 여학생이 구속된 적이 있었다. 학생은 소년 법정에 서게 되었고, 방청석에서는 홀어머니가 지켜보고 있었다. 조용한 법정 안에 중년의 여성 부장판사가 들어왔고 학생 당사자와 사람들 모두 무거운 보호처분을 예상했다. 그런데 갑자기 판사가 다정한 목소리로 이렇게 말했다.

"앉은 자리에서 일어나 날 따라 힘차게 외쳐보렴. '나는 이 세상에서 가장 멋있게 생겼다!'"

예상치 못한 재판장의 요구에 법정 안은 술렁거렸고, 당황한 학생도 머뭇거리다 들릴 듯 말 듯한 목소리로 "나는 이 세상에서……"라고 입을 열었다.

그러자 이번에는 더 큰 소리로 다음과 같이 따라 하라고 했다.

"나는 무엇이든지 할 수 있다. 나는 이 세상에 두려울 게 없다. 이 세상은 나 혼자가 아니다."

판사의 말을 큰 소리로 따라 하던 학생은 "이 세상은 나 혼자가 아니다"라고 외칠 때 참았던 눈물을 터뜨리고 말았다.

이 여학생은 2009년 가을부터 14건의 절도, 폭행 등 범죄를 저질러 이미 한 번 소년 법정에 선 전력이 있었다. 그래서 이번에도 비슷하게 무거운 형벌을 받을 것이라고 생각했는데, 판사가 내린 판결은 일어나서 외치게 하는 것뿐이었던 것이다. 당신은 판사가 왜 이런 판결을 내렸을 것이라고 생각하는가? 이 학생은 2008년까지만 해도 어려운 가정환경에서도 반에서 상위권을 유지하면서 간호사를 꿈꾸던 활발한 학생이었다. 그런데 2009년 초 집에 가는 길에 남학생들에게 끌려가 집단 성폭행을 당하면서 삶이 송두리째 달라져버렸다. 그 후유증으로 병원 치료를 받았고, 그 충격으로 홀어머니는 신체 일부가 마비되었다. 그때부터 겉돌면서 비행 청소년들과 어울려 다니다 범행을 저지르기 시작했다. 판사는 참관인들에게 이런 사실들을 들려주며 이렇게 말했다고 한다.

"이 소녀는 가해자로 법정에 섰습니다. 하지만 이렇게 삶이 망가진 걸 알면 누가 가해자라고 말할 수 있겠습니까? 이 아이의 잘못에 책임이 있다면 여기에 앉아 있는 여러분과 우리 자신입니다. 이 소녀가 다시 이 세상에서 긍정적으로 살아갈 수 있는 유일한 방법은 잃어버린 자존심을 우리가 다시 찾아주는 것입니다."

눈시울이 붉어진 판사는 말을 마치고 눈물범벅이 된 여학생을 법대 앞으로 불렀다. "이 세상에서 누가 제일 중요할까? 그건 바로 너야. 이 사실만 잊지 않는다면 지금처럼 힘든 일도 이겨낼 수 있을 거야. 마음 같아서는 꼭 안아주고 싶지만 너와 나 사이에는 법대가 가로막혀 있어 이 정도밖에 할 수 없어 미안하구나."

그러면서 두 손을 쭉 뻗어 소녀의 손을 잡아주었다.

이 이야기는 2010년 4월 서울 서초동 소년 법정에서 열여섯 살 여학생에게 서울 가정법원 김귀옥 부장판사가 내린 실제 판결이다. 이례적으로 불처분 결정으로 참여관과 방청인들까지 눈물을 흘리게 했던 사건이다.

경주의 작은 마을에 살던 한 소년은 만화가가 꿈이었다. 그래서 용돈이 생기면 학교 근처 만화 가게로 달려가곤 했는데 어느 날 멋진 만화책을 발견했다. 만화 속 주인공 그림이 너무 마음에 들어 몰래 한 장을 찢고는 몇 번이나 따라 그렸다. 그리곤 죄책감에 한동안 만화 가게에는 가지 않았다. 그런데 주인아저씨가 모르는 것 같다는 생각이 들면서 다시 만화 가게를 찾아갔고, 점점 대담하게 만화책을 찢는 일이 많아졌다.

그러던 어느 날도 만화책을 찢고 있는데 인기척이 느껴져 고개를 들고 보니 주인아저씨가 한참 전부터 지켜보고 있었던 게 아닌가. 어린 소년이 얼마나 놀랐겠는가? 그런데 뜻밖에 주인아저씨는 소년의 머리를 쓰다듬으며 이렇게 말했다. "네가 그 유명한 만화가 지망생이구나." 주인아저씨는 알면서도 그동안 눈감아 준 것이다. 한국 최고의 만화가인 이현세 씨의 어린 시절 이야기이다. 아주 사소한 사랑과 배려지만 받는 입장에서는 값으로 매길 수 없을 만큼 큰 힘을 얻을 때가 많다.

시간의 선물 하기

2013년 5월 8일 축구계 최고의 명장으로 손꼽히던 맨체스터 유나이티드의 알렉스 퍼거슨Alex Ferguson 감독이 돌연 은퇴를 선언했다. 무려 27년간 맨체스터 유나이티드를 성공적으로 이끌었던 그가 은퇴를 결심한 이유는 아내 때문이었다.

"작년 크리스마스 때 은퇴를 결심했습니다. 처형이 세상을 떠나면서 아내가 홀로 보내는 시간이 많아졌습니다. 처형은 아내에게 최고의 친구였습니다. 하지만 이젠 내가 함께 있어줘야겠다는 생각이 들었습니다."

퍼거슨의 은퇴 이유는 많은 사람들에게 깊은 울림을 주었다. 대부분의 사람들은 가족을 사랑하면서도 정작 가족과 많은 시간을 보내지 못한다. 물론 함께 있어주지는 못하지만 대부분의 시간을 가족을 위해 쓰고 있다고 말할 수도 있다. 아침부터 밤늦게까지 열심히 일하고 때론 주말에도 회사에 나가 일하거나 거래처 사람들을 만나는 것은 결국 사랑하는 가족의 행복을 위한 것이니까 말이다.

가족과의 관계뿐만 아니라 타인과의 관계에서도 '시간'은 서로의 관계를 긍정적으로 만들어줄 수 있는 가장 소중한 선물이다. 그 어떤 선물보다도 시간이라는 선물처럼 소중하지는 않다. 물질적인 선물은 언제든 여건이 허락되면 다시 할 수 있지만 시간은 결코 되돌릴 수 없기 때문이다.

TV 프로그램 〈남자의 자격〉에서 구성한 패밀리 합창단이 환자들을 위로하기 위해 호스피스 병원을 찾은 적이 있다. 그때 말기 암을 진단받고 힘겹게 사투를 벌이는 환자들의 말이 가슴에 꽂혔다. 죽음을 눈앞에 둔 그들은 사랑하는 가족과 시간을 많이 보내지 못한 것을 가장 많이 후회했다. 식도암 말기 판정을 받은 50대 가장은 눈물로 아내에게 미안함을 전했다. 자신은 지난 30년 동안 사업을 한다는 이유로 혼자서 수없이 여행을 했지만 아내는 아직 여권도 없다고 했다. 이번 프로젝트만 끝나면 함께 여행도 다니고 봉사활동도 하자고 했는데, 덜컥 병이 들어 모든 것이 수포로 돌아갔다며 뜨거운 눈물을 흘렸다. 그분의 이야기를 들으면서 시간의 선물은 뒤로 미룰 수 있는 선물이 아니라는 것을 실감했다.

이 프로그램에서 보듯 많은 사람들이 사업을 위해, 승진을 위해, 출세를 위해 가족에게 소홀히 하는 경향이 있다. 삶에는 균형이 필요하다. 그 균형 중에 하나가 시간의 선물이다. 아무리 돈 많이 벌고 승진하고 출세한들 가족과의 관계가 깨지면 무슨 의미가 있겠는가? 밖에선 화려하고 거창하게 축하를 받지만 집에 돌아오면 초라한 모습이 된다면 무슨 의미가 있겠는가? 평생 동안 가족을 위해 헌신했다 해도 관계를 소홀히 해서 가장에서 자신의 자리가 없거나 불안정하면 무슨 의미가 있겠는가? 세상에 가정보다 가족보다 더 소중하고 가치 있는 것은 없다. 모든 것이 가정에서 가족과 함께 시작되고 마무리된다.

나도 늦은 나이에 공부하고 사업을 하면서 바쁘다는 핑계로 오랜 시간을 가족과 함께하지 못할 때가 있었다. 공부만 마치면, 사업이 잘되면 가족들과 함께하는 시간을 많이 만들어야지, 하고 마음속으로만 다짐을 했었다. 처음에는 가족들도 이해를 해줘서 관계에 큰 문제가 없었지만 1년, 2년 시간이 흐르면서 아내는 물론 아이들까지 관계에 균열이 생기기 시작했다. 설상가상으로 사업마저 어려워지다 보니 가족들과의 관계는 최악의 상황에 이르게 됐다.

이때 선택한 것이 시간의 선물이었다. 그동안 물질적인 선물만을 고집해왔지만 사업은 계획대로 되지 않고 가족과의 관계는 더 이상 기다릴 수 없는 상황이 된 것이다. 시간의 선물, 말은 쉽지만 막상 최악의 상황에서 시도하기란 녹록지 않았다. 그동안 남편으로서의 공간, 아빠로서의 공간이 너무 미약했기 때문이다. 그래도 인내를 하며 아내가 원하는 것, 아이들이 원하는 것에 더 관심을 갖고 시간을 선물했다. 3개월, 6개월이 지나면서 조금씩 변화가 일기 시작했다. 많은 남성들이 나이가 들면 가정에서 가족과의 관계, 특히 자녀와의 관계 개선을 포기하려 한다. 어렵기 때문이다. 하지만 행복을 원한다면 진심 어린 마음으로 시간의 선물로 관계 개선을 시도해보길 바란다. 가족뿐 아니라 친구나 직장동료들에게도 시간의 선물을 해보자.

갤럽의 조사에 의하면 가장 행복한 사람들은 보통 6시간을 인간관계에 투자한다고 한다. 24시간 중 잠자는 시간을 제외하고 6시간이면 결코 적은 시간이 아니다. 하지만 시간의 선물은 많이 하면 할수록 좋다. 함께 많은 시간을 보낼수록 관계는 더욱 돈독해지고 긍정적으로 변하기 때문이다. 헤이트는 행복은 사이에서 온다고 하지 않았는가? 시간의 선물에 대한 친구의 감사편지 하나를 소개한다.

'바쁜 와중에도 나에게 시간을 내어주고 어려운 일이 있을 때도 우리의 우정이 깨지지 않은 것에 나는 고마워하고 있어. 같은 광경도 보는 사람에 따라 다르게 보이지. 너의 좋은 점은 눈으로는 확인할 수 없어. 다만 그것은 네 안에 있고, 네가 살아온 과정 안에 있고, 네가 나에게 해준 모든 것 안에 있어. 아주 멋진 너의 인생 속에 내가 있다는 사실에 정말 감사해.'

시간을 선물한다는 것은 단순히 함께 시간을 보낸다는 것을 의미하지 않는다. 시간이 정말 가치 있는 선물이 되려면 상대방에 대한 사랑, 배려, 공감, 관심, 소통이 바탕이 돼야 하며 자신의 대화 스타일도 점검해볼 필요가 있다. 대화의 습관이 행복에 영향을 미친다는 연구보고가 있기 때문이다.

머사이어스 멜Matthias Mehl은 대학생들을 대상으로 2만4,000편의 녹음을 수집해 3가지로 분류했다. 이들을 분석해본 결과 행복한 사람일수록 타인과의 대화 시간이 많았으며 중요한 대화를 나눈 그룹은 행복과 긍정으로, 사소한 수준의 대화를 나눈 그룹은 행복과 부정으로 연계됐다. 중요한 정보를 얻거나 의미를 부여하는 대화는 행복에 도움이 되지만 정보도, 의미도 없는 수다 수준의 무의미한 대화는 오히려 행복을 방해하는 것으로 나타났다.

적극적이고 건설적인 반응 기술

긍정관계에서 가장 중요한 것이 무엇일까? 복잡하게 생각하지 말고 간단하게 생각해보자. 상대를 기분 좋게 해주고 상대가 나를 좋아하게 만드는 것이다. 적극적이고 건설적인 반응 기술이 상대방을 기분 좋게 해주고 나를 좋아하게 만드는 도구다. 인간관계는 상호적인 것이다. 손바닥도 마주 쳐야 소리가 나듯이 인간관계도 어느 한쪽만 노력해서는 긍정적인 관계를 만들기 어렵다. 긍정관계를 만들기 위해선 상대방이 어떤 긍정적인 이야기를 했을 때 잘 반응해주어야 한다. 어떻게 반응하느냐에 따라 그 사람과의 관계가 발전할 수도 있고, 보기만 하면 으르렁거리는 원수지간이 될 수도 있다.

먼저 자신이 사람들이 말할 때 평소 어떻게 반응해왔는지부터 살펴보자. 친구가 좋은 자동차를 샀다고 자랑할 때, 좋은 성적을 거뒀다고 말할 때, 새 집을 장만했다고 뿌듯해할 때 어떻게 반응해왔는지 잠시 생각해보자. 만약 친구가 다이어트에 성공한 일을 들떠서 이야기한다면 다음 중 어떤 반응을 보이는지 골라보자.

1번: “우리, 뭐 먹으러 갈까?”

2번: “얼마 못 가서 금방 다시 살이 찔걸?”

3번: “잘됐네.”

4번: “한눈에도 날씬해진 걸 알겠어. 축하해! 주변에서는 뭐라고 그래? 날씬해졌다고 하지? 거울 보면 기분이 어때?”

만약 1, 2, 3번 가운데 하나를 골랐다면 친구는 이야기해놓고도 곧 후회하거나 만족스럽지 못했을 것이다. 하지만 4번을 골랐다면 친구와의 관계가 더욱 친밀해졌을 가능성이 높다.

사람들은 어떤 이야기를 했을 때 부정적인 반응보다는 긍정적인 반응을 기대한다. 예를 들어 새 차를 뽑고 잔뜩 기대에 부풀어 "이 차, 어때?"라고 질문했을 때 시큰둥하게 "응, 괜찮네"라고 대답하면 기분이 나빠진다. 반대로 "정말 끝내주는데! 시승식은 누구와 했어? 제일 먼저 어디에 가보고 싶어?"라는 반응을 보이면 기분이 좋아진다.

사람들이 타인의 긍정적인 경험을 듣고 난 후 반응하는 기술은 기본적으로 4가지가 있다. 첫째, 적극적이며 건설적인 반응 기술이다. 이 기술은 진실하고 열광적인 지지를 보내며, 진정한 미소와 신체 접촉, 미소 등의 태도로 감정을 표현하고, 눈맞춤을 유지한다. 둘째, 소극적이며 건설적인 반응 기술이다. 절제된 지지를 보내며 적극적인 감정 표현이 거의 없다. 셋째, 적극적이며 파괴적인 반응 기술이다. 긍정적 사건의 부정적인 측면을 지적한다. 눈썹을 찡그리거나 인상 쓰기 등 부정정서를 표현한다. 넷째, 소극적이며 파괴적인 반응 기술이다. 이 기술은 긍정적인 사건을 무시한다. 눈맞춤도 하지 않고 고개를 돌리며 방에서 나간다.

처음 질문에서 1번을 골랐다면 소극적이고 파괴적인 반응, 2번을 골랐다면 적극적이고 파괴적인 반응, 3번을 골랐다면 소극적이고 건설적인 반응, 4번을 골랐다면 적극적이고 건설적인 반응을 보인 것이다. 셜리 게이블Shirley Gable 미국 캘리포니아대 심리학과 교수는 연구 끝에 타인의 긍정적 경험을 듣고 적극적이고 건설적으로 반응할 때 애정과 우정이 증가한다는 사실을 알아냈다. 긍정관계를 원한다면 사촌이 땅을 사면 함께 웃고, 당신의 일처럼 기쁘게 반응해야 한다. 이것이 셀리그만이 말하는 적극적이고 건설적인 반응 기술이다.

이제부터는 누군가 자신이 겪은 좋은 일을 들려줄 때마다 세심하게 경청하고 적극적이며 건설적인 반응을 보여보자. 당신의 반응에 상대방은 신바람이 나서 오래 이야기하고 기분이 좋아질 것이다.

Positive Psychology

07

삶(일)의 의미

의미의 추구가 삶을 가장 만족시킨다

홀로코스트Holocaust 당시 나치 수용소에서 살아남을 확률은 통계적으로 28명 중 한 명이 채 되지 않았다고 한다. 그런데 살아남은 사람들에게는 공통점이 있었는데 자기가 살아야 할 분명한 이유나 삶의 의미를 갖고 있었다는 것이다. 『죽음의 수용소에서』의 저자인 빅터 프랭클Viktor Frankl 박사 역시 그중 한 사람이다. 그는 성공한 정신과 의사로 학생들을 가르치고 학회에서 강연하던 사람이었지만, 수용소에서는 다음 끼니를 걱정하고 어떻게든 살아남는 게 삶의 전부였다고 한다. 프랭클 박사는 이 경험을 바탕으로 자기 존재의 의의와 가치를 깨닫게 하는 의미 치료를 개발하기도 했다. 삶의 의미가 없다면 희망을 포기한 죄수처럼 무기력해지고 말 것이다.

삶의 의미가 행복에 어떤 영향을 줄까? 셀리그만은 수천 명을 대상으로 15번이나 반복해 무엇을 추구했을 때 삶이 가장 만족스러웠는지를 조사했다. 결과는 놀라웠다. 쾌락의 추구, 긍정감정의 추구, 즐거운 삶의 추구, 관여의 추구, 당신을 위한 시간의 멈춤도 아니었다. 의미의 추구가 가장 삶을 만족시키는 데 중요한 역할을 한 것으로 나타났다. 예상과는 달리 쾌락의 추구는 삶의 만족도에 거의 공헌하지 못했다. 관여의 추구 역시 강력했다. 즐거움이 역할을 할 때는 즐거움과 함께 관여나 의미를 추구할 때였다.

마이클 스티거Michael Steger 콜로라도주립대 교수는 초창기에는 개인의 삶에 의미를 부여하는 것을 연구했지만 최근에는 관심 영역을 바꿔 직장인이 업무에서 의미를 창출하게 도와줌으로써 조직의 리더와 구성원들의 행복에 어떤 영향을 미치는지를 연구했다. 미국, 캐나다, 영국, 이스라엘에서 수행된 연구를 통해 스티거는 의미 있는 업무가 개인의 행복으로, 더 나아가 세상에 긍정적인 변화를 일으키려는 친사회적 열망으로 이어지는 과정을 추적했다. 대학생, 의료기관 자원봉사자, 민간 치안단체 자원봉사자, 대학교수, 병원과 금융회사 직원, 글로벌 기업 직원 등 다양한 분야와 직위에 있는 사람들을 대상으로 한 연구 모두 동일한 결과를 보였다. 자신의 일을 소명으로 여겨 그 일 속에서 삶의 의미를 찾아낸 사람들은 더욱 행복하고 자신의 일에 더욱 관여하며 자신의 삶이 전반적으로 더욱 의미가 있다고 여겼다.

스티거의 연구결과는 조직은 '삶의 의미'를 충분히 갖고 있는 직원을 고용하거나 키워내는 데 관심을 기울여야 한다는 것을 암시한다. 그들은 조직에 더욱 헌신하고 의욕적으로 일하며 직업에 만족하기 때문이다. 또한 그는 의미 있는 업무는 개인의 '좋은 삶'에 꼭 필요하다고 강조했다. 삶의 의미를 갖고 있는 직원은 조퇴하거나 아파서 결근할 가능성이 더 적고 적대감과 우울 수준이 낮아 일반적으로 생산성이 높다.

스티거는 업무에 의미를 최대한 부여하기 위해 개인과 조직이 추구해야 할 주도적 행동에 관한 이론을 내놓았는데, 그는 경영자와 조직들이 의미 있는 업무를 장려하게 도와준다. 의미 있는 업무가 좋은 업무이고 의미를 충분히 느끼는 직원이 좋은 직원이라면 사람들은 단순히 돈을 버는 수단 이상의 가치가 있는 일을 찾아내는 방법을 배워야 한다고 결론 내렸다. 의미 있는 일은 가치 있는 삶을 이루는 아주 중요한 요소이기 때문이다.

이처럼 삶의 의미는 중요하다. 평소 어떤 고민을 하면서 살아가는가? 혹시 매일같이 하는 고민이 오늘은 무엇을 먹고, 어디를 가고 하는 것뿐인가? 매일 즉흥적으로 사는 데 모든 시간을 쏟는다면 지금부터라도 삶의 의미를 생각해보아야 한다.

나눔이 삶의 의미를 더한다

흔히 많이 나눌수록 많은 것을 얻는다고 말한다. 맞는 말이다. 미시간 주에 사는 성인 남자들을 조사한 결과 자신의 시간과 돈, 에너지를 바쳐 자원봉사를 하는 사람은 그런 이타적인 행동을 하지 않은 사람들에 비해 행복도가 높고 수명도 더 긴 것으로 나타났다. 지속적으로 나눔 활동을 하지 않고 어쩌다 한 번씩 했어도 결과는 크게 다르지 않았다. 자연재해로 불시에 모든 것을 잃은 사람들을 위해 일주일 이상 자원봉사를 한 경우에도 생활만족도가 높았다. 심지어 로라 킹은 한

컨퍼런스에서 "행복과 이타적인 행동 사이에는 매우 뚜렷한 상관관계가 있으므로 보다 행복해지기 위해선 자기계발서를 내려놓고 다른 사람들을 돕기 시작해야 한다"라고 말했다.

왜 나눔 활동이 사람들의 행복에 그토록 큰 영향을 미치는 것일까? 연구자들은 자기가 속한 종족의 생존 가능성을 높이고 자신에게 도움이 필요할 때 상호 관용을 촉진하는 것이 우리의 타고난 천성이라고 생각한다. 또한 나눔은 생화학적으로 스트레스 호르몬을 줄이고 행복 호르몬을 증가시키는 데도 도움이 된다. 짧은 꼬리 원숭이들을 연구한 결과 다른 원숭이의 몸단장을 많이 해준 암컷 원숭이일수록 스트레스 호르몬이 많이 사라졌는데, 이는 다른 사람들을 도울수록 행복지수도 높아진다는 것을 보여주는 연구결과이기도 하다.

나눔 활동을 하면서 행복해졌다고 말하는 사람들은 무척 많다. 멜리사도 그중 한 명이다. 멜리사는 20대 젊은이들가 주축이 돼 자원봉사를 하는 조직에 가입하기로 했다. 그녀는 매주 웹사이트에 들어가 근무 시간이 아닌 때에 할 수 있는 자원봉사 활동이 있는지 살펴보았다. 그리고 이후 몇 달 동안 맹인에게 책을 읽어주거나 공유지에 무성하게 자란 잡초를 뽑거나 거동이 불편한 노인들을 병원에 데려다주는 등 다양한 자원봉사를 했다.

처음 자원봉사를 할 때는 다른 사람에게 도움을 준다고 생각했는데 자원봉사를 계속 하면서 남들과의 나눔은 스스로에게 줄 수 있는 가장 큰 선물 가운데 하나임을 깨달았다. 멜리사가 자원봉사를 하면서 가장 기뻤던 일은 주말마다 다른 사람의 삶을 변화시키면서 행복을 느끼고 또 자기가 받은 축복에 대해 더 감사하는 마음을 가질 수 있게 됐다는 점이다. 이처럼 나눔은 스스로의 삶을 더욱 풍요롭고 의미 있게 만들어주는 중요한 덕목이다.

주는 것이 더 복이 있다

세상에서 가장 돈이 많은 사람은 누구일까? 개인을 기준으로 하면 역사상 가장 많은 부를 축적한 사람은 존 D. 록펠러John D. Rockefeller다. 그가 모은 재산은 300조원으로 우리나라 1년 예산과 맞먹는 엄청난 돈이다.

일반 사람들은 상상하기도 어려울 정도로 많은 돈을 갖고 있던 그는 과연 행복했을까? 록펠러는 젊은 시절 오직 돈을 버는 데만 관심을 쏟았다. 돈만 많으면 무엇이든지 이룰 수 있을 것으로 생각하고 버는 데만 몰두한 것이다. 그러던 중 52세 때 알로피셔라는 병으로 6개월 시한부 판정을 받고 병원에 입원하게 된다. 그때 그는 삶의 회의를 느꼈다. 얼마 전까지만 해도 자신에게 잘 보이기 위해 온갖 아부를 하던 사람들이 그가 병원에 입원하고부터는 어떻게 하면 재산을 많이 받을지, 어떻게 하면 줄을 잘 설 것인지에만 신경 쓸 뿐 자신에게는 관심을 가져주지 않았기 때문이다.

하루는 병원 계단에서 한 중년 여성이 의사의 가운을 붙잡고 사정하는 모습을 보게 됐다.

"선생님, 우리 아이 오늘 수술 꼭 해주세요. 오늘 수술받지 못하면 목숨을 잃을 수도 있습니다."

의사는 단호하게 거절했다.

"안 됩니다. 수술비가 완납돼야 수술을 할 수 있습니다."

몇 번이고 중년 여성이 사정했지만 소용이 없었다. 록펠러는 옆에 있는 비서에게 수술비를 대납하라고 조용히 지시했다. 그러고는 수술을 마친 아이가 퇴원할 때까지 자신의 병실에서 함께 보내며 용기와 자신감을 북돋아주었다. 그 아이를 퇴원시키면서 록펠러는 자신을 되돌아보기 시작했다. 지금까지 수백 조원의 재산을 모은 것보다 아이의 병원비를 대신 지불해 건강한 아이로 퇴원시킨 것이 더 기쁘고 삶의 의미를 느낀 것이다. '받는 것보다 주는 것이 더 복이 있나니'를 직접 경험한 셈이다. 이후 록펠러는 록펠러재단을 설립해 죽는 날까지 자선활동을 벌였다. 6개월 시한부 판정을 받은 록펠러는 6개월 후에 죽었을까? 아니다. 그는 98세까지 삶의 의미를 찾으며 행복한 인생을 살았다.

수의에는 주머니가 없다

의미 있는 삶을 산다는 것은 어떤 것일까? 사실 사람뿐만 아니라 지구상에 존재하는 모든 생명체들은 저마다 존재하는 의미가 있다. 무엇을 하든, 어떤 모습으로 있든 그 자체로 의미 있는 존재다. 하지만 스스로 의미를 느끼지 못한다면 행복해지기 어렵다. 왜 사는지, 왜 살아야 하는지도 모른 채 하루하루 시간을 소모하며 지루한 일상을 보내면 그만큼 행복은 멀어진다.

삶의 의미는 스스로 만드는 것이다. 자신의 정체성을 찾고 살아야 할 분명한 이유를 제공해주는 것이 삶의 의미다. 어떤 의미든 그로 인해 삶이 만족스럽고 행복하다면 그것으로 충분하다. 하지만 나 자신의 이익과 즐거움만을 추구한 것만으로는 충만한 삶의 의미를 찾기 어렵다. 삶의 의미는 자신뿐만 아니라 너와 우리 모두가 좋은 방향으로 나갈 수 있을 때 더 빛난다.

로이터통신은 '미국에서 가장 위대한 자선사업가는 빌 게이츠Bill Gates 마이크로소프트 회장도, 전 재산의 85%를 기부한 전설적 투자자 워렌 버핏Warren Buffett도 아닌 아일랜드계 자산사업가 척 피니Chuck Feeney에게 그 영광을 돌려야 한다'라고 보도했다. 그는 25년간 40억 달러에 이르는 엄청난 돈을 남몰래 기부하면서도 '오른손이 한 일을 왼손이 모르게' 철저히 비밀로 했다. 그의 숭고한 행위는 우리 모두에게 감동을 준다. 더욱이 긍정심리학이 자리 잡을 수 있도록 수백만 달러를 셀리그만에게 후원했다는 사실에 가슴이 뛴다.

내가 간접적으로나마 척 피니를 처음 만난 것은 2008년『아름다운 부자 척 피니』를 출간했을 때다. 나는 이 책을 읽으면서 삶의 의미란 무엇인가에 대해 많은 생각을 했다. 피니는 뉴저지 주의 아일랜드계 노동자 가정에서 태어나 우산 장사, 카드 판매, 골프장 캐디 등 소년 시절부터 아르바이트를 전전하면서 자수성가한 인물이다. 군대에 자원입대해 6·25전쟁 당시 일본에서 통신병으로 참전하기도 했던 피니는 코넬대를 졸업한 후 미국에 머물지 않고 프랑스로 건너가 대학을 다니면서 1950년대 지중해 항구에서 미국 선원들에게 면세 술을 파는 일을 시작했다. 그것을 계기로 세계적인 소매 면세점 듀티 프리 쇼퍼스DFS를 창업해 전 세계 '면세점 신화'를 써가며 큰돈을 벌었다. 그의 기부는 지금도 진행 중이며, 아일랜드의 금언 '수의에는 주머니가 없다'를 인용하면서 남은 생애 동안 나머지 40억 달러가 넘는 재산도 모두 기부하겠다고 밝혔다.

피니는 현재 집도 차도 없고 이코노미 클래스로 여행을 하며 15달러짜리 플라스틱 시계를 차고 허름한 식당에서 식사를 하는 검소한 사람이다. 자녀들에게도 재산을 물려주지 않겠다고 했다. 지금까지도 그는 사람들 앞에 공개적으로 나서길 꺼린다. 그런 피니가 비밀로 간직했던 삶을 드러낸 단 하나의 이유는 그 자신이 열정적으로 믿는 무언가를 사람들에게 알리기 위해서였다. 그것은 바로 부를 많이 쌓은 사람들은 살아 있는 동안 좋은 곳에 많이 써야 하는 도덕적 의무를 지닌다는 사실이다.

"내게는 절대 변하지 않는 생각이 하나 있었습니다. 그것은 바로 다른 사람들을 위해 부를 사용해야 한다는 겁니다. 나는 내가 자랄 때 그랬던 것처럼 평범한 삶을 살려고 합니다. 사람은 자신이 자라온 환경에 따라 삶의 모습이 어느 정도 형성된다고 생각합니다. 우리 부모님은 열심히 일했지만 부자가 아니었습니다. 그렇지만 주위에 도움이 필요한 사람이 있는지 늘 살피고 도와주셨습니다."

도전과 가능성의 아이콘이라고 할 수 있는 산악인 엄홍길 대장은 얼마 전부터 에베레스트 팡보체에 학교를 짓고 있다고 한다. 춥고 배고픈 아이들을 위해 빵이나 옷을 사 주는 대신 그들의 미래를 위해 학교를 세우는 게 더 도움이 될 것이라는 생각에서라고 한다. 히말라야 8,000m급 봉우리 16좌 등정이라는 대기록을 달성할 수 있었던 건 히말라야가 자신을 받아줬기 때문이고, 그래서 이제는 자신이 히말라야 오지에 16개의 학교를 짓는 걸 새로운 목표이자 꿈으로 잡았다고 한다. 그는 산에 있지 않을 때도 다양한 봉사활동을 하고 있다. 그의 삶은 자기만족만 생각하거나 삶의 의미를 찾지 못하는 사람에 비하면 얼마나 적극적이고 열정적이며 행복하겠는가?

이처럼 행복한 사람들은 자원봉사나 헌신 같은 이타적 활동을 통해 자기 존재의 가치와 삶의 의미를 찾는다. 아니면 종교를 통해 삶의 의미를 찾을 수도 있다. 마이어스와 디너는 종교적 신념이 강하고 삶에서 종교의 중요성이 클수록 종교의식에 자주 참석하는 사람일수록 행복 수준이 높으며, 반드시 종교적 신념이 아닐지라도 자신에게 의미 있는 다양한 목표를 적극적으로 추구할수록 행복도가 증진한다고 밝혔다.

내 삶의 의미란?

꼭 피니와 엄 대장처럼 남을 위해 헌신해야만 삶의 의미가 있는 것은 아니다. 현재 하는 일에서도 얼마든지 의미를 찾을 수 있다. 의미를 두고 일을 하는 것과 해야 하니까 어쩔 수 없이 하는 것은 천지 차이다. 예를 들어 식당 주방에서 음식 만드는 일을 한다고 할 때 먹고살기 위해 어쩔 수 없이 한다면 행복할 리 만무하다. 하지만 자신이 만든 음식을 누군가 맛있게 먹고 행복해하는 데 의미를 둔다면 일이 즐겁고 힘이 들지 않는다. 자신이 머리를 커트하거나 파마를 해줘서 손님을 즐겁고 행복하게 해준다고 생각하면 미용사로서의 일이 고되고 피곤하지 않으며 삶의 의미와 행복을 느낄 것이다. 실제로 의료기관 자원봉사자, 대학교수, 금융회사 직원 할 것 없이 자신의 직업을 소명으로 여기면서 의미를 느끼는 사람들은 일에 더 몰두하고 삶도 전반적으로 의미 있는 것으로 여긴다. 그만큼 삶에 의미가 있어야 더 풍요롭고 열정적으로 살아갈 수 있는 것이다.

그래서 '삶의 의미 검사'를 개발한 스티거는 의미를 느끼는 업무가 좋은 삶에 꼭 필요하다고 했다. 무엇보다 삶의 의미를 찾으면 자신을 가치 있는 존재라고 느끼게 된다. 혹시 자신을 가치 없는 존재라고 생각하는가? 그 가치는 스스로 찾아야 한다. 길가에 무심히 놓여 있는 돌멩이 하나도 그 가치와 존재 이유가 있기에 거기 있는 것이다.

우리나라의 직업 수는 현재 1만2,000여 개다. 3만 개 수준인 미국에 비하면 절반도 채 안 되지만 앞으로 계속 증가할 것으로 예상된다. 이 많은 직업 중 우리를 가장 행복하게 만들어주는 직업은 무엇일까? 나는 정치가, 기업가, 의사 같은 전문 영역도 있겠지만 직접 삶의 현장에서 혹은 일상에서 자연스럽게 자주 접할 수 있는 미용사, 요리사, 간호사를 꼽고 싶다. 아직까지 많은 사람들이 이들을 단순 기능직으로 보는 경향이 있지만 나는 앞으로 가장 창조적이고 소명감과 함께 삶의 의미를 가질 수 있는 분야라고 생각한다. 이들이 정성 들여 머리를 다듬어주고, 맛있게 음식을 만들어주고, 친절한 의료 서비스를 하면 사람들은 즐거워하고 편안함을 느끼기 때문이다. 사물을 상대하는 사람들보다 사람을 상대하는 사람들이 훨씬 자신의 일을 소명으로 생각한다. 자신의 직업을 재창조하는 핵심은 바로 소명으로 승화시키는 것이다. 자신의 대표 강점을 찾고 일터에서 발휘한다면 자신의 직업을 소명으로 삼을 수 있는 것이다.

미용사는 단순히 다른 사람의 머리를 깎고 단장해주는 미용 기술만 갖춘 사람들이 아니다. 고객의 기분까지도 즐겁게 해줄 수 있어야 한다. 미용사들은 자기 신상에 관한 이야기를 먼저 털어놓고 인간관계의 벽을 허물려고 노력하는 등 고객들과 친밀한 인간관계를 맺기 위해 최선을 다한다. 그런데 쌀쌀맞은 고객들에게 사적인 질문을 하면 대답하지 않는 경우가 많다. 그런데도 이런 고객들을 불쾌하게 만드는 미용사는 불이익을 당한다. 따라서 대인관계 기술이나 사교성을 개발하고 긍정정서를 높이기 위해 애쓰는 미용사는 훨씬 일에 대한 의미를 갖고 즐겁고 행복하게 일할 수 있다.

요리사는 고객이 주문하는 음식을 맛있게 만드는 것을 넘어 예술가가 되기를 원한다. 사람들은 먹는 것에서 많은 행복을 느낀다. 이들은 음식을 배불리 먹는 것에 초점을 두는 것이 아니라 즐기는 것이다. 그래서 요리사들은 음식을 최대한 맛있게 보이도록 장식하기 위해 노력한다. 그들은 요리법을 익히는 기능사에서 시각적 아름다움을 더하는 예술가가 되기 위해 자기계발에 힘쓴다. 이것이 직업의 재창조이고 일에서 의미를 찾고 행복한 자신을 만드는 길이기 때문이다. 나는 2013년 『행복 4.0』을 쓰면서 앞으로 요리사들이 직업을 재창조해서 의미 있는 삶을 살 것이라고 예측한 바 있다. 지금 우리 사회에서 요리사들의 위상이 어떤가?

최근 병원들이 수익성에 초점을 맞추다 보니 많은 간호사들이 획일적이고 기계적으로 일을 처리해야 하는 처지에 놓여 있다. 이것은 전통적으로 볼 때 비난받아 마땅한 일이다. 하지만 어떤 간호사는 환자의 고충을 해결해주기 위해 애쓴다. 어찌 보면 하찮은 일까지 꼼꼼하게 살펴서 동료 간호사나 의사들에게 알려주며 환자 진료에 도움을 준다. 환자 가족들에게 환자의 생활에 대해 묻기도 하고, 환자가 빨리 회복하도록 여러모로 관심을 기울이고, 환자의 의욕을 북돋우기도 한다. 환자들을 간호사의 기계적인 행동보다 간호사의 따뜻한 미소, 말 한마디에 힘을 얻고 편안함을 느낀다. 간호사는 자신이 하는 일에 환자들이 편안함을 느끼고 감사한 마음을 가질 때 자신의 일에 의미를 갖게 되고 행복하다.

직업의 정체성: 생업, 경력, 소명

일을 어떻게 바라보는가에 따라 일을 통해 얻을 수 있는 즐거움과 행복이 달라진다. 심리학자인 에이미 우르제니프스키Amy Wrzesniewski의 연구에 의하면 사람들이 일을 바라보는 관점은 생업, 경력, 소명 3가지 중 하나라고 한다. 어떤 관점으로 보느냐에 따라 일을 해서 얻고자 하는 것도 달라진다. 일을 생업으로 보는 사람들에게 직업은 사는 데 필요한 돈을 벌기 위한 것뿐이다. 때문에 그 직업을 통해 다른 보상을 얻으려 하지 않는다. 생업은 여가 활동이나 가족 부양 등을 위한 수단일 뿐이며 따라서 월급을 받지 못하면 당연히 일을 그만둔다. 경력으로 보는 사람들은 직업에 따른 개인적 투자를 많이 한다. 돈으로 성공을 평가하기도 하지만 출세도 중요하게 여긴다. 승진하면 승급은 물론 명예와 권력이 함께 따른다. 대학에서는 조교수에서 부교수로 교수로, 회사에서는 중간관리자에서 상무로, 부사장으로 출세하기를 꿈꾼다. 하지만 더 이상 올라갈 자리가 없을 때 상실감과 소외감이 밀려들기 시작하고 그때부터 만족과 의미를 얻을 수 있는 일을 찾아 나선다.

마지막으로 자기 직업을 소명으로 여기는 사람들은 일 자체에 모든 정열을 쏟는다. 이들은 더 많은 사람들의 행복과 더 중요하고 큰 것을 추구하기 때문에 종교적인 의미가 함축돼 있다. 소명은 부와 명예를 얻지 않아도 그 일을 하는 것만으로도 자아를 실현하는 것이다. 그런 만큼 물질적 보상이나 명예가 보장되지 않아도 일을 계속한다. 전통적인 의미로서의 소명은 성직자, 법관, 의사, 과학자 등 전문성이 뛰어나고 사회적으로 인정받은 일에 속하는 사람들의 영역이었다. 그러나 어떤 생업이든 소명이 될 수 있으며 아무리 존귀한 직업이라도 생업에 지나지 않는 경우도 있다. 자신이 하는 일을 생업으로 여기며 돈벌이에만 관심을 기울이는 의사의 직업은 소명이 아니며, 쓰레기를 치우는 청소부일지라도 세상을 한결 깨끗하고 위생적인 곳으로 만드는 사람이라고 자부하면 그의 직업은 소명이다. 소명이란 전통적으로 신에 의해 도덕적·사회적으로 뜻 깊은 일을 하도록 부름 받은 것을 의미했지만 최근 들어서는 종교적 의미를 넘어 세상에 기여하고 있다.

어떤 관점으로 일을 바라보느냐에 따라 관여의 정도도 달라진다. 관여의 정도는 일에서 얼마만큼의 의미를 찾느냐에 의해 종종 좌우된다. 3가지 관점 중 일에 가장 큰 의미를 부여하는 관점은 당연히 일을 소명으로 보는 것이다. 일을 소명으로 보면 일에 더 적극적으로 관여할 수 있고 생업이나 소명으로 볼 때보다 더 큰 만족감과 즐거움, 행복을 얻을 수 있다.

일을 소명으로 받아들이고 의미를 찾는 사람들은 어떤 일이든 즐겁고 열정적으로 한다. 병원에서 청소를 하는 사람의 예는 일에서 분명한 의미를 찾는 사람이 어떻게 감동적으로 일을 할 수 있는지를 잘 보여주고 있다.

수십 년 동안 우정을 나눈 두 친구가 있다. 그런데 어느 날 이들 중 한 명이 트럭에 치여 혼수상태에 빠졌다. 상황은 절망적이었다. 산소호흡기를 떼면 생명을 유지할 수 없는 상황이었는데, 의사가 이것을 떼는 데 동의해줄 것을 요청했다. 보호자에게 연락할 길이 없어 가장 절친한 친구에게 부탁하는 것이라고 했다.

의사가 눈 하나 깜짝하지 않고 무시무시한 말을 하는 동안 하얀 가운을 입은 한 남자가 병실을 정리하고 있었다. 그는 환자용 변기를 치우고 다른 사람들의 신경을 거스를까 봐 조심하며 약간 비딱하게 걸려 있는 액자를 바로잡기 시작했다. 그는 하얀 설경이 그려진 그림을 꼼꼼히 살피더니 액자를 똑바로 세워놓고는 몇 발짝 뒤로 물러나 보면서 못마땅한 표정을 지었다. 그러더니 설경 그림 액자를 떼어내고 그 자리에 클로드 모네Claude Monet의 〈수련〉 그림을 걸었다. 이어서 반대편 벽에는 윈슬로 호머Winslow Homer가 그린 멋진 바다 풍경화 두 점을, 침대 오른쪽 벽에는 화사한 장미 사진을 걸었다. 단순히 청소를 하는 사람이라고 생각하기에는 병실 구석구석 세심하게 관심을 갖고 정리해 어떤 사람인지 궁금해 조심스럽게 물었다.

"제 직업이요? 저는 이 층을 담당하고 있는 청소부입니다. 매주 새로운 그림과 사진도 가져오지요. 저는 이 층에 있는 모든 환자들의 건강을 책임지고 있는 사람이니까요. 선생님 친구분은 병원에 온 후로 아직까지 깨어나지 못하고 있지만, 의식이 돌아오는 순간 이 아름다운 그림들을 볼 거라고 믿습니다."

그 청소부는 자신의 직업을 환자용 변기를 비우거나 바닥을 쓸고 닦는 일로만 여기지 않고 환자의 건강을 지키고, 병마와 싸우고 있는 시간을 아름답게 채워줄 그림들을 거는 것이라고 믿었다. 다른 사람들이 보기엔 한낱 청소부였을지 모르겠지만 그 스스로 자신의 직업을 숭고한 소명으로 바꾼 것이다. 이처럼 일을 소명으로 보면 일에 적극적으로 관여하게 된다. 반대로 아직 일을 소명으로 여기지 않는 사람도 높은 관여를 경험하면 일의 의미를 느낄 수도 있다. 소명은 주어지는 것이 아니고 스스로 만드는 것이기 때문이다.

일에서 의미 찾기

사람들은 의미 있는 일을 연봉과 직장의 안정성 이상으로 중요시 여긴다. 자신의 인생과 일에서 적극적으로 의미를 찾으려고 갈망하고 추구하기 때문이다. 최근 급성장하고 있는 긍정심리 기반의 긍정조직학에서는 일에서 의미를 찾는 것을 가장 중요시하고 있다. 의미 있는 일은 조직에서 동기와 성과뿐만 아니라 업무와 조직의 다양한 태도에도 영향을 주고 있기 때문이다. 의미 있는 일이 줄 수 있는 가장 큰 혜택은 일에 대한 만족도다. 〈USA 투데이〉의 보도에 의하면 미국 직장인의 50%가 자신의 일에 만족하지 않는다고 한다. 앞에서도 이야기했지만 삼성경제연구소도 우리나라 직장인의 행복도는 55%, 정서 행복도는 48%라고 보고했다.

그렇다면 일에서 구성원들이 의미를 찾게 해주려면 어떻게 해야 할까? 몇 가지 예를 살펴보자. 일에 대한 의미를 갖게 하는 조직들을 보면 그들만의 특징이 있다.

첫째, 조직의 목적, 조직의 가치, 조직에 대한 신뢰를 갖고 공유하는 공동체 의식을 형성한다. 공동체 의식을 갖고 있는 사람들은 조직 내에서 가족과 같은 긍정관계를 만들고 단순한 이익보다 조직의 목적과 가치에 초점을 두고 있기 때문이다. 세계 굴지의 저가 항공사인 사우스웨스트항공사의 핵심 가치는 고객과 직원들에게 즐거움을 주기 위한 '유머'다. 허브 켈러Herb Kelleher 회장은 이미 백발이 성성한데도 종이

봉투를 뒤집어쓴 우스꽝스러운 모습으로 광고에 출연한다. 스스로 기업의 핵심 가치를 실행하기 위해서다. 9·11테러 때 직원의 40%를 잃은 금융투자 전문은행인 샌들러 오닐은 사망자 가족에게 월급 전액과 보너스를 계속 지불하고 충격을 받은 가족들이 심리 치료를 받게 했으며 지속적인 후원을 할 수 있는 가족센터를 설립했다.

둘째, 긍정정서를 높이고 강점 기반의 조직을 구축해 구성원 개인이 가장 재미있고 만족도를 높일 수 있고 자아실현을 실천할 수 있는 직무를 재설계한다. 긍정정서는 자발성과 이타적 행동을 증가시키고 강점은 자신의 대표 강점을 발휘해 삶의 의미를 찾게 해준다.

미국 온라인 신발·의류 판매업체인 자포스Zappos는 긍정정서와 강점을 도입해 가장 행복한 회사로 만들었다. 이 회사에 대해 알 수 있는 유명 사례가 있다. 한 여성이 온라인 쇼핑몰에서 남편에게 줄 부츠를 주문했다. 그런데 주문한 신발이 도착하기 전에 안타깝게도 남편이 교통사고로 세상을 떠났고, 부츠의 반품을 문의하는 이 여성에게 남편의 사망 소식을 들은 고객 서비스 담당 직원은 다음날 조화를 보냈다. 이 회사에서 이 정도의 일은 상사에게 보고할 필요도 없고 결제가 필요한 일도 아니어서 신속하게 대응할 수 있었던 것이다. 조화 값은 당연히 회사가 지불했다.

셋째, 일 자체가 목적이고 사회적으로도 가치가 있다고 믿는 소명감을 키운다. 소명감을 가진 사람들은 자신들이 하는 일이 세상을 새롭고 더 나은 곳으로 만든다고 생각한다. 세계 최대 의료기기 업체인 메드트로닉Medtronic은 직원들이 만든 생명기기로 생명을 구한 환자들을 초청해 강연회를 연다. 리즈네스키 뉴욕대 경영학 교수가 이끄는 연구진은 정식으로 채용된 병원 청소부 28명을 대상으로 조사한 결과, 자신의 일을 소명으로 여기는 청소부는 자기 일을 의미 있는 직업으로 만들기 위해 애쓴다는 사실을 알게 됐다.

넷째, 지속적인 배움과 성장, 미래에 대한 가슴 벅찬 비전을 갖게 한다. 국내 대표적인 취업 사이트의 조사에 따르면 우리나라 직장인의 70%가 이직을 생각한다고 한다. 가장 큰 이유는 조직이나 상사에게 배울 것이 없을뿐더러 미래에 대한 확신도 없기 때문이다. 조직에서 리더의 역할은 조직 구성원들의 모범이 돼야 하며 그들이 배울 수 있고 성장할 수 있도록 이끌어주어야 한다. 조직은 그들에게 미래에 대한 비전을 제시해 잡념과 갈등 없이 업무의 관여도를 높여 일터에서의 기쁨과 만족, 삶의 의미를 키울 수 있게 해야 한다.

한 자포스 직원의 인터뷰 내용이다.

"자포스를 만난 것은 제 인생 최고의 행운입니다. 저는 매일 아침 눈을 뜨면 회사에 출근할 생각에 가슴이 뛥니다. 주말에는 월요일이 너무 멀게 느껴져 참을 수 없을 정도예요."

조직적 차원에서 일의 의미를 찾는 것도 중요하지만 조직적 노력과는 별도로 개인의 노력도 필요하다. 개인적인 차원에서 일에 의미를 부여하는 방법은 다양하다. 지금까지 일을 하면서 특별한 의미를 느끼지 못했다면 일을 새롭게 바꿔보는 것도 좋다. 예를 들어 자신의 대표 강점을 살려 업무를 처리하거나 가장 즐겁게 할 수 있는 일을 우선순위에 두는 것으로 다시 조정하면 일의 의미를 찾기가 좀 더 쉽다. 이런 방식으로 노력해도 일의 의미를 찾기가 어렵다면 다른 사람과 업무를 교환할 수도 있다. 하고 싶었던 업무로 바꾸면 일에 대한 관여의 정도가 높아진다. 다만 이때는 경영자에게 하고 싶은 일만 골라 하는 얌체 같은 인상을 줄 우려가 있기 때문에 주의가 필요하다.

일에 대한 의미와 관여는 고용주와 피고용인의 상호 헌신에 의해 강화된다. 리더들은 직원들이 자발적으로 일에 관여하지 않는다는 불만을 종종 털어놓지만 직원들을 그렇게 만든 데는 리더들의 잘못도 크다. 직원들이 일에 대한 열정, 열망, 갈망을 표현하거나 어떤 일에 시간과 에너지를 투자했을 때 칭찬은커녕 "쓸데없는 생각 하지 말고 시킨 일이나 제대로 하라" 혹은 "중요하지도 않은 일에 매달려 시간만 낭비한다"라고 핀잔을 준 적이 있을 것이다. 직원들이 혹 그런 말을 듣지 않을까, 걱정하지 않고 심리적인 안정감을 느낄 수 있게 해주면 직원들은 자연스럽게 일에 대한 의미를 찾고 관여한다.

사람을 채용할 때 능력과 경험뿐만 아니라 조직과 잘 맞는지 고려해 채용하는 것도 리더의 역할이다. 또한 채용하는 데서 끝나지 않고 직원 교육에 돈과 시간을 투자하고, 직원들이 책임감을 갖고 일할 수 있도록 권한을 부여해주고, 적절한 보상을 하며, 늘 소통을 하고자 노력한다면 직원들이 일에 대한 의미를 찾을 수 있을 것이다.

의미 있는 삶은 자기 존재보다 더 큰 무엇과 하나 되는 것

종교를 갖고 있는 사람들은 대부분 자신의 일을 경력 관점보다 소명감 관점에서 본다. 직장에서도 종교의 자유를 허용하는 것이 조직의 성과를 높이고 조직원들의 소명감을 키우는 데 도움이 된다. 그래서 조직원들을 위해 영적 지도자들을 초청해 강연회를 열기도 하고 물질적 헌신을 통해 신을 섬기기도 한다.

의미 있는 삶은 자기 존재보다 더 큰 무엇과 하나가 되는 삶이다. 의미 있는 삶은 자신의 전부를 바칠 만큼 좋아하고, 삶의 의미를 느끼게 해주는 더 큰 실체로 이루어지기 때문이다. 그래서 그 무엇이 더 클수록 삶의 의미도 그만큼 더 커진다. 전지, 전능, 선한 신을 궁극적인 목표로 삼는 과정에 동참하는 것이 우리보다 더 위대한 무엇과 자신의 삶을 하나 되게 하는 것이다.

당신에게는 삶의 길을 선택할 권한이 있다. 선택의 자유는 당신에게 가장 소중한 가치이기 때문이다. 크든 작든 이 목표를 향해 가는 삶을 선택하거나 이 목표와는 아무런 관계없는 삶을 선택할 수도 있다. 심지어 이 목표 달성을 적극적으로 방해하는 삶을 선택해도 된다. 점점 증가하는 지식, 예컨대 학습, 교수, 자녀 교육, 과학, 문학, 저널리즘 등을 중심으로 형성된 삶을 선택할 수도 있다. 그런가 하면 기술, 공학, 건축, 의료, 제조 등을 통해 점점 향상되는 능력을 중심으로 형성된 삶을 선택해도 된다. 법, 치안, 소방, 종교, 윤리, 행정, 자선, 행복 등을 중심으로 형성된 삶을 살아도 좋다.

셀리그만은 "행복한 삶은 일상생활에서 자신의 대표 강점을 날마다 발휘해 행복을 만들어가는 것이다. 의미 있는 삶은 행복한 삶에 한 가지가 더해진다. 대표 강점을 발휘하되, 지식과 능력과 선을 촉진시키는 데 활용하는 것이다. 그렇게 하면 참으로 의미 있는 삶이 될 것이며 신을 자기 삶의 궁극적인 목표로 삼는다면 숭고한 삶이 될 것이다"라고 말했다. 행복한 삶이 안락한 삶 이상의 것이듯이 의미 있는 삶은 행복한 삶 이상이고 숭고한 삶은 의미 있는 삶 이상의 것이기 때문이다.

Positive Psychology

08

성취

왜 성취인가?

셀리그만이 2002년에 발표한 긍정심리학의 '진정한 행복 이론'에서는 '성취'에 대해 크게 주목하지 않았다. 물론 어떤 목표를 세우고 이를 성취했을 때는 당연히 행복하다. 열심히 공부해 원하는 대학에 들어갔을 때, 결혼해 십 수 년 동안 열심히 일하고 알뜰살뜰 절약해 오랫동안 꿈꾸었던 내 집을 마련했을 때, 직장에서 능력을 인정받고 그토록 소망하던 승진을 했을 때 행복하지 않은 사람은 아마도 없을 것이다. 그래서 사람들은 무언가를 성취하기 위해 기술을 쌓고 재능을 발휘하며 인내심을 갖고 노력한다.

하지만 한 이론에서 기본 요소가 되려면 그 요소가 다른 요소의 하위 개념이 돼서는 안 된다. '성취'가 '진정한 행복 이론'에서 행복을 만드는 기본 요소로 인정받지 못한 것도 이와 관련 있다. 그때까지만 해도 성취는 무언가를 열심히 했을 때 부수적으로 따라오는 하위 개념으로 인식됐기 때문이다.

성취가 행복을 만드는 다른 요소의 하위 개념이 아닌 기본 요소로 인정받은 데는 계기가 있었다. 셀리그만이 2005년 응용긍정심리학 석사과정 입문반을 위한 긍정심리학 개론을 강의할 때 한 제자가 당돌하게 반론을 제기했다.

"교수님이 2002년에 발표한 '진정한 행복 이론'은 옳지 않습니다. 그 이론은 인간은 무엇을 선택하는가에 관한 것입니다. 하지만 거기엔 커다란 허점이 있어요. 바로 성취와 정복이 누락됐다는 거죠. 사람들은 그저 승리하기 위해 성취하려고 하기도 해요."

하버드대 수학과 학생 세니아 메이민Senia Maymin이었다. 그는 수학과 우등생이자 러시아어와 일본어가 유창하고 자신의 헤지펀드를 운용하는 서른두 살의 수재였는데, 셀리그만은 그의 말을 듣는 순간부터 행복에 대해 다시 진지하게 숙고했다고 한다.

메이민의 말처럼 많은 사람들이 꼭 어떤 목표를 세우고 그것을 성취했을 때만 행복을 느끼는 것은 아니다. 성취 그 자체가 좋아서 하기도 한다. 그것이 긍정정서나 의미, 긍정관계라고 할 만한 그 어떤 것도 제공하지 못할 때조차 그렇다.

성취만을 위한 성취는 재산 추구에서도 찾아볼 수 있다. 일부 재벌은 부를 추구하고 깜짝 놀랄 만한 자선행위로 재산의 상당액을 기꺼이 나눠준다. 존 D. 록펠러와 앤드류 카네기Andrew Carnegie가 모범을 보였으며, 척 피니와 빌 게이츠, 워렌 버핏은 자선 행위에 관한 한 이 시대의 귀감이 된다. 록펠러와 카네기 모두 삶의 전반기에는 엄청난 돈을 벌어들였고, 그중 상당 부분을 과학, 의학, 문화, 교육 분야에 기부하면서 삶의 후반기를 보냈다. 전반기에는 오직 성취가 좋아서 성취하는 삶을 살았고, 후반기에는 그 삶에서 의미를 창조한 것이다.

이처럼 성취는 그 자체로 충분한 행복과 즐거움을 제공한다. 따라서 '진정한 행복 이론'에서 빠졌던 성취는 지금 긍정심리학에서 말하는 행복의 중요한 요소로 자리 잡았다.

성취의 요소인 지능

지능을 성취의 요소로 연결시키기가 어려울 수도 있다. 공부를 예로 들면 좀 더 쉽게 이해할 수 있을 것이다. 지능의 차이 외에 다른 조건이 똑같다면 아무래도 지능이 더 뛰어난 학생이 공부를 잘할 수밖에 없다. 사실 공부뿐만 아니라 요리를 하거나 직장에서 업무를 처리할 때도 지능이 좋은 사람이 더 성취하기가 수월한 것이 사실이다. 어떤 일을 하든 그 일을 제대로 이해하지 못하면 제대로 성취하기가 어려운데, 일을 정확히 이해하는 데 필요한 요소가 바로 지능이기 때문이다.

하지만 여기서 말하는 지능은 단순히 IQ만을 의미하지 않는다. 성취의 요소로서의 지능은 크게 속도, 느림, 학습 속도 3가지로 구성된다.

속도

공부를 잘하는 학생과 못하는 학생은 기본적으로 공부하는 속도가 다르다. 똑같이 공부를 시작했을 때 공부 잘하는 학생이 50페이지를 진도 나갔다면 공부 못하는 학생은 똑같은 시간을 공부해도 20~30페이지밖에 진도가 안 나가는 경우가 비일비재하다.

속도 차이가 나는 이유는 분명하다. 공부 잘하는 학생은 이미 그동안의 공부를 통해 충분한 배경지식을 쌓은 상태이기 때문에 별 막힘없이 속도를 낼 수 있다. 반면 공부를 열심히 하지 않았던 학생은 속도를 내려 해도 배경지식이 부족해 페이지마다 모르는 내용이 나와 자꾸 브레이크가 걸릴 수밖에 없다.

이처럼 속도는 그 과제의 얼마나 많은 부분이 자동으로 처리되느냐, 즉 한 개인이 그 과제에 대해 이미 갖고 있는 기술 혹은 지식의 양을 반영한다. 이미 축적한 기술 혹은 지식의 양이 많을수록 속도는 빨라진다.

느림

성취를 하려면 속도도 중요하지만 속도보다 더 중요한 것이 있다. 속도에만 지나치게 집중하면 놓칠 수 있는 것들이 많다. 예를 들어 책을 읽을 때 지나치게 속도를 내면 빨리 읽을 수 있을지는 몰라도 세세한 내용을 놓치게 마련이다. 큰 줄기가 되는 내용은 대략 이해해도 세부적인 내용은 잘 기억이 나지 않는다. 책 내용을 완전하게 내 것으로 만들려면 '느림의 미덕'을 발휘해야 한다. 속도를 내다가도 가끔 멈추고 행간의 의미를 되새겨보기도 하고, 앞의 내용이 잘 기억나지 않을 경우에는 되돌아가서 다시 보기도 해야 한다.

느림은 성취의 완성도를 높이는 데 꼭 필요한 요소다. 요리를 예로 들어보자. 빠른 시간 안에 요리를 뚝딱 끝내는 것보다 맛있게 만드는 게 더 중요하다. 그러려면 어떻게 요리를 할 것인지 계획도 세우고, 요리를 하는 중간중간 잘되고 있는지 확인도 해야 한다. 또한 좀 더 맛있는 요리를 만들기 위해선 기존 레시피를 그대로 따라 하는 대신 창의적인 시도를 해야 할 필요도 있다. 이런 일련의 과정은 모두 '느림'을 전제로 한다. 모두 시간을 필요로 하는 것들인데, 속도가 빠르면 그만큼 느림을 실천할 시간도 더 많아지고, 그만큼 결과도 더 좋아진다.

예를 들어 요리를 할 때 요리에 필요한 기본 지식과 숙련도는 속도와 관련 있다. 요리를 어떻게 해야 하는지 기본 지식이 없거나 칼질이 서투르면 시간이 많이 걸린다. 창의적인 맛있는 요리를 연구할 시간은커녕 평균 정도의 요리를 만드는 데 시간이 다 소비된다. 반면 지식이 풍부하고 숙련도가 높으면 속도가 빨라 기본적인 과정에서 시간을 많이 단축할 수 있고, 그 시간은 고스란히 느림을 실천하는 데 쓸 수 있다.

학습 속도: 속도의 첫 번째 파생물

어떤 과제가 주어졌을 때 그 과제와 관련된 지식을 많이 알고 있으면 과제를 빨리 처리할 수 있다. 그뿐만이 아니다. 자동차를 운전할 때 시간이 지날수록 속도가 붙듯이 과제를 처리하는 속도도 시간이 지날수록 점점 속도가 붙어 더 빨라진다.

공부를 예로 들어보자. 아무런 지식이 없는 상태에서 처음 공부를 하려면 시간이 많이 걸릴 수밖에 없다. 하지만 지식이 축적될수록 공부하는 속도가 빨라진다. 기존에 쌓았던 지식을 처리하는 속도는 물론 새로운 지식을 습득하는 속도도 빨라진다. 이처럼 학습 속도는 새 정보를 자동적인 지식 계좌에 얼마나 빨리 저축할 수 있는지를 반영하며, 더 빠를수록 느림을 실천할 시간이 훨씬 더 많아진다.

'성취=기술×노력', 하지만 노력이 더 중요하다

물리에서 '거리=속도×시간'으로, 물체가 움직이는 거리는 속도와 시간이 결정한다. 이 공식에 의하면 속도가 빠르고 시간이 많을수록 움직인 거리가 길어진다. 이 공식은 그대로 성취에도 적용할 수 있다. 다만 성취를 결정하는 요소가 기술과 노력이라는 것만 다를 뿐이다. 기술이 풍부하고 노력을 많이 하면 할수록 성취도 높아진다는 이야기다.

지능 속도, 느림, 학습 속도의 인지 과정은 기본 공식인 '성취=기술×노력'에서 모두 '기술'을 이루는 요소들이다. 그러나 안젤라 덕워스Angela Duckworth의 핵심은 학문적 성취의 인지 과정이 아니라 성격의 역할과 그 공식에서 성격특성이 '노력'으로 들어가는 지점이었다. 이때의 성격특성은 자제력과 집념이다. 성취의 비인지적 요소는 노력으로 요약되고, 노력은 '과제에 투입된 시간'으로 단순화된다.

노력이란 과제 연습에 소비한 시간의 양, 더도 덜도 아닌 딱 그만큼의 시간을 말한다. 안데르스 에릭손Anders Ericsson 플로리다주립대 교수는 고도의 전문 지식을 쌓는 초석은 신이 주신 천재성이 아니라 의도적인 연습에 소비한 시간과 에너지의 양이라고 주장했다. 기술보다는 노력의 중요성을 강조한 것이다.

모차르트는 신이 내린 천부적인 음악적 재능을 타고난 사람이라 알려져 있다. 하지만 에릭손은 모차르트를 최고의 음악가로 만든 것은 타고난 재능이 아니라 어릴 적부터 재능을 활용하는 데 모든 시간을 쏟아 부었기 때문이라고 말한다. 모차르트가 아무리 재능이 뛰어나도 노력을 하지 않았다면 오늘날의 모차르트는 없었을지도 모른다는 것이 에릭손의 생각이다.

기술보다 노력이 더 중요하다는 증거는 많다. 세계 최고의 체스 플레이어들은 사고 속도가 더 빠르지도 않고 말의 움직임에 대한 유리한 기억을 저장하고 있지도 않다. 그럼에도 최고의 플레이어가 될 수 있었던 비결은 수없이 플레이를 되풀이했기 때문이다.

사람의 능력은 타고난 재능이 아니라 경험의 양에서 생겨난다. 세계적인 피아노 독주자들은 20세 무렵이면 연주 시간이 1만 시간에 달한다. 이와 대조적으로 그 아래 수준의 피아니스트들은 5,000시간, 진지한 아마추어 피아니스트들은 2,000시간이다.

의도적으로 연습을 많이 해 높은 성취를 달성한 사람으로 차오 루를 빼놓을 수 없다. 그는 에릭손의 제자 중 한 명인데, 원주율 자릿수를 가장 많이 기억한 사람으로 기네스북에 기록돼 있다. 무려 6만7,890자리까지 외운다. 역시 비결은 노력이다. 차오 루는 10년 동안 매주 60시간을 투자해 세계에서 가장 많은 원주율 자릿수를 기억하는 사람이 될 수 있었다.

이처럼 성취를 하는 데 '노력'의 역할은 아주 중요하다. 천재는 노력하는 사람을 이길 수 없다고 했다. 엄청난 기술을 가지고 있어도 노력하지 않으면 성취가 어려울 수 있다. 반대로 설령 기술이 조금 부족해도 열심히 노력하면 얼마든지 성취가 가능하다. 기술은 부족한 노력을 보완하는 데 한계가 있지만, 많은 시간을 투자해 노력하면 기술 또한 발전할 수 있기 때문이다.

자제력과 성취는 비례한다

성취를 하는 과정이 늘 즐거울 수만은 없다. 오히려 과정이 너무 힘들어 포기하고 싶었던 순간들이 더 많을 것이다. 그런데도 포기하지 않고 끝까지 노력할 수 있게 만드는 힘이 바로 성격특성인 자제력과 집념이다. 흔들리는 자신을 스스로 통제할 수 있는 힘을 가진 사람이 성취를 잘할 수 있다.

월터 미셸Walter Mischel 스탠퍼드대 교수의 마시멜로 연구는 자제력과 성취와의 관계를 진솔하게 보여준다. 그는 1966년 네 살배기 아이들 653명을 대상으로 "15분 동안 먹지 않으면 한 개 더 줄게"라고 말하고 아이들이 얼마나 참을 수 있는지를 실험했다. 653명 중 참아낸 아이들은 고작 30명에 불과했다. 실험은 여기서 끝나지 않았다. 미셸은 이 아이들을 추적 관찰했는데, 15년 후인 1981년 아이들의 SAT 점수를 조사한 결과 마시멜로를 먹지 않고 참았던 30명 아이들의 점수가 다른 아이들보다 무려 210점이 높았다. 그로부터 또 다시 15년이 지난 1996년에는 소득수준을 조사했는데 역시 마시멜로를 먹지 않은 30명의 소득수준이 다른 아이들에 비해 상대적으로 높았다.

마시멜로 실험에서도 알 수 있듯이 자제력은 성취를 하는 데 중요한 역할을 한다. 따라서 자제력이 약한 사람이라면 이를 키울 필요가 있다. 다행히 자제력은 환경의 변화를 주거나 의식을 변화시키는 방법으로 향상시킬 수 있다.

일단 자제력을 약화시키는 환경을 바꾸기만 해도 달라진다. 마시멜로 실험의 경우 아이들이 먹고 싶은 충동을 참지 못하고 마시멜로를 먹은 시간이 6분이 지난 후였는데, 마시멜로에 뚜껑을 덮어놓았을 때는 11분 동안 참아냈다. 자제력이 무려 두 배 가까이 발휘된 셈이다.

생각을 달리하는 것도 효과적이다. 마시멜로 실험에서 아이들을 세 개의 집단으로 나눈 후 실험 전에 한 집단에는 재미있는 일을 생각하라고 지시하고, 다른 한 집단에는 아무런 지시도 하지 않았고, 마지막 남은 한 집단에는 받게 될 두 개의 마시멜로를 생각하라고 지시했다. 그 결과 아무런 지시를 받지 않은 아이들보다 재미난 일을 생각하거나 잘 참았을 때 받게 될 마시멜로를 생각하라고 지시받은 아이들이 더 잘 참았다.

사전 정보에 대한 신뢰도도 자제력에 영향을 미친다. 마시멜로 실험에서 한 집단의 아이들은 약속을 잘 지키지 않는 어른을 실험 전에 만나게 하고, 다른 집단의 아이들은 약속을 잘 지키는 어른을 만나도록 했다. 그런 다음 똑같이 '15분 동안 참으면 마시멜로를 하나 더 주겠다'라는 약속을 하고 실험을 한 결과 약속을 잘 지키는 어른들을 만난 아이들은 14명 중 9명이 참아냈고, 그렇지 않은 그룹에선 단 1명만이 참았을 뿐이다.

이처럼 자제력에 영향을 주는 요인들은 많다. 자제력을 저하시키는 요인과 향상시키는 요인을 알아두고 일상생활에서 적용하면 도움이

자제력을 저하하는 경우와 향상시키는 방법

자제력을 저하시키는 5대 요인	자제력을 향상시키는 5가지 방법
– 일상적인 충동 억제 – 자제력이 필요한 결정을 내리느라 정신적 에너지 소모 – 어떤 욕구나 생각을 하지 않으려고 애쓰는 것 – 서로 상충되는 2가지 목표가 있는 경우 – 자신과 관련된 일을 숨기려고 계속 애쓰는 것	– 미소 짓기(긍정정서 많이 느끼기) – 소량 설탕 섭취(세로토닌과 도파민 분비) – 마음을 흔들리게 하는 물건이나 상황 바꾸기 (청소, 정리, 정돈) – 정기적인 운동 – 음주 자제

될 것이다.

집념이 성취를 부른다

다음은 노력으로 들어가는 성격특성인 '집념Grit'의 역할이다. 집념이란 장기적인 성취를 위한 '끈기'와 '열정'을 의미한다. 처음으로 집념의 역할에 관심을 가진 사람은 덕워스다. 그녀는 1990년 보스턴에 있는 여러 공립학교에서 교사로 일하면서 지능이 높은 학생이 자신보다 지능이 낮은 학생보다 성적이 떨어지는 것을 보고 의문을 품고 성취와 집념의 관계를 연구하기 시작했다. 이 문제를 연구하기 위해 하버드대 졸업생이었던 그녀는 일부러 셀리그만이 근무하는 펜실베이니아대에서 박사과정을 밟는 열정을 보였다. 이후 덕워스는 셀리그만의 지도를 받으면서 10년 이상 이 문제를 연구했다.

셀리그만과 덕워스는 작곡가, 운동선수, 투자은행 경영진 등 여러 분야에서 탁월한 성과(성취)를 올린 사람들을 대상으로 어떤 공통점이 있는지를 조사했다. 그 결과 두 사람은 탁월한 성과를 올린 사람들은 자제심이나 지능, 야망과는 별개로 끈질긴 집념을 갖고 있다는 사실을 알아냈다.

성취하는 데 실패한 사람들은 종종 "상황이 어려워졌을 때 그 일을 꾸준히 하지 못하는 바람에 중요한 목표를 달성하지 못했다"라고 한탄한다. 상황이 어려워져도 포기하지 않고 끈기 있게 할 수 있는 힘이 바로 집념이다.

집념은 끈기와 인내의 속성을 갖고 있다. 안타깝게도 요즘 젊은 사람들은 끈기와 인내를 배울 기회가 많지 않다. 어렸을 때부터 원하는 것은 대부분 크게 힘들이지 않고 손에 쥐면서 귀하게 자라다 보니 오랫동안 끈기 있게 노력해서 무언가를 성취하는 것에 익숙지 않다. 그러면서도 목표는 원대하다. 꾸준히 공부를 하지 않으면서도 좋은 성적 받기를 꿈꾸고, 힘들게 일하지 않으면서도 최고의 연봉을 받기를 원한다.

능력보다는 끈기와 집념이 중요하다는 것을 가르쳐야 할 때다. 어린 시절에 신동 소리를 듣고 자란 사람들 중 성인이 된 후 훌륭한 업적을 이룬 사람들은 거의 없다. 어릴 때 거둔 성공 때문에 인내심을 배우지 못했기 때문이다. 모두들 "와, 너 정말 똑똑하구나"라는 말은 많이 해주지만 "네 분야에서 제대로 된 업적을 이루려면 주당 60시간씩 일하면서 노력해야 한다"라는 말은 해주지 않기 때문에 집념이 필요하다는 것조차 알지 못한다. 그러다 경쟁자들이 바짝 따라와 추월하면 더 쉽게 절망하고 포기해 이렇다 할 성과를 내지 못하는 것이다.

축구 선수 박지성은 어릴 적 왜소한 체구와 평발, 허약한 체격을 가졌지만 고된 훈련과 치열한 선수생활을 하면서 단 한 번도 축구를 그만두고 싶다는 말을 해본 적이 없다고 한다. 체력을 기르려고 단순하면서 지루한 기본기 훈련을 단 하루도 거르지 않았고, 특유의 집념으로 세계적인 명문 팀에서 활약했다. 아무리 머리가 좋아도 공부하겠다는 마음이 없으면 무슨 소용이 있겠는가? 아무리 능력이 좋아도 끈기가 없으면 포기하고 싶을 때 어떻게 밀고나가겠는가? 셀리그만과 덕워스의 연구에서도 집념과 자기통제력이라는 성격특성이 더 많은 시간을 투자하고 노력을 기울이게 만드는 중요한 원인이었다고 한다. 셀리그만에 의하면 집념이란 목표에 대한 높은 열정과 아주 강한 끈기의 결합체다. 집념이 강할수록 대학생들은 성적이 좋았고 군인들은 혹독한 여름 훈련을 잘 완수했다. 실력은 노력이다. 그리고 더 많이 노력하게 만드는 게 집념이라는 성격 특성이다. 이것이 성취를 이루는 가장 중요한 성공의 요소다.

집념을 기르는 방법

집념을 기르는 방법은 다양하다. 그중 이 분야 최고의 학자들이 소개하는 아이디어 몇 가지를 소개하면 다음과 같다.

① 겁쟁이가 되지 말자

중요한 목표를 향해 전진하다가 지치거나 용기를 잃으면 그만 손을 떼고 싶다는 유혹이 든다. 하지만 끈기 있게 끝까지 밀고나가지 못하면 자신이 원하는 일을 이룰 가능성을 모두 잃게 된다.

② 집념이 강한 사람들과 함께한다

웨스트포인트는 집념이 넘치는 학생들을 입학시켜 집념을 더욱 강화시킨다고 한다. 어떤 사람들과 함께하는가가 중요하다. 집념이 강하고, 용감한 사람들과 가까이 지내면 자연스럽게 그들로부터 집념을 배우고 강화할 수 있다.

③ 낙관성을 기른다

낙관성이 반드시 집념을 길러주는 것은 아니지만, 낙관성은 힘든 상황에서도 끝까지 포기하지 않고 스스로의 능력을 믿을 수 있게 해주는 학습 가능한 품성이다.

④ 집념 넘치는 사람의 전기나 성공담을 읽는다

신문과 각종 매체는 거절을 받아들이지 않고 목표를 끝까지 추구해 달성한 이들의 실제 성공담으로 가득하다. 이런 사람들의 성공담을 읽고 성공을 위해 필요한 것이 무엇인지 계속 되새기도록 한다.

⑤ 열정을 가지고 추구한다

집념이 강한 사람은 대부분 열정적이다. 너무 열정적이어서 일과 생활의 균형이 깨지는 경우도 많지만 열정이 어려운 목표를 이루는 데 큰 도움이 되는 것은 부인할 수 없는 사실이다.

⑥ 도전 앞에서 물러나지 않는다

살다 보면 도전해야 할 일들을 계속 만나게 된다. 이런 경우 피하지 말고 받아들이며 끝까지 하려고 노력하다 보면 집념이 강화된다.

⑦ 실패나 비판이 자신을 규정하지 않게 한다

집념이 강한 이들은 비판과 실패에서 교훈을 얻으려 하고 이에 대처하기 위한 감정적인 전략을 수립하며 실패를 딛고 다시 일어선다. 이런 회복력은 자기효능감이나 자신감이 강한 사람의 특징이기도 하므로 이 같은 사람을 찾아 도움을 구하자.

Positive Psychology

09

낙관성 키우기

왜 낙관성인가?

아빠는 갓 태어난 딸이 요람에서 자는 모습을 내려다보고 있다. 방금 병원에서 집으로 데려왔다. 어여쁜 딸의 모습에 경외감과 함께 감사의 마음이 복받친다. 아빠는 딸이 고개를 돌려 자기를 바라보지 않을까, 기대하면서 딸의 이름을 부른다. 하지만 딸의 눈은 움직이지 않는다. 요람 난간에 달린 장난감을 집어 흔들어도 아기의 눈은 움직이지 않는다. 아빠는 덜컥 겁이 났다. 혹시 아기에게 무슨 문제가 있는 것은 아닌지 걱정하며 아내에게 방금 일어난 일을 이야기한다.

"애가 소리에 전혀 반응하지 않는 것 같아. 듣지 못하는 것은 아닐까?"

"우리 아기는 틀림없이 다 정상이야."

아내가 잠옷을 추스르며 말한다. 그러고는 함께 아기 방으로 간다.

엄마가 아기의 이름도 부르고 딸랑딸랑 방울 소리도 내보고 손뼉도 쳐본다. 엄마가 아기를 들어 올리자 아기가 바로 몸을 뒤로 젖혀 꿈틀대면서 옹알거린다.

"이를 어째! 애가 듣지를 못해" 하고 남편이 말한다.

"괜찮을 거야. 그렇게 말하기엔 너무 일러. 태어난 지 얼마나 됐다고. 아직 눈의 초점도 못 맞추는데" 하고 아내가 안심시킨다.

"그래도 그렇지. 손뼉을 아무리 세게 쳐도 꼼짝도 않잖아."

여전히 불안해하는 남편을 보며 아내는 책장에서 책을 한 권 꺼내 '청각' 항목을 찾아 소리 내어 읽는다.

'신생아가 큰 소리를 듣고도 놀라지 않는다거나 소리 나는 쪽으로 몸을 돌리지 않는다고 걱정하지 마십시오. 깜짝 놀라는 반사행동과 소리에 주의를 기울이는 행동이 발달하는 데는 어느 정도 시간이 걸릴 수 있습니다. 필요하다면 소아과를 방문해 아기의 청각 검사를 의뢰하십시오.'

다 읽고 난 아내가 "이제 좀 안심이 돼?" 하고 말하지만 남편은 여전히 불안감을 떨쳐버리지 못한다. 여전히 딸이 아무것도 듣지 못한다는 사실을 되풀이해 이야기하며, 할아버지가 청각장애인이었기 때문에 딸도 청각장애일 가능성이 있다며 걱정한다.

"잠깐! 왜 자꾸 나쁜 쪽으로만 생각해? 월요일에 바로 소아과에 전화해보면 되잖아. 일단 기운을 내라고. 자, 담요 똑바로 펼치게 아기 좀 안고 있어. 담요가 다 흘러내렸네."

남편은 아기를 받아 안았다가 얼마 안 있어 아내에게 다시 안겨준다. 주말 내내 남편은 다음 주 업무 준비를 위해 서류가방을 열 기운도 없다. 아내를 따라 집 안을 왔다 갔다 하며 만약 아기에게 청각장애가 있다면 그 아이의 일생은 어떻게 될까, 시름에 잠겼다. 듣지 못하면 언어도 발달하지 않을 것이며 결국 자신의 어여쁜 딸이 사회와 격리된 채 홀로 소리도 없는 세상에 갇혀 살지도 모른다는 등 최악의 경우만 머릿속에 떠올렸다. 그는 절망에 빠진 채 일요일 밤을 보내야 했다. 아내는 소아과 전화응답 서비스를 통해 월요일 아침 일찍 예약해두었다. 그러고는 집안일도 하고 책도 읽고 남편도 진정시키며 주말을 보냈다.

소아과 검사결과는 부모를 안심시킬 만한 것이었다. 하지만 남편의 마음은 가벼워지지 않았다. 일주일 후 지나가는 트럭 소리에 아기가 처음으로 깜짝 놀라는 반응을 보이자 비로소 마음이 풀리면서 딸을 얻은 기쁨을 다시 누리기 시작했다.

위의 사례에서 남편과 아내는 세상을 서로 다른 눈으로 바라본다. 남편은 비관적이다. 안 좋은 일이 생기면 계속 나쁜 쪽으로만 생각한다. 그럴수록 불안감은 더 커지고 최악의 상황을 상상하며 우울해한다. 그런 상태가 오래가면 건강도 안 좋아진다. 반면 아내는 낙관적이다. 설령 나쁜 일이 닥쳐도 가능한 한 좋은 쪽으로 생각한다. 그저 일시적일 뿐이며 이겨낼 수 있는 것 혹은 극복해야 할 도전이라고 생각한다. 뜻밖의 일을 당해도 금세 털어버리고 곧 원기를 회복한다. 건강 상태도 아주 좋다.

비관적인 사람의 특징은 안 좋은 일이 오랫동안 지속돼 자신의 모든 일들을 위태롭게 하고 나아가 이런 것들이 모두 자신의 탓이라고 쉽게 생각하는 것이다. 낙관적인 사람은 세상을 살면서 똑같이 어려운 일에 부딪혀도 비관적인 사람과 정반대로 생각한다. 낙관적인 사람은 실패를 겪어도 그저 일시적인 후퇴로 여기며 그것의 원인도 일부로 보는 경향이 있다. 실패가 자신의 탓이 아니라 주변 여건이나 불운 혹은 다른 사람 때문에 생긴 것이라고 생각한다. 이런 사람들은 실패에 주눅 들지 않는다. 안 좋은 상황에 처하면 이것을 오히려 도전으로 간주해 더 열심히 노력한다.

일의 원인을 해석하는 이 2가지 사고습관에서도 많은 차이가 난다는 것을 알 수 있다. 비관적인 사람이 더 쉽게 포기하고 더 자주 우울해진다는 것이다. 그 사실을 증명하는 수백 개의 연구가 있다. 이런 연구 결과들은 낙관적인 사람이 학교나 직장에서 혹은 놀이를 할 때도 훨씬 뛰어난 성과를 낸다는 사실을 보여준다. 낙관적인 사람이 적성 검사의 예측을 뛰어넘는 일은 흔히 있는 일이다.

낙관적인 사람과 비관적인 사람의 차이

세상의 많은 직업 가운데 낙관성을 필요로 하는 대표적인 직업 중 하나가 영업직이며 특히 보험회사 직원이다. 일반적으로 보험회사 직원들은 밥 먹듯이 거절을 당한다. 10명의 고객을 만나면 적어도 9명에게 딱지를 맞는다고 한다. 어쩌다 한두 번이 아니라 매일 수시로 거절을 당하면 누구나 위축되고 일에 재미를 느끼기 어렵다. 실제로 보험회사 직원들은 이직률이 아주 높다. 그것도 동종 업계로의 이직이 아니라 아예 보험업계를 떠나는 경우가 많다. 보험회사마다 조금씩 다르지만 통상적으로 입사한 지 1년 안에 직장을 떠나는 사람이 절반이 넘고, 4년이 지나면 80%가 직장을 떠난다고 한다.

직원들의 이직률이 높으면 회사에도 타격이 크다. 미국 메트로폴리탄 라이프 보험회사는 이런 문제를 해결하고자 긍정심리학 창시자인 셀리그만에게 도움을 청했다. 셀리그만은 낙관성이 문제를 해결하는 열쇠라 판단하고 낙관성과 보험 일과의 상관관계를 조사했다. 우선 이미 성공적으로 보험 일을 하는 직원들이 얼마나 낙관적인 사람인지부터 알아보았다. 200명의 경력사원을 대상으로 낙관성을 측정하는 질문지를 돌렸는데, 대상자의 절반은 실적이 매우 좋은 직원들이었고 나머지 절반은 실적이 아주 형편없는 직원들이었다. 조사결과, 실적이 좋은 직원들이 실적이 나쁜 직원들보다 훨씬 더 낙관적인 것으로 나타났다. 낙관성 점수를 기준으로 실험 대상자를 낙관성이 좋은 그룹과 나쁜 그룹으로 나누었을 때 낙관성이 좋은 그룹이 입사한 후 2년 동안 37%가량 더 많은 실적을 올렸음을 확인할 수 있었다. 또한 낙관성 점수가 상위 10% 안에 드는 직원들은 하위 10%에 드는 직원들보다 88%나 더 많은 실적을 올렸다.

이직률에도 낙관성이 영향을 미치는 것으로 나타났다. 메트로폴리탄 라이프 보험회사는 오래전부터 판매원으로 적합한 사람들을 선별하기 위한 검사법 중 하나인 '경력분석표Career Profile'를 시행해 적어도 12점 이상 얻은 사람들을 대상으로 직원을 선발했다. 셀리그만은 경력분석표를 통과해 발령 전 교육까지 마친 104명의 직원들을 대상으로 낙관성 검사를 했다. 보험회사 신입사원들은 놀라울 정도로 낙관적이었다. 이들의 낙관성 점수는 10점 만점일 때 평균 7점 이상으로 다른 직종의 평균을 훨씬 웃돌았다. 결국 아주 낙관적인 사람들이 보험회사에 지원한 셈이었다.

셀리그만은 1년 후 신입사원들이 회사에 아직 잘 다니고 있는지 조사했다. 그 결과 입사 첫해에 104명 가운데 59명이 사직한 것으로 나타났다. 어떤 사람들이 사직했는지를 알아보기 위해 전체를 낙관성 점수가 높은 그룹과 낮은 그룹으로 나누었을 때 상대적으로 낙관성 점수가 낮은 그룹의 사직률이 그렇지 않은 그룹보다 2배가량 높았다. 낙관성 점수가 하위 4분의 1에 해당하는 직원들은 상위 4분의 1에 속하는 직원들보다 3배나 더 높은 사직률을 보였다.

이러한 조사결과를 바탕으로 셀리그만은 낙관성의 중요성을 확인하고, 메트로폴리탄 라이프 보험회사 경영진의 동의 아래 직원을 채용할 때 전통적인 검사 방법인 경력분석표와 셀리그만이 개발한 ASQAttributional Style Questionnaire 낙관성 검사를 모두 실시했다. 그런 다음 1만5,000명의 지원자 중 1,000명은 기존의 방식대로 경력분석표를 통과한 사람들 중에서 채용했다. 이때 낙관성 점수는 고려하지 않았기 때문에 낙관적인 사람들과 비관적인 사람들이 절반씩 섞여 있었다.

이와는 별도로 낙관적인 직원들로 구성된 '특수인력'을 조성했다. 즉 경력분석표를 아깝게 통과하지 못한(9~11점) 지원자들 중 낙관성 점수가 상위 절반에 속하는 사람 129명을 뽑았다. 물론 이들에겐 그들이 특수인력이라는 사실을 알리지 않았다.

셀리그만은 2년에 걸쳐 경력분석표를 기준으로 선발된 1,000명의 정규직원, 낙관성 점수로 선발된 129명의 특수인력을 관찰했다. 그 결과 1,000명의 정규인력 가운데 낙관적인 사람들은 비관적인 사람들보다 많은 판매실적을 올렸다. 첫해에는 겨우 8%였지만 입사 2년째에는 31% 더 많이 팔았다.

특수인력의 실적은 사뭇 놀라웠다. 이들은 정규인력 가운데 비관적인 사람들보다 입사 첫해에 21% 더 많은 판매실적을 올렸다. 그리고 2년째에는 57%나 더 많이 팔았다. 게다가 이들은 정규인력의 평균과 비교해보아도 입사한 지 2년에 걸쳐 27% 더 많은 판매실적을 올렸다. 실제로 이들은 최소한 정규인력 가운데 낙관적인 사람들만큼 좋은 판매실적을 올렸다.

이처럼 낙관성은 조직의 성공에 큰 영향을 미친다. 직원을 채용할 때는 적성과 동기도 중요하지만 낙관성이 없으면 시련이 닥쳤을 때 인내하지 못하기 때문이다. 특히 보험회사 직원처럼 거절을 많이 당하는 직업은 낙관성이 가장 중요하다. 보험회사와 같이 신입사원 모집과 훈련에 비용이 많이 들고 이직률이 높은 직업의 경우에는 직원을 채용할 때 낙관적인 사람을 선발하는 것이 좋다. 낙관적인 사람들이 낙관적인 조직을 만들어 개인과 조직 모두를 발전시킬 수 있기 때문이다.

공직 선거에서도 낙관적인 사람이 선출될 확률이 비관적인 사람보다 더 높다. 실제로 지난 90년 동안 미국 대통령 선거와 상원의원 선거에서 더 낙관적인 사람이 거의 당선됐다. 1988년 공화당의 부시Bush와 민주당의 듀카키스Dukakis 대결에서도 선거 초반에는 듀카키스가 우세했지만 부시의 TV 토론이나 유세 내용이 듀카키스의 내용보다 일관되게 더 낙관적이었다. 결국 부시가 초반의 예상을 깨고 당선됐다. 낙관적인 사람은 건강도 더 좋은 편이며, 중년에 흔히 겪는 신체적 질병도 훨씬 덜 겪으면서 건강하게 나이를 먹는다. 게다가 낙관적인 사람은 수명도 길다. 셀리그만의 연구에 의하면 낙관적인 사람이 비관적인 사람보다 8년 더 사는 것으로 나타났다.

낙관성이란?

낙관성은 미래에 대한 긍정적인 기대와 전망이고, 미래의 일들이 긍정적으로 잘 펼쳐질 것이라는 전반적인 기대이며, 자신의 행동과 노력으로 인해 추구하는 목표를 성취할 수 있을 것이라는 희망이다.

미래에 대한 긍정적인 기대와 희망은 시련이 닥쳤을 때 쉽게 포기하거나 좌절하지 않고 일어날 수 있는 원동력으로 작용한다. 낙관성에는 힘든 상황에서도 끝까지 포기하지 않고 스스로 능력을 믿게 하는 힘이 있기 때문이다. 살면서 아무런 시련도 겪지 않기란 불가능하다. 누구나 크든 작든 수없이 많은 시련과 역경을 만나는데, 이때 희망의 끈을 놓지 않고 행복한 미래를 만들어나갈 수 있게 도와주는 힘이 바로 낙관성이다.

낙관성이라고 하면 어려운 상황이 닥쳤을 때 무조건 "괜찮아, 걱정하지 마, 다 잘될 거야"라고 긍정의 주문을 맹목적으로 되풀이하는 것으로 오해하는 사람들이 있다. 사실 긍정적으로 생각하는 것도 중요하다. 하지만 진정한 낙관성이란 앵무새처럼 긍정적인 주문을 되풀이해 외우는 것이 아니다. 현실을 정확히 인식하면서 미래에 대한 희망을 포기하지 않고 준비하는 것이 진정한 낙관성이다.

낙관성에는 현실적 낙관성과 비현실적 낙관성이 있다. 판단 착오로 주식투자에 실패했을 경우 현실적 낙관적인 사람과 비현실적 낙관적인 사람은 대응방식이 다르다. 현실적 낙관적인 사람은 "왜 실패했을까? 아무래도 종목 분석이 충분하지 못했어. 아무리 믿을 만한 사람이 추천해주었어도 직접 분석해보고 확신이 들 때 투자했어야 하는데. 다음번엔 실수하지 말자"라고 생각한다. 반면 비현실적 낙관적인 사람은 실패의 원인을 분석해보지 않고 무조건 낙관적으로 "괜찮아. 벌 때가 있으면 잃을 때도 있는 거지" 하고 대수롭지 않게 생각하고 또 투자를 한다. 백전백패다. 이러한 비현실적 낙관성은 가끔 낙관성을 왜곡시키기도 한다.

그 대표적인 사례가 베트남전쟁이 한창 벌어질 때인 1965년에서 1973년까지 8년 동안 베트남 하노이 힐튼이라는 악명 높은 수용소에서 수십 차례의 모진 고문 속에서도 살아남은 스톡데일Stockdale 장군이다. 그는 혹독한 현실을 인식하고 이겨낸다면 반드시 희망이 있다는 믿음으로 살아남았다. 하지만 "다음 크리스마스에는 구출될 거야", "다음 추수감사절에는 풀려날 거야"라며 막연하게 기다리던 사병들은 기다리다 지쳐 모두 죽었다. 혹자는 이를 가리켜 낙관적인 사람들은 다 죽었다며 낙관성을 비판했다. 미국 경영학자 짐 콜린스마저도 위대한 기업으로 도약하는 기업들을 연구하며 '스톡데일 패러독스Stockdale Paradox'라는 이름을 붙여 낙관성을 경계했다. 이것은 낙관성이 아닌 비현실적 낙관성이다. 혹독한 현실을 인식하고 이겨내기 위해 최선을 다해 대비한 현실적 낙관성을 가진 사람들이 아닌 "풀려날 거야", "구출될 거야"와 같이 막연히 기대만 하고 있는 비현실적 낙관성을 가진 사람들인 것이다.

낙관성이란 맹목적인 믿음이 아니라 실패를 했을 때 부정적인 사고를 하지 않는 것이다. 비관적인 사람은 주식투자에 실패했을 경우 "내가 하는 일이 그렇지, 뭐. 이럴 줄 알았어"와 같이 말한다. 그렇게 생각하면 삶은 절대 바뀌지 않는다. 낙관적인 사람은 현실을 받아들이면서도 스스로를 부정하지 않고 자신이 유능하다고 생각하며 자신이 미래의 긍정적 결과에 영향을 미칠 수 있다고 믿는다. 그래서 희망을 품고 위험을 감수하고 인내하기 때문에 성공할 가능성이 높은 것이다. 또한 낙관적인 사람은 장애에 부딪히거나 좌절을 겪을 때 막연한 믿음만 갖는 게 아니라 좋아질 것이라고 믿고 창의성을 발휘해 문제를 해결할 수 있는 대안을 찾아낸다. 어떤 상황에서도 최종 목표를 보고 간다는 것이다.

무기력 학습과 설명양식

비관적인 사람과 낙관적인 사람은 무엇이 다를까? 비관적인 사람은 뭔가 안 좋은 일이 생기면 먼저 최악의 것을 상상한다. 파산해서 감옥에 가는 것은 아닐지, 이혼이나 해고로 이어지는 것은 아닐지 노심초사한다. 쉽게 우울해지고 한동안 매사가 귀찮아지며 건강까지 영향을 받는다. 이와 반대로 낙관적인 사람은 나쁜 일이 닥쳐도 안 좋은 쪽으로는 거의 생각하지 않는다. 그저 일시적일 뿐이며 이겨낼 수 있는 것 혹은 극복해야할 도전이라고 생각한다. 뜻밖의 일을 당해도 금세 털어버리고 곧 원기를 회복한다.

비관적인 사람의 특징은 안 좋은 일들이 오랫동안 지속돼 자신의 모든 일들을 위태롭게 하고 나아가 이런 것들이 모두 자기 탓이라고 쉽게 생각한다는 점이다. 낙관적인 사람들은 세상을 살면서 똑같이 어려운 일에 부딪혀도 비관적인 사람과 정반대로 생각한다. 낙관적인 사람은 실패를 겪어도 그저 일시적인 후퇴로 여기며 원인도 그 한 경우에 한정된 것으로 보는 경향이 있다. 실패가 자기 탓이 아니라 주변 여건이나 불운 혹은 다른 사람 때문에 생긴 것이라고 생각한다. 이런 사람들은 실패에 주눅 들지 않는다. 안 좋은 상황에 처하면 이것을 오히려 도전으로 간주해 더 열심히 노력한다.

왜 이런 차이가 생기는 것일까? 낙관적인 사람과 비관적인 사람의 차이를 이해하기 위해선 낙관성의 개인적 통제에 대한 중요한 2가지 개념을 이해해야 한다. 그 2가지 개념은 바로 '무기력 학습Learned Helplessness'과 '설명양식Explanatory Style'으로 이 둘은 서로 밀접한 관계가 있다. 우울증의 한 가지 특징인 무기력은 자살을 예측할 수 있는 가장 정확한 요소이기도 하다.

셀리그만은 자기가 할 수 있는 게 하나도 없는 충격적인 사건을 처음 경험한 동물은 점차 수동적으로 변해 역경에 맞서는 것을 포기한다는 사실을 발견했다. 최초의 충격적인 사건을 무기력하게 경험하고 나면, 동물들은 그 후부터 경미한 전기 충격에도 그저 가만히 앉아 고통을 고스란히 겪으며 도망치려는 시도도 하지 않고 충격이 사라지기만을 기다린다. 이것이 바로 무기력 학습으로 포기반응, 즉 어떻게 해도 안 된다는 생각에 단념하는 반응을 말한다. 즉 자신이 뭔가를 변화시키려고 시도했지만 변화시킬 수 없다고 여기고 스스로 포기하는 것이다.

하지만 똑같은 충격을 받았더라도 모두 무기력 학습을 보인 것은 아니다. 첫 번째 경험에서 똑같은 강도의 전기 충격을 받았지만 도망칠 수 있었던 동물들은 그 후에 무기력해지지 않았다. 무기력 학습에 대한 면역이 생긴 것이다.

사람을 대상으로 한 실험에서도 같은 결과가 나타났다. 폐쇄된 공간에 갇힌 채 견디기 힘든 소음을 본인 힘으로 제거할 방법이 없어 고스란히 듣고 있어야 했던 사람들에게 이후 똑같은 소음을 가하고 이번에는 버튼을 눌러 소음을 제거할 수 있는 환경을 만들어주었다. 그런데

70%가 버튼을 누르지 않았다. 무기력을 학습해버렸기 때문이다. 당신이 어떤 어려움에 부딪힐 때마다 불가능하다고 지레 좌절하고 포기해버린다면 그 70% 가운데 한 명이란 말이 된다. 나머지 30%는 자기가 통제할 수 없는 상황에서도 무기력을 학습하지 않았다. 왜 어떤 사람은 무기력을 학습하고 또 어떤 사람은 무기력해지지 않았는지를 연구한 결과가 낙관성이다.

셀리그만은 무기력해지지 않은 사람들의 부정적 사건을 해석하는 설명양식을 체계적으로 조사했다. 그 결과, 자신이 겪은 좌절의 원인이 일시적이고 변할 수 있고 일부라고 믿는 사람은 쉽게 무기력해지지 않는다는 사실을 발견했다. 실험실에서 피할 수 없는 소음을 듣거나 실연당해서 괴로울 때 그들은 "금방 지나갈 거야. 나는 이것을 어떻게든 다룰 수 있어. 이건 그저 한 가지 일일 뿐이야"라며 금방 털어내고 회사에서 겪은 좌절을 집으로 가져가지 않는다. 그들을 낙관적인 사람이라고 부른다. 반대로 "이건 절대로 끝나지 않을 거야. 모든 것을 망쳐버릴 거야. 내가 할 수 있는 건 아무것도 없어"라며 습관적으로 이렇게 생각하는 사람들은 실험실에서 쉽게 무기력해진다. 그들은 좌절을 떨쳐내지 못하고 부부 문제를 직장으로 가져간다. 그들을 비관적인 사람이라고 부른다.

설명양식은 사건이 일어난 이유를 스스로에게 습관적으로 설명하는 방식이다. 이것은 무기력 학습을 크게 좌우하는 역할을 한다. 실험결과에서도 알 수 있듯이 낙관적인 설명양식은 무기력을 없애고 비관적인 설명양식은 무기력을 퍼뜨린다. 일상 속에서 실패나 중대한 패배에 직면했을 때 과연 얼마나 무기력에 빠져들지 혹은 다시 기운을 차릴지는 스스로에게 사태를 설명하는 방식에 달렸다. 설명양식이란 '마음속 세상'을 비추는 거울과도 같은 것이다. 사람들은 저마다 "아니야" 혹은 "그래"라는 말을 품고 산다. 둘 가운데 어떤 말이 자기 마음속에 있는지 검사를 통해 자신의 낙관성 혹은 비관성 수준을 정확하게 알 수 있다.

나는 낙관적인 사람일까, 비관적인 사람일까?

낙관적인 사람과 비관적인 사람은 똑같은 사건을 두고도 설명양식이 다르다. 설명양식이란 개인이 사건에 대응하는 습관적인 방식으로 그 사건의 원인을 미리 규정하는 태도다. 설명양식은 크게 3가지 차원에서 살펴볼 수 있다. 3가지 차원은 내재성 차원(내 탓 vs 남 탓), 영속성 차원(항상 vs 가끔), 만연성 차원(전부 vs 일부)이다. 이 설명양식을 바꾸면 당신이 비관적인 사람라고 해도 얼마든지 낙관적인 사람이 될 수 있다.

비관적인 사람과 낙관적인 사람의 설명양식 차이

구분	내재성 차원(책임의 주체)	영속성 차원	만연성 차원
비관적인 사람	내 탓(내부)	항상(지속적)	전부
낙관적인 사람	남 탓(외부)	가끔(일시적)	일부

설명양식으로 낙관성 키우기

길을 가다 깨진 보도블록 틈에 구두굽이 끼었을 때 당신은 어떤 반응을 보이는가?

1. 내가 그럼 그렇지. 나는 어딜 가나 운이 없다니까.

2. 보도블록이 깨졌네? 관리를 잘 안 하는 모양이야. 구청에 전화를 해서 교체하라고 해야겠어.

1번을 골랐다면 기분이 가라앉았을 것이고, 2번을 골랐다면 기분이 나빠질 이유는 없을 것이다. 그런데 몇 번을 골랐든 돌이켜보면 평소 일이 잘못됐거나 나쁜 일이 생길 때마다 비슷하게 생각했을 것이다. 당신은 일이 잘못되거나 틀어지면 주로 누구 잘못이라고 생각하는가? 내 탓? 아니면 남 탓이나 그럴 수밖에 없었던 주변 환경 탓? 비관적인 사람들은 습관적으로 내 탓이라고 생각한다. 특히 이런 사람들은 '나는 항상 그래. 나는 무엇이든 되는 일이 없어'와 같이 전면적인 자기 비난으로 이어지는 경우가 많다. 1번처럼 보도블록 틈에 구두굽이 낀 것조차 자신이 운이 없어서라고, C학점을 받으면 자신이 멍청해서라고 생각하는 것이다.

하지만 2번처럼 생각한다면 어떻게 달라질까? 적어도 문제의 원인이 다른 데 있다고 여기기 때문에 비관적인 사람들처럼 우울해하고 자기비하를 하지는 않는다. 물론 무조건적인 내 탓이 문제인 것처럼 무조건적인 남 탓도 위험하다. 중요한 건 습관적으로 내 탓이라고 생각하는 것을 버리는 일이다. 다음 표를 보면서 평소의 자신과 비교해보자.

나쁜 일	전면적인 자기비난(비관적)	행동에 대한 비난(낙관적)
	"C학점을 받았어. 나는 정말 멍청해." "상사가 또 화가 났네. 난 항상 사람들을 화나게 해." "또 후보 선수네. 아무도 나를 좋아하지 않아.	"이번에 열심히 안 했더니 시험에서 C학점을 받았어." "상사가 화가 났네. 내가 마감기일을 지키지 못해서 그래." "축구 모임에서 또 후보 선수네. 난 축구를 잘 못하니까."

나쁜 일이 계속 지속될 것이란 생각은 금물

이번 달 실적이 좋지 않았을 때 당신 반응은 다음 2가지 중 어느 쪽인가?

1. 나는 항상 이 모양이야. 상사 눈 밖에 났을 거야. 이제 완전히 끝장이야.

2. 열심히 했는데 기대만큼 안 나왔네. 그래도 지난달에는 잘했으니까 다음에도 잘할 수 있을 거야.

1번을 골랐다면 절망했을 것이고, 2번을 골랐다면 실망은 했겠지만 그래도 다음 번에는 더 노력할 것이다. 낙관적인 사람은 나쁜 일이 생겼을 때 일시적이고 일부로 보기 때문에 어쩌다 한 번 나쁜 일이 생겼고 금방 지나갈 것이라고 생각한다. 이에 비해 비관적인 사람은 나쁜 일에 대해서는 '항상'이라고 생각한다. 영속적이고 만연적인 것으로 생각하기 때문에 자신에게 나쁜 일은 항상 일어나고 앞으로도 나쁜 상태가 지속될 것이라고 받아들인다.

반대로 좋은 일에 대해 낙관적인 사람은 자신에게는 항상 좋은 일이 생기며 지속될 것이라고, 비관적인 사람은 가끔 생기는 것이라고 받아들인다. 좋은 일과 나쁜 일을 정반대로 받아들이는 것이다. 낙관성을 키우려면 나쁜 일이 생겼을 때 지속되는 것이 아니라 금방 지나갈 것이라고 생각하는 습관을 가져야 한다. 처음엔 오랫동안 굳어진 사고방식을 바꾸기가 어렵겠지만 자꾸 노력하다 보면 사고습관을 바꿀 수 있을 것이다.

나쁜 일	항상 믿는 태도(비관적)	가끔 믿는 태도(낙관적)
	"나는 완전히 끝장이야." "다이어트는 전혀 효과가 없어." "사장은 나쁜 사람이야."	"나는 지금 몹시 지쳤어." "배불리 먹으면 다이어트는 효과가 없어." "사장은 지금 기분이 안 좋은 상태야."
좋은 일	**가끔 믿는 태도(낙관적)**	**항상 믿는 태도(비관적)**
	"오늘은 운이 좋은 날." "나는 열심히 노력해." "내 경쟁자가 지쳤나 봐"	"나는 언제나 운이 좋아." "나는 재주꾼이야." "내 경쟁자는 실력이 없어."

한 번의 실패가 삶 전부의 실패는 아님을 인정하기

면접에서 떨어졌을 때 당신의 반응은 다음 2가지 중 어느 쪽일까?

1. 나는 정말 쓸모없는 사람이야. 면접도 떨어졌는데 운동은 해서 뭐 하겠어? 잠이나 자자.
2. 꼭 들어가고 싶었는데 실망스럽네. 할 수 없지, 뭐. 운동으로 기분이나 풀어야겠다.

1번을 골랐다면 비관적인 사람이고, 2번을 골랐다면 낙관적인 사람이다. 면접에서 떨어졌다면 대부분 실망한다. 낙관적인 사람도 마찬가지다. 다만 낙관적인 사람은 다른 일자리를 찾으려고 다시 이력서를 쓰고 노력을 기울이면서 일상생활을 평소처럼 지속해나간다. 친구도 만나고 운동도 하면서 실패를 그 문제에만 국한시키는 것이다. 자신감은 좀 떨어지겠지만 다른 일에 도전하기도 한다. 하지만 비관적인 사람은 모든 일에서 자신감을 잃어버리고 만다. 하던 운동도 그만두고 친구들도 안 만나고 삶 전체를 포기해버리는 것이다.

이렇게 절망감을 한 가지 영역에만 국한시키는지, 아니면 다른 영역에까지 확산시키는지를 결정하는 게 만연성이다. 낙관적인 사람은 만연성의 측면에서 볼 때 어떤 실패를 겪어도 그 실패를 일부로 생각하지만, 비관적인 사람은 자신의 실패를 삶 전체로 해석한다. 낙관성을 키우려면 쓸데없이 실패를 확대 해석해서는 안 된다. 반대로 좋은 일이라면 전체로 확대해 생각하면 낙관성을 키울 수 있다.

나쁜 일	전부로 믿는 태도(비관적)	일부로 믿는 태도(낙관적)
	"교수들은 모두 불공평해." "내가 좀 쌀쌀맞은 편이지." "책들은 아무 쓸모없어."	"홍길동 교수는 불공평해." "내가 그 사람한테 좀 쌀쌀맞게 굴었지." "이 책은 아무 쓸모없어."
좋은 일	**일부로 믿는 태도(비관적)**	**전부로 믿는 태도(낙관적)**
	"나는 수학을 잘해." "내 주식중개인은 석유회사 주식을 잘 알아." "나는 그녀에게 매력적인 사람이야."	"나는 뭐든지 잘할 수 있어." "내 주식중개인은 증권 정보에 밝아." "나는 매력적인 사람이야."

ABC 확인해 낙관성 키우기

사람들은 불행한 사건을 겪으면 그것에 대해 여러 가지 생각을 하게 된다. 그리고 그 생각들은 금세 믿음으로 굳어진다. 이런 믿음이 습관처럼 되면, 의식적으로 주의를 집중하지 않으면 자신이 그런 믿음을 갖고 있다는 사실조차 깨닫기 어렵다. 게다가 이런 믿음은 어떤 감정을 느끼고 어떤 행동을 할지를 결정한다. 따라서 믿음의 성격에 따라 결과도 크게 달라진다. 그 믿음이 올바른 것이라면 큰 문제가 없지만 대부분 왜곡된 믿음을 갖는다. 믿음 자체가 왜곡된 것이니 결론 또한 제대로 내리기가 어렵다.

마치 도미노 현상처럼 불행한 사건(A)이 왜곡된 믿음(B)을 낳고 이는 다시 잘못된 결론(C)으로 연결된다. 불행한 사건보다 왜곡된 믿음이 잘못된 결론으로 감정과 행동을 결정하는 것이다. 이 악순환의 고리를 끊지 않고서는 낙관성을 키우기 어렵다. 세상은 A·C가 아닌 A·B·C로 작동하기 때문이다. 이 'ABC 확인하기' 방법은 셀리그만과 그의 동료들이 개발한 것으로 낙관성뿐만 아니라 인지심리 치료와 회복력 기술에도 적극 도입하고 있다.

ABC 확인하기

앞에서도 이야기했지만 왜곡된 믿음이 굳어져 있으면 자각하기조차 쉽지 않다. 하지만 악순환의 고리를 끊으려면 자신의 삶 속에서 ABC가 일상적으로 어떻게 작동하고 있는지를 살펴보아야 한다. 우선 ABC의 작동원리를 이해하기 위해 다음 빈칸을 채워보자. 불행한 사건(A)과 관련된 왜곡된 믿음(B)과 잘못된 결론(C) 중 하나만 제시돼 있다.

상황 1. A. 주차를 하려는데 다른 사람이 새치기했다.
B. 나는 ________________라고 생각했다.
C. 나는 화가 나서 창문을 내리고 그 사람한테 소리를 질렀다.

상황 2. A. 숙제를 안 한다고 아이한테 소리를 질렀다.
B. '내가 개떡 같은 엄마지'라는 생각이 들었다.
C. 나는 ________________을 느꼈다(혹은 했다).

상황 3. A. 가장 친한 친구가 전화를 받지 않았다.

B. 나는 ________________라고 생각했다

C. 나는 하루 종일 우울했다.

상황 4. A. 가장 친한 친구가 전화를 받지 않았다.

B. 나는 ________________라고 생각했다.

C. 그 일로 불쾌하지 않았고 내 할 일을 했다.

상황 5. A. 아내(혹은 남편)와 다투었다.

B. '내가 뭐 하나 제대로 하는 게 없지'라고 생각했다.

C. 나는 ________________을 느꼈다(혹은 했다).

상황 6. A. 아내(혹은 남편)와 다투었다.

B. '저 사람이 원래 기분이 엄청 안 좋았지'라고 생각했다.

C. 나는 ________________을 느꼈다(혹은 했다).

상황 7. A. 아내(혹은 남편)와 다투었다.

B. '나는 언제든지 오해를 풀 수 있어'라고 생각했다.

C. 나는 ________________을 느꼈다(혹은 했다).

7가지 상황에 대한 빈칸을 채우다 보면 ABC가 각각 어떻게 상호작용하는지 알 수 있다. 우선 상황 1에서는 새치기에 대한 생각이 화를 촉발했다. B가 '저 도둑놈이 내 자리를 훔쳐갔네' 혹은 '저런 뻔뻔하고 치사한 짓을 하다니'와 같은 부정적인 왜곡된 믿음이 나올 수 있는 느낌이고 행동이다.

상황 2는 불행한 사건의 원인을 자신에게서 찾은 경우다. 사실은 아이가 숙제를 안 해 소리를 지른 것임에도 자신이 '개떡 같은 나쁜 엄마'이기 때문에 소리를 질렀다고 자책하며 슬퍼한다. 이처럼 불행한 사건이 개인적인 특성 때문에 생긴 것이라고 생각하면 낙담하고 포기하기 쉽다. 게다가 그 특성이 영속적이고 만연적인 것이라면 낙담도 오래갈 것이다.

상황 3과 4는 둘 다 가장 친한 친구가 전화를 받지 않은 상황이다. 상황 3에서처럼 뭔가 영속적이고 만연적인 것을 생각했다면(예컨대 '나는 늘 이기적이고 남 생각을 할 줄 몰라. 그러니 놀랄 일도 아니지'라고 생각했다면) 우울해질 것이다. 그러나 만약 상황 4에서처럼 불쾌함을 느끼지 않았다면 '그 친구, 이번 주 내내 야근하고 있나 보네' 혹은 '친구가 기분이 안 좋은가 보네'라고 생각할 것이다. 이처럼 원인을 일시적이고 일부분이며 자신이 아닌 외부에 있다고 생각한다면 마음이 심란해질 일이 없다.

상황 5, 6, 7은 아내 혹은 남편과 다툰 상황이다. 상황 5에서처럼 '내가 뭐 하나 제대로 하는 게 없지'라고 생각한다면(지속적이고 만연적이며 내부적인 설명), 우울해지고 화해의 시도도 하지 않을 것이다. 반면 상황 6에서처럼 '저 사람이 원래 기분이 엄청 안 좋았지'라고 생각한다면(일시적이고 외부적인 설명), 어느 정도 화가 나고 조금 낙담하면서 일시적으로만 침체될 것이다. 그러나 기분이 풀리면 아마도 뭔가 화해를 시도할 것이다. 상황 7에서처럼 '나는 언제든지 오해를 풀 수 있어'라고 생각한다면, 화해를 시도할 것이고 나아가 금방 기분도 좋아지면서 기운이 넘치게 될 것이다.

이처럼 ABC는 어떻게 믿느냐(B)에 따라 결론(C)이 달라진다. 이 작동원리를 이해하는 것이 악순환의 고리를 끊는 출발점이다.

조직에서 ABC 이해하기

메트로폴리탄 라이프 보험회사는 낙관성 점수가 높은 직원을 뽑아 이직률을 줄이고, 매출 실적을 올린 후 셀리그만에게 또 다른 도움을 청했다. 비관적인 간부들을 낙관적으로 바꾸어달라는 것이었다. 조직에 비관적인 사람들이 많다고 해도 걱정할 필요는 없다. 비관성을 낙관적인 사람으로 바꿀 수 있는 방법이 있기 때문이다. 우선 ABC를 이해해야 한다. A는 불행한 사건이며, B는 왜곡된 믿음, C는 잘못된 결론이다.

ABC에 대해서는 이미 앞에서 자세하게 설명했지만 다음에 제시한 문장들을 완성해보면서 ABC를 좀 더 확실하게 이해하도록 하자. 이 예들 중에는 자신과 밀접한 관련이 있는 것도 있고 그렇지 않은 것들도 있을 텐데, 관련이 없더라도 있는 것으로 상상하고 빈칸을 채워보도록 하자.

예1. A. 손쉽게 물건을 팔 수 있는 기회를 놓쳤다.
B. '나는 형편없는 영업사원이야'라고 생각했다.
C. 나는 ______________________을 느꼈다(혹은 했다).

예2. A. 상사한테 꾸중을 들었다.

B. 나는 ________________________라고 생각했다.

C. 나는 하루 종일 우울했다.

예3. A. 상사한테 꾸중을 들었다.

B. 나는 ________________________라고 생각했다.

C. 나는 그 일로 전혀 언짢지 않았다.

예4. A. 일주일 내내 고객과의 약속을 하나도 잡지 못했다.

B. 나는 '무엇 하나 제대로 하는 게 없어'라고 생각했다.

C. 나는 ________________________을 느꼈다(혹은 했다).

예5. A. 일주일 내내 고객과의 약속을 하나도 잡지 못했다.

B. 나는 '지난주에는 아주 좋았는데'라고 생각했다.

C. 나는 ________________________을 느꼈다(혹은 했다).

예6. A. 일주일 내내 고객과의 약속을 하나도 잡지 못했다.

B. 나는 '이번 주 상사의 지시가 엉터리였어'라고 생각했다.

C. 나는________________________을 느꼈다(혹은 했다).

예 1은 우리를 슬프고 맥이 빠지고 매사가 귀찮아지게 만들 것이다. '나는 형편없는 영업사원이야'라는 설명은 개인적이고 영속적이며 만연적인 설명이다. 다시 말해 우울증으로 가는 지름길인 것이다.

예 2와 예 3은 똑같은 사건이라도 어떻게 생각하느냐에 따라 결과가 달라질 수 있음을 보여준다. 예 2에서 상사에게서 꾸중을 듣고(A) 하루 종일 우울했다면(C) 그 사이를 연결하는 설명(B)은 '어떻게 하면 보고서를 잘 쓸 수 있을지 나도 모르겠어' 혹은 '나는 언제나 일을 엉망으로 만들어버려'같이 영속적이고 만연적이며 내재적인 설명이 될 것이다.

반대로 예 3처럼 상사의 꾸중을 듣고도 전혀 언짢지 않으려면 설명을 어떻게 바꿔야 할까? 스스로 변화시킬 수 있는 혹은 가변적인 어떤 것을 꾸중의 이유로 삼으면 된다. 예컨대 '보고서를 잘 쓰려면 어떤 도움이 필요한지 알아' 혹은 '교정을 봐야 돼'라고 생각할 수 있다. 두 번째로 필요한 것은 덜 만연적인 형태로 생각하는 것이다. 예컨대 '이번 보고서는 좀 문제가 있었어'라고 생각할 수 있다. 세 번째로 필요한 것은 자기를 탓하지 않는 것이다. 예컨대 '그 상사가 기분이 나빴어' 혹은 '시간적인 여유가 없었어'라는 식으로 생각하는 것이다. 만약 당신이 이와 같은 세 방향으로 당신의 왜곡된 믿음을 자연스럽게 바꿀 수 있다면 불행한 사건을 성공을 위한 도약대로 바꿀 수 있다.

예 4, 5, 6도 같은 상황을 어떻게 생각하느냐에 따라 결과가 달라질 수 있음을 보여준다. 예 4에서처럼 '무엇 하나 제대로 하는 게 없어(영속적이고 만연적적이며 내재적인 설명)'라고 생각한다면 당신은 슬퍼지고 아무것도 하지 않을 것이다. 그러나 예 5에서처럼 '지난주에는 아주 좋았는데' 하고 생각한다면 슬픔이 커지는 것을 막고 일을 계속할 것이다. 또 예 6에서처럼 '이번 주 상사의 지시가 엉터리였어(일시적이고 일부적이며 외재적 설명)'라고 생각한다면 상사에게는 언짢은 마음이 들겠지만 다음 주에는 나아질 것이라는 희망도 갖게 될 것이다.

앞의 예에서도 알 수 있듯이 우리가 나쁜 일에 대해 어떻게 생각하는가에 따라 그다음의 감정과 행동이 달라진다. 이것을 확실하게 이해해야 낙관성을 배울 수 있다.

자신의 ABC 기록하기

자신의 일상생활에서 ABC가 어떻게 작동하는지를 알아내려면 ABC 일기를 쓰는 것이 좋다. 하루나 이틀에 걸쳐 자신의 생활에서 5개의 ABC를 기록하는 것만으로도 충분하다. 그 정도만 기록해도 평소 자신의 ABC가 어떻게 작동하는지를 알 수 있다.

ABC를 기록하려면 평소 의식하지 않지만 마음속에서 늘 벌어지는 독백에 주의를 기울여야 한다. 아주 사소한 것이라도 어떤 불행한 사건과 그것 때문에 드는 감정 사이의 연결을 찾아내는 것이 관건이다. 예를 들어 전화로 대화를 나누던 친구가 전화를 빨리 끊고 싶어 하는 인상을 풍긴다면(마음을 약간 상하게 하는 불행한 사건), 슬픈 마음이 들 것이다(결과로 생긴 감정). 이런 작은 사건도 ABC 기록이 될 수 있다.

ABC 기록은 세 부분으로 작성하도록 한다. 우선 첫 번째 부분인 '불행한 사건(A)'에는 일상생활의 거의 모든 것이 해당될 수 있다. 예컨대 수도꼭지가 새는 일, 친구가 눈살을 찌푸린 일, 아기가 계속 울어대는 일, 요금 청구서가 많이 나온 일, 배우자가 무뚝뚝하게 대한 일 등이 불행한 사건이 될 수 있다. 이런 상황을 객관적으로 기록하도록 한다. 단, 일어난 사실만 기록하고 그것에 대한 평가는 하지 않도록 한다. 예를 들어 배우자와 다투었을 경우 자신의 말이나 행동에 상대방이 불만스러워했다고 기록할 수는 있다. 하지만 '아내(혹은 남편)가 부당했다'와 같은 평가는 '불행한 사건'에 기록하면 안 된다. 사실이 아니라 추론이기 때문이다. 추론은 두 번째 부분인 '왜곡된 믿음'에 기록할 수 있다.

'왜곡된 믿음(B)'이란 불행한 사건에 대한 본인의 해석이다. B를 기록할 때는 생각과 감정을 분리해야 한다는 점을 주의해야 한다. 감정은 세 번째 부분인 '잘못된 결론(C)'에 기록해야 하는 내용이다. '다이어트를 망쳐버렸네'라거나 '나는 능력이 없는 것 같아' 등은 왜곡된 믿음이다. 불행한 사건은 맞을 수도 있고 틀릴 수도 있다. 반면 '슬프다'라는 것은 감정이다. 이때 '슬프다'가 맞는지 틀리는지를 따지는 것은 무의미하다. 슬프다고 느끼면 슬픈 것이다.

마지막 '잘못된 결론(C)' 부분에는 자신의 감정이나 행동을 기록하도록 한다. 내가 슬픈가? 걱정이 되는가? 기쁜가? 죄책감을 느끼는가? 등등을 적으면 된다. 여러 감정이 들면 모두 적는다. 다시 말해 자신의 확인 가능한 모든 감정과 행동을 기록하도록 한다. '기운이 전혀 없다', '배우자의 사과를 받아낼 계획을 짰다', '침대에 다시 누웠다' 등등이 모두 결과로 일어난 행동일 수 있다.

다음은 흔히 경험할 수 있는 ABC의 몇 가지 예다. 이 예들을 참고해 자신의 ABC를 기록해보자.

● ABC 예 1

불행한 사건 남편이 애들을 목욕시키고 재우기로 했는데, 회사 일을 마치고 집에 돌아와보니 다들 TV 앞에 몰려 있었다.

왜곡된 믿음 남편은 왜 내 부탁을 들어주지 않을까? 아이들 목욕시키고 재우는 것이 그렇게 어려운 일일까? 이제 저 즐거운 분위기에 찬물을 끼얹으면 나만 악당이 되겠지?

잘못된 결론 정말로 화가 치밀어 남편한테 변명할 기회도 주지 않고 마구 소리를 지르기 시작했다. 거실로 가서 "잘 지냈니?"라는 말 한마디 없이 TV를 꺼버렸다. 나만 악당이 됐다.

● **ABC 예 2**

불행한 사건 일을 마치고 일찍 집에 와보니 아들 녀석이 친구들과 차고에서 담배를 피우고 있었다.

왜곡된 믿음 도대체 저 녀석은 자기가 무슨 짓을 하고 있는지 아는 것일까? 오늘은 완전히 박살을 내야지! 얼마나 무책임한 짓을 한 건지 깨닫게 해줘야 해. 저 녀석은 도무지 믿을 수 없어. 내뱉는 말이 하나같이 다 거짓말이야. 저 녀석 말은 귀담아 들을 필요가 없어.

잘못된 결론 나는 아이에게 미칠 정도로 화를 냈다. 자초지종을 묻지도 않고 아이한테 "믿지 못할 비행 청소년"이라고 말했다. 그날 저녁 내내 화가 가시질 않았다.

● **ABC 예 3**

불행한 사건 호감 있는 남자에게 전화를 해서 같이 영화를 보러 가자고 했다. 그랬더니 그 남자가 회의 준비 때문에 다음 기회로 미루자고 했다.

왜곡된 믿음 그래, 뻔한 변명이지. 내 감정을 자극하지 않으려고 했을 뿐이야. 실제로는 나와 만나고 싶지 않은 거지. 도대체 내가 뭘 기대하고 그런 짓을 했담? 너무 노골적으로 행동했어. 내가 먼저 다른 사람한테 데이트 신청하는 짓은 이제 안 할 거야.

잘못된 결론 내가 바보 같고 황당하고 꼴 보기 싫었다. 함께 영화 보러 갈 사람을 찾느니 친구들한테 표를 주기로 마음먹었다.

ABCDE 반박하기

ABC를 확인했다면 낙관성을 키우는 데 반은 성공한 것이나 마찬가지다. 나쁜 일이 생겼을 때 어떻게 생각하고 믿는가에 따라 결과가 달라진다는 것을 깨달으면 비관적인 생각을 바꿔 낙관성을 키울 수 있다. 그러려면 기존의 자신의 생각과 행동을 지배하던 ABC에 반박해야 한다.

어떻게 반박해야 하는지 걱정하지 않아도 된다. 사람은 누구나 반박할 수 있는 능력이 있다. 그 능력은 특히 자신이 무심코 저지른 실수를 비난하는 사람들과 맞설 때 잘 발휘된다. 예를 들어 직장에서 경쟁자가 "당신은 직원들을 위해서라도 부사장이 되면 안 돼. 그럴 자격이 없어. 당신은 몰인정한 데다 이기적이어서 누구도 당신을 지지하지 않을 거야"라고 비난하면 당신은 그 사람이 지적한 사항에 대한 반증을 구체적으로 제시하며 낱낱이 반박할 수 있다.

반박하는 방법

일단 타당한 근거가 없다고 생각되는 자신의 비관적인 생각을 파악했다면 다음의 ABCDE 방법으로 반박하는 연습을 하자. 불행한 사건에 뒤따르는 왜곡된 믿음을 효과적으로 반박하면 낙담과 포기라는 습관적인 반응 대신 활기와 유쾌한 기분을 되찾을 수 있다. 따라서 불행한 일을 겪은 후에 이를 당연시하는 자신의 믿음을 효과적으로 반박하면, 다양한 기회와 행복을 지레 포기하는 당신의 절망적인 태도를 바꿀 수 있다.

A_{Adversity}: 당신에게 생긴 불행한 사건.

B_{Belief}: 그 불행한 사건을 당연하게 여기는 왜곡된 믿음.

C_{Consequence}: 그 왜곡된 믿음을 바탕으로 내린 잘못된 결론.

D_{Disputation}: 자신의 왜곡된 믿음에 대한 반박.

E_{Energization}: 자신의 왜곡된 믿음을 정확하게 반박한 후에 얻은 활력.

이해를 돕기 위해 예를 들어보자. ABC를 반박했을 때 결과가 어떻게 달라지는지를 보여준다. 회복력_{Resilience}에 관한 강의를 하는 강사가 강의 평가서를 받았는데, 그중 다음과 같은 내용이 있었다.

'나는 이 수업에 몹시 실망했다. 인상 깊은 점이 있다면 어쩌면 그토록 시종일관 지루하게 수업을 할 수 있을까, 하는 것뿐이었다. 리치먼드 강사보다 차라리 시체가 더 활기찰 것 같다는 생각이 들 정도였다. 다른 건 몰라도 이 수업만큼은 듣지 말기를!'

이 평가서는 강사에게 생긴 불행한 사건(A)임이 분명하다. 이 평가서를 본 강사는 평가를 인정하지 않고 학생 탓을 한다. 학생이 시건방져서 그런 평가를 한 것이고, 요즘 학생들은 디지털 사운드 시스템을 갖춰놓고 수업하기를 바라기 때문에 화려한 멀티미디어가 없으면 따분해할 수밖에 없다고 믿어버린다. 또한 충실하게 자료를 준비해서 생각할 기회를 제공한다고 해도 그 학생들은 감당할 능력이 없다고 매도하며 악의적인 평가는 무시해버리는 게 좋다고 생각한다. 왜곡된 믿음(B)의 전형적인 모습이다.

믿음이 왜곡됐으니 잘못된 결론(C) 또한 부정적이다. 학생에게 잘못을 돌려도 도저히 참을 수 없어 그 강사는 아내에게 전화를 걸어 고래고래 고함을 치면서 평가서를 읽어준다. 너무나 건방지고 버릇없는 요즘 학생들이 괘씸해 늦은 밤까지 분을 삭이지 못한다.

여기서 끝나면 강사는 행복과는 거리가 멀어질 수밖에 없다. 하지만 생각을 다음과 같이 바꿨다고 가정해보자(D).

'그 학생이 무례한 건 사실이야. 하지만 내 강의라고 싫어하는 학생들이 왜 없겠어. 그러니 상심할 일은 아니야. 그건 수많은 평가서 중 하나일 뿐이니까. 그렇지만 솔직히 이번 평가서 결과는 예전만 못한 것 같군. 내가 강의 준비에 소홀히 한 점도 없지 않았을 거야. 혹독한 평가서를 반성의 기회로 삼아야 해. 학습 교재를 준비하는 데도 좀 더 노력해야지.'

생각을 바꿔 상황을 다시 정리하자 강사는 화가 많이 누그러졌다. 그 학생의 표현방식에 대해서는 여전히 괘씸한 생각이 들지만 전체적인 시각으로 받아들일 수 있게 됐다. 강의 준비를 소홀히 했다는 사실을 인정하긴 싫지만 강의 수준을 높이는 데 심혈을 기울일 작정이다. 아울러 새로운 학습도구 개발에도 더욱 신경 쓰고 기존 강의안도 보완해야겠다는 생각도 했다. 반박을 함으로써 활력(E)을 얻게 된 것이다.

왜곡된 믿음에 반박하는 방법

왜곡된 믿음과 그에 따른 결과를 반박하면 활력을 얻을 수 있다. 하지만 오랫동안 왜곡된 믿음을 갖고 있었다면 스스로 그 믿음에 반박하기가 쉽지만은 않다. 반박이 잘 안 될 때 자신을 효과적으로 설득할 수 있는 방법이 있다. '그게 사실인가?'의 명백한 증거 제시하기, '다르게 볼 여지는 없는가?'의 대안 찾기, '그래서 어떻다는 것인가?'의 숨은 진실 찾기, '그것이 어디에 쓸모 있는가?'의 실질적인 접근 등 4가지 방법을 이용해 반박하면 된다.

'명백한 증거 제시하기'는 그 믿음이 사실과 전혀 다르다는 것을 밝히는 것이다. 충분한 시간을 두고 유리한 증거를 확보하는 것이 좋다. 파국을 부르는 왜곡된 믿음을 뒤집을 수 있는 명백한 증거를 찾으면 반박하기가 쉬워진다.

'대안 찾기'는 부정적인 믿음을 갖게 한 원인을 찾고 그중에서 덜 파괴적인 원인에서 대안을 찾는 것이다. 그러려면 자신의 왜곡된 믿음이 생기게 한 모든 가능성을 샅샅이 조사해 바꿀 수 있는 원인에 먼저 초점을 맞추는 것이 바람직하다.

'숨은 진실 찾기'는 부정적인 믿음이 불리하게 작용할 때 그 불행의 구렁텅이에서 해방시킬 수 있는 방법이다. 설령 부정적인 믿음이 사실일지라도 그 믿음 안에 내재돼 있는 의미가 무엇인지 따져보는 것이 중요하다. 다시 부정적인 믿음을 반박할 '증거'를 찾아봐야 한다.

마지막으로 '실질적인 접근'은 말 그대로 효과적으로 반박할 수 있는 방법을 찾아보는 것이다. 공평한 세상이라는 믿음을 얻으려면 어떤 마음가짐으로 살아야 할지를 생각해보고 공평한 미래가 되게끔 세상을 바꿀 수 있는 방법을 모색한다. 자신의 삶을 어떻게 바꿀 것인지 생각해보는 것도 중요하다.

반박 연습하기

실제로 반박하는 연습을 돕기 위해 2가지 예를 제시한다. 첫 번째는 나쁜 일에 관한 것이고, 두 번째는 좋은 일에 관한 것이다. 일상생활에서 겪게 되는 사건에 대해 자신에게 생기는 믿음이 어떤 것인지 생각하고 그 결과를 관찰해 자신의 믿음을 철저하게 반박한다. 그런 다음 반박에 성공했을 때 어떤 활력이 생기는지 살펴보고 그 결과를 적어보는 것이다. 자신의 부정적인 믿음을 반박하는 앞의 4가지 방법을 활용하면 큰 도움이 될 것이다.

● 나쁜 일에 관한 반박 예

불행한 사건 남편과 아이가 생긴 뒤 모처럼 첫 외식을 하면서 그만 말다툼이 벌어졌다. 처음에는 종업원 말투가 상냥하다, 아니다 하며 사소한 말다툼으로 시작했는데, 나중에는 아이가 외가 쪽을 닮아 눈이 작다느니, 친가 쪽을 닮아 고집이 세다느니 하며 싸움이 커졌다.

왜곡된 믿음 아이 때문에 좋았던 부부 관계가 금이 갔다고 생각한다. 이혼밖에는 길이 없다고 생각하면서도 과연 혼자서 아이를 잘 키울 수 있을까, 걱정된다.

잘못된 결론 너무나 슬프고 절망적이고 두렵다. 도저히 식사를 할 수가 없고 남편을 바라보는 것조차 끔찍하다.

반박 환상 속에서 살고 있는 자신을 발견한다. 지난 두 달 동안 단 3

시간도 편안하게 못 잤다. 낭만적인 생각을 한다는 건 무리였다. 지금도 젖이 불어서 흘러내릴까 봐 걱정이다. 이번 외식을 망쳤다고 그게 이혼 사유가 될 수는 없다. 우리 부부는 이보다 훨씬 더 힘든 시련도 이제껏 잘 이겨내지 않았던가. 좀 더 여유를 갖고 우리 부부만의 오붓한 시간을 보낼 수 있도록 노력하기로 마음먹는다. 다음에는 훨씬 더 좋은 시간이 될 거야.

활력 얻기 기분이 한결 좋아지고 오로지 남편만 생각하기 시작했다. 젖이 흘러내릴까 봐 걱정된다는 말도 남편에게 솔직하게 털어놓는다. 종업원의 태도에 대해서도 웃어넘길 수 있는 여유가 생긴다. 우리 부부는 이번 실수를 교훈 삼아 다음 주 근사한 저녁 데이트도 약속한다. 솔직히 털어놓으니까 남편도 나도 훨씬 더 즐겁고 사랑이 더욱 깊어졌다.

● **좋은 일에 관한 반박 예**

좋은 일을 비관적으로 해석하는 태도는 나쁜 일들을 비관적으로 해석하는 태도와 정반대다. 비관적인 사람들은 좋은 일이 생기면 일시적이고 특수한 현상이라 생각하기 때문에 자신은 그 좋은 일과 아무런 관계가 없는 것으로 여긴다. 이처럼 좋은 일을 비관적인 태도로 받아들이면 자기에게 굴러들어온 복을 걷어차는 격이다.

불행한 사건 상사는 내가 제시한 아이디어가 마음에 든다고 말했다. 그러면서 중역 회의에 참석해 그들 앞에서 프레젠테이션을 해보라고 했다.

왜곡된 믿음 아냐, 그럴 리 없어. 상사가 내게 그렇게 중요한 회의에 참석해달라고 하다니 도무지 믿기지 않아. 난 비웃음만 살 거야. 나는 직속 상사에게 칭찬받은 것으로 충분해. 내 운은 거기까지야. 내가 결정적인 의견을 내놓긴 했지만 솔직히 난 회사 중역들의 질문에 명쾌하게 답변할 만한 전문 지식도 없어. 그러니 결국 창피만 당하고 말 거야.

잘못된 결론 나는 극도로 불안감을 느껴 아무것에도 집중하지 못했다. 난 최종 기획회의에 참석해 최선을 다했어야 했는데 마음의 갈피를 잡지 못하고 갈등하다 일만 밀리고 말았다.

반박 아냐, 잠깐 생각 좀 해보자. 이건 좋은 일이지 결코 나쁜 일이 아니잖아? 다른 사람들과 토론하긴 했지만 최종 아이디어를 얻기까지 내가 결정적인 공을 세운 게 사실이야. 그러니 그게 내 아이디어라고 해도 틀리진 않아. 심지어 내가 적어놓은 아이디어를 부서원들이 돌려가며 읽기도 했지. 직속 상사가 나를 선택한 건 내가 적임자라고 판단했기 때문이야. 그는 내가 잘할 수 있다고 확신한 거야. 나도 마땅히 그래야 해.

활력 얻기 오랫동안 차분하게 내 자신을 돌아본 후 동료 몇 명을 모아놓고 프레젠테이션 연습을 해보기로 결심했다. 사실 그 도전에 마음이 설레기 시작했고 연습하면 할수록 그만큼 자신감도 커졌다. 그러다 보니 프레젠테이션을 일목요연하게 진행할 수 있는 요령도 터득하게 됐다.

우울증, 낙관성 학습으로 예방과 치료가 가능하다

현대인들 사이에 만연해 있는 병 중의 하나가 우울증이다. 우울증은 참으로 무서운 병이다. 자신도 모르는 사이에 정신을 황폐하게 만들고 심할 경우 스스로 삶을 포기하는 극단적인 행동을 하게 만들기 때문이다.

우울증 환자가 급증하는 만큼 우울증을 연구하는 사람들도 많다. 셀리그만에 의해 낙관성 학습이 등장하기 전에는 우울증에 관한 이론은 정신분석적 이론과 생의학적 이론 두 가지가 전부였다. 정신분석적 이론을 정립한 프로이트는 우울증이 자신에 대한 분노라고 주장했다. 그의 이론에 의하면 아이는 엄마 품속에 있을 때부터 자기 자신을 미워하는 것을 배운다고 한다. 예를 들어 아이가 엄마를 찾는데 엄마가 다른 일로 바빠 미처 아이를 돌보지 못하면 아이는 크게 분노하는데, 엄마를 너무 사랑하기 때문에 엄마를 미워하지는 못하고 자기 자신에게 화를 내게 된다는 것이다.

프로이트의 이론에 따르면 우울증에서 벗어나기란 결코 쉬운 일이 아니다. 잘 기억하지도 못하는 어릴 적 갈등과 분노를 해결해야 하기 때문이다. 정신분석학에서는 장기간에 걸쳐 오래전 기억을 되살리기 위한 대화를 유도해 우울증을 치료하려 든다. 하지만 이런 방법으로 해결할 수 있는 문제는 특별한 치료를 하지 않고도 몇 달 지나면 대부분 자연스럽게 사라지는 것이다. 셀리그만의 연구에 의하면 우울증을 호소하는 환자의 90% 이상의 사례에서 우울증이란 일시적인 것으로 나타났다. 증상의 지속기간은 3~12개월 정도였다. 무엇보다 지금까지 수천 명의 환자가 수십만 번의 치료 시간을 가졌지만 정신분석의 우울증 치료효과는 증명되지 않았다.

셀리그만은 정신분석학 이론보다는 생의학적 이론이 설득력 있다고 말했다. 생의학적 이론을 따르는 정신과 의사들은 뇌 화학물질의 불균형을 초래하는 유전적인 생화학적 결함으로 우울증이 생긴다고 보기 때문이다. 그래서 약물이나 전기충격 요법을 사용해 우울증을 치료하는데 나름 효과가 있다. 셀리그만은 뇌의 문제로 우울증이 생긴다는 의견은 일부 옳다고 인정하지만 우울증의 경중을 따지지 않고 동일한 치료를 하는 것에는 동의하기 어렵다고 말한다. 약물 치료는 중증의 우울증 치료에는 도움이 되지만 아직까지 경미한 우울증을 치료하는 데도 효과가 있다는 증거는 없기 때문이다. 무엇보다 약물 치료는 환자를 의존적으로 만든다. 자신보다는 약물을 신뢰하기 때문에 약을 중단하면 우울증이 재발하는 경우가 많다.

결국 셀리그만은 정신분석학도, 생의학적 이론도 우울증을 완전하게 설명하지는 못한다는 결론을 내렸다. 그러면서 다음과 같은 문제를 제기했다.

- 대부분의 우울증이 정신과 의사들이나 정신분석학자들이 주장하는 것보다 훨씬 단순한 것이라면 어떻게 할 것인가?(90% 일시적, 지속 기간 3~12개월)
- 우울증이 병이 아니라 심한 저기압의 심리 상태라면 어떻게 할 것인가?
- 우리의 행동방식이 과거의 갈등에 얽매어 있지 않다면 어떻게 할 것인가?
- 우울증이 사실상 현재의 어려움 때문이라면 어떻게 할 것인가?
- 우리가 유전자나 뇌의 화학작용에 얽매어 있지 않다면 어떻게 할 것인가?
- 우리 모두가 살다 보면 겪게 마련인 불운과 실패를 잘못 해석함으

로써 우울증이 생기는 것이라면 어떻게 할 것인가?

- 그저 실패의 원인을 비관적으로 해석하기 때문에 우울증이 생기는 것이라면 어떻게 할 것인가?
- 학습을 통해 비관성을 떨쳐버리고 실패를 낙관적으로 바라보는 기술을 획득할 수 있다면 어떻게 할 것인가?

이런 의문을 바탕으로 셀리그만은 행복을 만드는 도구인 낙관성 학습 프로그램을 우울증을 예방하거나 치료하는 데 활용했는데, 그 결과는 놀라웠다. 우울증을 치료하는 것은 물론 예방하는 데도 효과가 있었다. 여러 연구 중 대표적인 연구 내용을 하나만 소개하면 다음과 같다.

필라델피아 근처의 애빙턴에서 수행한 연구로 10~12세 아이들 중 경미한 우울증상을 보이거나 부모가 자주 다투는 집의 아이들을 선정한 후 크게 낙관성 학습 프로그램에 참여하는 아이들과 그렇지 않은 아이들로 나누고 2년 동안 추적 조사했다. 전반적으로 추적 조사 시간에 경미하거나 심각한 우울증상을 보인 아이가 전체의 20~45%로 매우 높았다. 하지만 낙관성 학습 프로그램에 참여했던 아이들은 그렇지 않은 아이들에 비해 우울증상을 보인 아이들이 절반 정도에 불과했다. 두 팀의 차이가 가장 극명하게 보인 것은 훈련과정이 끝난 직후였는데, 낙관성 훈련을 받지 않은 아이들이 참여한 아이들보다 상당히 더 많은 우울증상을 보였다.

Positive Psychology

10

회복력 높이기

외상 후 스트레스 장애(PTSD)란?

최근 세월호 사고를 비롯해 대형 사고·사건들이 많이 일어나고 있다. 이로 인해 많은 사람들이 직간접적으로 트라우마Trauma를 경험한다. 트라우마는 정신적 외상을 뜻하며 심할 땐 충격이 너무 커서 일상생활이 불가능할 뿐만 아니라 불안과 우울증세를 보이고 삶의 의욕을 잃어버리기까지 한다. 아무리 잊으려고 애를 써도 오히려 기억이 선명해져 고통이 더 심해지는데, 이 정도가 되면 외상 후 스트레스 장애PTSD, Post-Traumatic Stress Disorder라 할 수 있다. 하지만 모든 사람들이 트라우마를 겪었다고 해서 PTSD로 이어지는 건 아니다. 그들 가운데는 분명 역경을 이겨내고 행복하게 살아가는 사람들이 있다. 외상 후 스트레스 장애에 대한 정확한 이해가 필요하다.

PTSD는 사람이 자연재해, 실패, 고문, 전쟁 등에 의해 심각한 사고 혹은 사건을 경험한 다음 공포감을 느끼고 그 후에도 지속적인 재경험을 하며 고통을 느끼는 정신적·심리적 상태를 말한다. 과학적으로 PTSD의 진단 기준은 무엇일까? 미국 정신의학회의 『정신질환의 진단 및 통계 편람』 제4판에 실린 PTSD의 최신 진단 기준을 알아보자.

A. 트라우마 사건에 노출된 적이 있다.
B. 그 트라우마 사건을 지속적으로 재경험한다.
C. 그 트라우마와 관련된 자극을 지속적으로 회피하고 일반적인 반응이 마비된다.
D. 지나친 흥분과 공포 증상이 지속된다.
E. 심리적 혼란(B, C, D의 증상들)이 1개월 이상 지속된다.
F. 심리적 혼란은 임상적으로 상당한 고통을 유발하거나 사회적·직업적, 그 밖의 주요 영역에서 기능하는 것을 손상시킨다.

이 진단에서 가장 중요한 한 가지 기준은 그 증상들이 트라우마 사건 이전에는 결코 나타나지 않는다는 것이다.

외상 후 성장(PTG)이란?

대부분 사람들이 PTSD는 기억하지만 외상 후 성장PTG, Post-Traumatic Growth에 대해서는 아직 잘 모른다. 극심한 역경을 겪은 후 상당히 많은 사람들이 PTSD에 의해 심각한 우울증과 불안증을 보인다. 하지만 그런 다음에 그들은 성장한다. "나를 죽이지 못하는 것은 나를 더욱 강하게 만든다"라는 니체의 말처럼 장기적으로 그들의 심리적 기능 수준은 전보다 더욱 높아진다.

셀리그만은 그의 책 『플로리시』에서 PTG를 위한 5가지 요소를 제안했다. 첫째, 트라우마 자체에 대한 반응을 이해하는 것이다. 즉 트라우마를 접할 때 보통 자신, 타인, 미래에 대한 믿음이 산산이 부서진다. 예를 들어보자. 당신 친구가 어제 함께 여행을 가다가 사고로 죽었다. 오늘 당신은 울음을 터뜨리며 '나는 벗어나지 못할 거야. 나는 PTSD에 걸렸어. 내 인생은 끝났어'라고 생각한다. 이런 생각이 우울과 불안 증상을 증가시킨다. 사실 PTSD는 우울증과 불안증이 특별히 부정적으로 조합된 결과다. 이제 그 증상 자체가 증상의 강도를 높인다. 친구의 죽음에 울음을 터뜨리는 것은 PTSD 증상이 아니라 지극히 정상적인 비탄과 애도 증상이다. 그 사실을 알고 나면 보통 회복력이 뒤따르고 연쇄적 하락에 제동을 걸 수 있다. 이 사실만 이해하더라도 역경을 극복할 수 있다는 것이다.

둘째, 불안감 감소다. 심각한 사고 혹은 사건을 경험한 후 그 사건에 공포감을 느끼고 지속적인 재경험을 하며 고통을 겪는다. 하지만 이 요소는 불쑥불쑥 떠오르는 생각과 이미지를 통제하는 기법을 알려주어 불안감을 줄여준다. 셋째, 건설적인 자기 노출이다. 트라우마를 감추는 것은 심리적·신체적 증상을 악화시킬 수 있다. 따라서 트라우마 경험을 털어놓도록 격려해야 한다.

넷째, 트라우마 서술하기다. 트라우마 사건을 서술하면서 그 트라우마를 역설에 대한 인식을 높여주는 갈림길로 여기게 한다. 잃은 것이 있으면 얻은 것도 있다. 슬픈 일이 있으면 감사할 일도 있다. 약점이 있으면 강점도 있는 법이다. 그다음에는 자신의 어떤 강점을 활용했는지, 인간관계가 얼마나 개선됐는지, 영적인 삶이 얼마나 강화됐는지, 삶 자체에 얼마나 더욱 감사한지, 어떤 새로운 문이 열렸는지를 자세하게 서술한다.

다섯째, 도전에 더욱 강건하게 맞서는 전반적인 생활신조와 실천적 태도를 명확하게 표현하는 것이다. 여기에는 이타적인 사람이 되기 위한 새로운 방법 터득하기, 생존자의 죄의식 없이 성장을 받아들이기, 트라우마 생존자 혹은 동정심이 풍부한 사람이라는 새로운 정체성 확립하기 등이 포함된다. 이렇게 5가지 요소로 PTG가 이루어지는데 회복력이 이를 도와준다.

회복력이란?

누구나 행복을 원하지만 대부분의 사람들이 삶의 여정에서 역경을 겪게 마련이다. 하지만 역경을 대하는 자세와 결과는 사람마다 다르다. 어떤 사람들은 역경을 이겨내지 못하고 절망하거나 우울증에 시달린다. 최악의 경우 스스로 목숨을 끊기도 한다. 반면 어떤 사람들은 감당할 수 없을 것 같은 큰 역경을 겪었는데도 더 강해지고 성공적이며 행복한 삶을 산다. 왜 이런 차이가 생기는 것일까?

바로 '회복력' 때문이다. 회복력은 용수철에 비유되기도 한다. 역경 후 되돌아오는 기능과 용수철처럼 움츠렸다 솟아오르는 탄력성이 있기 때문이다. 회복력은 역경을 극복하는 내면의 힘이면서 내면의 심리적 근육을 단련시켜주는 도구다. 회복력은 우리를 소진시키는 힘겨운 문제를 해결하고 질병을 이겨내고 원만한 결혼생활을 유지하고 국가적 재난을 겪은 후에도 꿋꿋하게 살아가게 해주는 요소다.

그렇다면 회복력을 통해 역경을 극복한 사람들의 사례를 알아보자. 어렸을 때 사생아로 태어나 아홉 살 때 성폭행을 당하고, 열네 살 때 미혼모가 되고, 태어난 지 2주 후에 아들이 죽는 등 수없이 아픔을 겪으면서도 〈오프라 윈프리 쇼〉 등 토크쇼의 여왕으로 우뚝 선 오프라 윈프리, 연구 활동 중 교통사고로 전신마비가 됐음에도 포기하지 않고 더 왕성한 활동을 하고 있는 이상묵 서울대 교수, 루게릭병으로 1~2년 시한부 진단을 받았으나 세계적 물리학자로 명성을 높이고 있는 스티븐 호킹Stephen Hawking 박사, 이라크전쟁 중 군의관으로 참전했다가 헬기가 격추되며 포로가 돼 성폭행과 모진 고문을 당한 후에도 PTG를 통해 현재 미 육군의 회복력 교육을 총괄하는 론다 코넘Ronda Conum 준장. 이들의 공통점은 무엇일까? 바로 회복력으로, 트라우마나 외상 후 스트레스 장애를 극복하게 해주는 힘이다.

두 엄마, 신디 램브와 캔디스 리트너의 이야기는 PTSD 같은 역경의 경우 회복력을 통해 극복할 수 있다는 것을 보여주는 좋은 사례다. 두 사람 모두 상습적인 음주운전자 때문에 사랑하는 아이들이 크게 다치거나 죽는 엄청난 역경을 겪었다. 신디는 1979년 다섯 살짜리 딸 로라를 태우고 운전을 하다가 시속 190km로 달리던 차와 충돌했다. 그 사고로 어린 딸은 전신마비가 됐다. 그 사건이 일어난 지 1년도 채 안 된 어느 날 캘리포니아 주의 한 시골에서 소프트볼 게임을 끝내고 학교 축제장으로 걸어가던 열세 살짜리 캐리 리트너가 차에 치여 숨지는 사고가 발생했다. 놀랍게도 캐리를 친 운전자는 1년 전 음주운전으로 로라를 친 그 사람이었다. 음주운전으로 두 번이나 유죄 선고를 받은 사람이 버젓이 유효한 운전면허증을 소지하고 또 다시 음주운전을 했던 것이다.

자식의 죽음 앞에서, 자식이 전신마비가 된 것을 지켜보면서 오열하지 않을 부모는 없다. 너무나 큰 슬픔을 안은 채 자식을 죽인 범죄자가 솜방망이 처벌을 받는 세상을 원망하며 우울증에 시달릴 수도 있었다. 하지만 두 엄마는 슬픔과 절망, 우울감에 빠져 있는 대신 1981년 음주운전에 반대하는 어머니 모임MADD, Mothers Against Drunk Driving을 만들었다. 또한 미국 연방정부 고속도로 안전기금을 지원받아 음주운전 예방 캠페인을 벌이기 시작했다. 두 엄마가 시작한 모임은 현재 미국뿐만 아니라 세계 도처에 수많은 지부를 두고 활발한 활동을 하고 있다.

두 엄마가 트라우마를 극복할 수 있었던 것은 역시 회복력 덕분이다. 회복력은 두 엄마처럼 트라우마를 겪은 사람에게만 필요한 것이 아니다. 부모가 이혼해 가족이 해체되는 아픔을 겪거나 신체적인 학대를 받는 등 불행한 어린 시절을 보낸 사람이 성인이 돼 예전의 암울한 기억을 딛고 행복하게 살기 위해서도 회복력이 필요하다.

또한 어린 시절에 이렇다 할 어려움을 겪지 않은 사람들에게도 회복력은 중요하다. 누구나 일상에서 끊임없이 크고 작은 문제로 스트레스를 받기 때문이다. 우리 삶에는 늘 역경이 함께한다. 퇴근 시간을 몇 분 앞두고 쌓여 있는 서류뭉치를 보면서 스트레스를 받는 일상적인 역경부터 사업 실패, 실연, 사랑하는 사람의 죽음까지 큰 역경을 겪으며 고통스러워하고 좌절한다. 그때마다 우리를 불행의 구렁텅이에서 건져 올리는 것은 회복력이다.

정서적 회복력

회복력의 증진 방법에는 정서적Emotion 방법과 인지적Cognitive 방법 2가지가 있다. 정서적 방법은 긍정정서이며, 인지적 방법은 정확한 사고다. 정서적 방법은 긍정정서의 창시자라 할 수 있는 프레드릭슨이, 인지적 방법은 회복력의 권위자 레이비치가 주도하고 있다. 이 책에서는 정서적 방법에 대해 간단하게 알아보고 인지적 방법에 초점을 맞출 것이다.

역경에 대한 대응 방식은 기본적으로 2가지가 있다. 그것은 바로 절망과 희망이다. 이순신 장군이 가장 열악한 조건에서 치열하게 싸워 승리했던 명량해전을 앞두고 "우리에겐 열두 척밖에 없습니다"가 아닌 "우리에겐 아직 열두 척이 남아 있습니다"라고 대응한 것처럼 말이다. 절망 속에서는 부정정서가 배가된다. 두려움과 불안은 스트레스로, 다시 스트레스는 가망성 없는 슬픔으로 변이될 수 있다. 이렇게 부정정서가 자라나게 되는데 부정정서보다 더 나쁜 것이 절망이다. 절망은 모든 형태의 긍정정서를 질식시키고 차단하며 긍정정서가 소멸되면 타인과 진정으로 연결될 모든 가능성이 사라진다. 절망은 우리를 나락으로 인도할 내리막길로 가는 문을 연다.

희망은 절망과 다르다. 그렇다고 희망이 절망의 반대라는 뜻은 아니다. 희망은 사실 부정정서를 또렷하게 인식한다. 하지만 중요한 것은 희망이 우리 안에 있는 긍정정서를 더 많이 배양한다는 점이다. 아무리 작은 희망의 불씨라도 우리에게 사랑과 감사, 영감 등의 정서를 느끼도록 해주는 발판이 될 수 있다. 그리고 이 따뜻하고 부드러운 느낌은 우리의 생각과 마음을 열어주고 다른 사람과 연결될 수 있도록 해준다. 이처럼 희망은 우리가 역경을 딛고 일어나 전보다 더욱 강하고 유능한 모습으로 변화할 힘을 불어넣어줄 오르막길로 가는 문을 열어준다.

긍정정서가 유전적으로든 직관적으로든 실천에 의해서든 다른 사람들에 비해 더 높은 사람들이 있다. 그런 사람들은 회복력이 강하다. 그들은 역경 앞에서도 인내할 줄 알고, 웃을 줄 알며, 불행한 사건을 기회로 바꾸고, 미래의 위협에 대해서는 관망하는 태도를 취하기 때문이다. 그렇다고 그들이 부정정서를 전혀 느끼지 않는다는 것은 아니다. 그들도 다른 사람들처럼 고통을 느낀다. 그러나 한편으로 위기 속에서도 긍정정서를 배양하는 방법을 찾기 때문에 그들의 부정정서는 그리 오래 지속되지 않는다. 그들은 금세 다시 일어선다.

역경은 어김없이 부정정서를 유발한다. 이를 방치해두었다간 언제 그 손아귀에 이끌려 나락으로 떨어지게 될지 모른다. 그러나 보이지 않는 힘에 끌려가는 와중에도 우리는 다른 길을 선택할 수 있다. 부정정서의 내리막길에서 긍정정서로 제동을 걸고 위쪽으로 방향을 틀 수 있는 것이다. 그러기 위해서는 내면에 있는 긍정정서의 샘을 팔 필요가 있다. 긍정정서는 심리적 시야를 가리고 있던 부정정서의 장막을 제거하고 보다 폭넓은 가능성을 향해 우리의 마음과 생각을 열어준다. 그리고 그와 동시에 우리를 긍정정서의 강한 상승효과에 태워 어둠을 뚫고 보다 높은 곳으로 올라가게 한다.

우리는 놀라울 정도로 강한 회복력을 지니고 있다. 이는 인간이라면 누구나 타고난 능력일지도 모른다. 대나무처럼 휘어질지언정 부러지지는 않을 수 있다. 휘청거리다가도 다시 일어설 수 있다는 것이다. 회복력에 필요한, 즉 내면의 샘에 막대한 긍정정서의 창고를 지니고 있기 때문이다. 이 긍정정서 창고에 있는 기쁨과 사랑, 감사, 영감의 순간은 부정정서의 눈가리개를 제거하고 시야를 회복하도록 도움으로써 더 이상 우리가 부정정서의 내리막길로 미끄러지지 않을 수 있게 해준다. 이처럼 긍정정서는 인간의 회복력에 중추적인 역할을 한다. 프레드릭슨은 "긍정정서 없는 회복력이란 상상할 수 없다"라고 말했다. 긍정정서가 회복력을 키워주기 때문이다.

긍정정서의 10가지 형태

프레드릭슨이 말하는 긍정정서의 10가지 형태는 기쁨, 감사, 평온, 흥미, 희망, 자부심, 재미, 영감, 경이, 사랑이다. 그는 오랜 기간에 걸쳐 대학생에서 중년 이상의 근로자에 이르기까지 수백 명의 연구 참가자를 대상으로 정서 경험을 조사한 결과, 긍정정서 중 이 10가지 형태가 일상생활에서 가장 지배적으로 나타난다는 것을 확인했다. 정서는 외부 환경보다는 내면적인 해석에 더 의존하는, 매우 개인화된 것이다. 그래서 어떤 사람에게는 무한한 영감을 주는 것이 다른 사람에게는 아무런 감흥을 못 일으키기도 하고, 어떤 사람에게는 즐거운 것이 다른 사람에게는 불쾌감을 불러일으키기도 한다. 이는 플로리시로 가는 길이 사람마다 제각기 다르다는 것을 뜻한다. 따라서 회복력을 위한 긍정정서를 함양시키기 위해서는 자신에 대한 연구도 필요하다. 긍정정서의 10가지 형태가 어떻게 나타나는지 알아보자.

기쁨 주변 환경이 안전하고 친숙할 때, 만사가 순조롭게 이루어질 때, 자신의 노력은 크게 필요하지 않을 때 유발될 수 있다. 기쁨의 원천은 다양하다. 동료가 준비한 깜짝 생일파티나 뜻밖에 발견한 비상금 혹은 새로 사귄 친구들과의 유쾌한 저녁 식사가 기쁨을 줄 수 있다. 기쁨은 밝고 가벼운 느낌이다. 기쁠 때는 세상이 생기 있어 보이고 계단을 오르는 발걸음이 가벼워진다. 머리가 맑아지고 기억력도 좋아져 새로운 아이디어가 많이 떠오른다. 그리고 내면에서 뿜어져 나오는 광채와 미소로 얼굴이 환해진다. 또 무엇이든 받아들이고 싶은 기분이 들고 신이 나서 어디든 뛰어들어 어울리고 싶어진다.

감사 누군가 수고로움을 마다하지 않고 당신을 도왔다는 사실을 알게 됐다고 가정해보자. 그것은 멘토로 여기는 분이 당신을 올바른 길로 이끌어준 일, 당신이 물질적·정신적으로 힘들 때 도움을 준 일일 수도 있다. 혹은 가게 점원이 까다로운 교환 건을 친절하고 능숙하게 처리해준 일, 옆집 아이가 눈이 많이 온 날 당신의 집 앞까지 쓸어준 일일 수도 있다. 당신에게 크나큰 은혜를 베푼 것이 사람이 아닐 수도 있다. 깨끗한 공기를 마실 수 있고, 건강한 신체를 갖고 있으며, 지친 몸을 쉴 수 있는 안전하고 편안한 보금자리가 있는 것에 고마움을 느낄 수도 있다. 어떤 경우든 소중한 선물로 여겨지는 것들을 돌아볼 때 감사하는 마음이 든다. 감사는 우리의 마음을 열어주며 보답을 하고픈 생각이 들게 한다.

평온 기쁨처럼 평온도 주변 환경이 안전하고 친숙하며 별다른 노력이 요구되지 않을 때 찾아온다. 그러나 기쁨에 비해 평온은 훨씬 더 차분하다. 이를테면 당신이 속한 상황이 지극히 편안하고 무탈해 기분 좋은 한숨이 저절로 길게 나올 때가 바로 평온한 순간이다. 고되지만 보람찬 하루를 보내고 나서 거실 소파에 앉아 있을 때, 어느 화창한 날 아침 살갗을 간질이는 시원한 바람이 불고 귓전에 울리는 파도 소리를 들으며 해변의 모래사장을 거닐 때, 좋아하는 찻잔에 따뜻한 차를 담아 곁에 두고 평소 읽고 싶었던 책을 읽을 때도 평온한 느낌이 든다. 평온은 현재의 상황을 음미하고자 하는, 또 그런 상황을 우리 삶에 보다 완전히, 더 자주 통합할 방식을 찾고자 하는 욕구를 일으키는 마음 상태다.

흥미 뭔가 새롭거나 색다른 것에 관심이 끌려 어떤 가능성에 대한 기대감이나 신비감으로 가슴이 벅차오를 때가 있다. 기쁨이나 평온과 달리 이런 상황은 노력과 관심을 요한다. 뭔가에 완전히 매료돼 거기에 몰입해 탐구하게 만드는 것이 흥미다. 숲 속에서 새로운 길을 만나 그 길이 어디로 이어졌는지 알고 싶을 때, 요리나 카드 게임, 춤 등을 배우며 새로운 기술을 연마하는 도전을 할 때, 새로운 아이디어를 떠올리게 하는 근사한 책을 만날 때 우리는 흥미가 샘솟는다. 흥미가 생기면 개방감과 생기가 느껴진다. 말 그대로 지평이 확장되고 그와 함께 가능성도 열리는 것을 느낄 수 있다. 흥미의 강한 끌어당김은 우리에게 미지의 것을 탐구하고 새로운 아이디어를 받아들이고 더 많이 배우도록 유혹한다.

희망 대부분의 긍정정서는 안전하고 만족스러운 상황에서 발생하지만 희망만은 예외다. 만사가 이미 순조롭다면 별달리 소망할 것이 없는 까닭이다. 희망은 상황이 갑갑할 때, 즉 상황이 좋지 않게 돌아갈 때,

앞으로 어떻게 전개될지 매우 불확실할 때, 가망이 없거나 절망적으로 보일 때 작동한다. 예를 들어 중요한 시험에서 떨어졌거나 직장을 잃었을 때, 사업에 실패했을 때, 가슴에 혹이 만져지거나 자전거 사고를 당한 피투성이 아이를 안았을 때 꿈틀대기 시작한다. 이런 절망적인 상황에서 희망은 '최악의 상황에서 오는 두려움 속에서 최상의 상황을 열망'한다. 희망의 저 깊은 밑바닥에는 상황이 바뀔 수 있다는 믿음이 깃들어 있다.

자부심 자부심은 공로를 인정받을 수 있는 업적을 세웠을 때, 노력과 재능을 투자해 성공을 거두었을 때 솟아난다. 예를 들어 세탁기를 고치거나 정원에 나무를 심는 일, 침실을 개조하는 일 등으로 집을 단장하면서 마무리 손길을 가할 때 드는 좋은 느낌이 자부심이다. A학점을 받았을 때, 경주에서 우승했을 때, 계약을 성사시켰을 때, 힘겨운 목표를 이루었을 때, 자신의 아이디어를 담은 책을 출간했을 때 등 학업이나 직업에서 소기의 성과를 거뒀을 때, 자신의 도움이나 친절, 지도로 다른 사람이 변화된 것을 알았을 때도 자부심이 샘솟는다. 이러한 일들은 단지 개인의 업적에 그치는 것이 아니라 사회적으로도 가치 있는 일들이다.

재미 간혹 예기치 못한 일로 웃음이 터질 때가 있다. 친구가 당신이 만들어준 요리를 먹고 익살맞은 표정을 지을 때, 당신이 실수로 어린 자녀를 욕조에 오줌 누였을 때, 누군가 당신을 뒤에서 깜짝 놀라게 했을 때, 직장 동료가 군대에서 있었던 고통스러운 경험담을 아무렇지도 않게 떠벌릴 때 우리는 재미있어 한다. 사회과학자들은 이런 상황을 '심각하지 않은 사회적 부조화'라고 설명한다. 정의상 재미는 심각하지 않은 것이다. 진정한 재미는 웃고 싶은 억누를 수 없는 충동과 그 유쾌함을 다른 사람들과 나누고픈 욕구를 불러일으킨다. 웃음을 나눈다는 것은 현재의 상황을 안전하고 편안하게 받아들이고 있으며 그 축복된 시간을 타인과의 유대 강화에 이용하고 싶다는 신호다.

영감 우리는 번번이 인간의 탁월성과 마주친다. 그럴 때 평소의 범상함을 뛰어넘어 더 큰 가능성을 바라보게 된다. 지고한 인품을 목격할 때는 사기가 진작되고 정신적으로 고무된다. 영감을 받으면 주의가 집중되고 마음이 따뜻해지며 이끌림을 받는다. 인간의 타락을 목격하고 흠칫 물러나게 될 때 드는 역겨움과 영감은 정반대의 느낌이다. 영감은 단지 기분을 좋아지게 하는 데 그치지 않고 스스로 그 좋은 마음을 표현하고 좋은 행동을 하고 싶게끔 만든다. 또 더 높은 곳에 도달할 수 있도록 최선을 다하려는 욕구를 불러일으킨다. 감사나 경이와 더불어 영감은 자기 초월적 정서 중 하나로 우리를 자아도취라는 껍질에서 이끌어낸다.

경이 경이는 우리가 뭔가 좋은 것과 장대한 규모로 마주칠 때 생겨난다. 그럴 때 말 그대로 위대함에 압도당하는 듯하고 그에 비해 자신은 한없이 작고 초라하게 느껴진다. 경이는 가던 길을 멈추고 그 자리에 서게 만든다. 사방의 경계가 무너져내리고 스스로가 더 큰 무언가의 일부라는 느낌에 사로잡힌다. 입이 떡 벌어지게 만드는 그랜드 캐니언의 저녁노을이나 태평양 연안의 험준한 바위 절벽에 부딪치는 파도의 위력을 볼 때 우리는 자연의 경이에 휩싸인다. 닐 암스트롱이 달에 첫발을 내딛는 것을 보았을 때, 파리 노트르담 대성당에서 거대한 스테인드글라스를 통해 쏟아져 들어오는 햇살을 봤을 때는 인간의 위대함에 경이를 느낀다.

사랑 사랑이 각종 화려한 수식어로 장식되는 데는 그만한 이유가 있다. 사랑은 긍정정서의 여러 형태 중 하나에 국한되지 않고 앞에서 설명한 기쁨과 감사, 평온, 흥미, 희망, 자부심, 재미, 영감, 경이를 모두 아우른다. 이 여러 형태의 긍정정서는 정황에 따라 사랑으로 변화할 수 있다. 이 좋은 정서들이 안전한 환경과 친밀한 관계 속에서 마음을 움직일 때 우리는 그것을 사랑이라 부른다. 이렇게 다양한 면모 외에도 사랑에는 사랑하는 이들을 향해 긍정의 의미로 고개를 끄덕이거나 그들에게 몸을 기대는 것과 같은 특유의 비언어적 표현이 있다. 사랑은 우리 신체 내부의 화학적 작용을 변화시켜 평생의 유대감 및 신뢰감, 친밀감과 연계된 생물학적 반응인 옥시토신 수치의 증가를 가져온다.

지금까지 긍정정서의 10가지 형태에 대해 살펴봤다. 긍정정서는 이렇게 다양한 모습으로 찾아온다. 사랑하는 사람이 집으로 돌아왔을 때 꽉 안아주고 싶은 마음, 아이들의 우스꽝스러운 행동에 터지는 웃음, 지친 다리를 편안히 쉴 수 있는 의자를 찾았을 때의 안도감, 타닥타닥 타들어가는 모닥불이나 대양의 거대한 파도 혹은 인간의 탁월성을 바라볼 때 느껴지는 매혹, 자신의 앞날이나 지역사회의 미래에 대해 품은 꿈 등 긍정정서는 어디에서나 찾아볼 수 있다. 하지만 깨어지기 쉬운 것 또한 긍정정서다. 기쁨이나 평온, 영감을 느낄 수도 있었을 순간에 시선이 한 번 어긋나거나 신경세포 몇 개의 연결이 불발돼 좌절될 수도 있다. 긍정정서를 지속적으로 유지시키고 함양시켜 회복력을 높이기 위해선 의식적으로 연습을 통해 긍정정서를 경험하고 키워야 한다. 3장의 '긍정정서'와 다음 11장의 '긍정심리학의 행복 연습도구'를 통해 긍정정서를 키울 수 있다.

이제 긍정정서로 회복력을 높일 수 있다는 것을 과학적 실험을 통해 밝혀낸 사실을 살펴보자.

긍정정서는 회복력의 핵심

9·11테러는 많은 미국인들에게 심리적 고통은 물론 일의 정체성에도 혼란을 야기했다. 긍정정서의 과학적 기틀을 확고히 구축했다고 느꼈던 프레드릭슨도 혼란스러웠다. '누가 긍정정서 따위에 관심을 가질까?' 하는 의구심도 일었다. 긍정정서의 과학은 테러가 횡행하는 이런 시대에는 적절치 않다는 느낌까지 들었다고 한다. 처음으로 그녀는 평생을 헌신해온 연구의 타당성에 의문을 품기도 했다. 9·11테러의 비극으로 인해 여지없이 비관과 부정정서의 나락에 빠져들던 그녀에게 활기를 되찾아준 것은 회복력 연구였다. 프레드릭슨 연구팀은 9·11테러 발생 얼마 전 100여 명의 대학생을 대상으로 잭 블록Jack Block과 애덤 크레멘Adam Kremen이 공동 개발한 '자아 회복력' 설문조사를 통해 이들의 회복력 수준을 측정했다. 어쩌면 다시 동일한 그룹을 대상으로 9·11테러 발생 이후 그들의 실질적인 회복력을 측정해볼 수 있을지도 모르

겠다는 생각이 들었다. 회복력 설문조사에서 나온 그들의 점수는 이런 힘겨운 시기에 그들이 어떻게 대처해나가고 있을지를 정확하게 예측했을까? 만약 그렇다면 그들의 회복에 긍정정서가 중심적인 역할을 했을까? 이를 알아보기 위해 학생들을 다시 불러 추가 조사를 실시했다.

앞서 회복력을 측정했던 학생들과 다시 만났을 때 연구팀은 그들에게 많은 것을 요청했다. 예컨대 9·11테러 이후 그 사건과 관련해 경험한 가장 스트레스가 심했던 상황을 설명해달라든가, 식별 가능한 여러 긍정정서와 부정정서를 얼마나 자주 느꼈는지를 물었다. 그리고 낙관성, 침착성, 인생에 대한 만족도를 포함한 그들의 심리적 강점을 측정했다. 마지막으로, 9·11테러 이후 우울의 징후를 경험한 적이 있다면 어떤 것이라도 알려줄 것을 부탁했다.

연구팀은 이 학생들로부터 회복력이 어떻게 작용하는지에 대해 많은 것을 알 수 있었다. 이전 설문조사에서 높은 점수를 기록해 회복력이 높은 것으로 나타났던 학생들은 실제로도 그에 부합하는 결과를 보였다. 그들은 낮은 점수를 기록했던 학생들에 비해 더 빨리 회복했다. 9·11테러 이후에는 누구나 우울한 기분을 느꼈지만 회복력이 높은 사람들은 임상적 우울증의 징후를 거의 보이지 않았다. 심지어 일부 측면에서는 심리적으로 더욱 강해진 면모를 보였다. 예를 들어 그들은 9·11테러 이전의 응답들과 비교해 보다 낙관적이고 차분해졌으며 삶에 충실했다. 회복력이 높은 사람들은 다른 사람들에 비해 확실히 이 사건에 더 뛰어난 대처 능력을 보였다.

회복력이 높은 사람들과 그렇지 않은 사람들 사이의 가장 결정적인 차이점은 긍정정서였다. 그것이 그들의 성공 비결이었을 뿐만 아니라 우울감을 덜어내고 심리적으로 성장시킨 이면의 메커니즘이었다. 한마디로 회복력과 긍정정서는 나란히 진행한다는 것이 밝혀졌다. 긍정정서가 역경을 이겨내고 이전보다 더 강해지도록 하는 유효 성분임이 밝혀진 것이다. 긍정정서 없이는 회복력도 없다는 것이다.

긍정정서의 '원상회복 효과'

회복력이 높은 사람과 그렇지 않은 사람의 심장은 스트레스에 대해 각기 어떻게 반응할까? 연구실에서 실시한 초기 연구에서 프레드릭슨은 사람들의 정서의 기복과 혈압을 검사함으로써 회복력에 깔려 있는 기제를 면밀히 살펴본 적이 있다. 초조함을 느끼면 누구나 혈압이 상승한다. 놀라운 점은 이런 혈압의 급상승을 되돌려놓는 '리셋' 버튼이 우리 안에 있다는 것이다. 그것은 바로 긍정정서다. 좋은 정서는 나쁜 정서를 몰아낼 뿐 아니라 심장을 안정시키고 혈압을 빠르게 정상으로 되돌려놓는다.

프레드릭슨 연구팀은 다음과 같은 방식으로 이 같은 사실을 발견했다. 정서와 심장혈관의 반응도에 대한 연구에 참여하기 위해 연구실로 찾아온 지원자들이 편안한 의자에 앉아 있는 동안 연구팀의 학생이 순간순간 변화하는 그들의 심박수와 혈압, 혈관 수축 정도를 추적하기 위해 피부에 작은 센서들을 부착시켰다. 지원자들이 낯선 환경에 어느 정도 익숙해진 후 안정 상태에서 몇 분 동안 그들의 심장혈관 수치를 측정했다. 그들이 특별히 어떤 감정도 느끼지 않을 때 심장이 어떻게 움직이는지 알아둘 필요가 있었기 때문이다. 그다음 연구팀은 상당한 시간적 압력과 함께 이 지원자들에게 "자신이 왜 좋은 친구인가?"에 대한 연설을 준비하라고 시켰다. 또 심리적 압박감을 한층 가중시키기 위해 그들의 연설을 녹화해 비슷한 연령대의 친구들에게 평가받게 하겠다고 말했다. 충분히 짐작하겠지만 이 부담스러운 대중 연설의 과업은 그들을 초조하게 만들었다. 이때 지원자들은 심박수가 치솟고 혈압이 상승했으며 정맥과 동맥도 수축됐다.

모두를 초조하게 만드는 목표가 달성되고 난 후 진짜 실험이 시작됐다. 연구팀은 부정정서의 정점에 있는 참가자들의 관심을 연설 과업에서 짧은 동영상으로 돌렸다. 그들은 무작위로 4가지 동영상 중 하나를 보도록 했다. 2가지는 긍정적인 것이었고, 하나는 부정적인 것, 나머지 하나는 중립적인 것이었다. 긍정적인 동영상 2가지 중 하나는 잔잔한 파도를 보여줌으로써 평온함을, 다른 하나는 꽃을 가지고 놀고 있는 강아지를 보여줌으로써 잔잔한 재미를 유발하는 것이었다. 부정적인 동영상은 사랑하는 사람의 죽음으로 슬피 우는 어린 소년을 보여줌으로써 슬픔을 유발하는 것이었다. 마지막으로 중립적인 것은 다양한 색깔의 막대가 차례로 쌓이는 모양의 구식 스크린 세이버 화면으로, 별다른 정서를 유발하지 않는 것이었다.

동영상이 시작되는 순간부터 연구팀은 긍정정서의 효과를 추적해 나갔다. 방법은 연설에 부담을 가졌던 심장혈관 반응에서 원래의 안정기 수준으로 되돌아오는 데 사람마다 시간이 얼마나 걸리는지를 측정하는 것이었다. 일부의 심장은 몇 초 이내에 진정됐지만, 다른 사람들의 심장은 진정되기까지 1분 넘게 걸렸다. 여기에서 긍정정서가 차이를 만들었다. 2개의 긍정적인 동영상 중 하나를 보도록 선택된 참가자들이 중립적이거나 부정적인 동영상을 본 사람들에 비해 더 빠른 심장혈관 반응의 회복력을 보인 것이다. 프레드릭슨은 이를 긍정정서의 '원상회복 효과Undo Effect'라고 불렀다. 긍정정서는 부정정서로 인한 심혈관계의 변화를 진정시키거나 '원상회복'시킬 수 있다는 것이다. 부정정서를 상쇄하는 긍정정서의 능력을 밝힌 프레드릭슨의 실험은 긍정정서가 회복력에 대한 열쇠를 쥐고 있음을 증명했다는 점에서 의미가 있다.

긍정정서의 회복력 구축

회복력은 긍정정서를 높임으로써 증진시킬 수 있다. 회복력은 장기간에 걸쳐 성장하는 내면의 자원이며 긍정정서는 이 성장을 위한 자양분을 제공한다.

프레드릭슨 연구팀은 이런 결론을 연구를 시작할 때와 1개월 후에 사람들의 회복력 수준을 측정했던 한 결과에서 끌어냈다. 그 사이 기간에는 날마다 그들의 정서적 기복을 추적했다. 여기서도 회복력 척도에서 높은 점수를 기록했던 사람들이 긍정정서를 더 많이 경험했다고 보고했다. 덧붙여 긍정정서를 많이 경험할수록 한 달 동안 회복력 수준도 더욱 증가했다. 회복력은 구축할 수 있는 자원인 것이다.

연구팀은 이 아이디어를 연구실에서 시험해보았다. 또다시 부담스러운 대중 연설 과업을 부여하고 순간순간 사람들의 심박수와 혈압의 변화를 추적했다. 이번에는 회복력 설문조사에서 낮은 점수를 기록해 회복력이 저조한 것으로 나타난 사람들에게 회복력이 강한 사람들이 지닌 비결을 공유했을 때 무슨 일이 일어날지 시험했다. 연구팀은 무작위로 뽑은 한 참가자 그룹에게 최선을 다해 기운을 내 연설 과업에 임할 것이며, 그것을 그들이 맞서서 극복할 수 있는 하나의 도전으로 생각하라고 말했다. 연구팀은 이런 식의 생각이 사람들로 하여금 긍정정서를 활용하도록 할 것이라고 추론했다. 그리고 나머지 사람들에게는 평소대로 긴장감을 고조시켰다.

그 결과 기운을 내 연설하라고 말한 것이 회복력이 부족한 사람들에게 엄청난 변화를 가져왔음을 알 수 있었다. 역경에 보다 열린 마음으로 맞서라는 제안은 그들에게 내재된 긍정정서를 해방시켰다. 그리고 긍정정서는 그들의 치솟는 심박수와 혈압을 진정시키는 데 결정적인 역할을 했다.

프레드릭슨은 긍정정서가 삶 속에서 어떻게 회복력을 구축하는지 설명하기 위해 박사과정 학생이던 웬디 트레이너Wendy Treynor의 사례를 소개했다. 박사학위를 받은 후 트레이너는 그녀의 재능을 발휘할 직장을 구하지 못했다. 그리고 그녀는 오랜 시간을 고등교육에 투자했으나 취직을 못하는 것만으로는 부족했는지 그만 암에 걸리고 말았다.

2006년 초 프레드릭슨은 어느 연례 학술회의에서 트레이너와 마주쳤다. 그녀는 당연히 초췌해 보였고 자신의 미래에 대한 확신이 없었다. 트레이너는 예전부터 훌륭한 학자가 될 재목이라는 기대를 받았고, 그녀의 사고력과 글쓰기 능력은 함께 공부했던 학생들 중에서도 뛰어났다. 그녀는 자신이 선택한 분야에서 일할 자격이 너무나도 충분했다. 프레드릭슨은 그날 그녀의 건강과 생계가 염려돼 할 수 있는 모든 충고를 해주었다.

그 후 2006년 여름 트레이너에게서 편지 한 통을 받았다. 마침내 암도 완치되고 일자리도 얻었다는 소식을 전한 후 그녀는 다음과 같이 셨다.

'교수님이 말씀해주신 긍정정서와 부정정서의 비율에 관해 줄곧 생각해오며, ……그것을 지금껏 적극적으로 실천해왔습니다. 교수님을 뵌 후 저는 매일 요가와 아침 산책, 오후 산책, 저녁 수영을 하고 있답니다. 덕분에 건강이 많이 호전됐고 기분은 언제나 즐겁고 평화롭습니다(상황이 힘들 때도요). 그리고 무엇보다 중요한 것은 현실감과 충만감을 느낀다는 겁니다. 이제야 난생처음으로 활짝 피어나는 기분이에요! 학문적 지식은 물론 사랑과 지지로 저를 이렇게 이끌어주신 교수님을 비롯한 다른 모든 정서 연구자분들께 감사드립니다. ……지금 저는 무척이나 생기 넘친답니다. 교수님께서 지금 절 보실 수 있다면 얼마나 좋을까요? 아마 엄청 기특해하실 거예요! 저의 근사한 새 삶에 대해 직접 뵙고 말씀드리고 싶어 견딜 수 없네요! 교수님의 크나큰 사랑과 격려에 진심으로 감사드립니다!'

인지적 회복력

당신은 회복력은 어느 정도일까? 연구결과에 따르면 대부분의 사람들은 자신의 회복력이 매우 높다고 생각한다고 한다. 하지만 진실은 다르다. 역경을 헤쳐 나갈 감정적·사고적·육체적 준비가 돼 있는 사람들은 극히 드물다. 이는 역경에 용감하게 확신을 갖고 맞서는 것이 아니라 포기하고 무기력하게 대응한다는 말이다. 특정한 분야에서 회복력을 발휘하는 사람일지라도 다른 사람의 도움이 필요하다는 것이다. 레이비치와 샤테가 연구한 바에 따르면 회복력은 7가지의 확실한 기술로 이루어져 있고 그 기술을 모두 갖춘 사람은 거의 없었다. 그렇다면 회복력을 높일 수 있을까? 물론이다. 역경에 대해 생각하는 방법을 바꾸면 된다.

30년이 넘는 기간 동안 심리학자들은 사람들의 사고 과정이 회복력에 어떻게 영향을 미치는지, 행복과 성공을 얻는 데 회복력이 어떤 역할을 하는지 연구해왔다. 레이비치와 샤테는 사람들의 생각이 어떻게 바뀌어서 더 큰 회복력을 만들어내는지에 초점을 두고 연구했다. 그 결과 부모, 연인, 직장인의 회복력을 높이고, 좌절의 위험에 빠진 어린이들과 의욕 상실로 능력 이하의 성적을 내는 대학생들을 돕는 데 성공했다. 우리를 소진시키는 힘겨운 문제를 해결하고 질병을 이겨내며 원만한 결혼생활을 유지하고 국가적 재난을 겪은 후에도 꿋꿋하게 살아가게 해주는 요소는 바로 회복력이라는 것이다.

대중의 믿음과 달리 회복력을 높이는 비결은 정확한 사고다. 다음에서 소개하는 7가지 기술을 이용해 당신의 사고가 감정과 행동에 어떤 영향을 미치는지 확인할 수 있을 것이다. 우리 인생을 결정하는 것은 우리가 겪는 역경이 아니라 그것에 대응하는 방식이다. 7가지 회복력 기술을 활용한다면 의사소통 방식, 의사결정 방식, 일상적인 역경에 대응하는 방식을 즉시 극적으로 바꿀 수 있다.

회복력의 7가지 능력

회복력은 하나의 능력이 아니라 여러 가지 능력으로 이루어진다. 앞서 살펴본 낙관성도 회복력이 높은 사람의 특징 중 하나다. 레이비치와 샤테가 오랜 연구 끝에 알아낸 사실은 회복력이 높은 사람은 감정 조절, 충동 통제, 공감, 낙관성, 원인 분석, 자기효능감, 적극적 도전의 7가지 능력을 활용해 역경에 대처해나간다는 것이다. 이 7가지 능력은 측정할 수 있고 학습할 수 있으며 개선할 수도 있다. 지금껏 당신이 회복력이 낮은 사람이었다고 해도 얼마든지 회복력이 높은 사람이 될 수 있다는 의미다.

레이비치와 샤테가 개발한 회복력 지수 테스트를 통해 자신의 회복력 수준은 물론 자신이 현재 갖고 있는 7가지 능력 수준을 측정할 수 있다. 이 테스트는 다양한 직업에 종사하는 수천 명의 도움으로 완성됐고 현실에서의 성공 가능성을 상당히 정확하게 예측하고 있다. 예를 들어 대규모 통신회사의 말단 직원과 중간 관리자의 회복력 수준을 비교한 결과, 관리자의 회복력 지수가 현저히 높았다. 금융투자회사에서는 재정 컨설턴트들의 회복력 지수를 측정하고 그들이 확보한 고객 수와 관리하는 자산 규모를 추적 조사했는데 회복력 지수가 더 높은 컨설턴트가 더 많은 고객을 확보하고 더 많은 자산을 관리했다. 회복력을 높이면 역경을 극복해 더 행복하고 더 성공적인 인생을 살도록 해준다는 것이다.

직접 회복력 지수를 측정해보자. 측정은 레이비치의 『회복력의 7가지 기술』(도서출판 물푸레)을 통해 할 수 있다. 자신이 7가지 회복력 능력을 어느 정도 갖추고 있는지 파악하고 나면 자신에게 어떤 기술이 필요한지 정확하게 알 수 있을 것이다.

감정 조절 감정 조절은 스트레스를 받는 상황에서 평온을 유지하는 능력이다. 감정을 조절하지 못하는 사람은 주변 사람들을 지치게 할 뿐만 아니라 공동 작업을 어렵게 하고 우정을 지속하지 못한다. 스트레스를 더 많이 받고 역경에도 취약할 수밖에 없다. 하지만 회복력 수준이 높은 사람은 여러 가지 기술을 활용해 자신의 감정, 집중력, 행동을 통제한다. 그래서 역경이 닥쳤을 때도 자신의 감정을 조절해 평온을 유지하고 문제를 해결할 수 있는 방법을 모색할 수 있다.

물론 모든 감정을 통제해야 하는 건 아니다. 오히려 슬픔, 우울함 등의 감정은 솔직하게 표현하는 게 건설적이고 생산적이다. 슬픔을 꾹꾹 눌러 참는 것보다는 눈물을 흘리고 나면 마음이 진정되면서 한 발 물러나 상황을 객관적으로 보게 된다. 감정을 건강하게 표현하는 건 회복력을 높이는 방법이며 행복한 삶의 방법이다. 감정 조절 능력이 부족한 사람은 'ABC 확인하기'를 하면 도움이 된다. 자신에게 어떤 왜곡된 믿음이 있는지를 알면 감정을 조절하기가 쉬워진다.

충동 통제 충동을 통제할 수 있는 사람들은 대체적으로 회복력이 높다. 대니얼 골먼Daniel Goleman 박사는 충동 통제 능력이 높은 아이들이 교우관계가 더 좋고 학교 성적도 뛰어났다고 밝혔다. 이는 충동 통제 능력이 있는 아이들이 역경이 닥쳤을 때 충동적으로 대응하지 않는다는 것을 입증하는 결과이기도 하다. 시험공부를 할 때 함께 놀자는 친구의 유혹을 참아낼 줄도 알고, 친구와 갈등이 생겨도 바로 감정을 표출하지 않아 관계가 악화되지 않도록 했다는 것이다.

충동 통제 능력은 감정 조절 능력과 밀접한 관련이 있다. 감정을 조절할 수 있다는 건 그만큼 충동적으로 행동하지 않는다는 말이다. 실직했을 때 대부분 부정적인 생각이 떠오르고 자신은 아무짝에도 쓸모없는 사람이라고 비관하기 쉽다. 이럴 때 감정을 조절할 수 있는 사람은 감정에 휩쓸리지 않고 방법을 강구해나가겠지만, 그렇지 않은 사람은 술독에 빠져 살거나 방황한다. 역경에 대처하는 능력을 키우려면 충동을 통제할 수 있어야 한다.

충동 통제 능력이 부족한 사람은 'ABC 확인하기'와 '사고의 함정 피하기'를 통해 충동적인 믿음과 그 믿음이 회복력을 어떻게 훼손시키는지를 간파하는 것이 중요하다. 그런 다음 반박하기를 하면 충동 통제 능력을 향상시키고 정확하게 사고할 수 있다. 정확한 사고는 감정 조절 능력과 회복력을 높여서 탄력적인 행동을 하게 돕는다.

낙관성 낙관적인 사람은 고통이 금방 지나갈 것이고 다시 좋아질 것이라고 생각하기 때문에 미래에 대한 희망을 품는다. 또 자신이 어느 정도는 인생의 방향을 통제한다고 여긴다. 그래서 역경도 자신이 통제하고 극복해나갈 수 있다는 믿음을 갖고 있다. 그래서 회복력 지수가 높은 사람은 낙관적이다. 이런 낙관성이 자기효능감과 결합하면 동기를 부여해 해결책을 찾아내고 어려운 상황을 개선하게끔 노력하게 만든다. 자기효능감은 자신이 문제를 해결할 수 있다는 확고한 믿음이다. 만약 당신이 스스로 그 일을 해낼 수 없다거나 어떻게 해결해야 할지 모르겠다고 생각한다면 낙관성을 키워야 한다. 낙관성이 낮은 사람은 '믿음에 반박하기'와 '진상 파악하기'를 통해 통제 가능한 요인을 장악할 수 있다.

원인 분석 역경과 마주해 우울하고 슬픈 감정에 휩싸이면 정확한 판단을 하기 어렵다. 실제로 이런 상황에서는 95%의 사람이 잘못된 사고를 한다고 한다. 예를 들어 실직을 했을 때 회사가 어려워 구조조정을 한 것인데도 자신이 무능력해 해고를 당한 것으로 생각한다. 원인을 사실과는 전혀 다른 엉뚱한 것에서 찾는 것이다. 그래서 원인 분석 능력은 회복력의 능력 가운데서도 특히 중요하다.

원인 분석은 문제의 원인을 정확하게 분석하는 능력으로 낙관성과 연관돼 있다. 여기에는 어떤 일에 대한 개인의 설명양식이 중요하다. 비관적인 사람들은 '내 탓, 항상, 전부'의 설명양식을 가지고 있는데, 문제의 원인이 자신이고 지속적이며 변할 수 없고 자기 삶의 모든 영역을 손상시킬 것이라고 믿는다. 만약 당신이 비관적인 사람의 속성을 갖고 있다면 역경이 닥쳤을 때 감정에 휩싸여 잘못된 사고를 할 가능성이 높다. 이런 사람은 원인 분석의 습관을 바꿔야 한다. 원인 분석 능력이 낮은 사람은 낙관성과 마찬가지로 '믿음에 반박하기'를 통해 향상시킬 수 있다.

공감 능력 다른 사람이 어떤 상황에 처했을 때 그 상황과 관련된 그 사람의 감정 요소와 의미를 마치 자신이 그 사람인 것처럼 정확하게 지각하고 반응해주는 능력이다. 공감 능력이 뛰어난 사람은 학교나 직장에서 사람들의 신뢰를 얻고 어려움에 처했을 때 주변 친구들이 도와줄 가능성이 많다. 그래서 보다 넓은 사회적 관계를 맺고 친밀한 관계를 유지한다. 상대방의 의견에 찬성하지는 않아도 이해해주기 때문에 적보다는 친구가 많다.

폭력, 성폭행, 살인 등의 범죄자들에게는 공통적으로 공감 능력이 부족하다고 한다. 타인의 고통을 보면서도 아플 것이라고 생각하지 못하는 것이다. 특히 싸움이 일어나는 원인의 대다수는 공감하지 못하기 때문이다. 그래서 공감 능력은 회복력의 능력이면서 모든 관계의 기본이다. 만약 자신이 직장 동료와 의견 충돌이 잦거나 자주 상대방의 행동을 이해하지 못하는 사람이라면 공감 능력을 키워야 한다. 회복력을 떠나서 그래야 좋은 관계를 맺을 수 있다. 공감 능력이 낮은 사람은 'ABC 확인하기'와 '빙산믿음 찾기'를 통해 스스로 동기를 부여하는 방법과 함께 다른 사람과 상호작용하는 방법도 배울 수 있다.

자기효능감 회복력이 높은 사람은 일반적으로 자기효능감도 높은 편이다. 그래서 본인의 의지대로 인생을 살아가면서 스스로 행동을 제어하고 자기 운명을 개척할 수 있다. 자기효능감이 낮으면 어떤 문제에 직면했을 때 자신이 그 일을 해낼 수 없다고 생각하고 성취의 정도도 미미하다. 자신의 능력을 의심하거나 믿지 못하면 좌절하고 불안할 수밖에 없다. 그래서 도망치고 회피할 가능성이 높다. 하지만 자기효능감을 키우면 자신감과 자신에 대한 통제력이 커지면서 실제로 실패를 덜 겪게 만들어준다.

자기효능감을 키울 수 있는 가장 좋은 방법은 작은 성과를 달성하면서 성공을 경험하는 것이다. 그러면 자신도 얼마든지 해낼 수 있다는 믿음과 자신감을 가질 수 있다. 자기효능감이 낮은 사람은 '사고의 함정 피하기'를 통해 문제의 원인에 대한 불합리한 믿음을 떨쳐내고 '믿음에 반박하기'를 통해 문제를 더 확실하게 해결할 수 있다.

적극적 도전 다람쥐 쳇바퀴 돌듯 익숙해진 일상을 반복할 뿐 새로운 도전을 하지 못하는 사람들은 대체적으로 회복력이 약하다. 어떤 도전을 과감히 받아들이지 못하는 건 사실은 실패할지도 모른다는 두려움 때문이다. 자신의 진짜 한계와 맞닥뜨릴지 모른다는 불안함도 깔려 있다. 하지만 역경을 이겨낸 사람들은 이를 통해 자신에 대한 믿음을 키우면서 새로운 경험과 세계를 기꺼이 받아들인다. 어떤 새롭고 낯선 상황에서도 자신이 넘어서고 이겨낼 수 있다는 믿음이 있기 때문에 얼마간의 위험 또한 감수하고 받아들인다. 이처럼 실패를 두려워하지 않고 새로운 세계에 도전하는 것이 '뻗어나가기' 능력이다.

뻗어나가기 능력이 부족한 사람은 '빙산믿음 찾기'를 통해 타인과의 친밀한 관계 형성을 방해하고 새로운 경험을 시도하지 못하게 가로막는 뿌리 깊은 믿음을 찾아낼 수 있다. 또한 '믿음에 반박하기'를 통해 불합리한 믿음을 검증하고 '진상 파악하기'를 통해 뻗어나가기에 대한 두려움을 떨쳐낼 수 있다.

회복력의 7가지 기술

인지 치료 창시자인 아론 벡Aaron Beck이 설립한 펜실베이니아대 인지치료센터에 조가 찾아왔다. 그는 불안증과 우울증에 시달리는 환자로 프로이트학파의 정신분석을 8년 동안 받고도 효과가 없자 인지치료센터를 찾은 것이다. 그동안 차도가 없어서 그런지 그는 회의적이고 매사 시큰둥하며 비관적이었다. 인지치료센터를 방문해 그가 처음 한 말은 잊히지 않을 정도로 암울했다.

"이 인지 치료도 효과가 없을 겁니다. 치료비가 계속 들어가니까 선생님은 지난 번 의사보다 더 빨리 포기했으면 좋겠어요."

조는 까다로운 환자였다. 자주 좌절감을 토로하고 무기력했다. 언제 어디서 폭발할지 모르는 시한폭탄과도 같았다. 심리 치료 중에 걸핏하면 펜 따위의 물건을 집어던졌고 큰 덩치를 이용해 치료실 벽에 세워 둔 책꽂이를 쓰러뜨린 적도 있었다. 그랬던 그가 회복력 키우기에 필요한 기술을 배우고 나자 놀라우리만치 빠른 속도로 자신의 삶을 다시 정상 궤도에 올려놓고 유능한 인간으로 되돌아갔다.

조는 인지 치료가 이전에 받은 정신분석 치료와는 다르기를 간절히 원했다면서 그 다른 점을 아주 정확하게 설명했다.

"정신분석 치료를 받을 때는 제가 교통사고 피해자라는 느낌이 들었어요. 불안증과 우울증이 트럭처럼 저를 들이받았고, 저는 다친 몸으로 배수로에 쓰러져 있는 듯한 기분이었죠. 담당 의사는 8년 동안 저를 철저히 조사했어요. 그러는 동안 저는 그 배수로에 그대로 방치됐죠. 그는 어떤 뼈가 부러지고 어떤 장기가 손상되고 어디에 멍이 들었는지 자세히 말해주었어요. 하지만 어떤 것도 바꾸지 않았어요. 부러진 뼈를 고쳐주지도 않았고 고통을 줄여주지도 않았어요. 저를 배수로에서 꺼내주지도 않았고요. 저는 제가 어디를 얼마나 다쳤는지는 더 이상 알고 싶지 않았어요. 제 상처를 낫게 도와줄 사람을 찾고 있었지요."

회복력 키우기 기술은 두 개의 범주로 나뉜다. '자신을 알기' 기술과 '변화하기' 기술이다. 자신을 알기 기술은 자기 마음의 작동 방식을 더 잘 파악하게 이끌어주고 자기 인식을 도와준다. 자신을 알기 기술에는 'ABC 확인하기', '사고의 함정 피하기', '빙산믿음 찾기' 등이 있다. 이 3

가지 기술은 자기 믿음, 감정, 행동을 자세히 탐구하고 어떻게 서로 연결되는지 보여준다. 이 기술을 마스터하면 자기 자신과 세상에 대한 관점과 어떤 사건에 특정 방식으로 대응하는 이유를 더 정확하게 통찰할 수 있다.

통찰은 변화의 첫 단계다. 하지만 그것으로는 충분하지 않다. 조의 사례를 떠올려보자. 그는 통찰을 지향하는 인지 치료에 8년을 소비했고, 자기 인식의 정점에 도달했지만 여전히 우울증과 불안증에서 벗어나지 못했을뿐더러 삶을 변화시키지도 못했다. 통찰만으로는 부족하기 때문이다. 그런 이유로 자신을 알기 기술을 배운 후 4가지 변화 기술을 더 배워야 하는 것이다. 문제의 진짜 원인을 찾아내고 자기가 수정하거나 만회할 수 있는 영역을 정확히 판단하는 법을 배워야 한다. 문제가 초래할 결과를 올바로 예측하는 법과 비합리적인 믿음에 실시간 반박하는 법도 익혀야 한다.

회복력의 7가지 기술 1_ABC 확인하기

지금까지 트라우마나 역경이 닥쳐 우울하고 불안해질 때 어떻게 대처해왔는가? 누구나 극심한 스트레스를 받거나 시련이 닥치면 비현실적으로 생각하게 된다. 어디서부터 문제를 풀어가야 할지도 막막해진다.

트라우마나 역경에 매몰되지 않고 빠져나오려면 먼저 자신이 느끼는 절망감과 불안감 등이 자연스러운 반응이라는 것을 받아들여야 한다. 트라우마 반응 자체를 이해하고 인정해야만 문제를 해결할 수 있다. 그런 다음 왜 그 감정이 들었는지 내면의 목소리에 귀를 기울여보

자. 회피가 아니라 더 깊숙이 들어가는 것이다.

회복력을 키우기 위해선 먼저 'ABC 확인하기'부터 해야 한다. ABC 확인하기는 9장 '낙관성 키우기'에서 이미 소개했다. ABC 확인하기를 하는 이유는 역경(A)은 그 자체가 아니라 역경에 대한 당신의 믿음(B)이 그 결과(C)로 감정이나 행동을 유발한다는 것을 인식하는 데 있다. ABC 확인하기는 낙관성을 키우는 데도 큰 역할을 하지만 회복력을 키우는 데도 중요한 역할을 하므로 다시 한 번 간단히 살펴보고 넘어가자.

당신이 비관적인 감정에 휩싸였을 때를 돌이켜보자. 아마 그 감정을 부추긴 특정한 생각이 있을 것이다. '아무도 나를 상관하지 않는다'라고 생각하면 어떤 기분이 들겠는가? 당연히 외로움이나 거절당한 기분을 느낄 것이다. '이젠 다시 볼 수 없어'라는 상실에 대한 생각은 슬프게 한다. '침해당하고 이용당했어'라는 생각이 들면 분노나 복수심에 불타는 감정을 느끼면서 방어적이 될 수밖에 없다. '나 자신을 돌볼 수 없어', '이제 나는 끝장이야'라는 생각이 들면 불안하고 무기력하고 의존적인 느낌을 갖게 된다.

우울증 역시 마찬가지다. 당신의 생각이 우울증을 생기게 만든다. 미래는 절망적이고, 현재는 견디기 힘들며, 과거는 패배의 기억으로 가득하고, 정작 자신은 문제를 해결할 능력이 없다는 생각이 기분을 가라앉히고, 의욕을 잃게 하는 것이다. 보통 침범을 당한다는 생각이 분노를, 상실에 대한 생각이 슬픔을, 침범한다는 생각이 죄책감을, 위험하다는 생각이 불안을 야기하고 타인과의 비교에서 당혹감을 느낀다.

이렇게 자신에게 떠오른 감정들을 구별하고 이 감정들이 어떤 생각에서 비롯되는지를 확인하자. 역경(A)을 겪었을 때 자신에게 부정적인 감정을 불러일으킨 왜곡된 믿음(B)을 찾아내고 그 믿음이 일으킨 감정이나 행동(C)과 구별하는 것이다. 이것이 ABC 확인하기 기법이다. 일과 가정의 균형이 깨졌을 때, 여러 가지 일을 동시 처리해야 하는 상황에서 스트레스를 받을 때, 이별의 상처에서 헤어 나오지 못할 때, 실직이나 심각한 질병 등이 찾아올 때 당신이 보이는 반응과 믿음(B)에 초점을 맞추자. 역경에 처할 때마다 실시간 믿음에 귀 기울이고, '지금

'ABC 확인하기' 예

A(역경, 사건)	B(믿음)	C(결과: 감정)	D(결과: 행동)
배우자가 퇴근을 먼저 하고도 저녁 식사를 준비하지 않았다.	언제나 그렇다.	분노, 실망	싸운다.
	업무가 많아 피곤했던 모양이다.	안쓰러움	저녁 식사를 함께 차린다. 어깨를 주물러준다.
한밤중에 창문이 흔들리는 소리가 난다.	도둑이 집으로 침입했다.	불안하다	문을 잠그고 경찰을 부른다.
	바깥에 바람이 분다. 그리고 창문은 낡았고, 느슨하게 닫혀 있다.	약간 성가시다.	창문을 꼭 닫고 다시 잠을 청한다.
우리 회사의 자료를 퍼뜨려서 저작권을 위반하고 있다고 의심되는 한 고객에게 대응하는 방식을 놓고 나와 사장은 서로 다른 의견을 보였다. 나는 그 고객에게 직접 전화를 하고 싶었지만, 사장은 내가 편지부터 보내야 한다고 말했다.	사장은 내가 너무 공격적인 말투로 전화해서 문제를 악화시킬 것이라고 생각한다. 사장은 내가 전문가답게 충분히 자제할 수 있다는 것을 결코 믿지 않으며 언제나 내 권위를 깎아내린다.	무척 짜증이 난다	무례한 말을 내뱉는다.
	만약 우리가 오해한 거라면? 그 고객은 매우 화가 나서 우리에게 항의할지도 모른다.	조금 불안하다	편지 쓰는 일을 미룬다.

나는 무슨 생각을 하고 있지?'라고 자문하자. 거기가 출발점이다.

ABC 확인하기를 하다 보면 어떻게 생각하고 믿느냐에 따라 결과가 달라진다는 것을 깨닫게 된다. 예를 들어 배우자가 퇴근을 먼저 하고도 저녁 식사 준비를 하지 않았을 때(A) '그럼 그렇지, 언제 당신이 집안일 도운 적 있어?'라는 왜곡된 믿음(B)을 갖는다면 화가 나고 배우자에 대해 실망해 부부싸움을 하게 된다(C). 하지만 '업무가 많아 피곤했던 모양이네'라고 생각하면(B) 오히려 안쓰러워 저녁 식사를 함께 차리거나 어깨를 주물러주는 결과(C)가 나올 수도 있다.

회복력의 7가지 기술 2_사고의 함정 피하기

사람들은 보고 싶은 것만 보고 믿고 싶은 것만 믿는 경향이 있다. 사고를 할 때도 마찬가지다. 객관적으로 사고하기보다는 제대로 파악하지도 않고 제멋대로 속단하거나 필요 이상으로 확대 혹은 축소시켜 일을 더 어렵게 만들기도 한다. 이를 '사고의 함정'이라 부른다. 사고의 함정은 우리 주변 곳곳에 도사리고 있어 자신도 모르는 사이에 쉽게 빠진다. 우리가 흔히 빠지기 쉬운 사고의 함정은 다음 8가지로 이를 바로잡아야 회복력을 키울 수 있다.

첫째 함정: 속단

가장 흔한 함정 중 하나가 속단이다. 정확한 관련 정보 없이 성급한 결론을 내리는 것을 '속단'이라 한다. 자주 속단하는 실수를 저지르는 사람은 스스로도 성급한 것이 문제라는 것을 안다. 속단이라는 함정에 빠지지 않으려면 사고의 속도를 늦추어야 한다. 결론을 내리기 전에

'나는 어떤 증거를 토대로 결론을 내린 걸까? 그 증거가 사실이라고 확신하는가?'라고 자문해보면 속단하는 실수를 줄일 수 있다.

둘째 함정: 터널 시야

달리는 경주마에게 눈가리개를 씌우면 옆과 뒤는 보지 못하고 오직 앞만 보고 달리게 된다. 터널 시야는 마치 눈가리개를 쓰고 달리는 경주마처럼 부정적 면과 긍정적 면 중 한 가지만 보는 것을 말한다. 분명 긍정적 정보와 부정적 정보가 공존하는 예가 많은데, 터널 시야에 쉽게 빠지는 사람들은 긍정적 정보든 부정적 정보든 한쪽에만 집착한다. 터널 시야를 극복하려면 역경의 순간을 재검토하면서 전체 그림에 초점을 맞추어야 한다. 숲 속의 나무만이 아닌 숲 전체를 보라는 것이다. 그리고 자신의 생각이 전체 상황을 공정하고 균형 있게 판단한 것인지 자문해보면 시야를 확장하는 데 도움이 된다.

셋째 함정: 확대와 축소

어떤 사건이 일어났을 때 있는 그대로 보지 않고 지나치게 축소하거나 확대하는 것도 아주 흔한 사고의 함정이다. 축소해 생각하는 사람들은 정작 자신이 잘한 일도 과소평가하기 일쑤다. 회사에서 프로젝트를 잘 수행해 칭찬을 받아도 '누구나 다 할 수 있는 일인데, 뭐. 고생했으니까 격려 차원에서 칭찬하는 것일 거야'라고 생각한다. 이런 사람들은 자신의 능력을 믿지 못하기 때문에 어려운 일이 닥쳤을 때 자기 탓을 하면서 쉽게 빠져나오지 못한다.

반대로 조그만 일도 확대 해석하는 사람 역시 회복력이 약하기는 마찬가지다. 나쁜 일이 일어났을 때 실제보다 더 과장해 안 좋게 생각하기 때문에 더 크게 좌절한다. 이 함정에 자주 빠지는 사람이라면 자신이 잘하는 것이 있는지, 일어난 일 중 좋은 일이 있는지, 간과하고 있는 문제가 없는지, 중요성을 외면하고 있는 부정적인 요소들이 있는지 등을 자문해보며 균형 감각을 키울 필요가 있다.

넷째 함정: 개인화

습관적으로 모든 일을 '내 탓'이라고 생각하는 사람들이 있다. 문제가 생겼을 때 남 탓을 하며 책임을 다른 사람에게 미루는 것보다 자신의 잘못이라 생각하는 것이 꼭 나쁜 것만은 아니지만 무조건 내 탓이라며 자책하는 것도 큰 문제다. 개인화에 익숙한 사람들은 밖을 내다보는 걸 배워야 한다. 다른 사람 혹은 다른 어떤 것이 그 사건의 원인이었는지, 문제의 원인 중 내 책임과 다른 사람의 책임은 어느 정도인지 자문하는 습관을 가지는 게 중요하다.

다섯째 함정: 외현화

개인화와는 정반대로 문제의 원인을 밖에서 찾는 것이다. 분명 자신에게 문제가 있는데도 인정하지 않고 다른 사람이나 다른 데서 원인을 찾으면 역경이 닥쳤을 때 제대로 문제를 풀어갈 수가 없다. 외현화에 치중하는 사람은 문제가 생겼을 때 의식적으로 자신에게 어떤 문제가 있는지를 찾아보고 책임을 묻는 훈련을 해야 한다.

여섯째 함정: 과잉 일반화

몇 가지 상황을 마치 전체적인 것처럼 일반화시켜 부정적인 결론을 내리는 것을 '과잉 일반화'라고 한다. 예를 들어 직장 동료가 일하다가 실수를 했을 때 "네가 하는 일이 다 그렇지, 뭐. 실수를 안 하면 오히려 이상하지"와 같이 늘 실수하는 동료로 몰아가는 것이다. 이 함정에 자주 빠지는 사람은 사건과 관련된 행동을 더욱 자세히 관찰할 필요가 있다. 또한 자신이 기정사실로 간주한 원인보다 더 직접적인 원인이 있는지도 살펴봐야 한다. 예를 들어 직장 동료가 실수했을 때 능력이 부족하거나 꼼꼼하지 못한 성격 때문이라고 생각한다면 그것 외에 다른 원인이 있는지, 그 사건을 초래한 구체적인 행동이 있는지, 타인의 성격을 비난하는 것이 자신에게 어떤 이익이 있는지 자문해봐야 한다. 실제로 과중한 업무로 피곤해서 혹은 지시를 잘못 이해해서 실수한 것일 수도 있다.

일곱째 함정: 마음읽기

뚜렷한 근거도 없이, 좀 더 현실적인 가능성을 고려하지도 않고 다른 사람들이 생각하는 것을 알 수 있다고 믿는다. 상대방의 마음을 제멋대로 읽고 마치 상대방이 진짜 그렇게 생각하는 것처럼 믿는 것만큼 위험한 것도 없다.

다음 게리의 예는 마음읽기 함정이 얼마나 상황을 악화시킬 수 있는지를 잘 보여준다.

게리는 의과대학 행정팀장이다. 개리가 가장 바쁠 때는 매년 연구비 산정 마감을 할 때다. 올해도 게리는 연구비 산정 마감을 앞두고 언제나 그렇듯이 수백만 달러짜리 연구 20개의 예산안을 처리하느라 정신이 없다. 가뜩이나 일이 많아 신경이 곤두서 있는데 정신의학과 학과장으로부터 다음 날 정오까지 일부 예산안이 필요하다는 메일이 왔다. 원래 일정보다 열흘이나 앞당겨진 것이다. 시간은 촉박한데, 게리 자신은 회의에 참석하기 위해 일찍 퇴근해야 해 이메일로 직원들에게 오후에 해야 할 업무를 상세하게 지시했다.

다음 날 직원들이 일을 제대로 했는지 보고를 받는데, 마리아가 주어진 일을 하나도 끝내지 못했다고 미안해한다. 순간 게리는 화가 치밀어 "그게 얼마나 다급한 일인지 뻔히 알면서 어떻게 하나도 안 했을 수가 있죠?"라고 소리쳤다. 마리아는 "죄송해요. 그렇게 급한 일인지 몰랐어요"라며 거듭 죄송하다고 말했다. 직원들에게 보낸 이메일에는 일정이 앞당겨져 급하게 처리해야 한다는 말이 없었기 때문에 마리아가 몰랐던 것을 탓할 수만은 없다. 그렇지만 게리는 마리아가 자기 마음을 읽지 못한 것에 더 화가 났다.

마음읽기의 함정에 빠지면서 게리는 마리아를 속단하기까지 했다. 마리아가 왜 일을 못했는지를 설명하려 하자 노골적으로 묵살하고 마리아가 일을 안 한 건 부서를 위해 헌신적으로 일할 마음이 없기 때문이라고 속단했다. 그러면서 마리아에게 맡겼던 일을 이미 할 일이 많은 다른 직원에게 넘겨버렸다. 이는 마리아에게는 매우 부당한 처사다. 마리아의 입장에선 학교에서 아이가 아프다는 연락을 받아 일찍 퇴근할 수밖에 없었고, 일정이 열흘이나 앞당겨진 것을 몰랐기 때문에 전날 못 한 일을 주말에 끝낼 계획이었던 것이다.

마음읽기의 함정은 종종 오해와 갈등을 일으키고 문제해결을 방해한다. 이 함정에 자주 빠지는 사람이라면 상대방이 자기 마음을 읽었을 것이라 속단하지 말고 솔직하게 말하고 질문하는 것을 배워야 한다. 단, 타인에게 질문하기 전에 자신의 생각이나 감정을 직접 분명하게 알려주었는지, 관련 정보를 빠짐없이 전달했는지, 상대방이 자신의 욕구나 목표를 알아주기를 바라고 있는지를 먼저 자문할 필요가 있다.

여덟째 함정: 감정적 추론

사실을 외면하고 감정적으로 평가하고 판단하는 오류를 말한다. 예를 들어 음식 냄새가 좋지 않아 비위가 상하면 먹어보지도 않고 '이 음식은 맛이 이상할 거야'라고 단정한다. 이 함정에 자주 빠지는 사람이라면 감정과 사실을 구별하는 연습을 해야 한다.

일상에서 사고의 함정을 피하는 방법

사고의 함정을 피하는 데도 회복력 기술이 필요하다. 처음 회복력 기술을 배울 때는 역경에 처해 감정이 격해졌을 때보다 어느 정도 감정이 가라앉았을 때 적용하는 것이 효과적이다. 평온한 상태에서 기술을 여섯 번 정도 연습했다면 그다음부터는 역경이 닥쳤을 때 가능한 한 빨리 기술을 적용하도록 한다.

사고의 함정을 피하기 위해선 ABC 확인하기부터 하는 것이 좋다. 여기서는 게리가 어떻게 사고의 함정 피하기 기술을 활용했는지를 보면서 익히도록 하자.

우선 상황은 ABC 확인하기로 정리해본다. 숙달되면 머릿속으로 정리해도 되지만 처음에는 종이에 써보는 것이 좋다. 게리의 ABC 확인하기는 다음과 같다.

역경(A) 다음 날 아침, 나는 사무실에 출근했다. 마리아는 내가 이메일로 지시한 일을 하나도 끝내지 않았다(A를 훌륭하게 묘사했다. 객관적이고 구체적이며 자신의 믿음을 주입하지 않았다. 역경을 절대 과장하지 말고 자신의 믿음을 배제한 채 상황을 반드시 객관적으로 묘사해야 한다).

믿음(B) 마리아는 시간이 촉박하다는 것을 알고 있었어. 하지만 전혀 개의치 않은 게 틀림없어. 어떻게 그렇게 무책임하지? 도저히 이해할 수가 없어. 마리아는 성실하지 못하고 우리 부서를 위해 헌신하지도 않아. 나는 그런 사람과는 결코 함께 일하고 싶지 않아(믿음을 훌륭하게 묘사했다. 믿음을 검열하지 않았고 진실해 보인다. 실시간 믿음을 적을 때는 역경의 순간에 속으로 한 말을 있는 그대로 써야 한다. 거친 표현을 듣기 좋게 바꿔서는 안 된다).

결과(C) 나는 머리끝까지 화가 나서 마리아가 이유를 설명하려고 할 때마다 말을 잘랐다. 마리아가 당황하고 있다는 것을 알았지만 솔직히 아무 상관없었다. 5분 정도 마리아에게 불같이 화를 낸 후 마리아의 업무를 제니에게 맡겼다. 그날 하루 종일 마리아를 외면했지만 그녀가 힘들어하고 있으며 다른 직원들이 모두 마리아에게 동조하고 있다는 것을 알 수 있었다. 어쨌든 이 일은 정말로 바람직하지 않은 직원 관리 방식을 보여준 좋은 경험이었다(게리는 역경의 결과로 일어난 감정과 행동을 훌륭하게 묘사했다. 또한 본인의 믿음이 다른 직원들에게 어떤 영향을 미쳤는지도 묘사했다. 역경의 순간에 어떤 감정을 느꼈는지 정확하게 기억나지 않으면 B와 C의 연결관계를 참고해 거의 정확하게 추정할 수 있다).

게리는 상황을 ABC 확인하기로 분석하고 실시간 믿음을 사고의 함정 리스트와 대조했다. 그러면서 3가지 함정에 빠졌음을 깨달았다. 앞에서 게리의 사례를 이야기하면서 마음읽기와 속단 함정에 빠졌음은 이미 언급했다. 여기에 또 하나의 함정이 있다. 마리아가 불성실하고 부서에 헌신하지 않는다고 속단하면서 마리아가 불성실, 무책임, 헌신성 결여 등 성격적 결함이 있다고 비난했다. 이는 객관적인 사실은 모르면서 반사적으로 마리아의 성격을 비난한 '과잉 일반화'의 전형적인 모습이다.

게리처럼 어떤 사건이 일어났을 때 ABC 확인하기를 하고 자주 빠지는 사고의 함정이 어떤 것인지를 알아두는 것이 중요하다. 자신이 잘 빠지는 사고의 함정이 있다는 것을 아는 것만으로도 함정의 반은 피한 것이나 마찬가지다.

회복력의 7가지 기술 3_빙산믿음 찾기

지금껏 견디기 어려울 정도로 끔찍한 죄책감에 시달려본 적이 있는가? 아니면 어떤 사건을 겪었을 때 사건에 비해 너무 강렬한 감정이 들거나 스스로를 이해하지 못할 때가 있는가? 그렇다면 ABC 확인하기를 하고 사고의 함정까지 파악해 자신의 실시간 믿음을 찾아낸다고 해도 별다른 소득이 없을 것이다. 그런 경우 실시간 믿음 때문이 아니라 그보다 뿌리 깊은 믿음 때문일 가능성이 높기 때문이다.

누구나 세상은 어떻게 작동되고 있는지, 인간관계는 어때야 하는지, 또 자신은 어떤 사람이 돼야 하는지 등에 대해 나름의 원칙을 가지고 있다. 당신에게도 그런 규칙과 믿음이 있을 것이다. 이것을 '빙산믿음'이라고 부른다. 그만큼 뿌리 깊은 믿음이어서 거대한 빙산처럼 내면 깊숙이 자리 잡고 있기 때문이다. 빙산믿음은 대개 자라오는 과정에서 배운다. 빙산믿음은 당신이 중요하게 생각하는 핵심 가치와 일치하게 행동하도록 이끌어준다. '정직해야 한다'라는 빙산믿음을 가진 사람은 매사에 정직하게 살기 위해 노력할 것이다.

하지만 빙산믿음은 종종 B(믿음)-C(감정이나 행동) 관계를 끊어놓는다. 그래서 전혀 엉뚱한 결과로 이어질 때가 많다. 게다가 자꾸 특정한 감정에 휩싸이게 만든다는 특징이 있다. 만약 당신이 죄책감을 느낄 만한 상황이 아닌데도 끔찍한 죄책감에 시달린다면 빙산믿음 때문이다. 평소 별일 아닌 일에도 질투심에 사로잡히는 사람, 사소한 일에도 크게 분노하는 사람, 평소에 툭 하면 슬퍼지는 사람 등 빙산믿음이 확고할수록 특정한 감정을 많이 느낀다. 만약 당신이 분노, 우울, 슬픔, 죄책감 등의 감정을 골고루 느끼는 사람이 아니라 거의 우울하거나 거의 슬프거나 거의 화가 나 있다면 빙산믿음을 찾아야 한다. 이런 빙산믿음은 주로 고정관념일 경우가 많다. 남자들은 '나는 집안의 대소사를 책임지고 결정해야 한다', '나는 남에게 감정을 보이고 싶지 않다' 등 성 역할에 대한 고정관념을 갖고 있는 경우가 많다. 이런 사람은 스트레스를 더 받고 우울증에 걸릴 가능성도 높다. 이제 그 빙산을 찾아보자.

- 1단계: ABC 확인하기로 역경(A), 실시간 믿음(B), 결과(C)를 묘사하라

빙산믿음을 찾으려면 먼저 ABC 확인하기로 B와 C의 연결관계를 확인해야 한다. 실시간 믿음(B)과 결과(C)가 자연스럽게 연결되지 않고 지나치게 결과가 과장되거나 어긋나 있다면 빙산믿음일 가능성이 크다. 즉 실시간 믿음이 그렇게까지 화가 날 정도는 아닌데 극도의 분노가 치밀어 오르거나 분노를 일으켜야 하는데 슬픔을 느낀다면 빙산믿음이라고 의심해볼 수 있다. 이해를 돕기 위해 다음의 예를 살펴보자.

역경(A) 컵 받침이 바로 앞에 있는데도 그는 그것을 깔지 않고 머그를 탁자에 올려놓았다.

실시간 믿음(B) 나는 사람들이 컵 받침을 쓰길 원해. 그도 그걸 알고 있어. 그런데 컵 받침을 보고도 쓰지 않아. 그것은 분명히 잘못이야.

결과(C) 극도로 화가 치밀었다. 분노지수 10점 만점에 10점. 10분 정도 고함치며 따진 후 밖으로 나가서 주변을 걸으며 마음을 가라앉혔다.

꼭 컵 받침을 써야 한다고 생각하는 여자가 컵 받침이 바로 앞에 있는데도 쓰지 않았다면 화가 날 수도 있다. 그렇지만 화를 못 참아 고함을 지르고 밖으로 뛰쳐나갈 정도의 일은 아니다. ABC 확인하기를 하다 보면 이처럼 실시간 믿음에 대한 반응이 부자연스러운 경우를 많이 볼 수 있다. 체크해두면 빙산믿음을 찾는 데 도움이 된다.

• 2단계: 빙산믿음을 확인하기 위해 자문해본다

빙산으로 의심되는 믿음을 찾았다면 정말 빙산믿음이 맞는지 확인해볼 차례다. 그러려면 다음과 같은 5가지 질문을 스스로에게 던지고 답을 하는 과정이 필요하다. 5가지 질문을 꼭 다 할 필요는 없다. 몇 개만 하더라도 자문자답을 하는 과정에서 스스로 설득력이 부족하다는 생각이 들면 빙산믿음임이 거의 확실하기 때문에 멈춰도 좋다.

① 그 사건이 내게 무엇을 의미하지?

② 그 사건의 무엇이 언짢은 거지?

③ 그 사건의 무엇이 가장 큰 문제인 거지?

④ 그 사건이 무엇을 의미하지?

⑤ 그 사건의 무엇이 그렇게 나쁜 거지?

앞에서 소개한 예에 이 5가지 질문을 적용해보자.

질문: 그래, 그는 컵 받침을 깔지 않았어. 그게 내게 무엇을 의미하지?

답: 나는 그가 컵 받침을 깔기를 원해. 그가 컵 받침을 깔지 않는다는 건 내가 원하는 것에 아무 관심이 없다는 뜻이야.

질문: 그래, 내가 원하는 것에 그가 아무 관심이 없다고 치자. 무엇이 그렇게 언짢은 거지?

답: 나는 서로의 욕구를 배려하는 것을 중요시해. 그도 그 점을 알고 있어. 내가 모든 것을 지배하려는 성향이 조금 있는 건 사실이야. 하지만 그가 컵 받침을 쓰지 않는 것은 내 욕구를 존중하지 않고 내 유별한

점을 받아들이지 않는다는 걸 입증하는 거야.

질문: 그게 사실이라고 치자. 그러니까 그는 내 욕구를 존중하지 않고 내 유별난 점을 받아들이지 않는다고 하자. 무엇이 가장 큰 문제인 거지?

답: 가장 큰 문제는 우리가 결혼할 예정이라는 점이야. 나는 그가 나를 지지하고 이해해주길 원해. 컵 받침을 까는 것조차 귀찮아한다면 중요한 문제가 생겼을 때 그가 나를 지지해줄 거라고 어떻게 확신할 수 있겠어?

질문: 중요한 문제가 생겼을 때 그가 나를 지지해줄지 확신할 수 없다고 하자. 그게 무엇을 의미하지?

답: 그건 그와의 결혼이 큰 실수일지도 모른다는 걸 의미해. 또한 그가 본인이 말하는 것과는 다른 사람이라는 것도 의미해. 그는 내 결점까지도 사랑한다고 말하지만 사실은 내 결점을 문제시해서 나를 바꾸려고 할 거야.

질문: 그래서 무엇이 그렇게 나쁜 거지?

답: 그건 그가 지금까지 나를 교묘하게 기만하고 조종했다는 말이야. 바로 그 점이 가장 큰 문제야. 나는 있는 그대로, 정말 있는 그대로 사랑받아야 해.

- 3단계: 빙산믿음을 다른 관점에서 이해해본다

빙산믿음은 왜곡된 믿음처럼 옳은가, 그른가의 문제가 아니다. 다만 자신에게 유용한가의 문제다. 많은 남자나 군인들이 '도움을 요청하는 것은 나약함을 의미한다'라는 빙산믿음을 지니고 있다. 이런 믿음을 갖고 있는 한 어려움에 처했을 때 다른 사람에게 도움을 청하기 어려울 수밖에 없다. 그래서 집단 따돌림을 당해도 혼자서만 속병을 앓다가 결국 총기 사고나 자살 등 끔찍한 결과로 이어지는 것이다. 아니면 '남자는 힘이 세야 한다', '세상은 위험하다', '사람을 믿어서는 안 된다', '모든 일은 완벽해야 한다'와 같은 다양한 빙산믿음이 있을 수 있다. 만약 당신의 빙산믿음이 너무 지나치거나 어려움을 극복해나가는 데 방해가 된다면 주저하지 말자. 이 믿음을 바꾸면 된다. 빙산믿음을 다른 관점에서 이해해보자.

'도움을 요청하는 것은 나약함을 의미한다'라는 빙산믿음을 갖고 있다면 도움을 요청하는 게 나약함을 의미하는가? 강한 사람도 도움을 요청한다. 또 도움을 요청할 수 있다는 건 그만큼 성숙하다는 뜻이다. 자신이 도움이 필요하다는 사실을 깨닫지 못하는 사람도 있고, 도움이 필요하지만 용기가 부족해서 말하지 못하는 사람도 있다. 그들에 비해 얼마나 강인한 사람인가?

빙산믿음은 부모님이나 가족에게 영향을 받거나 사회생활을 하면서 내재된 경우가 대부분이기 때문에 빙산믿음이 생기게 된 경로를 추적해보자. '모든 일은 완벽하게 해야 한다'라는 빙산믿음을 지닌 사람은 어린 시절 작은 실수를 할 때마다 부모님께 혼이 나면서 그런 메시지를 내면에 저장했을 수도 있다. 이런 사람은 어떤 일에 실수하거나 실패했을 때 보통 사람들보다 더 자책하고 좌절한다. 그만큼 역경에 취약해지는 것이다. 이제 당신의 빙산믿음을 다른 관점에서 이해해보자. 더불어 빙산믿음의 경로를 추적하다 보면 자신을 좀 더 이해하는 계기가 될 것이다. 빙산믿음을 다른 관점에서 이해하려면 다음과 같은 질문에 자문해보면 도움이 될 것이다.

1. 빙산믿음이 나에게 지속적인 의미가 있는가?
2. 그 빙산믿음이 주어진 상황에 정확히 들어맞는가?
3. 그 빙산믿음이 지나치게 엄격하지는 않은가?
4. 그 빙산믿음이 유용한가?

회복력의 7가지 기술 4_믿음에 반박하기

'믿음에 반박하기'는 이제껏 살펴본 ABC 확인하기, 사고의 함정 피하기, 빙산믿음 찾기보다 더 중요한 단계다. 앞의 3가지 기술이 자기를 인식하는 단계였다면 반박하기는 당신이 변화할 수 있는 단계다. 아무리 왜곡된 믿음을 확인했다고 해도 거기에 머문다면 무슨 변화가 있겠는가? 어떻게 문제를 해결하겠는가? 이 단계를 제대로 해낸다면 당신의 인생도 얼마든지 바꿀 수 있다. 자신의 왜곡된 믿음에 반박할 때는 증거를 찾아야 한다. 정확한 증거를 제시해 스스로를 설득할 수 있어야 그 반박이 효과가 있지 않겠는가? 충분한 시간을 갖고 유리한 증거를 확보하자. 그래야 사건의 진상을 파악할 수 있다.

중견 무역회사에 근무하는 김진성 과장은 일과 가정의 균형이라는 딜레마에 빠져 있다. 아시아 전 지역 담당이라서 출장을 자주 가야 하기 때문이다. 다음 주에는 아내에게 집에서 보낼 것이라는 약속을 했지만, 갑작스럽게 호주의 한 고객이 사업 제안을 하면서 출장을 가지 않으면 다른 회사에 기회를 뺏길 수 있는 상황에 처했다. 김 과장은 난감한 상황을 넘어 극심한 스트레스를 느끼며 전화기에 대고 고함치고 싶은 걸 간신히 참았다. 사장은 꼭 가달라고 부탁하고, 아내는 아내대로 잔뜩 벼르고 있는 상황이라면 당신은 어떤 결정을 내리겠는가? 김 과장을 따라가면서 당신이 최근 극심한 스트레스에 시달리거나 역경에 처한 경험을 떠올려보자.

- 1단계: ABC 확인하기

역경(A): 사장이 전화해서 출장을 가달라고 부탁했다. 하필이면 아내와의 결혼기념일이 그때 있다.

믿음(B): 지금은 참을 수 없어. 아내는 정말 화낼 거야. 사장은 사생활을 존중하지 않아. 아내는 나에게 너무 많은 걸 기대해…….

결과(C) -감정: 나는 무척 화가 났다. 분노게이지 100, 200…….

-행동: 나는 씩씩거리며 호텔 방을 서성거리고 텔레비전 리모컨을 여기저기 돌리고…….

- 2단계: 원인 믿음 찾기

이제 당신이 믿음이라고 적은 내용 가운데 역경의 원인일 수 있는 원인 믿음을 찾아보자. 김 과장의 믿음이라고 적은 4가지 가운데 '지금은 참을 수 없어'는 원인이 아니라 자신의 현재 기분을 나타낸 것이고, '아내는 정말 화낼 거야'는 앞으로 일어날 아내의 반응을 예측한 결과 믿음에 해당한다. 이런 것들은 제쳐두자. 이 가운데 원인 믿음은 '사장은 사생활을 존중하지 않아', '아내는 나에게 너무 많은 걸 기대해'의 2가지다. 이렇게 원인 믿음을 찾아낸 다음 각각의 원인이 차지하는 비중을 판단해보자.

1. 사장은 사생활을 존중하지 않아: 75%

2. 아내는 나에게 너무 많은 걸 기대해: 25%

원인 믿음을 좀 더 정확하게 분석하려면 원형 그래프를 그려보는 것도 좋다. 그러면 각 원인의 비중을 시각적으로 확인할 수 있기 때문에 어떤 원인이 가장 많은 비중을 차지하는지 쉽게 알 수 있다.

상황을 바꾸려면 가장 큰 비중을 차지하는 원인 믿음부터 해결하는 것이 효과적이다. 하지만 현실적으로는 어려운 경우가 많다. 김 과장의 경우 사장이 사생활을 존중하지 않는 원인이 가장 큰 원인 믿음이지만 사장의 성격을 바꾸기란 쉽지 않다. 대신 아내의 기대치는 상대적으로 비중이 작기는 하지만 김 과장이 노력하면 바뀔 수 있는 가능성이 충분하다.

이렇게 다양한 원인 가운데서 변할 수 있고, 바뀔 가능성이 가장 큰 원인에 집중하는 것이 현명하다. 비관적으로 생각하는 사람들은 여러 원인 가운데 가장 파괴적인 원인에 집착하는 경향이 있다. 그러면 어떻게 문제를 해결하겠는가? 덜 파괴적인 원인에 주목하자. 바뀔 수 없는 원인보다는 바뀔 수 있는 원인, 전부 원인보다는 일부 원인에 주목해야 문제를 해결할 수 있다.

• 3단계: 설명양식 확인하기

낙관적인 사람과 비관적인 사람은 설명양식이 다르다. 설명양식은 3가지 차원이 있다. 원인의 내재성(내 탓 vs 남 탓), 원인의 영속성(항상 vs 가끔), 원인의 만연성(전부 vs 일부)이다. 당신이 어떤 설명양식을 택하느냐에 따라 문제해결 능력이 달라진다. 만약 비관적인 사람처럼 '내 탓,

항상, 전부'라고 설명한다면 그만큼 문제를 해결할 수 있는 가능성이 제한된다는 걸 기억하자.

이번 일이 전적으로 본인 탓인지 타인이나 상황 탓도 있는지, 항상 그럴 것인지 이번 한 번으로 끝날 것인지, 인생의 모든 것에 영향을 미칠지 오직 이 상황에만 영향을 미칠지에 따라 당신의 원인 믿음들을 각각 판단해보자. 서로 상반되는 원인 사이에는 1점부터 7점까지가 있다. 이 중 더 비중이 높다고 생각하는 원인 쪽에 가까운 숫자에 동그라미를 치면 된다.

- 4단계: 유연한 사고(다양한 원인)

케케묵은 문제를 매번 똑같은 방법으로 해결하려다가 좌절한 적이 있는가? 누구나 그런 적이 있을 것이다. 3단계에서 확인한 당신의 설명양식도 실은 케케묵은 방법이다. 당신은 지금껏 그 설명양식에 따라 언제나 비슷한 감정을 느끼고 비슷한 행동을 했을 것이다. 그게 당신의 굳어진 사고양식이면서 문제해결 양식이었던 것이다. 앞으로는 어떤 일을 겪을 때마다 설명양식을 떠올리려고 노력해보자. 김 과장은 '남 탓, 항상, 전부'라는 설명양식을 갖고 있었다. 이제 이 3가지 차원을 역으로 활용해 문제의 원인일 수 있는 다른 요인들로 생각을 넓혀보자. 가능한 한 원인을 다양하게 찾아내야 전체를 확실하게 볼 수 있다. 설명양식을 활용하면 유연하게 사고하기가 한결 수월할 것이다.

김 과장은 외현화에 빠져 있는 사람이었다. 당신이 평소 타인의 실망스러운 행동만 보이고 자주 화가 나고 분노를 느낀다면 문제의 원인을 주로 다른 사람이나 외부환경에서 찾는 사람일 가능성이 높다. 이런 사람들은 자신에게는 전혀 잘못이 없다고 생각하기 때문에 다음 번에 똑같은 실수를 되풀이할 수밖에 없다. 김 과장이 처음에 믿음이었다고 생각한 4가지를 확인해본다면 내 탓은 한 가지도 없다는 걸 알 수 있을 것이다. 만약 당신도 그렇다면 자신의 설명양식인 '남 탓'과 반대되는 '내 탓'일 수 있는 원인을 많이 찾아보자. 여기에 '가끔', '일부'인 원인까지 찾아본다면 그만큼 당신의 사고는 유연해지고 다양한 원인을 두루두루 살펴볼 수 있을 것이다. 반대로 모든 게 '내 탓'이라는 개인화의 함정에 빠진 사람들은 '남 탓'이나 외부 상황일 수 있는 원인을 많이 찾아보면 된다.

김 과장은 일과 가정의 균형이라는 문제에 대해 '내 탓'에 해당하는 대안 믿음 몇 가지를 찾아냈다. 본인이 책임질 수 있는 부분을 찾아낸 것이다. 그중 하나가 '나는 사장의 지시를 거부하지 못해'라는 것이다. 당신도 이렇게 찾아낸 대안 믿음을 '남 탓, 항상, 전부'에 해당하는지 판단해보자. 해당하지 않으면 좋은 믿음에 가깝다. 김 과장의 수동적인 태도는 인생 전반에 광범위한 영향력을 갖고 있다. 자문해보자. '나는 왜 사장의 지시를 거부하지 못할까? 나약해서?' 나약하다는 건 성격 결함으로 역시 사고의 함정이다. 게다가 나약해서라면 '항상' 나약하고 거부하지 못하게 된다. 하지만 '사장의 지시를 거부하고 내가 원하는 결과를 얻는 최선의 방법을 몰라서'라고 생각한다면? 이 믿음은 '가끔' 믿음이다. 그러면 동료들은 어떻게 사장의 지시를 거부하고 있는지 물어볼 수 있지 않겠는가? 이렇게 당신이 찾아낸 몇 가지 믿음을 설명양식에 따라 하나하나 검증해보자.

• 5단계: 정확한 사고(초기 / 대안 믿음 검증하기)

사람들은 늘 자신이 믿고 싶은 대로 믿는 경향이 있다. 당신은 평소 얼마나 객관적이고 정확하게 사고한다고 자신하는가? 많은 사람들이 자신의 설명양식에 일치하는 증거는 수용하고 모순되는 증거는 배제한다. 그래서 당신이 역경의 원인이라고 생각한 각 믿음을 지지하는 증거와 반박하는 증거 모두를 찾아야 한다.

'사장은 내 사생활을 존중하지 않아'라는 초기 원인 믿음에서는 어떤 것을 증거로 내세울 수 있을까? 사장이 김 과장에게 주말 근무를 자주 강요하고 명절에 장거리 출장을 지시하고 줄곧 야근을 시킨다면 이것은 사장이 김 과장의 사생활을 존중하지 않는다고 믿을 만한 충분한 증거가 된다. 하지만 이 원인 믿음을 조금 더 검토하니 그것에 반박하는 증거가 떠오른다. 김 과장이 아내와 주말여행을 떠났을 때 사장은 호텔 방으로 샴페인을 보내준 일이 있었다. 또한 디너 파티에 김 과장 부부를 초대하기도 했다. 휴가철에 김 과장 부부가 예정대로 여행을 떠날 수 있게 사장이 휴가 계획을 바꾼 적도 있다. 이런 사례를 하나씩 적음으로써 김 과장은 사장이 많은 것을 요구하기는 하지만 사생활을 존중한 적도 여러 번 있었다는 것을 확인할 수 있다. 지지 증거와 반대 증거가 서너 가지씩 있다.

'나는 사장의 지시를 거부하지 못해'라는 대안 믿음에서도 김 과장은 사장의 지시를 거부했던 경험들을 떠올렸다. 김 과장이 무조건 고분고분했던 건 아니라는 사실을 확인했다. 업무에 관해서는 얼마든지 사장 의견에 반대했지만, 근무 시간에 관해서만 그렇지 못했던 것이다. 그렇다면 과거의 직장에서도 이런 문제로 고민한 적이 있나? 아마 이렇게 지지와 반대 증거를 찾다보면 모르는 사이에 각각의 원인이 어느 정도나 중요한지 직감적으로 알 수 있는 능력이 생길 것이다.

초기 원인 믿음 1: 사장은 내 사생활을 존중하지 않아.

대안 원인 믿음 1: 나는 사장의 지시를 거부하지 못해.

• 6단계: 새로운 대안 믿음

처음 김 과장의 2가지 믿음을 기억하는가? 그 하나는 아내의 기대치가 25%였다. 그런데 김 과장은 분석을 통해 이 믿음을 지지하는 증거가 하나도 없다는 사실을 발견했다. 또 사장이 사생활을 존중하지 않는다는 생각은 사장이 개인적으로 와인도 보내주고 신경 써준 일들을 떠올리면서 처음보다 비중이 낮아졌다. 그래서 이런 사실들을 고려했고 '나는 사장의 지시를 거부하지 못해'처럼 새로운 원인들을 추가했다.

이처럼 정확한 사고 단계에서 각 원인 믿음의 지지 증거와 반대 증거를 열거하다 보면 그 원인이 어느 정도로 중요한지 직감으로 아는 능력이 생기고 발달한다. 특정 원인 믿음을 지지하는 증거를 많이 찾아낼수록 그것을 역경의 진짜 원인으로 삼을 가능성이 커진다. 특정 원인 믿음에 반박하는 증거가 많을수록 그것을 진짜 원인으로 돌릴 가능성이 작아지는 것이다. 그래서 원형 그래프를 새로 그려야 한다. 이때는 지지 증거가 있는 초기 원인 믿음 혹은 대안 원인 믿음만 적어 넣어야 한다.

1. 사장은 내 사생활을 존중하지 않아: 35%
2. 나는 사장의 지시를 거부하지 못해: 15%
3. 나는 무리하게 일을 떠맡아: 20%
4. 나는 시간 관리를 제대로 못 해: 30%

- 7단계: 새로운 해결책

이제 마지막 단계다. 당신이 찾아낸 해결책들이 얼마나 변할 수 있는 것들인지 판단해보자. 김 과장이 1번에 대해 내린 생각은 자신은 아직도 사장의 독단적 성격을 바꿀 수 있는지는 확신할 수 없지만, 적어도 자신이 다른 동료들보다 가정에 소홀히 한 건 사실이기 때문에 사장과 대화를 해볼 수 있다는 것이다. 4번의 시간 관리 문제는 분명 김 과장이 아주 많이 바뀔 수 있는 부분이다. 김 과장은 자기가 남보다 일을 많이 한다는 걸 인정해야 하고, 어떤 상황일 때 무리하게 일을 떠맡는

원인 믿음 1 '사장은 내 사생활을 존중하지 않아.'		
전적으로 내 탓이다.	1 2 3 4 5 ⑥ 7	전적으로 타인 혹은 상황 탓이다.
항상 그럴 것이다.	1 ② 3 4 5 6 7	이번 한 번으로 끝날 것이다.
내 인생의 모든 것에 영향을 미친다.	① 2 3 4 5 6 7	오직 이 상황에만 영향을 미친다.

원인 믿음 2 '아내는 내게 너무 많은 것을 기대해.'		
전적으로 내 탓이다.	1 2 3 4 5 ⑥ 7	전적으로 타인 혹은 상황 탓이다.
항상 그럴 것이다.	1 2 ③ 4 5 6 7	이번 한 번으로 끝날 것이다.
내 인생의 모든 것에 영향을 미친다.	1 2 ③ 4 5 6 7	오직 이 상황에만 영향을 미친다.

지도 찾아야 할 것이다. 그리고 다음 번에 같은 상황에 처할 때 그 믿음에 반박하면 회복력을 극대화시킬 수 있을 것이다.

당신도 이렇게 하나씩 점검해가면서 가장 많이 바뀔 수 있는 원인을 찾아보자. 항상 잊지 말아야 할 건 문제를 해결하고 역경을 극복해나가려는 당신의 목적이다. 그래서 바뀔 수 있는 원인에 주목해야 한다. 처음에는 시간이 걸리겠지만 서두르지 말자. 오랫동안 굳어져 있던 사고양식을 바꾸기가 쉽겠는가? 하지만 당신이 이렇게 해서 문제를 정확히 파악하다 보면 가장 주요한 원인이자 해결 가능한 원인을 찾아낼 수 있을 것이다.

회복력의 7가지 기술 5_진상 파악하기

'만약에~'라는 가정 하에 일어나지도 않은 사건에 불안해하고 걱정하느라 소중한 시간과 에너지를 낭비하는 경우가 있다. 즐거운 상상이

대안 원인 믿음 1 '나는 사장의 지시를 거부하지 못해.'		
전적으로 내 탓이다.	1 ② 3 4 5 6 7	전적으로 타인 혹은 상황 탓이다.
항상 그럴 것이다.	1 2 3 4 ⑤ 6 7	이번 한 번으로 끝날 것이다.
내 인생의 모든 것에 영향을 미친다.	1 2 3 ④ 5 6 7	오직 이 상황에만 영향을 미친다.

대안 원인 믿음 2 '나는 시간 관리를 잘 못 해. 주중 계획을 더 잘 세운다면 주말마다 일할 필요가 없을 테고, 가족과 친구들과 좀 더 많은 시간을 보낼 수 있을 거야.'		
전적으로 내 탓이다.	1 ② 3 4 5 6 7	전적으로 타인 혹은 상황 탓이다.
항상 그럴 것이다.	1 2 3 4 5 ⑥ 7	이번 한 번으로 끝날 것이다.
내 인생의 모든 것에 영향을 미친다.	1 2 3 4 ⑤ 6 7	오직 이 상황에만 영향을 미친다.

초기 대안 원인 믿음	지지 증거	반대 증거
1.		
2.		
3.		
4.		

라면 삶을 살아가는 데 활력이 될 수도 있지만 미래에 대한 나쁜 상상이라면 행복을 만드는 데 아무런 도움이 되지 못한다. '만약에~' 병에 걸린 사람들은 역경이 닥쳤을 때 이를 극복하려 하지 않고 더 크게 부풀리고 더 나쁜 일이 벌어질 것이라 상상하며 걱정한다. 당연히 회복력도 약해질 수밖에 없다.

'만약에~' 병을 고치는 데는 '진상 파악하기'가 효과적이다. 이는 미래 위협에 대한 믿음을 바꿈으로써 불안을 다룰 수 있는 수준으로 낮추는 기술이다. 위협의 진짜 위험도에 걸맞은 수준으로 불안감을 줄여준다.

'진상 파악하기'와 '믿음에 반박하기'를 혼동하는 사람들이 있는데, 믿음에 반박하기 기술은 역경이 일어난 이유를 찾는 원인 믿음에 적용되는 반면, 진상 파악하기 기술은 그 역경이 미치는 영향에 관한 믿음을 다룬다는 차이가 있다. 지금 닥친 역경 때문에 앞으로 일어날 일에 대한 결과 믿음에 초점을 맞추는 것이 진상 파악하기다. 진상 파악하기는 다음 5단계를 거쳐 진행된다.

진상 파악하기에 앞서 다음 사례를 살펴보자.

최 과장은 상당히 성공한 영업사원이다. 그런데 중요한 잠재 고객에게 제품 팸플릿을 보내준다고 약속해놓고 까맣게 잊고 있다가 다음 날이 돼서야 기억이 났다. 엄청난 실수를 저질렀다는 것을 깨닫고 그는 크게 자책하며 마음껏 상상의 나래를 펼쳤다.

'큰일 났네. 팸플릿을 보내는 걸 잊어버렸잖아. 지금이라도 전화를 걸어 미안하다고 할까? 아니야, 벌써 하루가 지나 크게 화가 나 있을 거야. 전화하면 화만 더 나게 만들 거야. 회사에서는 중요한 잠재 고객을 놓쳤다고 질책할 것이 분명해. 잘하면 감봉 정도로 끝나겠지만 최악의 경우 해고당할 수도 있어. 해고당하면 어떻게 하지? 지금 이 나이에 다른 데 취직하기도 어려울 텐데. 취업을 해도 지금과 같은 조건으로는 취직하지 못할 거야. 월급이 적으면 주택대출금 갚기도 어려울 테고 빚은 점점 더 늘어나겠지? 이런 나를 아내는 한심해하고 이혼하자고 할지도 몰라.'

중요한 고객과의 약속을 지키지 못한 것은 분명한 잘못이지만 '만약에~'는 점점 더 확대돼 결국 이혼까지 하게 될 것이라는 극단적인 상황까지 가버렸다. 이러한 것을 '파국적 사고'라고 하는데, 파국적 사고는 불안을 가중시키기만 할 뿐 문제를 해결하는 데 아무런 도움이 안 된다. 현실을 직시하고 불안을 잘 다루기 위해선 진상 파악하기를 해야 한다.

1단계: 꼬리에 꼬리를 무는 실시간 믿음 적기(최악의 시나리오 적기)

우선 파국적 사고를 한 순간을 되돌아보고 그 순간에 떠오른 생각들을 모두 적어보자. 꼬리에 꼬리를 물고 이어진 파국적 믿음을 하나씩 적어보는 것이다. 최 과장의 역경은 깜빡 잊고 고객에게 팸플릿을 보내지 않은 것이다. 이 역경이 부추긴 실시간 믿음, 즉 최악의 경우를 예상한 시나리오는 다음과 같다.

고객이 크게 화가 나 있는데 전화를 하면 더 화를 낼 것이다. → 회사에서 크게 질책할 것이다. → 직장에서 해고된다. → 겨우 다른 직장을 구했지만 월급이 적어 날이 갈수록 빚만 더 늘어난다. → 주택대출금을 갚지 못할 것이다. → 아내가 실망하고 이혼을 요구한다.

2단계: 최악의 시나리오가 실현될 확률 추정

1단계에서 적은 실시간 믿음의 내용을 살펴보면 누가 봐도 최 과장이 파국적 사고에 빠져 있다는 것을 알 수 있다. 제품 팸플릿을 깜빡 잊고 안 보냈다고 직장에서 해고당하고 이혼까지 하게 된다는 결론은 지나친 비약이다. 하지만 정작 본인은 모른다. 이를 깨닫고 파국적 사고를 중단하려면 우선 1단계에서 나열한 것들이 실제 일어날 확률이 얼마나 되는지를 추정해봐야 한다.

고객이 크게 화가 나 전화를 하면 더 화를 낼 확률은 꽤 높다. 팸플릿을 보내지 않아 실망시킨 것에 대한 책임을 물을 가능성도 크다. 하지만 그것만으로 직장에서 해고되고, 주택대출금을 갚지 못해 이혼까지 하게 될 확률은 아주 낮다.

이처럼 '만약에~'라는 가정 하에 미래에 일어날 것이라 믿었던 일들이 실제로 일어날 확률을 추정하다 보면 진상 파악하기가 수월해진다. 또한 확률이 적은 일보다 확률이 높은 일에 미리 대비함으로써 역경을 좀 더 수월하게 극복할 수도 있다. 예를 들어 고객이 화를 낼 수도 있지만 용기를 내서 전화를 해 진심으로 사과하고 팸플릿을 보내면 고객이 화를 풀고 신뢰해 더 좋은 결과가 나오는 상황도 얼마든지 가능하다.

3단계: 최상의 시나리오 구상

실제 일어날 확률을 추정해보는 것만으로도 큰 도움이 되지만 좀 더 효과적으로 진상을 파악하려면 최상의 시나리오를 구상해볼 필요가 있다. 최악의 시나리오처럼 최상의 시나리오도 실현 가능성이 아주 낮지만 최악의 경우를 예상하는 파국적 사고를 중지시키는 데는 아주 효과적이다. 터무니없이 환상적인 미래를 잠깐 상상해봄으로써 실제로 일어날 사건을 좀 더 명확하게 사고할 수 있다. 또한 최상의 시나리오는 당신을 웃게 만든다. 불안 수준을 낮추고 당면한 진짜 문제를 좀 더 잘 다루게 하는 데는 유머가 최고다. 최상의 경우를 예상한 시나리오에 웃음이 나지 않으면 아직 그렇게 환상적인 시나리오가 아닌 것이다. 그러니 너무 엉뚱해서 저절로 웃음이 터져 나올 때까지 더욱 환상적인 미래를 상상하라. 최 과장이 구상한 최상의 시나리오는 다음과 같다.

해고된다 → 퇴직금으로 영업대행 회사를 차린다. → 기업을 상장시킨다. → 백만장자가 된다.

4단계: 실현 확률이 가장 높은 사건 확인

최악의 시나리오와 최상의 시나리오를 일목요연하게 적어놓으면 실제로 일어날 확률이 가장 높은 사건을 쉽게 찾아낼 수 있다. 해고나 이혼이 실제로 일어날 확률이 극히 낮음을 깨닫고 실제로 일어날 확률이 높은 사건에 집중해야 파국적 사고에서 벗어날 수 있다.

5단계: 진짜 문제해결

1~4단계를 거치면서 파국적 사고로 인해 실제로 일어날 확률이 아주 낮은 일을 상상하며 불안해했다는 것을 자각했다면 마지막으로 진짜 문제를 바로잡을 수 있는 방법을 찾아야 한다. 최 과장은 전화를 걸어 고객의 마음을 풀고 바로 팸플릿을 보내기로 결정한다. 좀 더 성의를 보여 팸플릿을 우편으로 발송하지 않고 직접 갖고 찾아가기로 했다. 회사에도 솔직하게 상황을 설명하며 잘못을 시인하고 해결책을 보고했다. 장족의 발전이다. 회복력이 높은 사람은 진상 파악하기 과정을 거치지 않고도 바로 이렇게 행동한다.

회복력의 7가지 기술 6_진정하기와 집중하기

역경이 닥치면 극심한 스트레스를 받고 감정이 불안해져 정상적인 사고나 판단을 하기 어렵다. 집중해서 해결책을 모색하는 일은 더더욱 어렵다. 다행히 감정이나 스트레스에 휘둘릴 때 진정하고 집중할 수 있는 방법이 있다. 일상생활에서 쉽게 할 수 있는 비교적 간단한 방법들인데, 이 방법들만 잘 활용해도 역경에 대처할 수 있는 회복력을 키우는 데 큰 도움이 된다.

심호흡

스트레스와 불안감이 커지면 호흡이 얕고 거칠어진다. 그만큼 폐에 공급하는 산소량이 줄어들기 때문에 혈관을 통해 순환하는 산소도 감소한다. 그러면 뇌는 경고 신호로 아드레날린이 더 많이 분비되게 만든다. 아드레날린이 분비되면 불안감이 더 가중되고, 호흡은 더 얕고 빨라져 산소량이 더 적어지는 악순환이 되풀이된다.

이런 악순환을 멈추려면 복식호흡으로 크게 심호흡을 해야 한다. 심호흡을 하는 방법은 여러 가지가 있지만 지금까지의 조사결과 다음과 같은 방법이 가장 효과적인 것으로 나타났다. 일단 기본적인 방법을 완전히 익힌 후 다양한 방법을 시도하면서 몸과 마음을 가장 완벽하게 이완시켜주는 방법을 찾아내고, 적어도 하루에 한 번은 이 방법을 실천하도록 한다. 심호흡을 할 때는 생각을 멈추고 오직 호흡에만 집중한다. 처음에는 어렵겠지만 익숙해지면 호흡에 집중하기가 쉬워진다.

①팔걸이가 없는 의자에 똑바로 앉아서 두 발을 바닥에 붙인다. 두 손은 무릎 위에 편안하게 놓는다.
②배가 팽창하는 느낌이 들 때까지 코로 숨을 들이쉰다.
③천천히 숨을 들이쉬면서 아주 천천히 하나부터 넷까지 센다. 이때 가슴과 어깨의 긴장을 푸는 것이 중요하다.
④코로 천천히 숨을 내쉰다. 역시 하나부터 넷까지 세면서 숨을 완전히 내쉰다.
⑤천천히 심호흡하는 과정을 적어도 3분 동안 반복한다.

점진적인 근육 이완법(Progressive Muscle Relaxation)

스트레스를 받으면 근육이 긴장돼 몸이 딱딱하게 굳는다. 등에 통증이 생기거나 목이 뻣뻣해지는 느낌이 들기도 하고, 근육이 경련을 일으키듯 떨리는 경우도 있다. 이때 심호흡과 함께 점진적인 근육 이완법을 실시하면 스트레스를 진정시키는 데 도움이 된다. 점진적인 근육 이완법은 신체 각 부위의 근육을 조였다가 풀어주는 과정이다. 근육이 긴장할 때와 이완할 때 어떤 느낌인지 확인하고 비교해보면서 하면 더 효과적이다.

①바닥에 눕거나 등을 곧게 펴고 의자에 앉는다. 발은 바닥에 붙이고, 두 손은 무릎 위에 편안하게 놓는다.

②눈을 감고 2분 동안 심호흡을 한다.

③두 손과 아래팔부터 시작한다. 가능한 한 마음을 비우고 숨을 들이쉬면서 주먹을 쥐고 손과 아래팔의 근육을 힘껏 조인다. 다른 신체 부위나 팔뚝 전체를 조이지 말고 오직 두 손과 아래팔의 근육만 긴장시킨다. 근육을 바짝 조여야 하지만 통증을 느낄 정도여서는 안 된다. 그렇게 15초 동안 손과 아래팔의 근육을 긴장시킨다.

④계속 심호흡을 하면서 손과 아래팔의 긴장한 느낌에 집중한다. 어느 부위 근육이 가장 탄탄하게 조여드는가? 그 근육이 언제 탄탄해지는가? 그 주변 근육은 어떤 느낌이 드는가? 15초 동안 근육을 조인다.

⑤숨을 내쉬면서 손과 아래팔의 근육을 이완시킨다. 근육의 긴장을 재빨리 풀어주고, 그 이완된 느낌에 집중한다. 근육의 긴장이 완전히 풀어진 느낌이 들 때까지 계속 심호흡하고, 완전히 이완된 상태를 30초 동안 유지한다. 동일한 근육에 집중하면서 이 과정

을 또 한 번 반복한다.

⑥ 손과 아래팔의 근육을 조였다 푸는 과정을 두 번 실행한 후 1분간 쉰다. 그런 다음 다른 부위 근육으로 넘어가 같은 방법으로 근육을 조였다 풀어준다. 즉 15초 동안 바짝 조였다가 30초 동안 완전히 풀어주는 과정을 두 번 하고 1분간 쉰 다음에 다른 부위 근육으로 넘어간다.

긍정적 이미지

긍정적 이미지는 말 그대로 마음을 편안하게 만드는 긍정적 이미지를 떠올림으로써 진정하는 방법이다. 심호흡이나 점진적 근육 이완법에도 활용할 수 있다. 방법은 간단하다. 눈을 감은 후 평온하고 한가한 장면을 상상하라. 더없이 느긋하고 편안하고 행복한 장소를 떠올려보라. 2~3분 동안 그 장면을 그려보고, 그 이미지 속에서 긴장을 풀고 쉬면 된다. 긍정적 이미지를 상상할 때는 이미지를 상세하고 생생하게 떠올리는 것이 좋다. 그럴수록 긴장이 더 쉽게 풀리기 때문이다. 이미지만 상상하지 말고 오감을 동원해 자연의 소리도 듣고, 바람 소리도 피부로 느껴보고 냄새를 맡아보면 더 좋다. 여기에 "나는 느긋하고 한가하다", "나는 편안하고 평화롭다"와 같은 긍정적인 말도 속으로 하면 더 효과적이다.

회복력의 7가지 기술 7_실시간 회복력

김 부장은 걱정이 많은 사람이다. 광고회사의 영업부장으로 해야 할 일이 태산 같은데도 걱정이 많아 한 가지 일에 집중하지 못한다. 중요한 프레젠테이션을 하는 도중에도 걱정이 끊이지 않는다. '내가 저 광고주에게 우리 회사가 적임자라는 확신을 심어줄 수 있을까?', '내가 지금 자신만만하게 말하고 있는 걸까?', '내가 질문에 명확하게 대답한 걸까? 내가 지금 괜찮아 보일까?' 그 후에는 그 일을 곰곰이 되씹는다. '나는 명확하게 설명하지 못했어. 도대체 어째서 제대로 하지 못하는 걸까?' 하고 고민한다.

김 부장처럼 잡다한 생각을 끊임없이 하는 사람은 지금 당장 해야 하는 일에 집중하지 못한다. 이처럼 불쑥 끼어드는 생각을 '침투 사고'라고 하는데, 이러한 침투 사고는 다음 3가지 방식으로 회복력을 약화시킨다.

1. 침투 사고는 주로 부정경험에 관한 것이어서 우울하게 한다.
2. 침투 사고는 주의를 사로잡고 문제해결을 방해한다.
3. 침투 사고는 시간을 허비하게 한다.

회복력을 강화시키려면 이 침투 사고를 물리쳐야 한다. 침투 사고를 중단시킬 수 있는 방법은 비교적 간단하다. 한눈을 팔게 하거나 강박적 반추를 조장하는 생각을 멈추게 하는 데 상당히 효과적인 기술이 많다. 그중 하나가 심리 게임이다.

심리 게임

심리 게임의 목적은 비합리적인 믿음에서 주의를 돌리는 것이다. 심리 게임이 효과가 있으려면 너무 어려워서도 안 되고 재미가 있어야 한다. 그에 걸맞은 심리 게임을 몇 가지 소개하면 다음과 같다. 이 중 자신에게 맞는 게임을 선택하거나 능숙해지면 몇 가지를 조합해 자신만의 게임을 만들어도 좋다. 단, 심리 게임은 아무리 길어도 2분 안에 끝내는 것이 좋다.

- **가나다 게임** '가나다……'를 순서대로 둘씩 짝지은 후 그 첫 글자에 이름을 붙인다(예: 가나-가수 나훈아, 다라-다음 라디오, 마바-마음 바탕 등). 두세 번쯤 하고 나면 게임이 무척 쉬워질 것이다. 그러면 특정 범주에 속하는 이름을 붙임으로써 게임을 조금 더 어렵게 만든다. 한 예로, 운동선수, 작가, 영화배우의 이름만 붙이는 것이다.
- **범주** 범주를 하나 고르고 그 범주에 속하는 것을 2분 안에 최대한 많이 생각해내면 된다(예: 채소, 해수욕장, 과일, 항구, 유명 작가 등). 게임을 조금 더 어렵게 하려면 그 범주에 속하는 것을 가나다순으로 나열한다.
- **끝말잇기** 낱말을 하나 고르고 2분 안에 최대한 많이 잇는다.
- **추억** 당신을 가르쳤던 선생님의 이름을 모두 떠올린다. 유치원 선생님부터 시작한다. 혹은 어릴 때 살던 집을 기억해본다. 가구 배치, 벽을 장식한 물건, 침실 벽에 붙여놓은 유명인의 포스터 등을 떠올린다(어린 시절을 떠올릴 때 불안해지는 사람에게는 이 게임이 알맞지 않다). 여행한 곳, 봤던 영화, 아는 노래, 읽었던 책도 좋다.
- **노랫말** 기분을 바꾸는 아주 훌륭한 방법이다. 가장 좋아하는 노래의 가사를 외운다(통속적인 이별 노래나 블루스 같은 우울한 곡은 피한다). 신나고 활기찬 노래가 좋다.

• 시 희망과 기쁨을 노래하는 시 한 편을 외워두었다가 집중이 필요할 때 떠올린다.

3가지 핵심 구절 이용하기

실시간 회복력 기술을 배울 때는 다음 3가지 핵심 구절을 이용해 믿음을 바꿀 수 있다. 이 기술을 완전히 익히면 의식적으로 이러한 핵심 구절을 말하지 않아도 된다.

첫 번째 핵심 구절: '이 일을 더욱 현실적으로 바라보자(대안 믿음).'

두 번째 핵심 구절: '그렇지 않아. 왜냐하면(증거)…….'

세 번째 핵심 구절: '일어날 가능성이 더 높은 일은……. 그걸 해결하기 위해 내가 할 수 있는 것은(증거)…….'

믿음에 반박할 때 그 목표는 설명양식의 3가지 차원에서 다양한 대안 믿음을 떠올리는 것이다. 그럼으로써 틀에 박힌 설명양식에서 벗어날 수 있다. 실시간 회복력 기술의 목표는 본인의 설명양식과는 다른 양식을 하나 동원해 초기 믿음보다 더 정확한 믿음을 떠올리는 것이다. '이 일을 더욱 현실적으로 바라보자'라는 구절은 대안 믿음을 구성하는 데 도움이 된다.

예를 들어 역경의 순간에 떠오른 부정적인 믿음이 '나는 말을 잘 못해서 고객을 설득하지 못할 거야'라고 치자. 핵심 구절을 이용해 '이 일을 더욱 현실적으로 바라보자. 비록 달변가는 아니지만 진심으로 이야기하면 고객의 마음을 움직일 수 있을 거야'와 같은 대안 믿음을 가지면 역경을 극복하기가 쉬워진다.

두 번째 방법은 증거를 토대로 믿음의 정확성을 검증하는 것이지만 사람들은 믿고 싶은 것만 믿는 경향이 있기 때문에 증거를 찾아도 원래의 부정적인 믿음을 입증하는 증거를 더 쉽게 찾아내는 경향이 있다. 그래서 '그렇지 않아. 왜냐하면……'라는 구절이 필요하다. 이 구절로 시작해 실시간 믿음에 대응하면 사고에 초점을 맞추고 확증 편향과 싸울 수 있다. 여기서 목표는 가능한 한 자세하고 구체적이어야 한다. 증거가 구체적이어야 더욱 효과적이다.

진상 파악하기 기술은 1단계 최악의 경우를 예상하는 믿음을 모두 나열하고, 2단계 최상의 경우를 예상하는 믿음을 모두 나열하고, 3단계 실제로 일어날 확률이 가장 높은 사건을 확인하고 해결할 방법을 계획하는 과정을 거친다. 실시간 회복력 기술은 훨씬 더 간단하다. 실현 확률이 가장 높은 사건 중 하나만 찾아내고 그 해결책 역시 하나만 계획하면 그만이다. 그 일을 더 쉽게 하는 방법이 있다. '일어날 가능성이 더 높은 일은……. 그걸 해결하기 위해 내가 할 수 있는 것은……'라는 구절로 대응하는 것이다.

부정적인 믿음이 '나는 해고될 테고, 더 이상은 내가 좋아하는 일을 할 수 없을 거야'라면 다음과 같이 대응할 수 있다. '일어날 가능성이 더 높은 일은 내가 마감 시한을 넘겨서 부장이 화낼 거라는 거야. 그걸 해결하기 위해 내가 할 수 있는 것은 먼저 죄송하다고 말하고 내가 맡은 업무의 우선순위를 정하는 일을 도와달라고 부탁하는 거야.'

이 3가지 핵심 구절을 이용하면 실시간 회복력 기술을 훌륭하게 실행할 수 있다.

실시간 회복력 기술을 활용할 때 흔히 저지르는 실수

실시간 회복력 기술을 처음 배울 때 사람들은 자주 회의적인 태도를 보인다. 기술의 효과를 신뢰하지 않는데, 이는 이 기술을 처음 배울 때 흔히 몇 가지 실수를 저지르기 때문이다. 이 실수들을 경계하고 바로잡으면 실수는 곧 사라지고 회복력이 극적으로 향상된다. 사람들이 자주 저지르는 실수는 다음과 같다.

실수 1. 극단적인 낙관성

초보자들이 가장 흔히 범하는 실수 중 하나는 극단적인 낙관성의 함정에 빠지는 것이다. 그들은 부정적인 믿음을 비현실적으로 낙관적인 믿음으로 대체한다. 좀 더 정확한 대안 믿음을 궁리하고 있을 때 이 실수를 가장 많이 한다. 비관성도 역경을 극복하는 데 도움이 안 되지만 극단적인 낙관성도 마찬가지다. 실시간 회복력은 목표는 정확성이지 낙관성이 아님을 주의해야 한다.

실수 2. 진실 묵살

증거를 토대로 비합리적인 믿음에 반박할 때 이 실수를 자주 범한다. 비현실적인 실시간 믿음의 내용은 주로 지나친 과장이다. 하지만 그 과장된 표현 밑에 진실이 묻혀 있을 수도 있다. 그 진실을 인정하지 않으면 새로 구성한 대안 믿음을 신뢰하지 못해 초기 믿음이 다시 떠오른다.

실수 3. 비난 게임

비난 게임은 실시간 믿음이 지닌 작은 진실을 보다 구체적으로 묵살하는 실수다. 개인화 혹은 외현화의 함정에 빠진 사람들이 자주 저지른다. 개인화의 함정에 빠진 사람들은 주로 자기 비난을 하고, 외현화의 함정에 빠진 사람들은 주로 타인에게 원인을 돌리는데, 이러한 사람들은 믿음에 반박할 때 무조건 비난의 대상을 바꾸는 경향이 있다. 예를 들어 언제나 자신을 탓하던 사람이 믿음을 바꾼다고 타인을 비난하거나 반대로 타인을 비난하던 사람이 자신을 비난하는 식이다. 이렇게 무분별하게 비난의 대상을 바꾸는 것은 역경을 통제하는 데 아무 도움이 되지 않는다.

실수 4. 최소화

최소화는 진상 파악하기 기술을 적용할 때 자주 저지르는 실수다. 진상을 파악하는 목적은 효과적이고 합리적인 해결책을 찾기 위한 것인데 역경을 최소화시키면 엉뚱한 결론이 나오기 쉽다. 예를 들어 사장이 당신이 한 일이 기대치에 한참 못 미쳤다고 했을 때 자신이 무능해 곧 해고당할 것이라는 믿음을 가졌다고 가정해보자. 이 믿음을 바꾸려고 '사장이 나한테 화가 났나? 상관없어. 해고할 테면 하라지, 뭐. 그게 대수인가? 직장이야 또 구하면 그만이지'라고 대응한다면 이것이 바로 문제의 중요성을 축소하는 것이다. 이런 실수를 저지르지 않으려면 새로운 대안 믿음이 역경의 중요성을 경시하고 있는 건 아닌지, 실현 가능성이 희박한 최악의 시나리오를 역시 터무니없는 최상의 시나리오로 대체하고 있는 건 아닌지 확인해야 한다.

회복력의 적용 사례

사례 1: 실직의 충격에서 벗어나기

직장인들이 겪는 역경 중 특히 두려운 역경은 '실직'이다. 특히 요즘처럼 일자리가 부족한 상황에서 실직에 대한 두려움은 더욱 클 수밖에 없다. 하지만 똑같이 실직을 당하더라도 어떤 사람은 보란 듯이 재기하고, 또 어떤 사람은 세상이 다 끝난 것처럼 무기력해진다. 그 차이는 회복력에 있다. 회복력 수준이 낮은 사람은 실직을 한 원인이 자기에게 있다고 생각한다. 자신이 무능력한 탓에 실직을 당했다며 우울해한다. 반면 회복력 수준이 높은 사람은 자기 탓을 하지 않는다. 일부 자신에게 문제가 있을 수도 있지만 경기침체가 더 큰 원인이라고 생각하고 무기력해지거나 우울해하지 않는다. 그러면서 자신의 문제를 면밀하게 검토하고 그것을 해결하기 위해 노력한다. 이처럼 회복력 수준이 높은 사람은 유연하고 정확한 사고를 기반으로 현명하게 문제를 해결하기 때문에 재취업에 성공할 확률이 높다.

강의를 하다 보면 가끔 실직 후 지푸라기라도 잡고 싶은 절박한 심정으로 강의를 듣는 분들을 만난다. 여러 사람이 있지만 그중 30대 중반의 오기찬 씨가 특히 기억에 남는다. 그는 5년 동안 게임개발 업체에서 개발팀장으로 일하다 한 달 전 갑작스럽게 해고 통지를 받았다. 회사 사정이 좋지 않다는 건 알고 있었다. 하지만 회사가 무려 수십 명에 달하는 직원을 한꺼번에 구조조정해야 할 정도로 어렵다는 건 미처 몰랐고, 더군다나 자신이 구조조정 대상자가 되리라고는 꿈에도 생각하지 못했다.

실직 후 기찬 씨의 회복력은 눈에 띄게 떨어졌다. 자신감을 완전히 상실해 다른 직장을 알아볼 엄두도 내지 못하는 상태였다. 처음에는 속내를 솔직하게 털어놓지도 않았다. 그런 그에게 진심으로 문제가 무엇인지 제대로 알아보고 함께 해결책을 모색해보자고 권유했다. 몇 번 더 만난 후 드디어 그가 용기를 내 입을 열었다.

"지금까지 살아오면서 이렇게 실망한 적이 없어요. 물론 그 회사에서 영원히 그 일을 할 것이라 생각하진 않았어요. 하지만 해고된다는 것은 전혀 예상하지 못했어요."

기찬 씨에게 해고가 얼마나 충격적인 사건이었는지를 충분히 짐작할 수 있었다. 우선 'ABC 확인하기'를 사용해 기찬 씨에게 닥친 역경을 명확하게 보는 일부터 시작했다. 실직과 관련한 그의 ABC는 다음과 같았다.

역경: 나는 해고됐다.

믿음: 내 나이에 연봉 5,000만원을 받을 수 있는 직업은 그리 많지 않아. 우리 가족이 행복하게 살려면 최소한 그 정도 연봉은 벌어야 하는데 해고라니 믿을 수가 없어. 나보다 늦게 입사하고도 잘리지 않은 사람이 많아. 나는 완전히 배신당한 거야.

감정: 극도의 우울(우울 지수 10점 만점에 9 혹은 10점)

행동: 소극성, 무기력, 절망, 취업 기회 외면

기찬 씨는 ABC 확인하기를 통해 자신의 실시간 믿음(B)에 대한 결과의 강도가 과연 적절한지 아닌지 검토했다. 해고됐을 때 기찬 씨처럼 '배신당했다'라고 믿는 사람들은 많다. 열심히 일했는데 배신을 당했다고 생각하면 누구나 우울해지고 위축되기 쉽다. 하지만 기찬 씨가 보기에도 자신의 정서 반응이 실시간 믿음에 비해 지나치게 극단적인 것 같았다. 그렇다면 '빙산믿음 찾기'를 활용할 시점이었다.

실시간 믿음: 나는 완전히 배신당한 거야.

질문: 그것이 어떤 점에서 그렇게 우울하지?

기찬 씨: 나보다 더 늦게 입사하고도 무사한 직원이 많았는데, 나는 해고됐어. 내가 맡은 일을 제대로 하지 못했다는 뜻이야. 나는 제거해야 할 대상이 된 거야. 다른 사람들 눈에는 내가 정말로 무능해 보였던 게 틀림없어.

질문: 그것이 무엇을 의미하지?

기찬 씨: 나는 그렇게 야망이 크지도 않고 밤낮으로 일만 하지도 않았어. 하지만 회사와 내 업무에 충실했어. 그리고 상당히 유능하다고 생각했어. 해고는 정말이지 상상도 못 한 일이야.

기찬 씨는 자기 가치 상실에 대한 표면 믿음을 여러 가지 찾아냈다. 하지만 의식의 표면 밑에서 떠도는 빙산믿음을 더 철저하게 파고들지는 못했다. 그는 그 밑으로 내려가지 않고 표면에서 이리저리 움직이고 있었다. 따라서 네 가지 질문 중 하나를 이용해 더 깊이 파고들 필요가 있었다.

질문: 이 모든 일이 어떤 점에서 그렇게 큰 문제인 거지?

기찬 씨: 일자리를 지킨다는 것은 최소한의 필요조건이야. 물론 CEO 자리까지 오르거나 거액의 연봉은 받지 못할 거야. 하지만 적어도 일자리는 지킬 수 있어야지.

질문: "지킬 수 있어야지"라는 말이 어떤 뜻이지? 왜 당신은 일자리를 지킬 수 있어야 하지?

기찬 씨: 나는 한 집안의 가장이야. 아내가 좋은 직장에서 맞벌이를 하고 있기 때문에 나 혼자 생활비를 벌어야 하는 부담감은 없어. 하지만 가장이 아내와 자식을 책임지지 못한다는 것은 아주 부끄러운 일이야. 두 사람이 나를 믿고 의지할 수 있어야 해.

질문: 가족을 부양할 수 없다는 것이 당신에게 무엇을 의미하지?

기찬 씨: 나는 좋은 아빠가 되고 싶어. 나는 우리 아버지 같은 그런 아빠가 될 수 있었으면 좋겠어. 아버지는 언제나 우리 곁에 계셨어. 아버지를 믿고 의지할 수 있었어. 아버지는 고등학교를 졸업한 후부터 퇴직할 때까지 한 회사에서 50년 동안 일하셨어.

질문: "아버지는 한 회사에서 오래 일하셨는데 나는 그렇지 못해"라는 말이 무엇을 의미하지?

기찬 씨: 바로 그 점이야. 나는 결코 아버지 같은 좋은 아빠가 되지 못할 거야. 이 일을 만회하기 위해 내가 할 수 있는 일은 하나도 없어. 아들에게 좋은 아빠가 될 수 있는 방법이 없어.

질문을 하면서 기찬 씨는 마음 깊숙한 곳에 자기도 모르는 믿음이 숨어 있다는 것을 깨달았다. 무능해서 해고를 당했다는 것도 한 가지 믿음이지만 기찬 씨는 실직에 그보다 훨씬 더 큰 의미를 부여했다. 그에게 실직은 결코 좋은 아빠가 될 수 없다는 것을 의미했다. 그래서 그는 극도로 우울해했던 것이다.

빙산믿음을 찾았다면 다음은 '믿음에 반박하기' 기술을 이용해 원인 믿음을 분석할 차례다. 기찬 씨가 그린 첫 번째 원형 그래프에는 '나는 무능해'라는 한 가지 믿음밖에 없었다. 해고 원인에 대한 더욱 유연하고 정확한 사고를 반영하는 두 번째 원형 그래프는 다음과 같다.

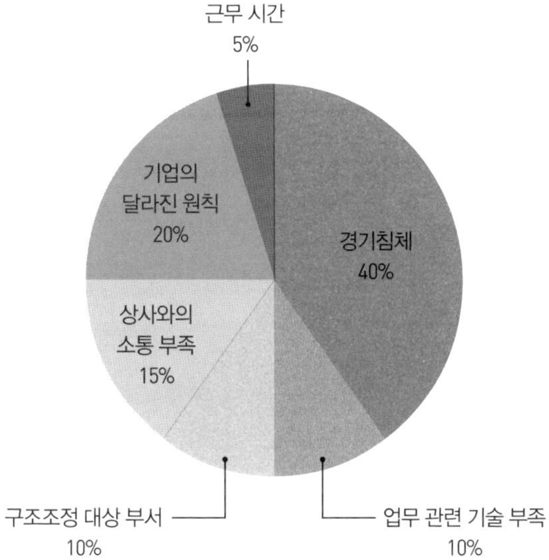

믿음에 반박하기 기술을 통해 기찬 씨는 회사가 구조조정을 단행한 가장 큰 요인이 경기침체라는 것을 인정했다. 해고를 당한 이유가 자기 탓만이 아니라는 것을 확인하고 마음이 좀 편해지기는 했지만 더 늦게 입사한 직원도 많아 살아남았는데, 자신은 해고됐다는 객관적인 사실은 변함이 없었다. 그는 믿음에 반박하기 기술을 통해 증거를 찾으면서 해고 대상자로 선정된 이유를 철저히 검토했다. 그의 능력과 실적과는 아무 상관이 없는 원인도 있었다. 살아남은 직원들의 대다수는 기찬 씨의 부서보다 수익을 더 많이 올리는 부서에서 일하고 있었다. 하지만 그의 부서에서도 구조조정에서 벗어난 사람들이 있었다. 그 이유가 무엇일까?

단지 자신의 '무능' 때문이라고 단정하는 것은 역경을 극복하는 데 아무런 도움이 되지 않는다. 무능이라는 말은 지나치게 막연하고 모호하며 해결할 수 없다. 기찬 씨는 철저한 분석을 통해 역경의 원인으로 지목할 수 있는 정확하고 구체적인 증거를 찾아야 했다.

자신이 그동안 어떻게 일을 했는지를 분석한 결과 그는 몇 가지 이유를 찾아낼 수 있었다. 우선 그는 업무에 필요한 기술을 습득하는 데 게을렀다. 반면 다른 동료들은 회사의 핵심 분야에서 필요로 하는 교육을 받고 최신 기술을 습득했다. 늘 정시에 출근하고 정시에 퇴근했던 것도 마음에 걸렸다. 그렇다고 맡은 일을 끝내지 않은 것은 아니었지만 조금 더 늦게까지 일했더라면 회사에 더욱 필요한 사람이라는 인상을 주었을 것이다. 마지막으로 기찬 씨는 생색내는 것을 좋아하지 않아 업무를 훌륭하게 완수하고도 상사에게 말하지 않았다. 굳이 보고하지 않아도 상사가 알아줄 것이라 믿었기 때문이다. 그는 스스로 중요한 직원이라고 확신해서 마음 읽기의 함정에 빠진 것을 자책했다.

믿음에 반박하기 기술을 통해 기찬 씨는 '배신당했다'라는 비합리적인 믿음을 상당 부분 바꿀 수 있었다. 하지만 바닥까지 추락한 그의 회복력을 다시 끌어올리는 데 결정적인 역할을 한 것은 '실시간 회복력' 기술이었다. 나를 만나기 전까지 기찬 씨는 '나는 낙오자야. 난 다시 직장을 구하지 못할 거야'라는 실시간 믿음을 갖고 있었다. 그러한 실시간 믿음은 뿌리 깊은 빙산믿음과 연결돼 있었고, 그 빙산믿음이 우울과 무력감을 촉발했다.

하지만 나와 함께 회복력 기술을 배운 다음에는 비합리적인 믿음이 떠오를 때마다 기찬 씨는 실시간 회복력 기술을 이용해 그 믿음에 반박하는 강력한 대안 믿음을 내놓았다.

"나는 실패자가 아니야. 아버지 시대와 지금은 너무 달라. 요즘 평생 직장은 없어. 누구나 해고당할 수 있고, 재취업을 해야 하는 세상이야. 해고됐다고 모두 무책임한 가장이 되는 것은 아니야. 다시 작업을 구하려고 열심히 노력하는 모습을 보여주면 가족들도 안심하고 나를 믿어 줄 거야. 재취업을 할 수 있을까 걱정하는 것보다 다시 직장을 구하면 예전에 저지른 실수를 반복하지 않는 게 중요해."

기찬 씨는 그로부터 몇 달이 채 지나지 않아 새로운 직장을 구했다. 예전 직장에 비해 연봉도 비슷하고 일도 마음에 든다며 좋아했다. 의욕을 잃고 새로 도전할 엄두조차 내지 못했던 기찬 씨가 새로운 일터에서 다시 활기차게 일할 수 있게 된 것을 보며 새삼 회복력 기술의 중요성을 실감했다.

사례 2: 회복력은 재앙을 이겨내는 능력

흥미로운 원숭이 실험이 있다. 원숭이 네 마리를 중앙에 긴 장대를 세워둔 우리 안에 집어넣었다. 장대 꼭대기에는 원숭이가 좋아하는 노란 바나나가 한 송이 매달려 있었다. 원숭이들은 전 속력으로 달려가서 장대를 오르기 시작했다. 원숭이들이 바나나에 가까워지자 연구자는 양동이로 물을 퍼부었다. 원숭이들은 물을 질색한다. 네 원숭이는 몸을 부르르 떨며 얼른 바닥으로 내려와 구석으로 달아났다.

연구자는 세 마리를 꺼내고 한 마리만 그대로 두었다. 그리고 다른 원숭이 세 마리를 우리 안에 집어넣었다. 물벼락을 맞아보지 않은 신참 원숭이 세 마리는 역시 바나나를 보자마자 장대로 달려가 서둘러 올라갔다. 처음부터 있었고, 물벼락을 맞아본 원숭이 한 마리는 신참자들이 물벼락을 맞지 않게 하려고 안간힘을 썼다. 세 마리의 다리를 붙잡아 끌어내리고 이빨을 드러내며 으르렁거려서 결국 세 마리를 장대에서 떼어놓는 데 성공했다. 세 마리는 장대에 올라가지도 않았고 물벼락을 맞지도 않았다.

이제 연구자는 그 신참자 중 두 마리와 처음에 물벼락을 맞은 원숭이를 꺼내고 원숭이 세 마리를 새로 집어넣었다. 우리 안에 있는 네 마리 중에서 실제로 물벼락을 맞은 원숭이는 한 마리도 없다. 새로 들어온 세 마리는 얼른 장대로 올라갔지만 두 번째 단계에서 투입된 원숭이는 올라가지 않았다. 그 원숭이는 장대에 올라가서는 안 되는 이유를 몰랐을 텐데도 신참자들의 다리를 붙잡아 끌어내리고 이빨을 드러내며 으르렁거려서 그들이 장대에 올라가지 못하게 막았다.

원숭이 실험과 유사한 일이 종종 조직에서도 일어난다. 1975년만 해도 직원이 4만 명에 달했던 그 기업은 1999년에는 직원이 1만2,000명으로 대폭 줄었다. 한때 제조산업을 이끌었던 선두주자가 쇠락하고 있는 것이다. 위기를 타파하고자 14명의 고위 간부들이 원탁에 둘러앉아 이틀 동안 회의를 했다. 모두들 돌아가며 자기소개를 하고 지난 10년간 제조산업에 드리워진 암울한 그림자에 대해 장황하게 설명했다.

역경은 분명해 보였다. 자금 출혈이 심했고, 매년 손실액이 수백만 달러에 달했고, 그러자 여러 곳의 공장을 폐쇄했다. 그로 인해 수익은 훨씬 더 감소했다. 임원 14명 중에서 무엇이 문제인지에 관한 토론에 적극적으로 참여하는 사람은 고작 2명이었다. 30대 후반의 젊고 유능한 돈나가 문제를 지적했다. 돈나는 기존의 고리타분한 사고방식에서 벗어나 회사가 무엇을 해야 하는지 새로운 아이디어를 내놓고, 신시장을 목표로 제품을 다양화하는 방법을 숙고해야 한다고 주장했다. 그러면서 해결책을 제시하는 것도 잊지 않았다.

"최소 비용으로 기존 공장을 점검해보면 판매량이 늘고 있는 제품을 생산할 수도 있을 것입니다. 언제까지나 기존 제품을 생산해야 한다는 사고를 바꿔야 합니다. 그것을 우리의 운명으로 삼지 말아야 해요."

돈나의 말에 고개를 끄덕이는 사람은 케니 한 사람뿐이었다. 다른 임원들은 무표정한 얼굴로 아무 말도 하지 않았다. 케니는 "신제품에 초점을 맞추고 마케팅과 영업전략을 개선해야 한다"라는 의견을 내놓고 독자적으로 일하는 영업 인력을 팀으로 재구성해야 한다고 주장했다.

돈나와 케니의 의견에 다른 임원들은 침묵했다. 침묵은 곧 반대한다는 무언의 신호와도 같았다. 오랜 침묵 끝에 마침내 부사장이 입을 열었다.

"두 분의 제안은 이미 토의한 적이 있습니다. 하지만 합당치 않은 제안입니다. 우리 회사는 신제품을 생산한 적이 없습니다. 그런 영업 전략을 적용한 적도 없어요. 두 분이 이곳에 입사한 지는 5~10년이 됐습니다. 다른 분들은 여기서 30년 이상 일했어요. 이 회사에 대해 더 많이 알고 있습니다. 무엇이 효과적이고 비효과적인지, 직원들이 무엇을 선호하고 꺼리는지, 경영진과 투자자들이 무엇을 원하는지 알고 있습니다. 두 분의 제안은 결코 유용하지 않을 것이며 효과도 없을 겁니다. 이 회사는 아주 오래전에 세워졌어요. 제가 공장 직원으로 일을 시작하기 훨씬 전부터 건재했습니다. 우리는 그런 방식으로는 일한 적도 없고, 앞으로도 하지 않을 겁니다."

케니와 돈나는 훌륭한 해결책을 제안해서 조직을 구하려고 했지만 동료와 선배들은 원숭이들처럼 그들의 다리를 붙잡아 끌어내리고 있었다. 두 사람이 다시 장대에 올라가려고 하자 그들은 으르렁거렸다. 케니와 돈나의 제안이 왜 합당하지 않은지, 왜 효과가 없을지 그 이유를 정확하게 설명할 수 있는 사람은 한 명도 없었다. 실제로 물벼락을 맞은 적이 없으면서도 장대를 피하는 원숭이들과 다를 바 없었다. 그들은 장대에 오르는 게 좋지 않으리라는 것을 단지 알고만 있었다.

이것이 바로 조직문화의 힘이다. 아주 오래전 그 당시에 효과적이었을 한 가지 방법을 적용한다. 그러면 궤도가 정해지고 관성이 확립된다. 빙산믿음이 형성되는 과정과 많은 부분이 흡사하다. 세상의 작동 방식에 대해 우리는 불완전하고 부정확한 믿음을 쌓아올린다. 그렇게 구축된 믿음이 '현실'이 되고 생명을 갖는다는 것이 문제다. 회의에 참석했던 열네 명은 그 조직의 최고위직 간부들이었다. 그들이 조직문화를 바꿀 능력이 없다면 그 조직 내에서 누구도 그 일을 하지 못한다. 결국 그 회사는 2001년 파산하기에 이르렀다.

이 예는 조직문화를 변화시키기가 얼마나 어려운가를 단적으로 보여준다. 조직에서 회복력이란 '역경 속에서 스스로의 역량을 재창조함으로써 조직의 재도약을 이루어내는 능력'이라 할 수 있다. 회복력은 미래에 대한 불확실성이 높고 위기가 일상화된 치열한 생존경쟁 시대의 현대경영에서 조직의 생존을 좌우할 정도로 중요해졌다. 2000년대 중반 루 거스너Louis Gerstner의 IBM, 스티브 잡스의 애플 등은 회복력을 발휘해 역경을 딛고 더 창조적이며 역량 있는 기업으로 재도약할 수 있었다. 궁극적으로 회복력은 재앙 앞에서 견딜 수 있는 능력인 것이다.

사례 3: 조직문화 바꾸기

'절이 싫으면 중이 절을 떠나야 한다'라는 말이 있다. 이는 한 번 굳어진 조직문화가 얼마나 변하기 힘든지를 풍자하는 말이기도 한다. 대부분의 조직은 안정을 추구한다는 명분 아래 새로운 시도를 하지 않는다. 아무리 조직이 위기에 처했어도 예전에 시도해 효과를 거두었던 방법이 아니면 거부한다. 창의력과 도전정신이 투철한 몇몇 직원이 해결책을 제시해도 "그건 옛날에 다 해봤는데 효과가 없었다" 혹은 "생각은 좋지만 현실적으로는 불가능하다"라는 이유로 묵살하기 일쑤다.

조직문화가 자신과 맞지 않으면 즐겁게 직장생활을 할 수 없다. 절이 싫으면 중이 떠나는 것도 방법이지만 그보다는 절의 문화를 바꾸려는 노력을 할 필요가 있다. 아무리 노력해도 도저히 바뀔 가능성이 보이지 않을 때는 어쩔 수 없이 떠날 수밖에 없겠지만 어디까지나 최후의 선택이어야 한다. 다행히 조직문화를 바꿀 수 있는 방법이 있다. 회복력 기술을 이용하면 된다.

어떤 조직에서든 비공식적인 리더와 혁신가들이 있게 마련이다. 이들이 회복력 기술을 습득해 조직문화를 성공적으로 바꾼 예는 많다.

불우아동을 돕는 비영리기관에서 일하는 박 실장도 그중 한 명이다.

일반 기업체에 근무하던 박 실장은 처음 비영리기관의 기금운용 부서 책임자로 이직할 때까지만 해도 꿈에 부풀어 있었다. 좋은 일을 하는 조직에 몸담고 있는 사람들은 자발적이고 낙관적일 것이니 자신 또한 즐겁고 활기차게 일할 수 있을 것이라 믿었기 때문이다. 하지만 예상은 보기 좋게 빗나갔다. 이직하고 조금 지나자 그 조직의 진짜 문화가 드러났다. 많은 직원이 무기력하고 비관적이었다. 자기 노력으로 불우한 아이들의 삶을 실제로 바꿔줄 수 있을지 의심했다. 박 실장은 불우한 아이들을 돕는 일이 얼마나 의미 있는 일인지, 조직이 하는 일이 얼마나 아이들에게 도움이 되는지를 일깨우며 직원들의 열정을 되살리려 했지만 번번이 비웃음을 살 뿐이었다.

박 실장은 소속 부서의 변화를 주도하려면 우선 감정을 통제해야 한다는 것을 알고 있었다. 솔직히 새 직장이 기대했던 것과 다르다는 것을 깨달았을 때 극단적인 생각이 든 것이 사실이었다.

"나는 직원들에게 동기부여를 할 수 없을 거야. 나 역시 무기력해지든지 아니면 이 일을 그만둬야 할 거야. 이직한 지 6개월도 못 돼서 그만둔다는 것은 내 경력에 치명적인 오점이야. 이 분야에서 그런 오점이 있는 경력으로는 다른 직장을 구하기 힘들 거야. 생활비를 충당할 수 없어서 변두리의 작은 아파트로 이사해야 할 거야. 그곳은 학군이 좋지 않아서 아이들 교육에 문제가 생길지도 몰라. 이 일로 아내는 나를 결코 용서하지 않을 거야. 이곳으로 옮기면서 연봉이 많이 줄었기 때문에 아내는 이미 많은 걸 포기해야 했어. 결혼생활이 더 위태로워질 거야."

조직문화를 바꾸기 위해서는 이런 박 실장의 파국적 믿음을 올바로 분석하는 것부터 해야 한다. 박 실장은 진상 파악하기 기술을 적용한 후 현재 상황이 그 최악의 시나리오와는 거리가 멀다는 것을 깨달았다. 잦은 이직은 경력에 오점이 되겠지만 그가 지금까지 쌓아온 경력은 탄탄했다. 새 직장에서 적응하지 못하더라도 박 실장은 언제든 좋은 직장을 구할 수 있는 뛰어난 능력을 갖고 있었다. 부서를 혁신시키려는 계획이 성공하지 못할 경우 다른 회사의 채용 정보를 수집하고 적절한 곳에 지원할 계획이었다.

진상을 파악하니 마음이 좀 더 편해졌고, 침착하게 생각해보니 박 실장 자신이 '과잉 일반화'의 함정에 빠져 있다는 것을 깨달았다. 부하 직원들을 모두 한데 묶어 "직원들 모두 하나같이 냉소적이고 비관적이고 의욕이 없어"라고 판단하고 있었던 것이다. 과잉 일반화 함정에서 벗어나 팀원 하나하나를 세심하게 관찰하자 직속 부하 두 명은 나머지 직원들보다 의욕적이고 부서의 비공식적인 리더처럼 보인다는 것을 알아차렸다.

혁신 계획의 일부로 박 실장은 그 두 명을 따로 만나서 "우리 부서는 왜 그렇게 무기력한 거냐?", "필요한 복지기금을 받아내지 못하게 방해하는 가장 큰 문제가 무엇이냐?"라고 물었다. 그 결과 그는 직원들이 "시의회는 어쩌다 한 번씩 푼돈이나 던져줄 거야. 예산이 남아돌아도 우리는 우선순위가 아니야. 그러니까 예산이 부족한 해에는 기금 신청서를 아무리 완벽하게 작성해서 올려도 돈은 한 푼도 나오지 않을 거야"라는 믿음을 갖고 있다는 것을 알 수 있었다. 이런 믿음 때문에 직원들은 기금 청구서를 대충 작성해서 제출하고 기금을 절실하게 요청하지 않았다.

직원들이 그들의 믿음이 옳지 않다는 걸 확인시켜줄 필요가 있었다. 박 실장은 시청에 전화해서 끈질기게 부탁한 결과, 시의회 의장을 초빙해 직원들이 복지기금 배분 과정에 대해 직접 들을 수 있는 기회를 마련했다. 시의회 의장은 복지기금 배분은 다각도로 검토되며 매년 각 복지기관에 배분되는 기금은 해당 기관이 제출한 청구서의 질적 수준에 따라 달라진다는 것을 분명하게 밝혔다. 그런 다음 박 실장은 직원과 개별 면담을 하면서 그들이 이 조직에 입사한 이유가 무엇인지, 다음 해에 본인과 소속 부서가 어떤 것을 성취하기를 원하는지 물었다. 그리고 그들의 야망을 모두 포함시킨 사명 선언서를 함께 작성하고, 그것을 복사해서 각 직원의 책상에 한 장씩 붙여놓았다.

직원들을 독려하는 한편 박 실장은 스스로에게도 회복력 기술을 적용했다. 그에게는 '부정적인 사람들'을 보면 화가 치밀어 그 사람들을 객관적으로 판단하지 못하는 약점이 있다. 이를 극복하기 위해 박 실장은 실시간 회복력 대안 믿음을 미리 적어놓고, 팀원들이 비관적으로 투덜거릴 때마다 그것을 이용했다.

"이들은 형편없는 사람들이 아니야. 출구가 보이지 않으니까 의욕이 없을 뿐이야. 부하 직원에게 해결책을 제시하는 것이 내 임무야. 과잉 일반화에 빠지지 말자. 기금 청구서 작성자를 탓하지 말고 기금 청구서의 수준을 끌어올리는 데 집중하자. 최선을 다해 노력해도 좋아질 기미가 보이지 않으면 그때 그만둬도 늦지 않아. 그리고 직원들을 이끌기 위해 내가 할 수 있는 일은 많아. 기금을 성공적으로 받아내면 직원들은 희망을 가질 거야."

이런 노력에도 조직문화는 금방 바뀌지 않았다. 하지만 시간이 지날수록 직원들은 제한된 예산과 시의 정책처럼 통제할 수 없는 것에서 청구서 작성 등 통제할 수 있는 것에 집중했다. 그 결과 매 분기마다 청구한 복지기금을 모두 받아낼 수 있었다. 그러면서 무기력하고 매너리즘에 빠져 있던 조직은 능동적이고 의욕적인 조직으로 서서히 변해갔다.

사례 4: 군대의 회복력 훈련

군대는 겉에서 보면 상당히 강인한 조직처럼 보인다. 하지만 내면으로 들어가면 생각만큼 강인하지 않다. 그도 그럴 것이 조직의 특성상 개인의 자유보다는 명령과 질서를 더 중요시하기 때문에 그만큼 심리적으로 상처를 받을 일도 많다. 이를 간파하고 처음으로 군대에 회복력 훈련을 실시한 사람이 바로 조지 케이시 전 미국 육군 참모총장이다. 이라크 주둔 다국적군 전직 사령관이자 미 육군 특수부대의 영웅인 그는 "신체적으로 단련된 만큼 심리적으로도 단련된 군대를 만들고 싶다"라고 말하며 2008년 셀리그만에게 회복력 훈련을 부탁했다.

훈련 내용은 강인한 정신 구축, 강점 구축, 강력한 관계 구축 3가지로 구분된다. 군인 전체를 대상으로 회복력 훈련을 하기가 어려워 군인들을 지도하는 부사관들을 대상으로 교육을 실시했다. 이 사례는 셀리그만과 프레드릭슨, 레이비치가 미 육군을 대상으로 실시한 훈련 사례이며, 인지적·정서적 방법을 혼용한 결과다. 이 회복력 키우기 사례는 군대뿐만 아니라 개인이나 조직에서도 유용하게 활용할 수 있게 재편집했다.

강인한 심리 구축 강인한 심리를 국축하려면 ABC 확인하기 모델을 이해하고, 사고의 함정을 깨닫고, 빙산믿음을 확인하고, 재앙적 사고를 최소화하고, 감사한 일을 찾아내는 훈련을 해야 한다. ABC 확인하기를 통해 부사관들은 역경이 직접 감정을 유발하지 않는다는 것을 깨닫고, 역경(A)을 울화가 치밀 때 드는 믿음(B)과 그 믿음이 일으킨 감정 혹은 행동(C)과 구별하는 연습을 시작했다. 또한 부사관들은 특정 정서를 부추기는 특정 믿음을 확인했다. 예를 들어 침범당한다는 믿음은 분노를, 상실에 대한 믿음은 슬픔을, 위험하다는 믿음은 불안을 부추긴다.

ABC 확인하기를 한 다음에는 사고의 함정을 이해할 차례다. 셸리그만은 다음과 같은 사례를 제시하고 부사관들의 생각을 물었다.

"당신 부대에 소속된 한 군인이 신체 단련 시간에 뒤처지지 않으려고 기를 쓰더니만 남은 하루 내내 기진맥진하고 게다가 군복은 후줄근해 보이고 포격 훈련 중에 두어 번 실수를 저질렀다고 가정합시다. 이럴 때 혹 '덜 떨어진 녀석! 군인으로서 자질이 없어'라고 생각하지는 않나요?"

부사관들 중에는 실제로 사례와 똑같이 생각하는 사람도 있었다. 그들은 군인의 한 가지 실수를 지나치게 일반화하는 사고의 함정에 빠져 있음을 깨닫고 부하 대원의 전반적인 가치가 아닌 그의 행동에 초점을 맞추는 법을 배워나갔다.

빙산믿음을 확인하는 과정도 중요하다. 빙산믿음이란 종종 부적절한 정서 반응으로 이어지는 등의 뿌리 깊은 믿음을 일컫는다. 부사관들은 빙산이 부적절한 정서를 부추길 때 그것을 확인하는 기술을 배운다. 군대에서 자주 등장하는 빙산믿음 중 하나가 '도움을 요청하는 것은 나약함을 의미한다'라는 믿음이다. 보통 군인들은 어려울 때 도움을 요청하면 스스로 자기 문제를 해결하지 못하는 나약한 놈으로 낙인이 찍힐까 봐 힘들어도 쉽게 도움을 요청하지 못한다. 이 밖에도 건강한 군대생활을 방해하는 빙산믿음을 찾고 첫째, 그 빙산믿음이 그들에게 지속적인 의미가 있는지의 여부, 둘째, 그 빙산믿음이 주어진 상황에 정확히 들어맞는지의 여부, 셋째, 그 빙산믿음이 지나치게 엄격한지의 여부, 넷째, 그 빙산믿음이 유용한지의 여부를 자문해 그것을 떨쳐버리는 것이 중요하다.

빙산믿음을 확인한 다음에는 재앙적 사고를 최소화하는 법은 배워야 한다. 사람들은 종종 최악의 상황을 상상하고 기정사실화한다. 군인들도 마찬가지다. 애인이나 아내에게서 메일이나 편지가 오지 않으면 '애인이나 아내가 배신을 했다'라고 생각했다. 재앙적 사고의 전형적인 패턴이다.

이 같은 재앙적 사고에 반박하는 방법은 증거 수집하기, 낙관성 활용하기, 진상 파악하기 3가지다. 그중 진상 파악하기 기술을 활용하는 예를 소개하면 다음과 같다. 우선 3단계 모델로 최악의 상황, 최선의 상황, 가능성이 제일 큰 상황을 고려한다. 몇 번이나 집에 전화를 걸었는데 아내가 전화를 받지 않았을 때 "아내가 나를 배신한 거야"라고 생각한다면 최악의 상황이다.

그렇다면 최선의 상황은 무엇일까? 아내는 인내심이 많고 강인해 절대 배신하지 않는다는 것이다. 마지막으로 가능성이 가장 큰 상황을 생각해보자. 아내가 친구와 외출해 전화를 받지 못했을 수도 있고, 혼자 있기 외로워 잠시 다른 집에 놀러 갔을 수도 있다. 이처럼 최악의 상황뿐만 아니라 최선의 상황과 가능성이 가장 큰 상황을 생각하다 보면 재앙적 사고를 최소화할 수 있다.

감사일기를 쓰는 것도 강인한 정신을 구축하는 데 도움이 된다. 좋은 일을 찾아내 감사일기를 쓰면 긍정정서를 높일 수 있다. 훈련을 받는 동안 매일 아침 부사관들은 그 전날 자신이 찾아낸 좋은 일과 긍정적인 사건이 자신에게 어떤 의미가 있는지를 서로 이야기했다. 이야기의 내용은 "저는 어젯밤에 아내와 정말 만족스럽게 대화했습니다. 수업 중에 배운 기술을 이용했는데 아내는 우리가 지금까지 나눈 대화 중 최고의 대화였다고 했습니다", "저는 길을 가다가 노숙자에게 말을 걸었습니다. 그 사람에게서 많은 것을 배웠습니다", "식당 주인이 군인들에게 감사한다는 뜻에서 우리의 저녁 식사 값을 받지 않았습니다"까지 그 범위가 다양했다.

성격(인성)강점 구축 강인한 심리 구축 기술을 배운 후에는 성격(인성) 강점을 확인한다. 지도자의 핵심 성격강점은 충성심, 의무감, 존경심, 이타적 봉사, 명예, 정직, 개인적 용기다. 셀리그만은 부사관들이 온라인이나 책(『마틴 셀리그만의 긍정심리학』)에서 VIA 대표 강점 검사를 통해 자신의 강점을 찾을 수 있도록 도와주었다. 그런 다음 부사관 집단이 주로 어떤 강점을 갖고 있는지 확인하고, 그 집단 강점이 지도자인 그들에게 어떤 것을 알려주는지 토론한 후 다음 질문을 통해 자신의 강점에 대해 좀 더 깊이 생각해볼 수 있는 시간을 가졌다.

"강점 검사를 통해 당신은 자신에 대해 무엇을 알아냈습니까? 군대에 복무하는 동안 당신이 개발한 강점은 무엇입니까? 당신의 강점은 임무 완수와 목표 달성에 어떻게 기여합니까? 견고한 인간관계를 구축하기 위해 당신의 강점을 어떻게 활용하고 있습니까? 당신이 지닌 강점의 부정적인 면은 무엇이며, 그것을 어떻게 최소화할 수 있습니까?"

자신의 강점을 이해했으면 강점을 활용해 난제를 해결해보는 연습이 필요하다. 셀리그만은 부사관들을 소집단으로 나누어 각 집단이 완수해야 할 임무를 부여했고, 부사관들은 소속 집단이 주로 갖춘 성격강점을 활용해 주어진 임무를 완수한 후 자신이 경험한 '난제와 강점 활용' 사례를 작성했다.

사례는 다양했다. 한 부사관은 갈등을 표출하고 분란을 조장하는 군기 빠진 대원을 도와주기 위해 자신의 강점인 사랑, 예지력(지혜), 감사를 활용했다. 다른 군인들은 그 대원이 너무 적대적이라며 가까이하려 들지 않았지만 그 부사관은 자신의 강점을 발휘해 감싸 안았다. 그 결과 골칫덩어리였던 대원이 아내에 대한 분노를 동료 부대원에게 풀어냈던 것을 알게 됐고, 부사관은 그의 또 다른 강점인 예지력을 활용해 그 대원이 아내의 입장을 이해하고 편지를 쓰게 도와주었다. 이처럼 강점을 활용하면 해결 불가능해 보이는 난제를 현명하게 풀 수 있는 방법이 열린다.

견고한 관계 구축 군인들의 회복력 강화를 위해 필요한 마지막 훈련은 다른 군인들과의 관계와 가족과의 관계를 강화하는 방법을 익히는 것이다. 좋은 관계를 유지하려면 반응 기술이 중요하다. 반응 기술은 크게 적극적이며 건설적인 반응(진실하고 열광적인 지지), 소극적이며 건설적인 반응(절제된 지지), 적극적이며 파괴적인 반응(긍정적 사건의 부정적인 측면 지적하기), 소극적이며 파괴적인 반응(긍정적인 사건 무시하기) 등 4가지가 있는데, 타인의 긍정적인 경험에 적극적이며 건설적으로 반응할 때 애정과 우정이 증가하는 것으로 나타났다. 4가지 반응의 예는 다음과 같다.

부사관 A가 부사관 B에게 말한다. "아내한테서 전화가 왔어. 좋은 회사에 취직했대."

적극적이며 건설적인 반응: "야, 진짜 잘됐네. 언제부터 출근한대? 요즘 취직하기가 쉽지 않다던데, 네 아내 정말 대단해."

소극적이며 건설적인 반응: "잘됐군."

적극적이며 파괴적인 반응: "그럼 애는 누가 봐? 요즘 유치원도 믿을 수가 없고 보모는 더 무서워. 안심하고 애를 맡길 데가 없어."

소극적이며 파괴적인 반응: "우리 아들이 재밌는 이메일을 보내왔어. 뭐라고 그러냐면……."

4가지 반응 기술 중 자신이 주로 적극적이며 건설적인 반응을 하는 유형이라면 다행이지만 그렇지 않다면 그 이유를 확인하고 언제나 적극적이며 건설적으로 반응하기 위해 자신의 대표 강점을 활용하는 방법을 알아내야 한다. 예를 들면 강점으로서 호기심을 발휘해 질문하기, 강점으로서 열정을 발휘해 반응하기, 강점으로서 지혜를 발휘해 그 사건으로 배울 수 있는 소중한 교훈 지적하기 등이다.

효과적인 칭찬도 좋은 관계를 형성하는 데 도움이 된다. 칭찬을 할 때는 "잘했군" 혹은 "대단해"와 같이 형식적인 칭찬이 아니라 구체적으로 칭찬하는 것이 중요하다. 예를 들어 군인이 "체력 검사에서 우수한 점수를 받았습니다"라고 말했을 때 "그동안 열심히 체력 훈련을 하더니 고생한 보람이 있네. 자네가 자랑스럽네"라고 구체적으로 칭찬해야 효과가 좋다. 세부 사항을 칭찬하는 것은 첫째, 상관이 정말 지켜보고 있었다는 것, 둘째, 상관이 일부러 시간을 내 해당 군인이 수행하는 것을 정확히 보았다는 것, 셋째, 형식적인 "잘했군"과는 반대로 칭찬이 진실하다는 것을 부하 대원에게 입증하는 것을 의미한다.

마지막으로 수동적인 소통 방식, 공격적인 소통 방식, 확신에 찬 소통 방식의 차이를 이해할 필요가 있다. 각 방식의 단어, 어투, 속도, 몸짓은 어떤지, 어떤 메시지를 전달하는지를 이해해야 한다. 예를 들어 수동적인 소통 방식은 "어쨌든 당신은 내 말에 절대 귀 기울이지 않을 거야"라는 메시지를 전달한다.

긍정교육 연구결과에 의하면 한 가지 소통 방식을 지향하며 나머지 두 방식을 억제하는 빙산믿음이 있는데, 그것이 무엇인지를 찾아내는 것이 중요하다. 일반적으로 '사람들은 약점이 조금만 보여도 이용할 것이다'라는 빙산믿음을 지닌 사람은 대체로 공격적인 소통 방식을 지향한다. '불평하는 것은 나쁘다'라고 믿는 사람은 수동적인 소통 방식을 갖고 있으며, '세상에는 신뢰할 만한 사람이 많아'라는 믿음은 확신에 찬 소통 방식을 끌어낸다. 소통 방식 이면에 깔려 있는 빙산믿음만 봐도 알 수 있듯이 좋은 관계를 만드는 데는 당연히 확신에 찬 방식이 가장 도움이 된다. 확신에 찬 방식으로 소통하기 위해선 소통을 할 때 다음 다섯 단계를 염두에 두고 소통하는 연습을 해야 한다.

1. 상황을 확인하고 이해하려고 노력한다.

2. 그 상황을 주관적으로 정확하게 묘사한다.

3. 관심을 표현한다.

4. 상대방의 견해를 묻고 그것을 받아들이려고 노력한다.

5. 그의 견해를 받아들일 때 얻게 될 이점을 나열한다.

습관화된 소통 방식을 바꾸기란 쉽지 않다. 하지만 자신이 어떤 방식으로 말하고 있는지 알아보고 확신에 찬 방식으로 소통하는 연습을 하다 보면 자연스럽게 바뀔 수 있다. 긍정교육에 참여했던 군대 부사관들의 경우 아내에게는 공격적으로, 자녀에게는 강압적으로 말한다고 고백한 사람들이 많았다.

매사 신속하고 명령을 지향하는 군대에서 일하다가 가정에서 훨씬 더 효과적인 민주적인 소통 방식으로 바꾸기가 어렵기 때문이다. 하지만 이 훈련을 마친 부사관들은 많이 바뀌었다.

이 수업이 끝난 후 한 부사관이 복도에서 셀리그만에게 고맙다고 인사하면서 이렇게 말했다.

"3년 전에 이걸 배웠더라면 전 이혼하지 않았을 겁니다."

사례 5: 회복력과 인성을 키우는 '찾아가는 행복플러스'

회복력 훈련은 역경을 극복하기 위해 내면의 심리적 근육을 단련시키는 것이고, 인성교육은 내면을 건전하고 올바로 가꿀 수 있도록 토양을 행복하게 구축하는 것이다. 교육을 통해 생각과 마음을 바꾸어 내면을 변화시키고 원하는 성과를 얻으려면 교육이 실질적이고 지속성이 있는지, 전문성이 있는지 등 교육과정에 대한 검증이 중요하다. 특히 성인교육은 재미와 흥미, 의미를 부여해 스스로 좋아서 참여할 수 있는 교육이 돼야 한다. 군대교육도 마찬가지다. 일방적이고 형식적이며 주입식 교육으로는 한계가 있다.

다음은 긍정심리학 전문가 과정, 긍정심리학 강사 과정, 긍정심리학 인성지도자 과정을 모두 마치고 긍정심리 중심의 '찾아가는 행복플러스' 프로그램을 개발해 장병들의 회복력과 인성을 함양시키고 있는 현 육군본부 신현복(중령·목사) 군종참모의 사례다.

칼바람이 속옷까지 파고드는 12월 어느 날, 육군 ○군단 예하 12사단 ○○ GP(비무장지대 내 소초). 이날은 군단에서 매주 시행하는 '찾아가는 행복플러스'가 열리는 날이다. 최저 기온 영하 20도, 체감 기온 영하 35도. 내복 위에 옷을 몇 겹이나 껴입고 모자에 목도리, 이중 보온의 외투까지 중무장을 했지만 맹추위 앞에서는 별 소용이 없었다. 오히려 칼바람의 심술이 더해져 손발의 감각이 무뎌지고 정신까지 몽롱해질 지경이었다. 따뜻한 실내 생각이 간절했다.

하지만 우리 장병은 달랐다. 적 GP까지 2.1km밖에 되지 않는 이곳에서 장병들은 입김을 얼리는 차가운 공기와 싸워가며 최전방을 철통 경계하고 있었다. '찾아가는 행복플러스'를 기획, 추진하고 있는 신 중령은 수색대대 조영무 일병과 이성준 상병이 경계근무를 서고 있는 K-3고가 초소로 발걸음을 옮겼다. 손에는 따뜻한 햄버거와 음료가 들려 있었다. 그는 추위와 맞서 싸우고 있는 장병들에게 간식을 전하며 격려했다. 이들에게 힘을 불어넣어주는 기도도 잊지 않았다. 장병들의 얼굴엔 어느새 훈훈한 온기가 피어올랐다. GP장 선동익 중위는 "훈련보다 경계가 주 임무인 부대인지라 항상 긴장하며 만일의 상황에 대비해 경계태세를 유지하고 있다"면서 "'찾아가는 행복 플러스'가 근무로 지친 장병들의 마음을 어루만져줘 병영도 점차 밝아지고 있다"라고 밝혔다.

프로그램은 기본 두 시간으로 과거(용서), 현재(감사), 미래(강점)로 나누어 진행된다. '감사'로 진심을 전하고, '용서'로 분노를 불태우고, '강점'으로 희망을 찾아준다. "행복은 감사의 문으로 들어와서 불평의 문으로 나갑니다!" 오후 3시 '찾아가는 행복플러스'가 본격적으로 시작되자 부대 1생활관에 모인 30여 명의 장병은 우렁찬 목소리로 이렇게 외쳤다.

첫 번째 시간은 감사편지 쓰기(관계 구축)로, 이곳에 모인 장병 중 한 사람에게 감사한 점을 고백하는 시간이다. 장병들은 감사를 전할 누군가를 떠올리며 편지를 써내려갔다. 이후 한 사람씩 편지를 읽으며 감사한 일을 발표했다. 신민호 병장이 고등학교 친구이자 동반 입대한 이승준 병장에게 다가가 감사함을 전했다. 쑥스러운 듯 읽는 편지에는 진한 감동이 묻어 있었다.

"승준이에게. 이왕 군 생활할 거 남자답게 씩씩하게 하자며 너와 함께 입대했지. 가끔 짜증도 내고 투정도 부렸지만…… 난 너에게 늘 감사함을 느끼고 있어. 전역하면 꼭 보답해줄게."

신 병장의 목소리에 집중하던 장병들은 그의 마음을 아는 듯 박수를 보냈다.

두 번째 시간은 '용서의 강'에 분노 불태워 보내기(심리 구축)다. 장병들은 미리 준비된 용서카드에 용서할 사람을 적고, 카드를 불태워 물이 담긴 통인 '용서의 강'에 버린 후 "나는 용서했다"라고 외쳤다. 용서카드를 태운 임대호 일병은 "오늘은 전역한 선임을 용서했다"라며 "프로그램을 통해 내 안의 미움과 분노가 사라지는 듯한 느낌을 받았다"라고 소감을 전했다.

세 번째 시간은 '강점나무 그리기(희망 구축)'로, 이는 자신의 강점을 찾아 최대한 발휘하자는 취지로 기획됐다. 강점검사를 통해 자신의 강점 다섯 가지를 나무 모양에 그려 관물함에 붙이는 것이다. 두 시간 동안 진행한 이날 프로그램은 소감문 작성, 수료식, 기념촬영으로 마무리됐다.

이 프로그램은 장병들이 열악하고 외로운 군 생활에도 감사하고, 용서하고, 희망을 갖고 행복한 미래를 생각하며 내면을 회복력으로 강화하고 인성으로 가꾼다면 훨씬 더 행복해질 수 있다는 확신을 주는 데 중점을 뒀다. 프로그램을 기획하게 된 계기에 대해 신 중령은 "최근 군에서 일어나는 일련의 사건·사고를 보며 나를 비롯한 군종장교들이 안타까운 마음에서 병영문화 혁신에 기여할 수 있는 방법을 고민하다가 이 프로그램을 만들었다"라고 말했다. 프로그램에 참여한 정한주 일병은 "감사편지를 받고 '이곳에서도 나를 생각해주는 사람이 있구나'라는 생각에 정말 큰 힘이 됐다"라고 소감을 밝혔다.

* 이 내용은 2014년 12월 4일 국방일보 기사를 동의를 얻어 각색한 것입니다.

Positive Psychology

11

긍정심리학의 행복 연습도구

행복해서 웃자

나는 긍정심리학 강의를 시작하기 전에 항상 옆사람과 “오늘 꼭 행복 만들어가세요”라고 인사를 나누라고 한다. 특별히 강조하는 것은 형식적으로 입으로만 하는 인사가 아닌 마음속에서 우러나오는 진심어린 마음Heart Felt으로 하라는 것이다. 많은 사람들이 행복해서 웃는 것이 아니라 웃어서 행복하니까 웃는다고 말한다. 프레드릭슨은 이런 웃음을 가짜 웃음이라고 한다. 자신이 행복해서 마음에서 진심으로 우러나와서 웃는 것이 진짜 웃음이라는 것이다. 셀리그만도 “나는 희망을 증오한다”라고 말한 『긍정의 배신』의 저자 바버라 에런라이크Barbara Ehrenreich에게 긍정심리학을 놓친 요점을 지적하며 다음과 같은 이메일을 보냈다.

"당신의 분석은 그릇된 이론에 기초하며 증거를 무시하고 있습니다. 그것만큼이나 그릇된 이론에 기초하고 증거를 무시하는 주장이 바로 가짜 웃음이 심혈관질환, 암, 전체 사망률을 낮추는 효과가 있다는 것입니다. 그것은 가짜 웃음이 아닌 긍정심리학의 PERMA 효과입니다. 그러니까 긍정정서에 의미를 더하고 긍정관계를 더하고 긍정성취를 더한, 이 요소들의 배열이 야기한 효과이지요."

프레드릭슨은 거짓 진술이나 억지로 웃는 웃음은 화나 분노를 느낄 때와 같이 심혈관질환에 치명적인 코티졸 호르몬을 생성시킨다는 사실을 이야기했다.

38세 여성인 젠은 세 자녀를 두었고 그중 막내가 자폐증을 앓고 있다. 그녀는 최근 한 대학에서 실시하는 연구에 지원한 적이 있었다. 만성질환을 가진 자녀를 보살피는 어머니들이 그로 인해 발생되는 스트레스에 어떻게 대처하고 있으며, 그 대처 방식이 그들의 건강에 어떤 영향을 미치는가를 알아보는 연구였다. 그녀는 설문조사에서 막내를 키우는 것이 고생스럽긴 하지만 좋은 점도 있다고 답했다. 어려움을 헤쳐 나가면서 전에는 미처 깨닫지 못했던 자신의 강점들을 발견했고, 신앙심도 깊어졌다는 것이다.

젠은 '이점 발견'이라는 항목에서 다른 참가자들보다 높은 점수를 기록했다. 이 검사결과만 봤을 땐 젠이 다른 엄마들에 비해 더 건강한 사람으로 분류될 수 있겠지만 사실은 그렇지 않았다. 젠은 긍정정서를 표현하는 데는 능숙했지만 그 긍정정서를 진정으로 느끼지는 못했기 때문이다. 평범한 일상생활에서 행복하거나 흥분되거나 만족스러운지를 묻는 질문들에서, 젠은 '전혀 그렇지 않다'에 가장 많이 응답했다. 젠의 진심 어린 긍정정서 수준은 다른 사람들에 비해 오히려 낮았던 것이다. 힘겨운 경험 속에서 이점을 발견하는 동시에 일상생활 속에서도 긍정정서를 느낀다고 보고했던 엄마들의 경우, 스트레스 호르몬인 코티졸 수치가 정상 범위 내에 있다는 것을 연구진은 발견했다. 그러나 젠의 코티졸 수치는 하루 종일 높았으며 건강에 해로운 수준이었다. 그녀의 긍정정서는 진심에서 우러난 것이 아니었기 때문이었다.

또 다른 연구결과도 흥미롭다. 노스캐롤라이나 주에서 세일즈 매니저로 일하는 빅터는 59세 남성으로 1년 전 심장마비에 걸렸다. 그는 듀크대 의료센터에서 실시하는 연구에 참여했다. 행동과 관상동맥성 심장질환의 상관관계를 알아보는 연구였다. 질문자가 빅터에게 몇 가지 질문을 하는 동안 연구자들은 영상 기법을 사용해 빅터의 심장에 나타나는 변화를 관찰했다. 면담 장면도 녹화했다. 빅터는 여러 질문 중 특히 한 가지 질문이 바보 같다고 생각했다. "당신이 화가 나거나 언짢으면, 주변 사람들이 그 사실을 알아차립니까?"라는 질문이었다. "당연하죠! 그들이 절 화나게 만든 장본인들이니까요"라고 빅터는 지체 없이 대답했다. 빅터는 한심한 질문 때문에 점점 짜증이 났지만 질문자에게 예의를 지키기 위해 간간이 억지 미소를 지어 보이며 애써 정서를 감추었다.

그런데 빅터가 분노에 대해 질문받았던 2분 동안 무증상 허혈이 발생했음을 영상 기록을 통해 알 수 있었다. 이는 빅터의 심장질환이 다시 심장마비로 이어지거나 생명을 앗아갈 수도 있음을 뜻하는 심각한 징후였다. 연구진은 이후 몇 개월 동안 빅터를 비롯한 다른 참가자들의 면담 녹화 내용을 상세하게 분석했다. 그리고 면담 도중 심장에 변화가 나타났던 순간의 얼굴 표정을 다른 표정들과 일일이 비교했다. 참가자들은 약 2~3초 간격으로 계속해서 새로운 정서를 표현했다. 분석 결과 분노와 웃음 이 2가지 표정만이 심근허혈과 관련 있다는 것이 밝혀졌다. 본래 이 연구를 수행한 목적은 분노를 나타내는 표정이 심근허혈과 관련 있을 것이라는 가설을 확인하는 데 있었다.

그 예상은 적중했고 뜻밖이지만 웃음도 심근허혈과 관련 있다는 것을 알게 된 것이다. 모든 웃음이 다 그런 것이 아니라 '가짜 웃음'만이 거기에 해당됐다. 이는 가짜 웃음이 본질적으로 진실한 긍정정서가 아님을 의미한다. 거짓 웃음이 분노만큼이나 연구 대상자들의 관상동맥 질환의 위험을 야기한다는 것을 발견한 것이다. 가짜 웃음과 거짓말로 "나는 행복하다"라고 백날 말한들 그 사람은 행복한 사람이 될 수 없다. 마음 깊은 곳에서 우러나오는 진심 어린 긍정정서만이 행복을 지속시켜 플로리시하게 만들어준다는 것이다. 내가 '진심 어린 긍정정서'를 많이 강조하는 이유는 긍정심리학은 선한 품성과 도덕적 개념을 포함하며, 인간의 가장 소중한 가치인 행복을 과학적으로 연구하는 학문이기에 그 행복의 토양 위에서 인성의 덕목들과 창의성, 자존감, 수용성이 길러지며, 반대로 스트레스, 분노, 무기력, 우울감을 없애준다는 사실이 과학적으로 증명됐기 때문이다.

사람을 차에 비유한다면 행복은 험한 날씨에도 기어를 잘 바꿔가며 가파르고 구불구불한 도로를 흔들림 없이 달릴 수 있는 잘 조율되고 관리된 엔진과도 같다. 어느 날 행복에 이르렀다고 해서 세상이 항상 내 뜻대로 되는 건 아니다. 하지만 행복하면 일이 아주 잘 풀릴 때건 심하게 꼬일 때건 잘 대처할 수 있도록 준비할 수 있게 만들어준다. 사람은 항상 행복하게 살 수만은 없다. 하지만 자신의 행복을 잘 조절하는 기술을 배우면 무슨 일이 닥치든 행복을 스스로 만들어갈 수 있다.

긍정심리학 행복의 핵심은 일시적 감정이 아닌 지속적 정서이며 그 정서는 진심 어린 긍정정서다. 그리고 행복이 무엇인가보다 행복을 어떻게 만드는가다. 그 행복을 만드는 방법이 긍정심리학의 긍정정서, 몰입, 의미, 관계, 성취, 성격강점이며, 이 요소들에는 스스로 행복을 만들 수 있는 행복 연습도구가 있다. 행복은 일원론이 아니라 다원론이다. 무지개와 같다. 긍정심리학의 요소 안에 있는 행복 연습도구들을 따라 하다 보면 행복이 만들어지는 것이다. 긍정심리학은 강요가 아닌 자발적 선택이다. 자신이 그 자체가 좋아서 선택하는 것이다. 이 도구가 지난 15년 동안 긍정심리학자들이 과학 실험을 통해 성과를 입증한 것들이다. 대부분 일상생활 속에 적용시키기가 쉽고 재미있다. 이 도구를 통해 각자의 행복을 만들어가는 것이다.

긍정심리학의 행복 연습도구 1: 행복 워밍업

오늘 하루 동안 당신에게 일어난 사소하지만 좋은 일들을 잠깐 생각해보자. 누구나 일상생활에서 수시로 경험하는 사소한 것들이 실은 행복을 만들 수 있는 간단한 방법이다. 당신은 미처 생각하지 못했는가? 하지만 다른 사람들은 이미 이런 긍정경험들을 통해 행복을 만들고 있다. 행복이 무엇을 이루고 성취한 그 자체가 아니라 정서적 기쁨과 인지적 만족, 참된 삶의 모습이라는 것을 기억하는가? 당신이 경험하는 긍정적인 일들 덕분에 긍정정서가 배양되고 확장되며 구축됨으로써 행복을 키운다. 많은 사람들이 행복을 멀리에서 찾지만 실은 아주 가까이 내 주변에 있다.

다음의 방법은 긍정심리학과 인생목표 설정 이론을 최초로 결합시킨 『나는 이제 행복하게 살고 싶다』의 저자인 캐럴라인 A. 밀러가 개발한 것이다.

- 아침식사를 만들어 쟁반에 올린 다음 사랑하는 사람에게 직접 가져다준다.
- 작은 간식거리를 준비해 1,000원짜리 지폐로 감싼 후 무료 급식소나 쉼터로 가서 노숙자에게 나눠준다.
- 길을 건너는 노인이 있으면 그분과 똑같은 속도로 걸어서 그분 때문에 다른 사람의 통행이 방해받지 않는다는 사실을 알게 해 서두르지 않고 편안히 건널 수 있게 해준다.
- 지하도나 육교 계단에서 노약자들의 물건을 들어주거나 손을 잡고 도와준다.
- 익숙하지 않은 음악 장르의 공연을 보러 가거나 관심 있는 취미생활에 대해 소개하는 텔레비전 프로그램을 보는 등 특별한 이유가 없어도 뭔가 새롭고 색다른 일을 시도해본다.
- 관심 있는 책을 읽고 중요하다고 생각하는 문장 10개를 옮겨 적어본다

평소 당신은 횡단보도에서 길을 건너는 노인을 만나면 어떻게 하는가? 노인의 느린 걸음을 답답해하면서 빨리 지나쳐 갔는가? 복잡한 출퇴근 시간, 만약 당신이 일부러 노인과 똑같은 속도로 걸어간다면 그

순간 당신과 노인 두 사람만이 공유할 수 있는 무엇인가가 생기는 것이다. 다른 사람은 다 몰라도 노인은 느끼기 때문이다. 당신 또한 느낀다. 얼마나 뿌듯한가? 크고 대단한 것만 찾으려고 하지 마라. 행복은 크고 대단한 것에서 찾는 것이 아니다. 일상에서 이러한 사소한 긍정실천이 행복을 만들어가는 시작이다.

긍정심리학의 행복 연습도구 2: 재미와 선행

사람은 자신의 쾌락보다는 타인의 행복한 삶을 생각하는 마음을 가질 때 더 오랫동안 만족감을 느낀다. 이를 입증하기 위해 셀리그만은 '재미와 선행'이라는 활동을 고안해냈다. 이 활동은 잠깐만 해봐도 그 핵심을 파악할 수 있다. 셀리그만은 학생들과 짧은 토론에 이어 이 연습활동을 소개했다. 토론의 주제는 친구들과 어울리기, 영화 보기, 방금 만든 아이스크림 먹기 등의 재미를 즐기는 활동과 노인들을 대신해 눈 치워주기, 동생의 학교 숙제 도와주기, 가족을 대신해 빨래나 설거지하기 등의 도움을 주는 활동이다. 학생들은 '재미와 선행' 중 어떤 활동을 더 좋아할까? 학생들은 서로를 보며 깔깔대며 웃는다. '재미' 활동이 더 재미있을 것이라 믿기 때문이다.

학생들이 재미와 선행 활동 중 하나를 선택해 실천하는 데 주의할 점이 있다. 명백히 위험하고, 불법적이고, 타인에게 위해를 가할 수 있는 활동은 신중해야 한다는 것이다. 사고의 위험이 있을 수 있기 때문이다. 학생들은 동전을 던져 어떤 활동을 먼저 할지 결정하고, 두 활동 모두에 같은 시간을 할애하고, 수행한 활동을 짧게 기록해 각 활동을 어떻게 해나갔는지 비교하고 대조해본다. 몇 가지 경우를 제외하고 이 활동은 학생들에게 재미는 순간적으로 즐겁지만 금방 사라지는 쾌락이고, 선행은 지속적으로 오랫동안 사라지지 않는 만족이라는 인생의 교훈을 주었다.

대학교 3학년인 한 여학생은 초등학교 3학년인 조카에게서 수학을 가르쳐달라는 부탁을 받고 그 조카를 도와준 후의 기분을 다음과 같이 설명하며 놀라워했다.

"그날 내내 저는 평소보다 다른 사람의 말을 호의적으로 들어주었고 마음도 넉넉해졌어요. 그리고 사람들이 저를 훨씬 많이 좋아하는 것같이 느껴졌어요."

이처럼 선행은 쾌락과는 다른 '만족감'을 준다. 행복해지기 위해 돈을 많이 버는 법을 배우려고 펜실베이니아 와튼스쿨에 지원했지만, 결국 쇼핑하면서 돈을 쓸 때보다 다른 사람들을 도와줄 때가 훨씬 더 행복하다는 사실을 깨달았다고 고백하는 학생도 있었다.

선행은 재미보다 강하다. 재미로 얻을 수 있는 기쁨이 순간적이라면 선행을 통해 얻는 만족감은 오래간다. 때론 친절을 베푸는 행위에 푹 빠져 시간 가는 줄도 모른다. 결국 선행은 더 만족스럽고 오래 지속되는 행복을 만드는 데 큰 역할을 한다고 볼 수 있다. 이 행복 연습도구는 우리나라 학생들에게 적극적으로 권하고 싶다.

사례 하나를 소개하겠다. 헤이트 전 버지니아대 심리학 교수가 들려주는 한 학생의 이야기는 우리의 가슴을 뭉클하게 해준다.

"어느 눈 오는 밤에 구세군 건물에서 일을 마치고 집으로 돌아가고 있을 때였어요. 어떤 할머니가 자신의 집 앞 진입로에서 눈을 치우고 있는 모습이 차창 밖으로 보였죠. 그때 한 남학생이 기사에게 내려달라고 부탁하더군요. 그래서 전 그의 집으로 가는 지름길이 있는 모양이라고 생각했어요. 그런데 그게 아니었어요. 차창 너머로 그 학생이 삽을 들고 있는 걸 보았거든요. 아, 그때 제 목에서 어떤 뜨거운 것이 울컥 올라오면서 눈물이 나오기 시작했어요. 저는 만나는 사람마다 꼭 이 이야기를 들려주고 싶었어요. 그가 참 낭만적이고 아름답게 느껴졌으니까요."

긍정심리학의 행복 연습도구 3: 좋은 하루 만들기

우리는 누군가와 헤어질 때 대부분 "좋은 하루 되세요"라는 말을 많이 한다. 특별한 의미를 부여하지 않고 하는 말이지만 기분은 좋다. 이 '좋은 하루 보내기'는 피터슨이 착안해 많은 사람들의 실험을 통해 입증된 행복 연습도구다.

좋은 하루를 보내려면 실제로 무엇을 해야 하는가? 사람들마다 서로 다른 답을 내놓는데, 이 연습활동은 두 단계로 나누어 할 수 있다. 1단계는 당신이 좋은 하루를 보낸다는 것이 무엇인지를 정해야 한다. 우선 하루 중 좋은 것과 좋지 않은 것이 무엇인지를 주의 깊게 관찰하는 것이 필요하며, 관련된 특성이 무엇이고 규정할 수 있는지 살펴보아야 한다. 2단계는 만약 이런 것을 확인할 수 있다면 기분을 좋게 하는 요인을 극대화하고 불쾌하게 하는 요인들을 최소화함으로써 어떻게 앞으로 변화시킬 수 있는가를 탐색해야 한다.

'좋은 하루 만들기'에 대한 간단한 전제들이 여기 있다. 좋은 삶은 어떠한 상태나 기질, 습관들이 보다 쉽게 표출될 수 있는 사회적·제도적 환경뿐만 아니라 종종 그것을 가능하게 하는 심리학적 상태와 기질 그리고 습관의 관점에서 논의된다. 하지만 좋은 삶에 이르는 또 다른 방법이 있다. 그것은 우리의 평범하고 일상적인 활동, 즉 우리의 상태나 기질, 습관 그리고 보다 광범위한 환경과 관련이 없는 행위들이다. 물론 이런 모든 것들이 우리의 행위뿐 아니라 행복에도 영향을 미칠 것이다. 그러나 피터슨은 당신이 연습 활동을 통해 구체적인 행동을 실천할 것을 제안한다. 예를 들어 만약 당신이 부모님과 통화를 했다거나 운동을 하고 일기를 썼다거나 봉사를 한 시간 한 것이 좋은 하루였다고 말할 수 있다면 이런 일들을 하는 시간을 늘리고 그렇지 않은 날들은 줄이라는 것이다.

이런 연습이 어쩌면 진부해 보일 수도 있으나 기분 좋은 하루를 보내기 위해 무엇을 해야 하는지를 생각해볼 수 있는 좋은 방법이다. 만약 이런 것을 추상적인 것으로만 생각했다면 구체적인 수준에서 이것은 적절한 해답이 아닐 수도 있다. 따라서 공책이나 연습장 혹은 엑셀 워크시트에 당신이 하루 동안에 무엇을 했는지를 추적해보라. 어떤 사람들은 시간대별로 일지 형식으로 쓰는 것을 쉽게 생각하는 사람이 있는 반면 또 어떤 사람들은 자신들의 하루를 두드러지게 드러난 행동의 관점에서 분석하는 것이 더 낫다. 즉 하루를 마무리하는 시점에서 총체적인 평가를 해보는 것이다.

10: 인생에서 가장 훌륭했던 하루 중 하나

9: 굉장했던 하루

8: 훌륭했던 하루

7: 아주 좋았던 하루

6: 좋았던 하루

5: 평균적이거나 평범했던 하루

4: 평균 이하였던 하루

3: 나빴던 하루

2: 끔찍했던 하루

1: 인생에서 최악이었던 하루

적어도 2주, 가능하면 한 달 동안 이런 식으로 해보자. 모두 마칠 때까지는 기록을 보지 말고, 그 후에 되돌아가서 하루하루의 패턴과 주간 패턴을 살펴보라. 좋았던 날에 무엇을 했는지의 관점에서 좋지 않았던 날들과 비교해보라. 이러한 훈련을 한 모든 사람들은 하나의 양상이 명백히 드러난다고 말했으며, 때론 이것이 그들을 놀라게 했다.

아주 좋은 하루를 보내는 자신만의 특별한 방식이 있다면 그것을 활용할 수 있다. 이 연습 활동의 핵심은 다음과 같다. 즉 자신만의 방식을 찾아 그것을 기초로 자신만의 전략을 개발하는 것이다. 그런 다음 그 전략에 의해 평범한 날들을 좋은 날들로 바꾸어보자.

긍정심리학의 행복 연습도구 4: 긍정적 자기소개

개인 관계에서나 단체 모임에서 자신을 소개할 수 있는 시간은 제한되어 있다. 당신을 소개할 수 있는 1분의 기회가 주어진다면 당신은 어떻게 자신을 소개하겠는가? 이 짧은 시간에 자신을 가장 잘 알릴 수 있는 방법은 무엇일까? 많은 사람들이 이미지를 상상하게 하거나, 3행시로 소개하기도 하고, 신체적 언어를 사용해 자신을 소개하기도 한다. 자신을 제대로 알리는 것을 그만큼 중요하게 생각하기 때문이다. 심리학 연구와 일상 경험을 통해 우리는 첫인상이 얼마나 빨리 형성되며 어떤 작용을 하는지 알고 있다. '초두 효과'라는 것이 있다. 당신에 대해 사람들이 갖고 있는 첫인상이 당신의 행동을 판단하는 상대의 관점에 큰 영향을 미치는 것을 말한다.

첫 인사를 나눌 때 우리는 보통 직업을 물어본다. 그 이유는 무엇일까? 누군가의 직업이나 직종은 그 사람의 교육 배경, 사회경제적 지위, 취향, 관심사에 대해 엄청나게 많은 정보를 주기 때문이다. "어떤 일을 하십니까?"는 "당신은 어떤 사람입니까?"라는 광범위한 물음을 축약한 질문이다. 하지만 한번 상상해보자. 자기소개를 할 때 자신이 최고로 잘하는 것이 무엇인지 알려준다면 어떨까? 그것으로 자긍심이나 만족감을 안겨준 행동이나 결정, 성취, 업적은 무엇인지, 당신을 행복하고 성공하게 도와준 자기만의 강점을 이야기한다면 어떨까? 그 방법이 바로 '긍정적 자기소개'다.

이 방법은 자신의 대표 강점을 적용해 자신이 이룬 가장 가치 있는 일을 소개하는 것이다. 자신의 가장 대표 강점을 그렇게 공공연히 드러낸다는 것이 처음에는 어색할 수도 있다. 자신의 강점을 드러내지 말라고 가르치는 사회에 적응하며 지금까지 살아왔다. 우리 사회에는 자랑하지 말고, 타인을 깔보지 말며, 언제나 삼가고 겸손해야 한다는 엄청난 압력이 존재하기 때문이다. 하지만 자신이 가장 잘하는 강점을 이야기한다고 해서 그것이 다른 사람보다 잘났다고 자랑하는 게 아니다. 당신이 가장 잘하는 것과 대표 강점을 적용해서 긍정적 자기소개를 해보자.

"안녕하세요? 행복 메이커 우문식입니다. 제가 가장 잘하는 일은 배움을 통해 성정을 이루어 나가는 것입니다. 제 대표 강점은 창의성, 학구열, 용감성, 끈기, 자기통제력, 감사, 희망입니다. 저는 학구열 강점을 발휘해 45세의 늦은 나이에 독학으로 중학교 과정부터 공부를 시작해 13년 만에 박사학위를 받고 대학교수가 됐으며, 창의성을 발휘해 『긍정심리학은 기회다』, 『행복 4.0』, 『만 3세부터 행복을 가르쳐라』, 『긍정심리학의 행복』을 저술했고, 끈기 강점을 발휘해 1년 만에 15kg 체중 감량에 성공하기도 했습니다. 용감성과 희망이란 강점을 발휘해 우리나라에서 민간인 자격으로는 최초로 빌 클린턴 전 미국 대통령을 초청하기도 했습니다. 저는 현재 안양대 겸임교수와 한국긍정심리협회 회장, 한국긍정심리연구소 소장으로 재직하고 있고, 긍정심리학을 통해 플로리시한 삶을 살고 있으며, 우리 국민 모두가 더 플로리시한 삶을 살 수 있도록 긍정심리학 확산에 최선을 다하고 있습니다. 감사합니다."

자기 자랑으로 비쳐질 수도 있겠지만 자신을 긍정적으로 제대로 알리는 것이 더 중요하다. 나를 알릴 수 있는 기회는 많지 않다. 기회가 주어졌을 때 제대로 알리는 것이 좋다.

긍정심리학의 행복 연습도구 5: 감사일기(잘됐던 일 3가지)

감사하는 방법에는 많은 것들이 있다. 중요한 것은 지속적인 긍정정서를 배양하기 위해선 과학적으로 검증된 방법을 사용하는 것이 좋다는 점이다. 일시적으로 기분만 좋게 해주는 감사 방법은 지속적으로 실천하기도 어렵고 큰 도움이 되지 않는다. 감사 방법 중 비교적 쉽게 실천할 수 있고 과학적으로 효과가 검증된 것 중 하나가 '감사일기(잘됐던 일 3가지)'를 쓰는 것이다.

2005년 〈타임〉지는 긍정심리학을 커버스토리로 다루었다. 이때 셀리그만이 가장 심각한 우울증 환자 50명을 대상으로 우울증 검사와 행복도 검사를 한 다음 '감사일기'를 쓰도록 한 내용이 소개됐다. 이들의 평균 우울증 점수는 34점이었다. 그 정도면 '극단적' 우울증 범주에 속하는데, 바로 그런 사람들은 가까스로 침대 밖으로 나와서 컴퓨터 앞에 앉아 있다가 다시 침대 속으로 들어갈 정도다. 그들은 각자 '감사일기' 연습을 실천해 일주일 동안 매일 그날 감사한 일 3가지와 왜 감사한지 이유를 함께 적었다. 그들의 평균 우울증 점수는 34점에서 17점으로, 즉 극단적 우울증에서 경미한 우울증으로 크게 내려갔고 행복 백분위 점수는 15점에서 50점으로 올라갔다. 50명 중에서 47명이 이제 덜 우울하고 더 행복해졌다. 셀리그만은 지난 40년 동안 심리 치료와 약물로 우울증을 치료했지만 이런 결과를 목격한 적은 한 번도 없었다고 한다.

많은 사람들이 하루하루를 무의미하거나 힘겹게 살아간다. 이제부터 하루 중 잘 안 됐던 일보다는 잘됐던 일, 즉 감사한 일을 의식적으로 생각해보자. 꼭 거창한 것이 아니더라도 찾아보면 감사할 일은 얼마든지 있다. 혹시 잊고 있던 친구에게서 전화를 받진 않았는가? 며칠 동안 밤을 새워가며 준비한 프레젠테이션을 성공적으로 끝마치진 않았는가? 친구가 무사히 건강한 아이를 출산하지는 않았는가?

아마 한두 가지 정도는 분명 좋은 일이 있을 것이다. 그동안 당연하게 생각해왔던 일들이 실은 감사한 일이고 축복이다. 감사할 일인 것이다. 이런 감사할 일을 매일 3가지씩 적고 왜 잘됐는지 이유를 쓰면 그 자체로 훌륭한 감사일기가 된다. 감사한 일만 쓰는 것보다 감사한 이유를 쓰면 감사의 의미를 더 깊게 느낄 수 있기 때문에 효과적이다. 예를 들어 학교에서 교수한테 칭찬을 받았다면, '밤을 꼬박 새워가며 발표 준비를 열심히 한 것을 인정해주셨기 때문에'라고 적을 수 있다. 남편이 퇴근길에 아이스크림을 사 왔다면, '내가 퇴근길에 아이스크림을 사 오라는 말을 잊지 않았기 때문에'라고, 책을 읽었다면 '이 책을 읽게 돼서 감사한다. 행복을 만드는 방법을 배웠으니까'라고 쓰면 된다.

처음엔 다소 어색할 수도 있다. 하지만 2주 정도만 쓰면 익숙해지고 6개월 정도가 되면 중독이 될 것이다. 꾸준히 감사일기를 쓰면 설령 긍정정서를 적게 타고난 사람이라도 얼마든지 긍정정서를 높일 수 있다. 이 감사일기는 유치원생에서 80세 어르신들까지 남녀노소 누구나 할 수 있으며 가족들도 함께할 수 있다. 특히 자녀들에게 이 방법을 알려주고 매일 함께 감사일기를 쓴다면 아이는 더 즐겁고 자신감 넘치며 행복한 아이가 될 수 있을 것이다. 직장이나 단체에서도 실시하면 긍정정서의 확장과 구축으로 긍정문화를 조직에 확산시킬 수 있을 것이다.

긍정심리학의 행복 연습도구 6: 최선을 다한 나

아무리 좋은 감사하기 방법이라도 모든 경우에 완벽하게 들어맞지 않는다. 자신이 처한 환경에 가장 알맞게 사용하려면 그것을 수정해야 한다. 부정정서가 가득 찬 리더들이 날카로운 눈으로 순이익을 철저히 확인하는 조직에서 당신이 감사 연습을 권장하고 있다고 상상해보라. 그러면 내 말이 충분히 이해될 것이다. 이 '최선을 다한 나' 방법은 주로 직장에서 매일 감사일기를 쓰지 못하는 사람들 혹은 감사하기 힘든 환경에 있는 사람들이 활용하기 좋은 방법이다.

기업들은 이달의 직원 혹은 최우수 영업사원 선정 등 직원들의 노고와 실적에 감사하는 프로그램을 통해 이 방법을 이미 사용하고 있을지도 모른다. 한 조사에서 미국인의 65%가 지난 1년 동안 뛰어난 업무성과를 올리고도 인정받은 적이 한 번도 없다고 보고했다. 이 방법은 이달의 직원 선정처럼 성과 인정하기, 강점 확인하기, 칭찬하기, 감사하기 등의 형태로 활용될 수 있다. 이 방법은 직장에서 잘 풀린 일, 타인의 미덕, 지지 혹은 도움을 받은 상황을 인식하고 감사하는 새로운 습관을 갖게 도와줄 수 있다. 고마운 순간을 인식하는 것보다 훨씬 더 중요한 것은 고맙다는 한마디를 실제로 표현하는 것이다. 책상 위에 감사카드를 놓아두든지, 따로 시간을 내서 동료에게 고맙다고 이야기하든지 등 고마운 마음을 구체적으로 표현하는 것이 중요하다. 특히 이 방법은 리더들에게 많은 도움이 될 것이다.

다음 질문을 던져보자.

- 직장이나 학교에서 오늘 일을 가장 잘한 사람은 누구인가?
- 위기에 잘 대처한 사람은 누구인가?
- 누가 솔선수범했는가?
- 지지해준 사람은 누구인가?
- 그들의 공로를 얼마나 인정해주었는가?

- 이렇게 잘 풀린 일을 생각할 때 어떤 느낌이 드는가?
- 그 일에 실제로 고마움을 표현하면 어떤 느낌이 들까?

질문에 하나씩 답하다 보면 무심히 지나가고 말았을 하루가 커다란 의미로 다가온다. 그러면서 전에는 보지 못했던 삶의 기쁨이 보이기 시작할 것이다.

긍정심리학의 행복 연습도구 7: 꿀과 식초(감정보다 사회적 책임으로 친절하기)

오늘날 놀라운 변화는 이사, 이직, 이전 같은 이동이 증가하고 자동차, 휴대전화, 전자기기 같은 소유한 품목들이 많으며 이를 사용하는 방법이 복잡하다는 것이다. 그래서 행정적으로 처리해야 할 일도 많고, 사용 시 발생하는 문제를 해결해야 할 것도 많다. 인터넷이 발달되기는 했지만 아직도 많은 부분을 직접 전화나 상담, 창구를 통해 처리해야 한다. 이때 담당 직원과 통화하기도 만나기도 어렵고 설령 통화가 되거나 만난다 하더라도 아직도 관료적이고 형식적인 사람들이 있다. 이런 사람들을 만나면 답답하고 짜증이 나고 화가 치밀어 오르기도 한다. 이럴 때 도움을 받을 만한, 셀리그만이 고안한 긍정심리학 행복 연습도구가 있다.

다음번에 당신이 관료주의나 형식주의와 싸우러 갈 때는 심호흡을 크게 한 번 하고 명랑해지기로 결심하자. 당신이 직접 얼굴을 마주 보거나 ARS 시스템을 통해 20분 이상 혼자 업무를 처리한 후 겨우 통화하게 되는 직원과 상대할 때는 “날씨는 어땠습니까?” 하고 먼저 하루 동안 어떻게 지냈는지 물어보자. 그의 인내심에 경의를 표하라. 다른 사람들을 돕는 위치에 있는 상대방이 정말 훌륭하다고 말하자. 그리고 그 사람에게서 좋은 점을 하나 찾아내 칭찬해주자. 영화 〈로드 하우스Road House〉에서 패트릭 스웨이지Patrick Swayze가 연기한 캐릭터는 자신이 감독하고 있는 술집 경비원에게 늘 "친절하고, 친절하고, 친절하라"고 충고한다.

상대하는 직원을 하나의 인격체로 대하라, 그러면 호의가 되돌아올 것이다. 이렇게 식초 대신 꿀을 사용한다면 당신이 원하는 것을 보다 성공적으로 얻게 될 것이다. 결국 '직원'도 사람이다. 그리고 그들이 끊임없이 고객의 불만사항을 접수하고 처리하다 보면 실수할 수도 있을 것이다. 만약 당신이 친절하게 대한다면 상대방을 기분 좋게 할 수 있고 그런 좋은 분위기가 당신에게 이점으로 다가올 것이다. 설령 아무런 도움도 못 받았다고 해도 최소한 당신의 기분은 더 좋아질 것이다. 마음에서 우러나오는 진심 어린 긍정정서를 경험했기 때문이다. 이러한 연습활동은 실제 실험을 통해 효과를 확인할 수 있다. 누군가를 만나기 전에 동전을 던져서 앞면이 나오면 친절하게, 뒷면이 나오면 관료적이나 형식적으로 대해보자. 수십 번 시도해본 후 결과를 모두 취합해 결론을 도출해보자.

친절을 베푸는 데 몇 가지 어려움이 있을 수 있다. 첫째, 특히 전화통화를 하면서 부탁을 받거나 논쟁을 해결하느라 너무 많은 시간을 할애하면 업무에 지장을 초래할 수 있다. 둘째, 어떤 사람들은 당신의 친절함에 너무나 잘 반응해 두 사람 모두 대화의 접점과 원래의 용건에서 벗어날 수 있다. 셋째, 당신은 속과 겉이 다른 위선자인가라는 질문에서, 사람들은 의도적인 것보다는 자연스럽게 일어난 행복을 얻기를 바란다는 것이다. 우리는 본모습에 솔직하기를 바라지만 어느 순간 화가 날 때 갈등이 생긴다. 이러한 감정을 억누르고 '친절하게 대하는 것'은 솔직한 것인가, 아닌가? 위선인가, 아닌가? 확실히 이에 대한 명쾌한 해답은 없다.

조직생활을 하는 사람들의 감정에는 2가지가 있다. 하나는 자신이 있는 그대로 느끼는 실제적 감정이고, 또 다른 하나는 겉으로 드러낸 전시적 감정이다. 전시적 감정은 본능적 감정이라기보다 조직에서 업무를 수행하는 데 필요한 학습된 감정이다. 문제는 조직생활에서 이 두 감정이 충돌할 때가 많다는 것이다. 이들이 충돌할 때 스트레스를 받고 분노나 화, 불평 등 부정정서가 유발된다. 실제적 감정을 속이고 전시적 감정으로 상대를 대하는 일을 감정노동이라고 하고 그런 곳에서 일하는 사람들을 감정노동자라고 한다. 이들은 고객 혹은 상사와의 관계나 조직에서 원하는 감정을 어쩔 수 없이 표현해야 한다. 특히 최근 서비스산업의 비중이 커지면서 사람들과의 관계가 중요시 되다 보니 항공사, 호텔, 백화점뿐만 아니라 시청, 구청, 군청, 세무서 등 관공서 공무원까지도 감정노동을 해야 한다.

친절은 이런 갈등 상황에서 감정적인 인식이나 표현보다 사회적 약속의 한 부분이 돼야 한다. 즉 운전하면서 방향지시등이나 경적을 신중하게 사용하는 것이 당신을 위선자로 만드는 것이 아닌 것처럼 이 약속이 당신을 위선자로 만드는 것은 아니다. 긴 비행시간을 마치면 스튜어디스는 비행기에서 내리는 손님들에게 일일이 밝게 인사를 한다. 물론 그들도 손님만큼이나 피곤할 것이다. 하지만 그들은 직업상 웃어야 한다. 백화점 고객에게 밝고 환하게 인사하는 것도, 민원창구 민원인에게 친절하고 따뜻하게 인사하는 것도 마찬가지다. 이것은 위선자가 아닌 고객에게 친절해야 한다는 사회적 약속이기 때문이다.

최근 우리 사회 일부에서 감정노동, 감정노동자란 표현을 많이 쓰는데 대부분 부정적인 이미지를 주고 있는 것 같아 우려스럽다. 그로 인해 왠지 해당 분야에 근무하는 사람들은 자신에 대해 피해의식을 갖는 경향이 있는 것 같다. 피해자가 아니라 수혜자로 생각해보자. 상대방에게 도움을 주고 기분 좋게 해주고 더 행복하게 해주는 역할을 하고 있기 때문이다. 의미 있는 삶이란 자신보다 더 높은 곳, 타인, 공동체 등에 소속돼 무언가 역할을 하고 있는 것이다. 서비스 분야에서 근무하는 직원들이나 공무원들도 꿀과 식초 중 꿀을 사용하는 것이 좋다. 상담을 하거나 민원창구를 찾는 것은 다소 불만이 있기 때문이다. 이들은 조그만 일에도 목소리를 내거나 화를 낸다. 진정으로 행복한 삶과 의미 있는 삶을 원한다면 이들을 위해 꿀단지를 준비하자.

긍정심리학의 행복 연습도구 8: 이상적 자아(가족, 직원들 대표 강점 찾아주기)

당신은 앞서 왜 강점이고 무엇이 강점이고 어떻게 대표 강점을 찾는지까지 배웠을 것이다. 그리고 성격강점이 개인의 행복과 조직의 성과에 어떤 영향을 미치는지도 알았을 것이다. 이제 가족이나 직원들에게 대표 강점 찾는 방법을 알려주자. 가족이나 직원들의 대표 강점을 어떻게 찾아줄까? 강점의 중요성을 모르는 상태에서 무작정 강점이 좋으니 찾아보라고 하면 거부반응을 일으킬 수도 있다. 강압적이고 의무적으로 하라면 하겠지만 그건 아니다. 긍정심리학은 자기가 좋아서 자발적으로 참여하는 것을 원칙으로 한다. 자발적으로 참여할 수 있게 동기부여를 시켜주는 것이 중요하다.

그 방법 중 하나가 '이성적 자아 찾아주기'다. '이상적인 자아Ideal Self'란 강점을 최대한 발휘해 자신의 최고 목표를 실현할 능력이 있다고 스스로 믿는 자아상, 즉 자기효능감이다. 사람은 자신이 가장 소중하게 여기는 최고의 이상을 실현하며 살고 있다고 느낄 때 큰 만족을 얻으며, 자신의 강점을 발휘하면 그 만족감이 한층 더 커진다. 배우자나 상사가 이런 사실을 알아줄 때 인정받았다는 자부심을 느끼게 되고, 배우자와 상사의 믿음을 저버리거나 실망시키지 않으려고 더욱 노력한다. 아내가 남편에게 대표 강점을 찾게 하려면 남편이 최근에 이루어낸 뿌듯한 일을 찾아 강점과 연계시키면 된다.

"여보, 지난주에 우리 외식하러 갈 때 내가 너무 멀다고 차 갖고 가자고 하니까 당신이 시원한 공기도 마시고 주변 경치도 즐기면서 걸어가자고 했잖아요? 그날 당신 아주 즐거워했어요. 그때 주변의 풍경을 즐기면서 가는 당신 모습 멋있어 보였어요. 여보, 그러고 보니 당신의 성격강점은 감상력인 것 같아요. 여기엔 24가지 성격강점이 있는데 그 중 자신의 성격적·심리적 특성이 가장 잘 나타나는 5가지 강점이 대표 강점이래요. 당신도 한번 찾아보세요."

직장에서도 마찬가지로 이상적 자아를 찾아주자.

"김 대리, 지난번 우리 프로젝트 말이야. 어려운 여건임에도 우리가 성공시켰잖아. 사실 나는 많이 부담이 됐거든. 워낙 사장님이 중요성을 강조하고 기대를 많이 해서 말이야. 그런데 고비 때마다 자네가 톡

톡 튀는 아이디어를 내고 자네 주변의 지인들에게 도움을 받기도 했잖아. 그런 자네의 모습을 보면서 앞으로 큰 재목이 될 것 같다는 생각을 했네. 아주 멋있었어. 김 대리, 그러고 보니까 자네의 강점은 창의성과 사회성인 것 같네. 여기 강점 찾기가 있으니 한번 자네 강점을 찾아보게."

자녀나 친구, 동료들의 강점도 이런 방법으로 찾아줄 수 있다. 강점을 찾아주면 가정에서는 가족 모두의 대표 강점으로 강점 가계도를 만들 수도 있고, 팀에서는 팀원 대표 강점으로 강점 차트를 만들어 조직 전체의 강점 기반의 조직을 만들 수도 있다.

긍정심리학 행복 연습도구 9: 마음챙김 명상

명상은 단순히 마음을 편안하게 만드는 것이 아니라 뇌를 변화시켜 행복을 증진시켜준다. 2006년 〈뉴욕타임스〉를 비롯한 미국의 주요 언론에는 티베트 불교의 지도자 달라이 라마에 대한 흥미로운 기사가 실렸다. 달라이 라마가 신경과학회에서 명상 수련을 하면 뇌에 변화가 일어난다는 내용의 강연을 했다는 것이었다. 단순한 추측이 아니다. 실제로 지속적으로 명상 수행을 해온 티베트 승려 175명을 대상으로 뇌 연구를 한 결과 한 사람도 예외 없이 왼쪽 전전두엽의 활동이 오른쪽 전전두엽에 비해 우세한 것으로 나타났다. 왼쪽 전전두피질은 낙관적이고 열정에 차 있고 기력이 넘치는 등 긍정감정 상태에 있을 때 활기를 띠는 부분이다.

지금은 고인이 된 애플의 창업자 스티브 잡스도 30년간 매일 명상을 했다고 한다. 그는 "생각을 단순하게 만들 수 있는 단계에 도달하면

산도 움직일 수 있다"라고 말했다. 지독한 일 중독자였던 그가 짧은 수면 시간에도 창의적이고 혁신적으로 발상할 수 있었던 건 20대부터 꾸준히 해온 명상의 힘이 컸을 것이다.

지금 당신의 머릿속은 어떤가? 혹시 여러 개의 사이트를 동시에 띄워놓은 컴퓨터 같진 않은가? 온갖 걱정으로 복잡해 도저히 무엇에든 몰입하기 힘들다면 명상을 해볼 것을 추천한다. 생각할 것도 많고 해야 할 것도 많은 바쁜 현대인들이 따로 시간을 내 명상하기란 쉽지 않을 수도 있다. 하지만 하루 20분 정도의 명상은 6시간 정도의 수면 효과와 맞먹는다고 한다. 하루에 20분만 시간을 내서 명상을 지속적으로 하면 잠을 푹 자고 났을 때처럼 머리가 맑아지고 마음도 편안해져 그만큼 몰입하기도 쉬워진다.

명상을 하는 방법은 여러 가지가 있지만 여기서는 마음챙김 명상법을 소개한다. 불교에서 만든 명상법이지만 본질은 종교에만 국한된 것이 아니라 보편적인 것이어서 이미 미국에서는 특정 종교와 상관없이 1970년대 후반부터 심리 치료에까지 널리 활용되고 있다.

마음챙김 명상의 가장 이상적인 수행 시간은 20~25분이라고 알려져 있는데, 처음 시작하는 사람들은 5분, 10분에서 시작해 점점 늘려갈 수 있다. 명상은 누구에게도 방해받지 않고 편안히 앉아 있을 수 있는 장소에서 하는 것이 좋다. 적절한 장소를 찾았다면 조용히 눈을 감고 편안한 자세로 심호흡을 한다. 천천히 크게 숨을 들이쉬고 내쉬면서 숨결을 느껴본다. 숨을 들이쉬고 내쉴 때마다 감각이 어떻게 변해가는지 살핀 다음 다시 보통 때처럼 숨을 쉬어보자. 자연스럽게 호흡하면 된다. 들숨은 어떤 느낌이고, 날숨은 어떤 느낌인가?

호흡에 주의를 기울인다고 해서 호흡 그 자체가 목적은 아니다. 지금 이 순간, 이곳에 있는 연습을 하기 위해서다. 명상을 처음 하는 사람이라면 가만히 앉아 있는 것도 힘들고 머릿속은 온갖 생각으로 어지러울 것이다. 스스로에게 괜찮다고 말해주자. 자연스러운 현상이다. 자신을 나무라는 대신 주의가 흐트러졌다는 걸 깨달았다면 다시 호흡으로 돌아오면 된다.

떠오르는 생각이나 느낌을 억지로 억압해서는 안 된다. 오히려 역효과를 일으킬 수도 있다. 그저 생각이 흐르는 대로 내버려두고 있는 그대로의 사실을 받아들이자. 다시 자각하고 시작하면 된다. 명상의 목적은 무엇을 얻으려는 게 아니다. 온전히 현재에 있기 위함이다. 현재 당신이 있는 바로 그곳에 존재하는 연습을 하는 것이다. 당신이 어디에 가든 당신은 거기에 있다는 것이다.

긍정심리학의 행복 연습도구 10: 시간의 선물

서로를 사랑하지만 가난한 부부가 있었다. 크리스마스가 다가오자 부부는 깊은 고민에 빠졌다. 너무 가난해 선물을 살 돈이 없었기 때문이다. 고민 끝에 남편은 자신이 갖고 있는 물건 중 가장 비싼 시계를 팔아 아내에게 머리빗을 선물한다. 아내가 탐스러운 긴 머리카락을 자신이 선물한 머리빗으로 빗는 모습을 상상하며 행복해한다. 하지만 아내는 긴 머리카락을 잘라 남편에게 시곗줄을 선물한다. 남편의 시곗줄이 낡았기 때문이다. 이미 잘 알려진 유명한 소설의 내용이다. 오 헨리O. Henry가 쓴 『매기의 선물』로 우리나라에서는 『크리스마스 선물』로 번역돼 출간됐다.

이 소설을 읽고 어떤 느낌을 받았는지. 가난한 부부가 안타깝고 서로에게 가장 소중한 것을 팔아 선물할 수밖에 없는 그들의 처지를 불쌍하게 느낄 수도 있겠지만 소설 속의 부부는 그 누구보다도 행복하게 보일 것이다. 서로를 소중하게 생각하는 그들의 관계 앞에서 가난은 아무런 문제가 되지 않는다. 소설 속에서 부부는 서로를 위해 아낌없이 시간의 선물을 한다.

많은 사람들이 타인을 위해 살기보다 자기중심적으로 살아간다. 그러다 보니 친구와의 관계, 부부 간의 관계, 자녀와의 관계가 소원하게 된다. 이러한 현상은 나이가 들어가면 갈수록 더욱 심화된다. 열심히 노력해서 사회적 성공을 이루었지만 가족 간의 관계는 실패로 끝나는 모습을 주위에서 자주 볼 수 있다. 이는 성공과 물질로 보상하고자 하는 욕구가 강하기 때문이다.

나 역시 지난 10년 이상 사회적 성공과 물질적 선물만을 위해 앞만 보고 질주하다가 아내와 아이들과의 관계가 최악의 상황에까지 간 적이 있었다. 우리에게는 이러한 외적 보상보다 타인에게 나누어줄 무척 소중한 내적 선물이 있다. 그것은 결코 되돌릴 수 없는 것이기 때문이다. 그 선물이 바로 시간의 선물이다. 우리가 가장 존경하는 선생님이나 배우자, 좋아하는 친구들을 떠올리면 그들은 모두 오랫동안 헌신적으로 스스로를 바친 인물이다. 이때 그들이 나에게 어떻게 무엇을 주었냐가 아니라 나에게 어떻게 해주었냐가 중요하다.

그동안 당신이 소홀하게 대했던 사람들을 떠올려보자. 당신이 관심을 두고 있는 사람을 떠올려보자. 시간의 선물이 필요한 사람을 떠올려보자. 그 사람을 위해 무엇을 해줄 수 있는가? 그 사람에게 시간의 선물을 해보자. 그 사람을 위해 시간을 어떻게 쓸 것인지 계획해보자. 그 사람을 위해 쓸 수 있는 최대한의 시간을 쓰고 요령을 부리려고 하지 말자. 그리고 당신에게 도움을 받은 사람에게 당신이 얼마만큼의 시간을 들였는지 말하지 마라. 그저 그 일의 결과로 자연스럽게 알게 하라. 이 활동은 긍정관계에 매우 효과적이다. 지침에 따라서 연습을 실행하면 대부분은 친절을 베푸는 당신의 행동에 큰 기쁨을 느낄 것이다.

긍정심리학의 행복 연습도구 11: 최상의 자기

10년 후, 20년 후의 자신의 모습을 상상해본 적이 있는가? 어떤 모습이 떠오르는가? 사랑하는 사람을 만나 가정을 꾸리고 자식을 낳고 오순도순 사는 모습? 성실하게 일하고 근검절약해 내 집을 마련하고 환하게 웃는 모습? 회사에서 승진해서 임원이 되는 모습? 공직이나 비영리 단체에서 자신이 원하는 일을 성취했을 때의 모습? 어떤 모습이든 만족스럽고 행복한 모습이 상상된다면 다행스러운 일이다. 한 걸음 더 나아가 미래에 꼭 이루고 싶은 목표가 있다면 그 목표를 이룬 자신의 모습을 떠올려보자. 회사를 창업해 사회에 도움이 되는 큰 기업으로 발전시키겠다는 목표가 있다면 대기업 CEO가 돼 있는 자신의 모습을, 서민을 위한 정치를 하겠다는 목표를 갖고 있다면 정치 지도자가 돼 있는 자신의 모습을, 아니면 대중을 감동시키는 인기 강사가 돼 있는 자신의 모습을 상상해보자. 어떤 모습이든 자신이 꿈꾸는 최상의 모습을 상상하는 것만으로도 행복해질 수 있을 뿐만 아니라 꿈, 목표를 이루는 데도 도움이 된다.

최상의 자기Best Possible Self 연습은 미래의 자신을 상상하고, 자신이 인생에서 원하는 거의 모든 것을 성취한 모습을 그려보고, 훌륭한 결정을 내리는 자신을 떠올리고, 자신이 원하는 인생을 묘사해보는 것이다. 이 개입은 사람들을 격려하고 의욕을 고취시킨다. 그것이 효과적인 이유는 좋은 것The Good과 가능한 것The Possible에 주의를 기울이기 때문이다.

최상의 자기 연습은 잠재력을 발휘하는 자신에 대한 의식적인 사고의 흐름을 글로 적는 행위를 통해 심리적 강장제 역할을 해서 개인의 행복 수준을 현저히 증가시킨다는 것을 보여주었다. 이 연습은 당면한 일과 관련된 목표를 세우게 해주기 때문에 또한 효과적이다. 이 개입은 비현실적인 몽상이나 환상에 빠지는 연습이 아니다. 숨겨진 핵심 가치를 확인하고 개인의 성장을 위한 어젠다를 제시하는 연습이다. 미래의 긍정적인 자기를 시각화하는 이 기법은 거실에서도, 중역 회의실에서도 효과 만점이다. 이 연습은 긍정정서를 높여주고 개인의 변화를 촉진하고 뛰어난 업무 성과를 유도하는 데 특히 효과적이다.

현재의 모습이 만족스럽지 않다고 미래도 그러리라는 법은 없다. 지금은 입사한 지 얼마 안 된 평사원이라고 해도 10년 후, 20년 후에는 한 회사의 대표가 돼 있을 수도 있다. 그런데 미래의 모습보다 현실의 자신만을 생각한다면 어떨까? 아마 좋은 모습보다는 스트레스 받는 모습이 더 많이 떠올라 행복해지기 어렵다. 하지만 본인이 만들어낼 수 있는 최상의 미래를 상상하면 현실이 그렇게 고달프지 않다. 꿈을 이루는 과정이라 생각하며 견딜 수 있는 힘도 커지고, 힘들지만 한 걸음씩 앞으로 나아가면서 보람과 행복도 느낄 수 있다. 결국 먼 미래를 내다본다는 관점의 변화만으로도 긍정정서를 훨씬 많이 느껴 현실도 즐겁고 행복해진다. 또한 구체적으로 미래의 모습을 그리다 보면 실제 그 모습을 닮아가기 위해 노력하게 되고, 그러면 상상은 꿈을 넘어 현실이 되는 것이다.

가까운 미래의 모습을 상상하는 것은 어느 정도 가능하지만 10년 후, 20년 후의 미래를 상상하는 일은 처음 해보는 사람들에겐 쉽지 않은 일이다. 그것도 구체적으로 상상해보기란 더 어렵다. 막연히 최상의 자기를 상상하는 것은 사실 큰 의미가 없다. 막연한 상상은 자칫 상상으로 끝나기 쉽기 때문이다. 그래서 미래의 자신의 모습을 구체적으로, 마치 사진을 찍듯 생생하게 그릴 필요가 있다. 그래야 현실에서 어떤 노력을 해야 하는지도 좀 더 구체적으로 알 수 있기 때문이다. 최상의 모습을 상상만 하기보다는 그때 하고 있을 일, 자신의 인간관계, 자신이 중시하는 가치 등을 구체적으로 구현할수록 동기부여하기가 쉽다.

우선 미래의 자신을 상상해보라. 두세 달 후의 자신도 좋고, 몇 년 후의 자신도 좋다. 인생에서 원하는 것을 많이 얻었고, 열망하는 것을 많이 성취한 미래를 상상하자. 잠시 시간을 갖고 그 미래에 당신이 어떤 모습이며 삶은 또 어떤 모습일지 진지하게 그려보자. 성취한 것, 살고 있을 곳, 일하고 있을 곳을 상상하자. 출퇴근 모습을 상상하고, 건강은 어떠하며, 인간관계는 어떤 모습일지 상상하자. 자신이 갖춘 능력, 성장을 위한 기회들을 상상하라. 어떤 결정을 내리고 어떤 목표를 이루었는지 그려보자

1. 당신이 상상하는 직장생활, 즉 통근 방식, 사무실, 직위, 맡게 될

업무 유형을 묘사해보자.

2. 이 이상적인 미래의 업무에서 당신이 성취하고 싶은 중요한 것은 무엇인가?
3. 미래에 당신이 성취한 것을 묘사해보자.
4. 미래의 직장생활에 대한 상상은 당신이 중시하는 가치인 내면적 요인의 산물인가, 타인이 중시하는 가치인 외면적 요인의 산물인가?
5. 미래에 당신이 살고 있을 곳을 묘사해보자
6. 주거 환경과 생활환경에서 당신이 갖추고 싶은 것은 무엇인가?
7. 미래에 당신이 모두 갖춘 것을 묘사해보자
8. 미래의 주거 환경에 대한 상상은 당신이 중시하는 가치인 내면적 요인의 산물인가, 타인이 중시하는 가치인 외면적 요인의 산물인가?

당신이 꿈꾸는 최상의 모습은 어떤 모습인가? 최상의 자신을 그리는 일은 잠들어 있는 열정을 깨우고 미래에 대한 기대와 희망을 갖게 해준다. 그것이 당신의 꿈이기도 하다. 포부를 크게 가지라고 말하고 싶다. 전혀 이룰 가망성이 없고 현실성 없는 허황된 꿈을 가지라는 게 아니라 앞으로 살아가면서 자신이 만들어낼 수 있는 최대한의 자신을 그려보라는 것이다. 훗날 이 세상을 떠날 때 내가 이것만은 꼭 이루고 가고 싶은 모습, 그렇지 않으면 도저히 눈을 못 감을 것 같은 모습이 당신에게도 분명 있을 것이다. 다음은 24시간 '긍정심리학 교육과정'에 참가한 수녀님의 최상의 자기 모습이다.

2035년 9월 11일. 오늘은 매우 맑고 아름다운 날이다. 20년 전에는 막연한 기대였을 뿐 가능하지 않을 것 같았던 일이 현실이 된 날이다. 2025년 9월 11일, 남과 북이 교류를 확대하며 상호 신뢰를 구축한 지 10년 만에 역사적인 남북통일이 된 것이다. 오늘은 남북이 통일된 지 10주년이 되는 날이다. 이런 역사적인 질곡 속에서 내가 가장 큰 수혜자인 것 같다. 오늘 나는 평양간호대학의 학장으로서 간호대학에서 간호행정관리와 정신간호학 강의를 마치고 돌아오는 길이다. 여기 와서 10년째 강의를 하고 있지만 지금도 한결같이 느끼는 것은 남남북녀라고 하더니 정말 여학생들이 눈부시게 예쁘다는 점이다. 그래서 오늘은 속으로 한마디했다. '느그들은 좋겠다. 젊고 예뻐서…….' 그러면서 그 젊음을 바라보는 나는 아주 행복했다.

우리 수도원이 평양에서 가장 아름다운 곳에 위치해 있어서 넓은 정원과 9월 햇살에 빛나는 꽃들과 나무들이 무척이나 아름답게 느껴진다. 쉬고 싶지만 오늘부터 평양 교구 내 추기경님을 비롯해 모든 교구 사제와 신학생들 앞에서 강의를 해야 한다는 것이 좀 부담스럽다. 긍정심리학의 이론적인 배경을 중심으로 교회 고유한 가치를 훼손시키지 않으면서 하나님의 부르심을 받은 사람으로서 어떻게 세상 속에 올바르게 응답하고 그리고 지속적으로 세상에 빛과 소금의 역할을 해나갈 것인지를 10주 동안 풀어나갈 예정이다. 늘상 해온 강의지만 언제나 어려움을 느낀다. 그래도 대학에서 학생들에게, 교회 사제와 수도자들에게, 다양한 사람들에게 가르치는 사명을 받은 즐거움은 나에게 아주 크다.

그리고 어제는 평양시 보건정책연구 포럼에도 다녀왔다. 평양시뿐만 아니라 각 행정자치구에 보건정책 토대가 되는 일이라 모두가 신중을 기하고 있다. 내일은 서울에서 피정 오는 사람들을 위해 전체 일정을 점검해야 한다. 요즘 피정 수가 부쩍 많아지고, 특히 서울에서 오는 사람들의 신청자 수가 갈수록 늘고 있다.

이제 조금 있으면 나의 소설이 영화로 대중들에게 선보일 것이다. 무척 기쁘지만 긴장되는 마음으로 기다리고 있다. 며칠 전에 존경하는 수녀님 미술 작품 전시회 때 나의 작품 10점도 서울 명동과 평양에서 선보였다. 틈틈이 배운 그림 공부가 결실을 본 셈이다. 아주 흐뭇하고 행복하다. 그리고 긍정심리학을 이론적 배경으로 해서 최초로 만든 '주님과 함께 매일 행복 만들기' 피정 프로그램이 이제 뿌리를 내렸고 대중화가 됐나 보다. 15년 동안 이 프로그램에 참석한 사람만도 100만 명에 육박하고 있으며, 지금도 많은 곳에서 강의 요청과 자료 요청이 끊임없이 오고 있다.

나는 행정가로 한평생을 살게 해달라는 소망을 이루게 해주신 하느님께 감사할 뿐이다. 여기까지 오는 길에서 많은 도움을 주신 우문식 박사님에게도 아주 큰 감사를 드린다.

이 모든 것을 이루신 하느님 찬미 받으소서! "아멘"

- 최숙희 소화 테레사 수녀

긍정심리학의 행복 연습도구 12: 사명(가치)선언서

사명은 넓게 보면 "우리는 왜 이 땅에 존재하는가?"라는 질문에 대한 대답이라고 할 수 있다. 우리나라의 수많은 직업 가운데서 사명감이 가장 높은 직업이 소방관이라고 한다. 직업이 단순히 불 끄는 일이 아니라 한 사람의 생명을 구하는 일이라고 생각한다면 얼마나 뿌듯하고 힘이 나겠는가? 이렇게 사명감이 있어야만 당신이 어떤 일을 하고 어떤 직업을 갖든 더 만족하고 열정적일 수 있다.

당신의 사명을 글로 적어 사명선언서를 작성해보자. 사명선언서를 작성하는 일은 자신에게 가장 소중한 것이 무엇이고 어떻게 가치 있게 살아야 할 것인가를 생각하는 계기가 될 것이다. 인생을 멀찍이 거리를 두고 바라보면 훨씬 큰 그림으로 볼 수 있다. 그러다 보면 미래에 대한 희망도 생길 것이다. 긍정심리학자들이 이 방법을 사용했더니 경영자, 학생, 심리치료사, 직업을 바꾸려는 사람들까지도 아주 활기차게 됐다고 한다. 자기 존재의 가치를 발견했으니 활력이 넘치는 게 당연하지 않겠는가?

하지만 부담을 가질 필요는 없다. 완벽해야 한다거나 내 모든 걸 포함해야 한다고 생각할 필요도 없다. 사명선언서는 가끔씩 개정하고 수정해나가도 된다. 당신에게 의미 있는 날, 생일, 연말이나 연초에 한 해를 정리하며 새롭게 작성하는 것도 좋을 것이다. 사명선언서는 당신의 인생처럼 최종 작품이 아니라 변화해가는 작품이다. 당신은 마지막 순간, 인생의 초상에 어떤 내용이 담겼으면 하고 바라는가? 어떻게 사명선언서를 작성해야 할지 모르겠다면 다음에 소개한 4단계를 참고하면 도움이 될 것이다.

- **1단계**

당신의 인생 지침을 리스트로 작성하자. 완벽하게 작성하거나 모든 것을 총망라하려고 애쓰지도 말고 항목이 겹칠까 봐 걱정하지도 말자. 단지 본인만의 핵심 가치를 하나씩 써보는 일일 뿐이다. 2개에서 5개

정도 핵심 가치를 작성하자. '변화를 받아들이고 추진하라', '성장과 배움을 추구하자', '나는 행복을 추구한다' 등 말이다. 그래도 어떤 가치를 써야 할지 혼란스럽다면 대기업 홈페이지를 방문해보자. 세계 최대의 신발 인터넷 쇼핑몰인 자포스 홈페이지(www.zappos.com)를 방문해보는 것도 도움이 된다. 자포스는 긍정정서를 활용해 가장 행복한 일터 문화를 만들고, 기발한 고객 서비스 전략으로 창립 8년 만에 세계 최고의 온라인 신발 쇼핑몰로 성장할 수 있었다. 지포스 홈페이지에서 맨 밑에 있는 회사 소개란About Us을 보면 자포스의 독특하고도 다양한 핵심 가치를 알 수 있다. '변화를 받아들이고 추진하라', '성장과 배움을 추구하자'처럼 전통적인 가치도 있지만 '겸손하자', '재미와 약간의 기묘함을 창조하라'처럼 독특한 가치도 있다.

- **2단계**

당신의 대표 강점에 대해 숙고해보자. 대표 강점을 토대로 서너 가지 대표 강점을 고른다. 자주 활용하는 강점일수록 좋다. 가까운 미래에 일어날 일 중에서 어떤 일이 가장 기대되는지, 그 일에 강점을 어떻게 활용할 것인지를 생각해보는 것도 도움이 될 것이다.

- **3단계**

핵심 가치를 확인하기 위해 스스로 질문해보자. '내가 가장 자랑스러워하는 업적은 무엇인가?', '내가 세상에 남기고 싶은 유산은 무엇인가?', '내가 가장 원하는 것은 무엇인가?', '내가 최상의 상태일 때는 언제인가?' 그다음 형식에 구애받지 말고 2분여 동안 그 대답을 글로 쓴다. 여기에는 오답도 정답도 없다.

- **4단계**

이제 자신이 중요하게 생각하는 핵심 가치, 대표 강점, 작동 중인 핵심 가치가 모아졌을 것이다. 이것이 사명선언서의 토대가 된다. 이제 다음 형식에 따라 두 문단으로 작성해보자. 첫 번째 문단은 당신이 중요시하는 가치를 묘사함으로써 본인에 대해, 두 번째 문단은 그 가치를 구체적으로 어떻게 실천할 것인지에 대해 서술한다.

문단 1(핵심 가치 묘사)

나는 배움과 성장을 중요시한다. 나 자신의 지속적인 배움과 성장을 통해 행복을 만들어가는 것에 관심이 있으며, 연령이나 배경과 상관없이 다른 사람들도 배움과 성장을 통해 행복을 만들어가는 것을 도와주는 데 관심이 있다. 나는 타인의 행복을 만들어주는 행위가 세상을 더 좋은 곳으로 바꿀 것이라고 믿는다. 그런 행위를 통해 그들을 더욱 행복하게 만들고 그들과 더 좋은 관계를 맺고 세상을 더 행복하게 만들어갈 것이기 때문이다.

문단 2(문단 1의 가치를 실현할 구체적인 방법)

내 대표 강점은 창의성, 학구열, 끈기, 자기통제력, 감사, 정직, 희망이다. 이 강점들은 나의 배움과 성장을 통해 행복을 만들어주는 데 결정적인 역할을 하는 도구다. 나는 대표 강점들을 일상에서 발휘해 나를 더 성장하게 하고 행복하게 만들어갈 것이다. 긍정심리학 교수, 강사, 멘토, 코치, 연구자, 작가로서의 역할을 십분 활용해 국민 모두가 긍정심리학을 통해 더 행복해질 수 있도록 만들 것이다. 많은 사람들이 삶의 의미와 가치를 찾고 행복을 증진시켜 플로리시한 삶을 살아갈 수 있도록 도와줄 때 나는 행복 메이커로서 가장 의미 있고 가치 있는 플로리시한 삶이 될 것이라는 것을 알고 있다.

이처럼 사명선언서를 작성하기란 그리 어렵지 않다. 그런데 많은 사람들이 사명선언서를 완벽하게 혹은 모든 것을 포함해 작성해야 한다고 생각하며 부담스러워한다. 편하게 작성하면 된다. 틀리면 언제든지 수정할 수도 있으니 혹 실수가 있지 않을까, 미흡한 부분이 있을까 걱정할 필요가 없다.

긍정심리학의 행복 연습도구 13: 나의 유산 남기기

대부분 죽을 때 유언이나 유산하면 먼저 재산을 떠올린다. 재산보다 더 소중하고 가치 있는 것이 있다면 그 사람이 얼마나 인생을 가치 있게 살아왔는가일 것이다. 자신이 행복하고 만족한 삶을 살았는지, 의미 있는 삶을 살았는지, 주변의 가족이나 친구들이 가치 있게 평가하고 인정해주는지가 중요하다.

당신 인생의 마지막 날을 떠올려보자. 삶의 마지막 순간에 당신이 살아온 인생을 뒤돌아볼 수 있는 시간이 주어졌다. 최고로 행복했던 때는 언제였는가? 가장 후회했던 때는 언제였나? 당신의 삶은 꿈을 이룬 삶이었는가? 어려움 속에서도 최선을 다했는가? 당신을 사랑했고, 당신이 사랑한 사람들이 있었는가? 당신은 뛰어난 사회인이었는가? 당신은 행복했는가?

인생의 마지막 순간을 떠올려보고 인생을 어떻게 살아왔는지 평가해보자. 살아가고자 하는 인생을 생각해보고 당신과 가장 가까웠던 이들이 당신을 어떻게 기억하고 평가하기를 원하는지 생각해보자. 그들은 당신이 어떤 일을 성취했다고 생각할 것인가? 당신의 어떤 강점을 이야기할 것인가? 한마디로 당신이 남긴 유산은 무엇인가?

이 질문에 겸손하거나 열중할 필요는 없다. 그러나 상상을 즐기라는 이야기도 아니다. 꿈과 희망은 우리가 행동을 취하지 않는 이상 현실로 다가오지 않는다. 당신이 써왔던 글을 되돌아보고 현실적인 유산, 당신의 능력 안에서 성취할 수 있는 유산을 남길 수 있는 방법이 있는지 스스로에게 물어보자. 즉 현재 당신은 이 방법을 실천하고 있는가?

다음은 내가 직접 작성해본 '나의 유산 남기기' 내용이다.

그는 참 좋은 사람이었다. 아내를 아주 사랑하고 존중한 좋은 남편이었다. 때론 이 부부도 다툴 때가 있었지만 어찌됐든 서로의 긍정적인 면만을 보려 했다. 그는 아이들 교육이 우선인 훌륭한 아버지였으며, 배움을 향한 열정은 아이들에게 롤모델이 됐다. 그는 언제나 참았고 지원해주었고 격려해주었으며 공평했다. 아이들은 자신들에게 보내는 아버지의 사랑을 한 번도 의심한 적이 없었다. 왜냐하면 아이들은 아버지를 의심할 만한 단 한 가지의 일도 없었기 때문이다.

그의 사명은 긍정심리학을 통해 행복한 사회를 만드는 것이었으며, 비전은 전 국민에게 행복을 만들어주는 것이었다. 또한 그는 훌륭한 긍정심리학 전문가였으며 행복 메이커였다. 열악한 환경 속에서도 행복을 만들 수 있다는 것을 깨닫고 개인의 행복과 기업, 사회의 플로리시를 위해 80세까지 집필과 강의로 수백만 명에게 행복을 만들어주었다. 그는 마지막 강의에서 수많은 사람들에게 열광적인 찬사와 감사의 인사를 받았다. 그는 훌륭한 시민이었으며 사회적 기업가였다. 그는 항상 누군가를 도왔고, 개인보다 이웃과 사회를 생각했다. 어렸을 때는 매년 겨울이면 어려운 이들이 사는 집에 땔감을 준비해주었으며, 성인이 돼서는 지역사회와 교회에서 더욱 활발하게 봉사활동을 했다. 말년에는 그가 운영하던 연구소, 학교를 사회적 기업으로 전환시켜 사회에 환원했다.

한마디로 그는 인생을 사랑한 남자였다. 그리고 인생도 그를 사랑했다. 그는 의미 있는 삶을 살았고 플로리시한 삶을 살았다.

당신도 유산 남기기를 작성해 책상 앞이나 잘 보이는 곳에 놓아두라! 그리고 매일 시간 있을 때마다 한 번씩 읽어보라. 그때마다 긍정정서가 배양되고 확산되고 구축돼 당신을 더 좋은 모습으로 변화시켜 플로리시한 삶을 살도록 만들어줄 것이다.

지금까지 긍정심리학의 행복 연습도구를 소개했다. 중요한 것은 머리로 이해하고 마음으로 느끼는 것이 아니라 행동으로 옮겨야 한다는 점이다. 긍정심리학의 행복은 의지이고 실천이기 때문이다.

참고문헌

김인자, 우문식(2014), 『마틴 셀리그만의 긍정심리학』, 서울: 물푸레.

문용린, 김인자(2009), 『긍정심리학의 입장에서 본 성격강점과 덕목의 분류』, 서울: 한국심리상담연구소.

문용린, 김인자, 백수연(2010), 『크리스토퍼 피터슨의 긍정심리학 프라이머』, 서울: 한국심리상담연구소, 물푸레.

박권홍(2011), 긍정심리자본과 리더십 성과, 숭실대학교 대학원 박사학위 논문.

송준호, 우문식(2013), "조직구성원의 성격 특성이 행복에 미치는 영향: M. Seligman의 행복공식 관점의 접근", 한국기업경영학회(in press).

우문식(2010), "긍정심리가 리더십에 미치는 영향" 안양대학교 대학원 석사학위 논문.

우문식(2013), "긍정심리가 조직성과에 미치는 영향" 안양대학교 대학원 박사학위 논문.

우문식, 윤상운(2011), 『마틴 셀리그만의 플로리시』, 서울: 물푸레.

우문식(2012), 『긍정심리학의 행복』, 서울: 물푸레.

우문식(2014), 『행복4.0』, 서울: 물푸레.

우문식(2014), 『만 3세부터 행복을 가르쳐라』, 서울: 물푸레.

우문식, 최호영(2012), 『마틴 셀리그만의 낙관성 학습』, 서울: 물푸레

우문식, 윤상운(2012), 『긍정심리학의 코칭 기술』, 서울: 물푸레

우문식, 윤상운(2014), 『회복력의 7가지 기술』, 서울: 물푸레

우문식(2013), "행복의 관점과 인구통계적 차이에 관한 연구", 사회복지 연구(in press).

윤성민(2011), 행복증진 긍정심리 개입 활동들의 효과: 개인–초점적 활동과 관계–초점적 활동의 비교, 아주대학교 대학원 박사학위 논문.

임창희(2015), 『조직행동』, 서울: 비앤엠북스

Alderfer, C. P.(1972), Existence, Relatedness, and Growth, New York: Free Press.

Allport, G. W.(1921), "Personality and Character", Psychological Bulletin, 18, 441–455.

Allport, G. W.(1927), "Concepts of Trait and Personality", Psychological Bulletin, 24, 284–293.

Arakawa,D.,& Greenburg,M.(2007). Optimistic managers and their influence on productivity and employee engagement in a technology organization: Implications for coaching psychologists. International Coaching Psychology Review, 2, 78–89.

Argyle, M.(2001), The Psychology of Happiness (2nd ed.), London: Rouledge.

Avey, J. B., Luthans, F., & Jensen, S. M.(2009), "Psychological Capital: A Positive Resource for Combating Employee Stress and Turnover", Human Resource Management, 48(5), 677–693.

Avey, J. B., Luthans, F., & Jensen, S. M. & Youssef, C. M.(2010), "The Additive Value of Positive Psychological Capital in Predicting Work Attitudes and Behaviors", Journal of Management, 36, 430–452.

Avey, J. B., Luthans, F., & Jensen, S. M., Patera, J. L., West, B. J.(2006), "The Implication of Positive Psychological Capital on Employee Absenteeism", Journal of Leadership and Organizational Studies, 13(1), 42–60.

Avey, J. B., Luthans, F., & Jensen, S. M., Rechard, R., Luthans, F., & Mhatre, K.(2008),

Biswas-Diener,R., & Garcea,N.(2009). Strengths-based performance management. Human Capital Review. Johannesburg,South Africa: Knowledge Resources.

Bryant, F.(2005). Using the past to enhance the present: Boosting happiness through positive reminiscence. Journal of Happiness Studies, 6(3), 227–260

Buckingham, M., & Clifton, D. (2001). Now discover your strengths. New York: Simon & Schuster Adult Publishing Group.

Cameron, K.S., Dutton, J.E., & Quinn, R.E (Eds.). (2003). Positive organizational scholarship: Foundations of a new discipline. San Francisco: Berrett-Koehler.

Carver, C., & Scheier, M.(2002), Optimism. In C. R. Snyder & S. Lopez (Eds.), Handbook of positive psychology, 231–243, Oxford, UK: Oxford University Press.

Centre for Applied Positive Psychology (CAPP). Internal data.

Chen, P. Y., & Spector, P. E.(1992), "Relationship of work stressors with aggression, withdrawal, theft, and substance use: A explanatory study", Journal of Occupational and Organizational Psychology, 65, 177–184.

Compton, W. C.(2005), Introduction to positive psychology, Belmont, CA: Thomas Wadsworth.

Csikszentmihalyi, M.(1990) Flow: the psychology of optimal experience, New York, Harper Row.

Diener, B. R., & Garcea, N.(2009), "Strengths-based performance management". Human Capital Review. Johannesburg, South Africa: Knowledge Resources

Diener, E.(1984), "Subjective Well-being", Psychological Bulletin, 95, 542–575.

Diener, E, Lyubomirsky, S., & King, L.(2005), "The Benefits of Frequent Positive Affect: Does Happiness Lead to Success?", Psychological Bulletin, 131(6), 803–855.

Duckworth, A. L., Steen, T. A., & Seligman, M. E. P.(2005),"Positive Psychology in Clinical

Practice". Annual Review of Clinical Psychology, 1, 629–651.

Easterlin, R.A.(1974). Does economic growth improve the human lot In Paul A. David & Melvin W. Reder(Eds.), Nations and households in Economic growth: Essays in honor of Moses Abramovitz. New York:Academic Press.

Fredrickson, B.(2001), "The Role of Positive Emotions in Positive Psychology: The Broaden–and Build Theory of Positive Emotions", American Psychologist, 56(3), 218–226.

Fredrickson, B., & Joiner, T.(2002). "Positive emotions trigger upward spirals toward emotional well–being". Psychological Science, 13, 172–175.

Fredrickson, B. L., & Losada, M. F.(2005), "Positive Affect and the Complex Dynamics of Human Flourishing, American Psychologist, 60, 678–6.

Gable, S. L., & Haodt, J.(2005), "What (and Why) Is Positive Psychology?", Review of General Psychology, 9, 102–110.

Huppert, F. A., & So, T. T. C.(2009), "What Percentage of People inEurope are Flourishing and What Characterises Them", FAH TS OECD Briefing Document, Well–being Institute, University of Cambridge, 1–7.

Jeffrey J. Froh, Acacia C. Parks(2012), Activities for Teaching Positive Psychology: A Guide for InstructorsPaperback New York, American Psychological Association (APA).

Judge, T. A.(1993), "Does affective disposition moderate the relationship between job satisfaction and voluntary turnover", Journal of Applied Psychology, 78(3), 395–401.

Kashdan,T.B., Julian, T., Merritt, K., & Uswatte, G.(2006). Social anxiety and possttraumatic stress in combat veterans: Relations to well–being and character strengths. Behaviour Research and Therapy, 44, 561–583.

Kasser, T., & Sheldon, K. M.(2002), "What Makes for a Merry Christmas?", Journal of Happiness Studies, 3, 313–329.

Lason, M., & Luthans, F.(2006), "Potential Added value of Psychological Capital in Predicting Work Attitudes", Journal of Leadership and Organizational Studies, 13, 75–92.

Lazarus, R. S.(1982), "Thoughts on the Relations between Emotion and Cognition", American Psychologist, 37, 1019–1024.

Loewenstein, G.(1994), "The Psychology of Curiosity: A Review and Reinterpretation", Psychological Bulletin, 116(1), 75–98.

Luthans, F.(2002a), "The Need for and Meaning of Positive Organizational Behavior", Journal of Organizational Behavior, 23(6), 695–706.

Luthans, (2002b), "Positive Organizational Behavior: Developing and Managing

Psychological Strengths", Academy of Management Executive, 16(1), 57–72.

Luthans,., & Avey, J. B., & Patera, J. L.(2008a), "Experimental Analysis of a Web-based Intervention to Develop Positive Psychological Capital", Academy of Management Learning and Education, 7, 209–221.

Luthans., & Avolio, B.(2009), "The "point" of Positive Organizational Behavior, Journal of Organizational Behavior, 30, 291–307.

Luthans., & Luthans, K. W., & Luthans, B. C.(2004), "Psychological Capital: Beyond human and social capital. Business Horizons 47(1)(January–February), 45–50.

Lyubomirsky, S., & Ross. L.(1999), "Hedonic Consequences of Social Comparison: A Contrast of Happy and Unhappy People", Journal of Personality and Social Psychology, 73, 1141–1157.

Lyubomirsky, S, & Sheldon, K. M., & Schkade, D.(2005), "Pursuing Happiness: The Architecture of Sustainable Change", Review of General Psychology, 9, 111–131.

Lyubomirsky, S, & King, L., & Diener E.(2005). "The benefits of frequent positive affect: Does happiness lead to success?" Psychological Bulletin, 131, 803–855.

Margaret L. Kern, (2014), The Workplace PERMA Profiler of University Pennsylvania.

McCullough, M.(2000), "Forgiveness as Human Strength: Theory, Measurement, and Links to Well-being", Journal of Social and Clinical Psychology, 19(1), 43–55.

McCullough, M., & Snyder, C. R.(2000), "Classical sources of human strength: Revisiting an old home and building a new one", Journal of Social and Clinical Psychology, 19, 1–10.

Organ, D. W., & Seligman, M. E. P.(2004), "Character Strengths and Well-being, Journal of Social and Clinical Psychology, 23, 603–619.

Peterson, C.(2006), A primer in positive psychology, New York:Oxford University Press.

Peterson, C. & Seligman, M. E. P.(2004), Character Strengths and Virtues: A Handbook and Classification, New York: Oxford University Press/Washington, DC: American Psychological Association.

Peterson, C. & Steen, T.(2002), Optimistic Explanatory Style in Handbook of Positive Psychology, New York: Oxford University Press.

Peterson, C., & Park, N., & Seligman, M. (2006). Journal of Positive Psychology, 1(1), 17–26.

Peterson, C., Park, N., & Seligman, M. (2006). Greater strengths of character and recovery from illness. Journal of Positive Psychology, 1(1), 17–26.

Ryan M. Niemiec, (2013), Mindfulness and Character Strengths A Practical Guide to Flourishing, New York, Hogrefe Publishing.

Seligman, M. E. P.(2011), Flourish, New York, Free Press.

Seligman, M. E. P. & Csiksznitmihalyi, M.(2000), "Positive Psychology: An Introduction", American Psychologist, 55(1), 5–14.

Seligman, M. E. P. & Peterson. C.(2004), Character Strengths and Virtues: A Handbook and Classification, New York: Oxford University Press/Washington, DC: American Psychological Association.

Seligman, M. E. P. & M.,Steen, T., Park,N., & Peterson, C.(2005). Positive psychology progress: Empirical validation of interventions. American Psychologist, 60(5), 410–421.

Seligman, M. E. P., & Peterson, C., "Character Strengths and Well–being, Journal of Social and Clinical Psychology, 23, 603–619.

Seligman, M. E. P., & Rashid, T., & Parks, A.(2006). "Positive psychotherapy".American Psychologist, 61(8), 774–788.

Seligman,M.,Steen, T., Park,N., & Peterson, C.(2005). Positive psychology progress: Empirical validation of interventions. American Psychologist, 60(5), 410–421.

Shannon Polly(2015), Character Strengths Matter: How to Live a Full Life, New York, Positive Psychology News.

Shaw, J. D., Duffy, M. K., Abdulla, M. H. A., & Singh, R.(2000), "The moderating role of positive affectivity: empirical evidence for bank employees in the United Arab Emirates", Journal of Management, 26(1), 139–155.

Sheldon, K. M., & King, L (2001), "Why Positive Psychology Is Necessary", American Psychologist, 56(3), 216–217.

Smith, H. C.(1955), Psychology of Industrial Behavior, New York: McGraw–Hill.

Stevenson, B.,& Wolfers, J.(2008). Economic growth and subjective well–being: reassessing the Easterlin paradox(NBER Working Papers 14282), Cambridge, MA:National Bureau of Economic Research, Inc.

Stotland, E.(1969), The Psychology of Hope, San Francisco: Jossey–Bass.

Youssef, C. M., Luthans, F.(2007), "Positive Organizational Behavior in the Workplace: The Impact of Hope, Optimism and Resiliency", Journal of Management, 33, 774–800.

Updegraff, J. A., & Suh, E. M.(2007), "Happiness is a Warm Abstract Thought: Self–contractual Abstractness and Subjective Well–being", Journal of Positive Psychology.(in press)

Veenhoven, R.,& Hagerty,M.(2006). Rising happiness in nations 1946–2004: A reply to Easterlin. Social Indicators Research, 79(3). 421–436.

Walumbwa, F. O., Luthans, F., Avey, J. B., Oke, A.(2011), "Authentically leading groups: The Mediating Role of Positivity and Trust", Journal of Organizational Behavior, 32,

4–24.

Wood, A.M., Maltby, J., Gillett, R., Linley, A., & Joseph, S. (2008). The role of gratitude in the development of social support, stress, and depression: Twolongitudinal studies. Journal of Research in Personality, 4, 854–871.

Wright, T. A., Cropanzano, R., & Bonett, D. G.(2007), "TheModerating Role of Employee Positive Well-being on the Relation between Job Satisfaction and Job Performance", Journal of Occupational Health Psychology, 12(2), 93–104.

PERMA 검사

이 설문지는『마틴 셀리그만의 긍정심리학』의 플로리시를 위한 웰빙의 5가지 요소인 PERMA 지수를 측정하기 위한 것이다. 다음 질문을 읽고 자신에게 가장 적합한 숫자를 선택한 후 플로리시 레벨을 5가지 분야(P: 긍정정서, E:몰입(관여), R: 관계, M: 의미, A:성취)의 점수로 구분해 계산하면 된다. 그 밖에도 행복, 부정정서, 외로움, 건강에 대한 점수는 당신의 행복(웰빙)의 정도를 찾는 것을 도와줄 것이다.

1. 당신이 보기에 당신은 얼마나 의미 있는 삶을 살고 있는가?

전혀	1	2	3	4	5	6	7	8	9	10	완전히

2. 당신은 얼마나 당신의 목표를 향해 앞으로 나아가고 있다고 느끼는가?

전혀	1	2	3	4	5	6	7	8	9	10	항상

3. 당신은 얼마나 자주 자신이 하는 일에 빠져 있는가?

전혀	1	2	3	4	5	6	7	8	9	10	항상

4. 당신은 자신의 건강을 어떻게 평가하는가?

전혀	1	2	3	4	5	6	7	8	9	10	매우

5. 당신은 평소에 어느 정도 기쁨을 느끼는가?

전혀	1	2	3	4	5	6	7	8	9	10	항상

6. 당신은 자신이 필요로 할 때 주위에서 얼마나 많은 도움과 지지를 받는가?

전혀	1	2	3	4	5	6	7	8	9	10	매우

7. 당신은 얼마나 자주 초조한가?

전혀	1	2	3	4	5	6	7	8	9	10	항상

8. 당신은 얼마나 자주 자신이 세운 중요한 목표를 달성하는가?

전혀	1	2	3	4	5	6	7	8	9	10	항상

9. 당신은 자신의 삶이 얼마나 가치 있다고 느끼는가?

전혀	1	2	3	4	5	6	7	8	9	10	매우

10. 당신은 얼마나 자주 긍정적인 생각을 하는가?

전혀	1	2	3	4	5	6	7	8	9	10	항상

11. 당신은 얼마나 자주 일상에서 기대감에 벅차거나 무엇인가에 관심을 가지는가?

전혀	1	2	3	4	5	6	7	8	9	10	매우

12. 당신은 일상에서 외로움을 어느 정도 느끼는가?

전혀	1	2	3	4	5	6	7	8	9	10	매우

13. 당신은 자신의 신체 건강에 어느 정도 만족하는가?

전혀	1	2	3	4	5	6	7	8	9	10	매우

14. 당신은 얼마나 자주 화를 내는가?

전혀	1	2	3	4	5	6	7	8	9	10	항상

15. 당신은 얼마나 사랑을 받고 있다고 생각하는가?

전혀	1	2	3	4	5	6	7	8	9	10	매우

16. 당신은 얼마나 자주 자신의 일에 완벽한 책임을 지는가?

전혀 1 2 3 4 5 6 7 8 9 10 항상

17. 당신은 얼마나 자주 자신이 걷는 삶의 방향을 깨닫고 있다고 생각하는가?

전혀 1 2 3 4 5 6 7 8 9 10 매우

18. 자신과 같은 성별과 나이의 남들과 비교할 때 당신의 건강은 어떤가?

전혀 1 2 3 4 5 6 7 8 9 10 매우

19. 당신의 자신의 대인관계에 어느 정도 만족하는가?

전혀 1 2 3 4 5 6 7 8 9 10 매우

20. 당신은 얼마나 자주 슬픔에 빠지는가?

전혀 1 2 3 4 5 6 7 8 9 10 항상

21. 당신은 얼마나 자주 자신이 좋아하는 일을 하다 시간이 가는 걸 잊는가?

전혀 1 2 3 4 5 6 7 8 9 10 매우

22. 당신은 자신의 삶에 얼마나 만족감을 느끼는가?

전혀 1 2 3 4 5 6 7 8 9 10 매우

23. 삶의 모든 것을 볼 때 얼마나 행복한가?

전혀 1 2 3 4 5 6 7 8 9 10 매우

* 10, 9점은 매우 높음, 8, 7점은 높음, 6점은 평균 이상, 5점은 평균, 4점은 평균 이하, 3, 2점은 낮음, 1, 0점은 매우 낮음.

PERMA 점수

P(긍정정서): 5, 10, 22의 합 ________	E(몰입, 관여): 3, 11, 21의 합 ________
R(관계): 6, 15, 19의 합 ________	M(의미): 1, 9, 17의 합 ________
A(성취): 2, 8, 16의 합 ________	부정정서: 7, 14, 20의 합 ________
건강: 4, 13, 18의 합 ________	행복: 23 ________
외로움: 12 ________	

한국긍정심리연구소(KPPI) 교육과정 안내

한국긍정심리연구소(Korea Positive Psychology Institute, KPPI)는 마틴 셀리그만의 '긍정심리학'을 통해 개인과, 조직, 사회의 '플로리시(번성, 최상의 상태)'를 지원하며, 긍정심리학의 연구와 프로그램 개발, 교육과 강의, 컨설팅을 통해 조직의 긍정문화 확산과 강점 기반 구축으로 조직의 생존과 경쟁력 강화, 성과를 창출할 수 있도록 도와드립니다. 모든 프로그램은 고객의 니즈에 따라 맞춤형으로 이루어지며, 24시간 이상 수료한 분들에게는 한국직업능력개발원에서 인증한 '긍정심리사' 자격증이 수여됩니다.

교육과정명	교육 기간 및 시간	
긍정심리학은 기회다	특강	2-4시간
변화와 창조를 위한 긍정조직 만들기	1-3일	8-24 시간
행복한 직장(일터) 만들기: 행복은 경쟁력이다	1-3일	8-24 시간
행복한 조직의 변화를 위한 내 안의 긍정을 춤추게 하라	1일	8시간
인성, 창의성, 자존감을 길러주는 긍정심리학의 행복 코칭	1-3일	8-24시간
긍정심리 인성교육 전문가 과정	3일	24시간
긍정심리 PERMA(긍정정서, 몰입, 관계, 성취강점) 과정	1-3일	8-24시간
긍정심리 코칭과정	5일	40시간
긍정심리 리더십	1일	8시간
긍정관계 만들기	1일	8시간
강점조직 구축하기	1일	8시간
저성과자 핵심역량개발과정	3일	24시간
무기력, 우울증, 자살을 예방하는 낙관성 키우기	1일	8시간
트라우마(역경)를 극복하는 회복력(Resilience) 키우기	1일	8시간
베스트 인생(조직) 목표 세우기	1-2일	8-16시간
퇴직자 교육과정(비재무)	3일	24시간
긍정심리학 전문가 과정	5일	30시간
긍정심리학 플로리시(일반인) 과정	10주	30시간
긍정심리학 강사 과정	4일	32시간

* 모든 프로그램은 맞춤형 교육이나 강의도 가능합니다.

※ 인용도서: 『행복 4.0』, 『긍정심리학』, 『플로리시』, 『긍정심리학 코칭 기술』, 『낙관성 학습』, 『내 안의 긍정을 춤추게 하라』, 『행복의 가설』, 『회복력의 7가지 기술』, 『긍정심리학 프라이머』, 『아이의 행복 플로리시』, 『만 3세부터 행복을 가르쳐라』, 『나는 이제 행복하게 살고 싶다』

강의 및 교육, 저작권 문의: 한국긍정심리연구소(평생교육원)
전화: 031-457-7434 / 팩스: 031-458-0097(김미선 차장)
이메일: ceo@kppsi.com / 홈페이지: www.kppsi.com

긍정심리학은 기회다

초판 1쇄 인쇄 | 2016년 2월 24일
초판 1쇄 발행 | 2016년 2월 26일

지은이 | 한국긍정심리연구소 소장 우문식
펴낸이 | 우문식
펴낸곳 | 물푸레

등록번호 | 제1072호
등록일자 | 1994년 11월 11일

주소 | 경기도 안양시 동안구 흥안대로 426 301호
전화 | 031-453-3211
팩스 | 031-458-0097
홈페이지 | www.mulpure.com
이메일 | mpr@mulpure.com

값 19,800원
ISBN 978-89-8110-326-2 03180